한자능력검정시험 1급

부수로 한자 휘어잡기

부수로 한자 휘어잡기(1급)

1판 1쇄 | 2004년 7월 10일
개정판 1쇄 | 2005년 8월 30일

지은이 | 김경태
펴낸이 | 임재원
기획 · 편집 | 김소정

펴낸곳 | 시간과공간사
등 록 | 1988년 11월 16일(제1-835호)
주 소 | 서울 마포구 신수동 340-1(201호)
전 화 | 02) 3272-4546~8
팩 스 | 02) 3272-4549
E-mail | tnsbook@empal.com

ISBN 89-7142-163-0 03710

▶ 잘못 만들어진 책은 구입하신 곳에서 바꾸어 드립니다.

부수로 한자 휘어잡기

한자능력검정시험 1급

김경태 지음

시간과공간사

한자는 우리 한(韓)민족의 글자

　　한자를 모르면 우리들 자신의 언어표현 뿐만이 아니라 다른 사람의 말까지도 제대로 이해하지 못하게 됩니다. 왜냐하면 똑같은 한글이라도 한자에 따라서 뜻은 전혀 다른 것이 되기 때문입니다. 따라서 우리말의 근간을 이루고 있는 한자는 남의 글이 아닌 것입니다. 그래서 한자(漢字)를 한자(韓字)로 정정하자는 의견도 끊임없이 제기되고 있습니다.

　　그러나 현대를 살고 있는 대부분의 사람들에게 한자는 어려운 것으로 인식되어 있습니다. 평상시 사용하고 있는 언어의 90%가 한자임에도 막상 그것을 읽거나 쓰라고 하면 머뭇거리고 주저하게 됩니다. 특히 젊은 세대일수록 이러한 현상은 두드러지는데 이는 모두 처음부터 한자를 단순 암기했기 때문입니다.

　　무슨 일이 되었든 간에 원리를 알고 접근하면 그것은 더 이상 어려운 일이 되지 않습니다. 일이든 공부든 마찬가지입니다. 즉 한자도 그 원리를 알고 접근하면 복잡한 것도 어려운 것도 아니라는 말씀입니다.

　　이 책은 제목에서도 알 수 있듯이 한자를 구성하는 부수의 뜻을 풀이하여 이해하면서 외우도록 구성했습니다. 아무리 복잡하고 어려운 한자라도 부수를 알고 그 나머지 한자를 이해하면 단시간에 암기할 수 있을 것입니다. 시중에 난무하고 있는 한자 서적들은 대부분 글자의 음과 훈을 표기하는 데만 급급하지만 이 책은 그 원리를 깨우쳐 주기 때문에 누구나 쉽고 재미있게 공부할 수 있을 것입니다.

　　책에는 새로이 급수 배정된 한자를 기준으로 1급 신습한자 1,145자와 하위급수 한자 2,355자를 포함한 총 3,500자의 한자를 실었습니다. 또 후반부에는 사자성어, 틀리기 쉬운 한자, 모양이 비슷한 한자, 모양과 음이 비슷한 한자, 반대자, 둘 이상의 음을 가진 한자 등을 구분해서 실어 이해를 돕도록 했습니다. 뿐만 아니라 독자 여러분이 보다 효율적으로 공부하고, 외운 것을 점검해 볼 수 있도록 부록으로 확인학습을 만들었습니다. 꾸준히 그리고 부지런히 공부해서 여러분의 한문 공부에 성공적인 결과가 있기를 바랍니다.

2004年 7月

김경태

目次

孝 藥 流 才
參 然 萬 攻
休 後 門 民 木 修 便
六 炭 晝 物 農 紙 立
數 班 浴 節 康

부수로 한자 휘어잡기

I. 한자의 이해

1. 육서의 원리

시대가 발전함에 따라 한자의 수는 증가했고 그 구조도 점점 복잡해졌다.
그러나 복잡한 한자를 자세히 살펴보면 몇 가지 재미있는 원칙이 있는 것을 발견할 수 있다.
우리는 그것을 '육서의 원리'라고 부르며, 한자공부를 하기 전에 반드시 익혀야 할 부문이다.
육서란 한자를 만드는 조자(造字)의 원리로
상형(象形), 지사(指事), 회의(會意), 형성(形聲)이 있고,
활용하는 운용(運用)의 원리로 전주(轉注), 가차(假借)가 있다.
육서의 원리를 익히면 쉽고 재미있게 한자를 공부할 수 있을 것이다.

1. 상형(象形): 자연이나 물체의 모양을 본떠서 만든 글자

상형은 사물의 윤곽이나 특징을 그대로 본떠서 만든 글자를 의미한다. 그러나 상형은 단순히 한 사물의 형상을 그림으로 그려서 나타내는 방법이기 때문에 일상생활에서 사용하는 데 한계가 있었으며, 사회 문화의 발전에 따라 새롭게 표현해야 할 언어들을 모두 표현하기에는 부족한 점이 많은 단점도 있다.

① 水(물 수): 물이 흐르는 모습을 나타낸 글자.
② 山(메 산): 산의 모양을 나타낸 글자.

2. 지사(指事): 추상적인 뜻을 선이나 점으로 나타낸 글자

문자를 만드는 기본적인 동기인 의사 전달은 언어의 목적이 되기도 하지만, 언어의 한계성을 극복하기 위해 만든 것이 문자이므로, 문자는 언어를 충분히 대체할 수 있어야 한다. 지사는 상형의 한계를 극복하는 방법으로 무형(無形)의 추상적인 개념을 상징적인 부호(符號)로 표시하여 일종의 약속으로 사용한 글자들을 의미한다.

① 上(위 상): 기준선 위라는 표시.
② 下(아래 하): 아래라는 표시.
③ 末(말 미): 나무의 끝 부분 표시.

六書의 원리

3. 회의(會意): 두 글자 이상의 뜻만을 합하여 만든 글자

회의는 두 글자 이상의 상형자(뜻)나 지사자(뜻)를 합하여, 새로운 의미를 만들어 내는 방식의 글자이다. 회의의 개념은 한자 생성의 새로운 개념을 제시하면서 진일보된 한자 발전의 출발점이 되었다. 그러나 역시 다소 어렵게 만들어지기 시작하면서 발전의 한계가 생겨났다. 곧 의미와 의미가 결합해 새로운 의미를 만들어야 하고, 또한 새로운 소리(발음)까지 넣어야 하는 어려움이 있었던 것이다.

① 日 + 月 = 明(해와 달이 만나니 세상이 밝아진다 → 밝을 명)
② 亻 + 言 = 信(사람의 말에 중요함은 믿음이다 → 믿을 신)
③ 木 + 木 = 林(나무들이 모여 이룬 숲 → 수풀 림)

4. 형성(形聲): 뜻과 음이 합해진 글자

이미 만들어진 글자를 합하여 하나의 문자를 나타내는 것은 회의문자와 같다. 그러나 다른 점은 회의문자는 뜻에 따라 합쳐진 것임에 반하여 형성문자는 한쪽이 음을 나타내고 다른 한쪽이 뜻을 나타내고 있는 점이다. 한자를 만드는 매우 편리한 형성자는 수많은 글자들을 만들어 한자의 80~90%를 이루고 있으며, 옥편의 구성도 형성자 중심으로 편집되었다.

① 艸(풀: 뜻 부분) + 化(화: 음 부분) = 花(꽃 화)
② 女(여자: 뜻 부분) + 古(고: 음 부분) = 姑(시어미 고)
③ 宀(집: 뜻 부분) + 由(유 → 주: 음 부분) = 宙(집 주)

5. 전주(轉注): 이미 있는 글자에 다른 음과 뜻이 포함된 글자

　전주는 본래의 의미에서 변화되어 달라진 개념의 의미를 갖는 것이다. 즉 새로운 글자를 만드는 원리가 아니라 기존의 글자를 의미 변화로 활용하는 원리이다. 이는 더 이상의 한자를 만들지 않더라도 새로운 개념을 담을 수도 있다는 뜻이다.

> 樂 본래 '풍류 악'이라는 뜻이지만, 음악을 들으면 즐겁기 때문에 '즐길 락'이라는 뜻이 생겼고, 음악은
> 누구나 좋아하는 것이라고 해서 '좋아할 요'라는 전주된 뜻이 생겼다.

6. 가차(假借): 본래의 뜻과는 상관없이 비슷한 음을 빌려 쓴 글자

　이미 만들어져 있는 글자 가운데 본래 뜻과는 상관없이 그 발음이나 모양만 빌려서 다른 사상(事象)을 나타내는 방법이다. 다시 말해 외국과의 문자적 소통이 가능하게 된 것으로 현재 우리의 생활 속에서 사용되는 많은 외래어 표기 가운데 이 가차의 개념을 사용한 용어들이 아주 많이 있다.

　　① 亞細亞 → 아세아
　　② 佛蘭西 → 불란서
　　③ 弗(아니 불) → $(달러, 불)

六書의 원리

2. 부수 길라잡이

부수는 한자의 핵심 의미이자 한자 분류의 기본 원칙이 되며,
우리가 자전(옥편)에서 한자를 찾을 때 제일 필요한 것이 바로 '부수'이다.
현재 부수는 214자로 어느 위치에 놓이느냐에 따라 8가지로 분류할 수 있다.

※ 대표 부수자 중 ( ) 안에 있는 부수는 변형된 모습이며, 이 외에 다른 모습을 가진 부수도 있다.

변(邊)	부수가 글자의 왼쪽에 있는 것 대표부수: 人(亻), 彳, 心(忄), 手(扌), 木, 水(氵), 石

예) 亻(사람 인) → 仁(어질 인)

木(나무 목) → 松(소나무 송)

石(돌 석) → 碑(비석 비)

방(傍)	부수가 글자의 오른쪽에 있는 것 대표부수: 刀(刂), 攴(攵), 欠, 見, 邑(阝)

예) 刂(칼 도) → 利(이로울 리)

欠(하품 흠) → 欲(하고자할 욕)

見(볼 견) → 親(친할 진)

머리(頭)	부수가 글자의 머리에 있는 것 대표부수: 宀, 竹, 艸(艹)

예) 宀(집 면) → 家(집 가)

竹(대나무 죽) → 答(대답 답)

艹(풀 초) → 花(꽃 화)

발	부수가 글자의 발에 있는 것 대표부수: 儿, 火(灬), 皿

예) 皿(그릇 명) → 盛(담을 성)

灬(불 화) → 無(없을 무)

儿(사람 인) → 兄(형 형)

부수 길라잡이

부수 길라잡이

엄	부수가 글자의 왼쪽과 머리를 감싸는 것

대표부수: 厂, 广, 疒, 虍

예) 厂(굴바위 엄) → 原(근원 원)

疒(병 녁) → 病(병 병)

虍(호랑이가죽무늬 호) → 處(곳 처)

엄

받침	부수가 글자의 왼쪽과 아래를 감싸는 것

대표부수: 廴, 走, 辵(辶)

예) 廴(멀리갈 인) → 建(세울 건)

走(달릴 주) → 起(일어날 기)

辶(쉬엄쉬엄갈 착) → 逃(달아날 도)

받침

몸(에운담)	부수가 글자를 에워싸고 있는 것

대표부수: 凵, 囗, 門

예) 凵(입벌릴 감) → 凶(흉할 흉)

囗(입구변) → 因(인연 인)

門(문 문) → 開(열 개)

몸

제부수	글자 전체가 부수인 것

예) 一(한 일), 大(큰 대)

立(설 립), 金(금 금)

高(높을 고), 黑(검을 흑)

제

3. 한자의 변천과정

· 갑골문자(甲骨文字)

거북의 껍질이나 짐승의 뼈에 새겨진 상형문자.

· 금석문자(金石文字)

중국 주(周)나라 시대에 돌이나 종(鍾)에 새겨진 상형문자.

· 전서(篆書)

금석문자에서 좀더 발전된 글씨체.

· 예서(隷書)

진(秦)나라 때 전서의 복잡함을 간략하게 변화시킨 글씨체.

· 해서(楷書)

예서에서 올바른 정자(正字)의 글씨체로 변화된 글자.

· 행서(行書)

해서에서 빨리 쓸 때의 반흘림체.

· 초서(草書)

행서보다 더욱 빨리 쓰는 완전흘림체.

4. 필순의 순서

① 한자의 구조를 이해하고 바르게 쓸 수 있다.
② 서예에 있어서 글자체에 균형을 이루고 맵시 있게 쓸 수 있다.
③ 정자체의 획순을 빨리 쓴 것이 흘림체인데 흘림체를 바로 읽을 수 있다.

一. 왼쪽에서 오른쪽으로 쓴다.(川, 外의 경우)

二. 위에서부터 아래로 쓴다.(三, 工, 言의 경우)

三. 좌우가 대칭이 될 때 가운데를 먼저 쓴 다음에 좌우 순으로 쓴다.(水, 火의 경우)

四. 가로획과 세로획이 만날 때는 가로획을 먼저 쓴다.(十, 春의 경우)

五. 삐침 별(丿)과 파임 불(乀)이 만날 때는 삐침을 먼저 쓴다.(人, 父의 경우)

六. 가로획보다 삐침을 짧게 써야 모양이 나는 것은 삐침을 먼저 쓴다.(右의 경우)

七. 삐침을 가로획보다 길게 써야 모양이 나는 것은 가로획을 먼저 쓴다.(左의 경우)

八. 가운데를 꿰뚫는 획은 나중에 긋는다.(中, 手의 경우)

九. 허리를 긋는 획은 나중에 긋는다.(女, 母의 경우)

十. 오른쪽 위의 '점 주(丶)'는 맨 나중에 찍는다.(成, 犬의 경우)

孝 藥 流 才
參 然 萬 攻
休 後 門 民 木 修 便
六 炭 畫 物 農 紙 立
數 班 浴 飾 康 **Ⅱ. 구성부수 익히기**

부수로 한자 휘어잡기

한자에서 구성부수는 중요한 기초입니다.
기초가 확실해야 튼튼한 집을 만들 수 있듯이
아무리 어렵고 복잡하게 생긴 꼬불꼬불 한자라도
구성부수만 정확하게 습득하고 있으면
재미있고 쉽게 공부할 수 있는 것입니다.
본서의 부수는 214자 부수 외의 다른 부수가 주요 구성되었으며,
이것을 기초로 모든 한자를 해석할 수 있음을 알립니다.

一

하나 일(모으다)

하나로 모으다.

丶

불똥·점 주(점·표시)

1. 무엇을 표시할 때 점으로 표시한다.
2. 점의 모양이 불똥처럼 생겼다.

丨

세울·뚫을·송곳 곤

1. 위에서 아래로 이어주다.
2. 장대를 바로 세우다.
3. 송곳으로 뚫다.

丿

삐침 별
(비스듬하다·뻗치다)

1. 세상 만물이 뻗쳐 있다.
2. 비스듬한 모양의 상형문자.

乚

(꼬리·끝)

1. 짐승의 꼬리 모양의 상형문자.
2. 꼬리는 몸의 끝에 있다.

乚

(바르다·받치다·곧다)

1. 수평과 수직으로 곧고 바르게 받치고 있는 모양.
2. 곧은 모양.

亅 갈고리 궐(걸다)	갈고리 모양의 상형문자.
乀 파임 불	삽으로 땅을 파고 들어가는 모양의 글자.
𠃌 (걸다 · 걸리다)	낫 모양의 문자로 낮은 풀을 걸어서 벤다는 뜻.
乁 (새 · 철새)	새가 날아가는 모양의 글자.
乙 (새 · 철새)	새가 앉아 있는 모양의 글자.
〈 도랑 견	물이 흘러가는 모양(巛)이 하나만 있으니 작은 도랑을 뜻한다.

ナ (손 · 많다)	뻗쳐(丿) 있는 것들을 모으니(一) 많다.
上 (높다)	기준선에서 위로 높이 세워진 모양의 글자.
二 두 이(많다)	하늘과 땅 둘 사이에는 많은 것이 있다.
ㅅ (알리다 · 높다)	1. 卜(점 복)과의 변형. 2. 점쟁이가 대나무 장대(丨)에 깃발(一)을 높이 달아 점쟁이 집임을 알린다. 3. 점쟁이집 장대(丨)가 바람에 휘어져 깃발이 날리는 모양.
亻 사람인변(사람)	뻗쳐(丿) 있는 세상 만물을 바르게 세울(丨) 수 있으니 사람이다.
人 사람 인	비스듬하게(丿) 기울어지는 것을 넘어지지 않게 땅을 파서(乀) 기둥을 세워 바로 해주니 사람이다.

十
열 십(방향 · 많다)

1. 방향은 가로로 팔방과 세로로 상하방향을 합쳐 시방이다.
2. 十方(시방) 세계에는 많은 것이 있다.

匕
비수 · 숟가락 비

꼬리 끝부분(乚)으로 뻗쳐(丿) 들어가니 비수(작은 칼)나 숟가락이다.
(비수는 칼끝으로 찌르고, 숟가락도 끝으로 밥을 떠서 입으로 먹음)

勹
쌀 포
(감싸다 · 뿔 · 다투다)

1. 나무에 뻗쳐(丿) 열려 있는 과일이 비바람에 떨어지지 않고 잘 걸려
(勹) 있도록 감싸 준다.
2. 감싸는 것은 보호하기 위해서며, 동물은 자신의 몸을 보호하기 위해
뿔로써 다툰다.

厂
굴바위 · 언덕 엄
(집 · 장소 · 덮다)

옛날에는 언덕에 있는 큰 바위 아래 굴처럼 생긴 곳을 집처럼 이용하고
살았다.

冖
덮을 · 민갓머리 멱
(덮다)

1. 덮는 뚜껑 모양의 상형문자.
2. 머리에 쓰는 갓이 밋밋한 모양의 글자.

几
책상 · 제기 궤
(장소 · 자리)

새(乀)들이 뻗쳐(丿) 사는 크고 좋은 나무를 잘라서 책상이나 제기를 만
든다.

冫 얼음 빙 · 이수변(차다)	氷(얼음 빙)의 앞부분을 쓰기 쉽게 표현하여 약자로 씀.
卩 병부 절(벼슬)	나무패에 구멍을 뚫어서(l) 줄을 끼워 몸에 걸고(ㄱ) 다니는 것은 벼슬 아치들의 병부다.
丅 (아래)	1. 下의 **古字**. 2. 기준보다 아래를 향해 있다.
乂 다스릴 · 어질 예	뻗쳐(ノ) 있는 세상에 파고 들어가(㇏) 다스리려면 어질어야 한다.
又 또 우(손 · 들어가다)	1. 걸기도 하고(ㄱ) 파고 들어가기도 하는(㇏) 것은 손이다. 2. 손은 또(又) 하나 더 있다.
厶 나 · 개인 사(크다)	1. 마늘 모양의 부수글자.(마늘은 여러 쪽이 모여서 하나의 뿌리를 이루니 큰 것이다.) 2. 개인 私의 厶를 약자로 사용. 3. 나 하나는 개인이다. 4. ㄱ는 厶와 같은 뜻. 5. 나의 마음은 우주처럼 무한히 크다.

凵 입벌릴 · 그릇 감 (그릇 · 입벌리다)	1. 그릇 모양의 글자. 2. 그릇은 위로 입이 벌려져 있다.
冂 멀 · 빌 경 (멀다 · 비다 · 문)	1. 그릇(凵)을 뒤집으면 빈 그릇(冂)이 된다. 2. 비어 있는 그릇은 먼 곳까지 들고 갈 수 있다. 3. 門(문)을 간단히 표현한 모양.
상자 방	바르게(乚) 모을(一) 수 있으니 상자다.
匸 감출 혜	꼬리(乚)를 뒷다리 사이로 모아서 감춘다. 짐승(개)들은 두려워지면 꼬리를 뒷다리 사이로 감춘다.
儿 어진사람 인(어질다)	짐승이 꼬리(乚)를 뻗치고(丿) 있으니 어진 사람과 함께 있기 때문이다.
八 여덟 팔(높다 · 팔방)	사방팔방을 다 보려면 높은 곳이어야 한다.

刀 칼 도	1. 걸어(フ) 뻗쳐(丿) 당기면 잘려지니 낫이나 칼이다. 2. 刂 '칼 도'는 칼의 날 부분을 표현한 상형문자.
丂 (교묘하다)	丁 아래(下의 古字), フ 걸다 아래(丁)로 걸려면(フ) 교묘해야 한다.
九 아홉 구(많다)	1. 새(乁)들이 뻗쳐(丿) 살아가는 곳은 먹이가 많기 때문이다. 2. 수에서 제일 끝의 수는 9이다. 그 다음에 다시 1이 시작되는 반복의 끝에 있기 때문이다. 그래서 많다는 뜻.
乂 (좋다)	五(다섯 오)의 옛글자(古字)로 뜻은 '좋다'입니다.
巜 큰도랑 괴	물이 흘러가는 모양이 두 개이니 큰 도랑이다.
辶 쉬엄쉬엄갈 착(가다)	辶 멀리 갈 인, 당길 인, 丶 점 주, 표할 주 멀리 가는(辶) 사람에게 짐(丶)을 하나 올려 주니 힘이 들어 쉬엄쉬엄 간다.

七

무당 먀

꼬리(乚)가 걸린(丁) 짐승처럼 귀신에 잡혀 자유가 없으니 무당이다.

三

석 삼(많다)

모으기를(一) 세 번(三)이나 하니 많다.

丌

그 기

바로 이어지나(ㅣ) 비스듬하게(丿) 이어지는 것은 하나(一) 같이 그게 그거다.

亠

(머리)

八(여덟 팔) 사방팔방 · 높다, 一(한 일) 모으다.
신체의 높은(八) 곳에 하나(一)가 있으니 머리다.

廿

스물 입(많다)

가로로 십(十)이 두 개나 되니 스물이며 많다는 뜻이다.

厶

(호미질하다)

손을 뻗쳐서(丿) 걸어(乚) 파듯이 땅을 표(丶)나게 호미질하다.

也 있다·어조사 야	무당(七)의 집에는 장대가 세워져(丨) 있다.
犭 개견변(짐승·개)	개가 왼쪽을 보고 앉아 있는 모양.
巛 하천·내 천	물이 흘러가는 모양이 세 개나 되니 큰 하천을 뜻하는 상형문자다.
叐 당길·멀리갈 인	ㄱ 걸다, 又 손·들어오다 1. 손(又)으로 걸어(ㄱ) 당기니 안쪽으로 들어온다. 2. 당길 때는 멀리 가고자 할 때이다.
阝 좌부변·언덕부변 (언덕·막다·크다)	1. **阜와 同字.** 2. 좌측에 있으면 언덕을 의미함. 阝 우부방, 고을읍변.(고을·땅) 3. 우측에 있으면 고을을 의미함.(해가 떠오를 때 해를 바라보고 동쪽방향으로 서서 좌측엔 언덕, 우측엔 마을을 형성하여 남향집을 지었다.)
廿 (많다)	그릇(凵)에 많은 음식을 모아(一) 놓았다.

女 여자 녀(즐겁다)	도랑(〈) 주위에 뻗쳐(丿) 있는 것을 모으니(一) 여자더라.(남자는 주로 큰 강이나 바다에 나가서 모아 온다.)
𠀨 (또다시)	상자(匚)를 또 다시 세운다(丨).
五 (많다)	높은(丄) 하늘에 걸려(フ) 있는 별들은 많다.
千 많을 · 일천 천(많다)	세상에 뻗쳐(丿) 있는 것은 많다(十).
彳 두인변 · 걸을 척 (많은 사람 · 행동하다)	1. 사람(亻)이 뻗쳐(丿) 가니 걸어가는 것이다. 2. 걸어가는 것은 행동하는 것이다. 3. 사람(亻) 뒤에 또 사람이 보이니 많은 사람이다.
冫 물수변 · 삼수변	불똥(丶)이 얼음(冫) 위에 있으니 얼음이 녹아 물이 된다.

구 성 부 수

夂 뒤져서올 치 (천천히 · 자세히)	사람(人)의 어깨에 짐을 걸게(フ) 하니 천천히 뒤쳐져 온다.
彐 고슴도치머리 · 돼지머리 계 (손 · 힘쓰다 · 말하다 · 의미하다)	1. 손모양의 글자. 2. 힘써 상자(匚)를 모으는(一) 손을 의미한다. 3. 왈(曰)과 비슷한 모양이니 '말하다'의 뜻도 있다.
兀 우뚝할 올(우뚝하다)	어질게(儿) 한(一) 평생을 살면 우뚝하게 빛난다.
弋 주살 익(화살 · 무기)	1. 주살은 화살이다. 2. 일자(一)로 생긴 것이 목표한 점(丶)에 파고 들어가니(乀) 주살이다.
 마음심변	높은(八) 뜻을 세운(｜) 것은 사람의 마음이다.
 저녁 석	달(月)에서 한 획이 부족한 것이니 아직 달 밝은 밤이 아닌 저녁을 의미한다.

巾 수건 건(베·재물)	⺆ 멀다·비다 ㅣ 세울 곤·이어주다 멀리(⺆) 있는 사람에게 선물로써 이어지니(ㅣ) 수건이다.
扌 손수변	一 모으다, ㅣ 갈고리 궐, ノ 위로 뻗치다 1. 손, 手와 同字. 2. 뻗쳐서(ノ) 갈고리(ㅣ)처럼 모으니(一) 손이다.
幺 작을 요(작다)	1. 厶 마늘모양(크다) 2. 마늘(厶)을 둘로 나누니 작아진다는 뜻.
工 장인 공(만들다)	많은(二) 것을 이어주는(ㅣ) 기술이 있으니 장인이다.
宀 움집 면(집·갓머리)	1. 움집 지붕 위에 솟아 나온 기둥모양의 글자. 2. 갓을 쓰는 상투머리.
彡 터럭 삼(털·모양)	털이 난 모양의 상형문자.

口
입 구
(사람 · 말하다 · 둥글다)

1. 한자에서는 둥근 원의 글자모양은 네모로 표시된다.
2. 그래서 사람이 둥근 입으로 말하는 모양을 뜻하는 글자이다.

口
입구변 · 에울 위
(에워싸다 · 둥글다)

1. 國과 圍의 **古字**.
2. 나라는 국경으로 에워싸여 있다.

土
땅 토

많은(十) 것이 모여(一) 있으니 땅이다.

广
바위집 · 돌집 엄
(집 · 장소 · 덮다)

옛날에 언덕(厂) 위에는 비바람의 피해를 줄이기 위해 바위나 돌(丶)을 이용해 집을 지었다.

尸
죽음 시(집 · 죽음)

1. 관상자(匸의 반대방향) 속으로 뻗쳐(丿) 들어가니 죽은 것이다.
2. 관상자(匸)는 뻗쳐(丿) 있는 시체의 집이다.

寸
마디 촌
(작다 · 법도 · 친척 · 가깝다)

1. 갈고리(亅)로 긁어모을(一) 때 작은 점(丶) 같은 낙엽도 모아지는 것은 마디로 연결되어 있기 때문이다.
2. 마디는 작은 것을 이어주는 것이다.
3. 이어진 사람은 친척이고 친척 사이에는 법도가 있다.

屮 풀·싹날 철	풀싹이 돋아나는 모양의 글자.
尤 절름발이·곱사 왕	많은(屮) 사람 중에 맨 끝(乚)에 따라가는 사람은 절름발이다.
丰 예쁠·우거질 봉(많다)	1. 많은(三) 것을 이어주니(丨) 더욱 많다. 2. 천지인(天地人) 세 가지가 조화를 이루니 예쁘게 보인다.
从 좇을 종 (從의 本字, 많은 사람)	1. 사람 뒤에 사람이 가니 쫓아가는 것이다. 2. 사람들이 좇고 좇기니 혼자가 아닌 많은 사람이다.
爻 본받을·사귈 효	乂 좋다, 乂 어질·다스릴 예 좋고(乂) 어진(乂) 사람과 사귀며 본받는다는 뜻.
五 다섯 오	1. 위의 한 일(一)은 하늘, 아래의 한 일(一)은 땅을 의미함. 力 힘 력 2. 하늘(一)과 땅(一) 사이에는 다섯 가지(水·火·木·金·土)의 힘(力)이 있다는 뜻. 3. 힘(力)은 많을수록(二) 좋으므로, '좋다'는 뜻.

氏 성씨 씨(많은 사람)	ノ 뻗치다, ㄱ 걸다, ー 모으다 · 파고 들어가다(乀) 파고 들어가면(乀) 한(ー) 시조(**始祖**)에 걸린(ㄴ) 데서부터 여러 자손들로 뻗쳐(ノ) 있으니 같은 성씨다.
爫 손톱 · 할퀼 조(다투다)	1. 작은 점(丶)같은 것들이 뻗쳐(ノ) 있으니 손톱과 발톱이다. 2. 손톱은 할퀴고 다툴 때 사용된다.
欠 하품 흠(입 벌리다)	ㄱ 싸다, 人 사람 인 사람(人)에게서 이를 감싸고(ㄱ) 있는 입술이 벌어지며 하품을 한다.
歹 죽을사변 · 뼈앙상할 알	1. 죽음, **歺**과 **同字**. 2. 어두운 저녁(夕)만이 모여져(ー) 있다는 의미는, 현실이 아닌 이미 죽은 영혼의 세계를 의미한다. 3. 죽으면 뼈가 앙상하게 드러난다.
艹 풀 초	풀이 파릇파릇 피어나는 모양.
王 임금 왕(구슬 · 옥)	ー 하나 일, 土 땅 토 1. 땅(土) 위에서 제일(ー)로 높은 사람은 임금이다. 2. 임금은 옥구슬처럼 귀한 존재이다.

攵

칠 복(힘쓰다)

攵 알리다, 乂 다스릴 예
다스리기(乂) 위해 북을 치며 힘써 알린다(攵).

尤

더욱 · 허물 우

1. 절름발이(尢)는 여러 사람 중에 더욱 표(丶)가 난다.
2. 사람들은 질룩거리는 것을 허물이라 생각한다.

爿

널조각 장 · 장수변(장사)

세워진(|) 나무를 위(亠)에서 아래(丁)로 잘라 양분하여 한쪽의 넓은 면은 널조각으로 사용할 수 있다. 이렇게 나무를 자를 수 있는 사람은 힘이 센 장수나 장사이다.

气

기운 기

气 알리다 · 높다, 一 한 일(모으다), 乀 새
새(乀)가 높이(气) 날 수 있는 것은 모여진(一) 기운이 있기 때문이다.

牛

소 우

많은(亠) 논밭을 뻗치며(丿) 다니니 소가 농사를 지을 때이다.

午

말 오

많은(十) 곳에 알리려니(亠) 말을 타고 달린다.(牛는 午와 비교해 보면 위에 뿔이 나와 있는 것이 소이다.)

月 달 월(몸·고기·세월)	하늘에 멀리(冂) 있는 반달은 한달에 두 번(二)씩 모양이 바뀌면서 나타난다.(달은 초승달에서 보름달까지 15일이 걸리고 보름달에서 초승달까지 다시 바뀌는데 보름이 걸린다. 그런데 이 가운데 반달은 두 번이 생긴다.)
殳 칠 수(창·몽둥이)	几 제기·책상 궤, 又 또 우 제기나 책상(几)을 만드는 단단한 나무를 이용해 또한(又) 창이나 몽둥이를 만든다.
 늙을 노	土 땅 토, ノ 뻗침 별 땅(土) 속으로 뻗쳐(ノ) 들어가는 사람은 늙은 노인부터다.
田 밭 전	十 많다, 口 사람 많은(十) 사람(口)이 생계를 의지하는 곳이니 밭이다.
火 불 화	불이 타오르는 모양의 상형문자.
斤 도끼·밝게살필·무게 근	亻 사람 인, 丁 아래(下의 古字) 1. 사람(亻)이 아래(丁)로 내려치는 것은 도끼다. 2. 도끼로 내려칠 때는 밝게 살펴보고 내려친다. 3. 밝게 살펴야 하는 것은 무게를 다는 저울의 눈금이다. 4. 저울의 눈금은 '근'단위로 측정한다.

㐱 (모양)	사람(人)에게 털(彡)이 난 모양의 상형문자.
曰 말할 왈	口 입 구(둥글다), 一 한 일 입(口) 속의 하나(一)의 혀가 말을 한다.
日 해 · 날 일	口 둥글다, 一 한 일 1. 하늘에 둥근(口) 하나(一)가 있으니 해이다. 2. 해는 매일 뜬다.
癶 걸을 발(피어오르다)	⺆ 바람불 조, 〵 거듭 첩(疊의 약자), 乀 파임 불(파고 들어가다) 1. 거듭(〵)하여 바람(⺆)이 파고드니(乀) 작은 먼지나 낙엽들이 피어오른다. 2. 바람이 불어 작은 먼지나 낙엽이 피어오르면 공중에 솟았다가 다시 땅에 내려앉기를 반복하니 마치 사람이 걸음을 걸어가는 것처럼 보인다.
疒 병 녁	⺀ 얼음 빙(차다), 广 돌집 엄(집) 차가운(⺀) 집(广)에서는 병이 잘 걸린다.
示 볼 · 보일 · 귀신 시	두 개(二)의 작은(小) 눈으로 세상만물을 본다. 그러나 보이지 않는 것은 귀신이다.

业 (많다)	풀이 많이 피어오르는 모양.
冈 그물 망	1. 罔, 罒, 罓, 网와 同字. 2. 그물 모양의 상형문자.
臼 퇴(모으다·쌓다)	사람(亻)이 상자(匸)를 쌓아 모은다.
田 (많다)	입(口) 안에 많은 작은(小) 치아가 있다.
百 일백·많을 백(많다)	白 흰 백, 一 모으다 1. 흰(白) 머리카락만 모여(一) 있으니 백 살쯤 되어 보인다. 2. 백 살은 많은 나이다.
竹 대 죽(대나무·책)	1. 곧게 세워져서(丨) 알리는(𠂊) 나무는 대나무다.(대나무는 가볍고 단단하여 장소와 소식을 알리는 깃대로 많이 쓰인다.) 2. 옛날에는 종이가 생기기 전, 대나무 마디를 잘라 내고 넓은 면이 되게 세로로 쪼개서 이어붙인 것에 글을 새겨 책처럼 사용했는데 이를 '죽간'이라 한다.

衤

옷의변

ㅗ 높다(上의 古字), 亻 사람 인, 冫 차다

1. 衣와 同字.
2. 높은(ㅗ) 하늘에서 찬(冫) 바람이 불면 사람(亻)들은 옷을 많이 입는다.

冊

책 책

책꽂이에 책이 꽂혀 있는 모양의 상형문자.

糸

가는실 멱(실 · 다스리다)

幺 작을 요, 小 작을 소

1. 絲의 略字.
2. 작고(幺) 작은(小) 목화로 실을 만든다.
3. 다스림은 실처럼 고르게 해야 한다.

羽

깃 · 날개 우

날개 모양의 상형문자.

艮

그칠 · 머무를 · 간괘 간(산)

民 백성 민, 一 모으다

백성(民)들이 모여(一) 머물러 사는 곳은 산이다.

臣

신하 신

큰(巨) 뜻을 세우고 위와 아래를 이어주니(丨) 신하다.

孝 인도할 교	ㄨ 좋다, ㄣ 손·많다, 子 자식 자 자식(子)을 좋은(ㄨ) 곳으로 손(ㄣ)으로 인도한다.
襾 덮을 아(덮다)	뚜껑 모양의 상형문자.
羊 양 양(착하다)	ㄕ 약간심할 임, 一 모이다 1. 약간 심할(ㄕ) 정도로 많이 모여(一) 사는 동물은 양이다. 2. 양(羊)은 착한 동물이다.
虍 호랑이가죽무늬 호	일곱(七) 색깔 무지개처럼 몸을 덮고(厂) 있는 것으로 알려진(卜) 동물은 호랑이다.
缶 장군 부(그릇)	𠂉 말 오, 凵 그릇 감 말(𠂉)의 양식 그릇(凵)은 장군처럼 큰 그릇이다.
臼 절구 구	亻 사람인변, 𠃌 걸다, 一 한 일(모으다) 사람(亻)이 낫으로 걸어(𠃌) 당겨서 베어 놓은 곡식을 한 곳에 모아서(一) 작게 부수는 도구는 절구라는 뜻.(그릇 속에 一이 두 개로 나눠진 것은 작게 부서짐을 의미함.)

貝 재물 패(조개·돈)	目 눈 목, 八 사방팔방·높다 1. 눈(目)을 높이(八) 들어 세상을 바라보면 돈과 재물이 보인다. 2. 돈으로 사고 싶은 것은 조개이다.(조개는 알맹이를 먹고 껍질은 장식품으로 쓴다.)
里 마을 리	田 밭 전, 土 땅 토 밭(田)이 있는 땅(土)이니 마을이다.
酉 닭 유(술·따뜻하다)	日 말할 왈, 兀 우뚝할 올 1. 우뚝한(兀) 새벽을 말(日)로써 알리는 동물은 닭이다. 2. 닭고기가 있으니 술도 한잔 한다.(술은 몸을 따뜻하게 한다.)
豸 발없는벌레 치	丿 뻗치다, 彡 자주하다, 犭 짐승 짐승(犭)이 한 번 뻗칠(丿) 때 자주(彡) 뻗쳐야(丿) 하는 것은 발 없는 벌레다.
镸 어른·클·길 장	二 많다, 上 위 상, 厶 크다 1.長의 古字. 2. 크면서도(厶) 나이가 많이(二) 위(上)이니 어른이다.
㐬 (흐르다)	㐬 차일 충, 丨 뚫을 곤 차여(㐬) 있는 물그릇을 밑에서 뚫으니(丨) 새어 흘러나온다.

豕
돼지 시(많다)

1. 짐승(豸)이 비스듬하게(丿) 쓰러져 죽으니 많은 작은 벌레들이 뻗치며(丿) 파고들며(乀) 모여(一) 산다.
2. 많은 것을 먹고자 하니 돼지이다.

隶
근본 이(바탕)

⺕ 힘쓰다·의미하다·손, 氺 물 수
물(氺)은 만물의 바탕을 의미한다(⺕).

青
푸를·젊을 청

丰 예쁘다, 月 몸·세월(円과 月은 같은 글자로 쓰임)
몸(月)이 예쁠(丰) 때는 젊을 때다.

隹
새 추

住 머무를 주, 亠 높다
높은(亠) 곳에 머물러(住) 사니 새다.

音
(높다)

사람(口)이 서(효) 있으니 높게 보인다.

雨
비 우

帀 두루 잡, 氺 물
두루(帀)하게 돌아다니는 물(氺)은 비다.(비는 구름이므로 두루 돌아다님.)

阜 언덕 부	많은(十) 것을 쌓으면(白) 언덕처럼 보인다.
卓 (많은 세월 · 오랜 세월)	많고(十) 많은(十) 날(日)들이 위아래로 있으니 오랜 세월이다.
睿 빛날 료 (성실하다 · 진실하다)	높은(八) 하늘의 큰(大) 해(日)는 성실하게 돌고, 진실하게 비춘다.
 (힘들다 · 어렵다)	爫 손톱 조(다투다), 工 장인 공(만들다), ⺕ 돼지머리 계(손 모양으로 '손'을 의미함), 心 마음 심 1. 장인(工)의 손(⺕)이 다투듯이(爫) 움직일 때의 마음(心)은 어렵고 힘들 때라는 뜻.

孝 藥 流 才
參 然 萬 攻
休 後 門 民 木 修 便
六 炭 畫 物 農 紙 立
數 班 浴 龜 Ⅲ. 康

부수로 한자 휘어잡기

Ⅲ. 급수별 한자 익히기

1급편

신습한자 1,145자(하위급수 한자 2,355자)

嘉
기쁠 · 아름다울 **가**
(口 - 총14획)

吉 좋을 길, 宀 머리, 加 더할 가

좋은(吉) 생각이 머릿속(宀)에 더해지니(加) 기쁘다는 뜻이요, 좋은 생각을 일으키는 깨달음을 얻으면 기쁘다는 뜻의 글자랍니다. 또한 사람이 기뻐하는 마음에서 아름다움이 생긴다는 뜻에서 '아름다울 가'라고도 합니다.

· **嘉祥**(가상): 기쁘고 상서로운 징조.
· **嘉節**(가절): 아름다운 시절, 또는 좋은 시기.

袈
가사 **가**
(衣 - 총11획)

加 더할 가, 衣 옷 의

옷(衣) 위에 더하여(加) 걸쳐 입는 것이니 가사라는 뜻이요, 가사는 승려가 입는 법의(法衣)를 말하는데, 산스크리트의 카사야(Kasya)에서 나온 말입니다. 이것은 본래 부처님이 더운 인도 지방에 사는 이를 위하여 만든 법의로서, 이것만으로 몸을 가리기 때문에 의(衣)라 하였으나, 한국·중국·일본 등지에서는 장삼을 입고 그 위에 덧입습니다.

· **袈裟**(가사): 승려가 입는 법의.

駕
멍에 · 능가할 **가**
(馬 - 총15획)

加 더할 가, 馬 말 마

말(馬)의 몸 위에 더하여(加) 씌우는 것이니 멍에라는 뜻이요, 멍에는 말이나 소가 수레나 쟁기를 끌게 하도록 목등에 가로 얹는 나무를 말합니다. 또한 멍에를 이용하면 일이 더욱 잘 되므로 '능가할 가'라고도 합니다.

· **凌駕**(능가): 더욱 잘함.

訶
꾸짖을 **가**
(言 - 총12획)

言 말씀 언, 可 옳을 가

옳은(可) 말(言)로 꾸짖는다는 뜻의 글자랍니다.

· **訶詰**(가힐): 꾸지람.

哥
노래 · 언니 **가**
(口 - 총10획)

可 옳을 가

윗사람도 옳고(可) 아랫사람도 옳게(可) 살아가니 노래가 절로 나온다는 뜻의 글자랍니다.

· **哥哥**(가가): 형이나 언니를 부르는 말.
· **哥禁**(가금): 옛날 벼슬아치가 행차할 때 잡인의 무례한 행동이 없도록 앞서가면서 노래하듯이 소리를 냄.

苛
가혹할 가
(艸–총9획)

ᵗᵗ 초두밑, 可 옳을 가

옳은(可) 사람을 풀(艸)을 밟듯이 짓밟는 것은 가혹
한 행위라는 뜻의 글자랍니다.

· 苛酷(가혹): 매섭고 잔인함.
· 苛責(가책): 가혹하게 꾸짖음.

嫁
시집갈 가
(女–총13획)

女 여자 여, 家 집 가

여자(女)가 집(家)을 나갈 때는 시집갈 때라는 뜻의
글자랍니다. 옛날엔 주로 결혼을 하면 남편의 집에서
시집살이를 했답니다.

· 出嫁(출가): 여자가 시집을 감.
· 再嫁(재가): 여성이 재혼을 함.

稼
심을 가
(禾–총15획)

禾 벼 화(곡식), 家 집 가

집(家) 가까운 곳에 벼(禾)나 곡식을 심는다는 뜻의
글자랍니다. 집에서 멀리 떨어진 곳까지 일하러 다니
는 것보다는 가까운 곳이 더 낫다는 뜻이지요.

· 稼樹(가수): 나무를 심음.
· 稼器(가기): 농사에 쓰이는 도
구.

恪
삼갈 각
(忄–총9획)

忄 마음심변, 夂 뒤져올 치(서서히·자세히), 口 입구(사람)

사람(口)이 마음(忄)을 자세히(夂) 움직일 때는 정성
을 기울일 때라는 뜻의 글자랍니다. 정성스러울 때는
삼가고 공경할 때라는 뜻에서 '삼갈 각, 공경 각'이라
고도 합니다.

· 恪別(각별): 특별히 정성을 기
울임.

殼
껍질 각
(殳–총12획)

士 선비 사, 冖 덮을 멱, 一 한 일(모으다), 几 안석 궤(자
리), 殳 칠 수(몽둥이)

머리 좋은 선비(士)는 덮여(冖)있는 곡식(禾)의 껍질
을 벗기려고 한자리(几)에 모아(一) 놓고 몽둥이(殳)
로 내려친다는 뜻의 글자랍니다. 콩과 같은 곡식의 껍
질을 벗길 때는 햇볕에 말린 다음, 한자리에 한꺼번에
모아 놓고 몽둥이 같은 것으로 내려서서 콩알이 껍질
밖으로 튀어나오게 한다는 뜻의 글자랍니다.

· 殼果(각과): 껍질이 단단한 과
실.
· 殼物(각물): 조개류.

奸
간사할 **간**
(女-총6획)

女 여자 여, 干 방패 간

여자(女)의 방패(干)는 간사함이라는 뜻이지요. 여자는 남자처럼 힘이 강하지 못하므로 힘으로 상대를 이길 수가 없으니 간사한 꾀를 낸다는 뜻의 글자랍니다.

· **奸計**(간계): 간사한 계획.
· **奸臣**(간신): 간사한 신하.

竿
장대 · 낚싯대 **간**
(竹-총9획)

竹 대 죽, 干 방패 간

대나무(竹)를 방패(干)로 사용하는 것은 장대라는 뜻이지요. 또한 장대로써 낚싯대를 만든다는 뜻이기도 하답니다.

· **竿頭**(간두): 장대 끝.
· **竿頭之勢**(간두지세): 궁박한 형세.

墾
개간할 **간**
(土-총16획)

豸 풀어낼 · 발벌레없는 치, 艮 그칠 간(산), 土 땅 토

산(艮)을 풀어(豸) 헤쳐서 땅(土)을 고르는 것은 개간하는 것이라는 뜻이랍니다.

· **開墾**(개간): 땅을 고르며 사용할 수 있게 만듦.

艱
어려울 **간**
(艮-총17획)

堇 많은사람, 艮 그칠 간(산)

많은 사람(堇)들은 산(艮)을 넘을 때 어려움을 느낀다는 뜻의 글자랍니다.

· **艱辛**(간신): 어렵고 힘듦.
· **艱易**(간이): 어렵거나 쉬움.

揀
선택할 · 가릴 **간**
(手-총12획)

扌 손수변, 柬 가릴 간

손(扌)으로 좋고 나쁜 것을 가려서(柬) 좋은 것을 선택한다는 뜻의 글자랍니다.

· **揀擇**(간택): 가려서 선택함.

言 말씀 언, 柬 가릴 간

가려서(柬) 말(言)을 할 때는 충고할 때라는 뜻이랍니다. 충고를 할 때는 장난스럽게 말할 때와는 다르게 한다는 뜻이지요.

諫
충고할 · 간할 **간**
(言-총16획)

· **諫言**(간언): 충고하는 말.

氵 물수변, 間 사이 간

물(氵)이 산 사이(間)로 흐르니 산골짜기 물이라는 뜻의 글자랍니다.

澗
산골짜기물 **간**
(水-총15획)

· **澗谷**(간곡): 계곡물.
· **澗聲**(간성): 산골짜기의 물소리.

疒 병 녁, 間 사이 간

병(疒)이 사이(間)를 두고 간간이 발병되니 간질병이라는 뜻의 글자랍니다.

癎
간질 **간**
(疒-총17획)

· **癎疾病**(간질병): 의식상실과 함께 전신이 경련을 나타내는 것. 발작 종료 후는 대개 잠이 들었다가 곧 눈을 뜨게 됨.

口 입 구(말하다 · 사람), 曷 그칠 갈

말(口)을 그침(曷)없이 할 때는 성난 소리로 꾸짖을 때라는 뜻의 글자랍니다.

喝
꾸짖을 · 성난소리 **갈**
(口-총12획)

· **恐喝**(공갈): 꾸짖어서 두렵게 함.
· **喝采**(갈채): 큰소리로 호응함.

立 설 립, 曷 그칠 갈

서(立) 있지 못하고 그쳐(曷) 앉아 버릴 때는 힘이 다한 것이라는 뜻의 글자랍니다.

竭
다할 **갈**
(立-총14획)

· **竭力**(갈력): 힘을 다함.
· **竭忠報國**(갈충보국): 충성을 다하여 나라의 은혜에 보답함.

褐
털옷·굵은베옷 **갈**
(衣-총14획)

衤 옷 의, 曷 그칠 갈

옷(衤)을 오래도록 그치지(曷) 않고 입을 수 있는 것
은 털옷이나 굵은 베옷이라는 뜻의 글자랍니다.

· **褐衣**(갈의): 털옷.
· **褐色**(갈색): 거무스름한 주황
색.

勘
정할·마감할·감당할 **감**
(力-총11획)

甚 더할·심할 심, 力 힘 력

힘(力)이 더한(甚) 사람이 정할 수 있다는 뜻이지요.
무슨 일이든 힘이 더 많은 사람의 뜻대로 일이 결정된
다는 뜻의 글자랍니다. 또한 일이 결정이 되면 결정을
위한 시간이 마감이 되는 것이며, 어떤 일을 마감을 했
다는 것은 그 일을 감당을 했다는 말이기도 하답니다.

· **磨勘**(마감): 일을 마침.
· **勘當**(감당): 일을 헤아려 마감
함.

堪
견딜 **감**
(土-총12획)

土 흙·땅 토, 甚 더할 심

땅(土)은 아무리 무거운 것을 더해(甚) 놓아도 잘 견
딘다는 뜻의 글자랍니다.

· **堪耐**(감내): 참고 견딤.
· **堪當**(감당): 맡은 일을 견뎌냄.

瞰
내려다볼 **감**
(目-총17획)

目 눈 목, 敢 과단성있을·용감할 감

과단성 있게(敢) 보이는 눈(目)은 내려다볼 때라는
뜻이지요. 사람이 아래로 내려다 볼 때는 마음에 여유
가 있고 결단력이 있어 보인다는 뜻이랍니다.

· **瞰臨**(감림): 높은 곳에서 아래
로 내려다보면서 임함.
· **瞰下**(감하): 내려다 봄.

柑
귤·감자 **감**
(木-총9획)

木 나무 목, 甘 달 감

나무(木)에서 단맛(甘)이 나는 열매는 귤이라는 뜻이
며, 또한 식물의 뿌리에서 단맛이 나는 곡물은 감자라
는 뜻의 글자랍니다.

· **柑果**(감과): 감귤.
· **柑皮**(감피): 귤의 껍질.

疳 감질 **감** (疒-총10획)	疒 병 녁, 甘 달 감 어린아이가 단(甘) 음식을 많이 먹어서 생기는 병(疒)은 감질병이라는 뜻의 글자랍니다.	·疳病(감병): 어린 젖먹이나 아이가 걸리는 병으로 얼굴이 누렇게 뜨고, 몸이 여위며, 영양 장애나 만성 소화불량 증세 따위가 나타남. ·疳疾(감질): 한없이 먹고 싶어 하거나 갖고 싶어 하는 욕구를 조절하지 못하는 병.
紺 감색 **감** (糸-총11획)	糸 실 사, 甘 달 감 달게(甘) 익은 과일은 누구나가 좋아하듯이, 실(糸)이 어디에도 잘 어울릴 것 같은 느낌을 주는 색은 감색이라는 뜻의 글자랍니다.	·紺色(감색): 검은빛을 띤 짙은 청색(남색). ·紺靑色(감청색): 짙은 청색.
匣 상자 **갑** (匚-총7획)	匚 상자 방, 甲 으뜸 갑 으뜸(甲)으로 감추려고 상자(匚) 속에 넣어 둔다는 뜻의 글자랍니다. 상자는 뚜껑이 있어서 물건을 잘 감추어 주는 역할을 한다는 뜻이지요.	·匣匲(갑렴): 빗을 넣어 두는 경대.
閘 수문·물문 **갑** (門-총13획)	門 문 문, 甲 으뜸 갑 문(門) 중에서도 으뜸(甲)으로 만들어져야 하는 문은 수문이라는 뜻의 글자랍니다. 수문은 조금이라도 빈틈이 있으면 물이 새어나가기 때문이랍니다.	·閘門(갑문): 물을 통제하는 수문.
慷 강개할 **강** (心-총14획)	忄 마음심변, 康 튼튼할·편안할 강 마음(忄)이 튼튼하게(康) 보일 때는 강개할 때라는 뜻의 글자랍니다.	·慷慨(강개): 의기가 북받치어 분개함.

糠 겨 강 (米-총17획)	米 쌀 미, 康 튼튼할·편안할 강 쌀(米)을 편리하게(康) 다룰 수 있는 것은 껍질인 겨가 있기 때문이라는 뜻의 글자랍니다.	·糠粥(강죽): 겨로 된 죽. ·糟糠之妻(조강지처): 힘들 때 고생을 함께 한 아내.
薑 생강 강 (艹-총17획)	艹 초두밑, 畺 경계·굳셀 강 굳세게(畺) 보이는 풀(艹)은 생강이라는 뜻의 글자랍니다.	·薑汁(강즙): 생강즙.
腔 속빌 강 (肉-총12획)	月 달 월(몸·세월), 空 빌 공 먹지 못해 몸(月)속이 비어 있을(空) 때는 속이 비어 있다고 말합니다.	·口腔(구강): 입속의 공간.
芥 겨자·티끌 개 (艹-총8획)	艹 풀 초, 介 끼일 개 풀(艹)잎에 끼일(介)만큼 티끌같이 작은 씨는 겨자씨라는 뜻의 글자랍니다.	·芥屑(개설): 먼지, 부스러기. ·芥子(개자): 겨자.
箇 낱 개 (竹-총14획)	竹 대 죽, 固 굳을 고 대나무(竹)의 굳은(固) 마디는 낱개로 되어 있다는 뜻의 글자랍니다.	·箇箇(개개): 낱낱이.

凱

즐길 · 이길 개
(几-총12획)

豈 일찍 · 어찌 기, 几 안석 궤(자리)

일찍(豈)부터 자리(几)를 잡고 즐겁게 논다는 뜻이지요. 소풍을 가서 놀 자리를 일찍 잡으니 기분이 좋아 즐겁게 논다는 뜻이랍니다. 또한 즐거울 때는 승리하여 이겼을 때라는 뜻에서 '이길 개'라고도 합니다.

- 凱旋(개선): 전쟁에서 이기고 돌아옴.
- 凱歌(개가): 전쟁에서 이기고 즐겁게 부르는 노래.

愾

성낼 개
(心-총13획)

忄 마음심변, 氣 기운 기

기(氣)가 찰 때의 마음(忄)은 성이 날 때라는 뜻의 글자랍니다.

- 愾憤(개분): 크게 성냄.
- 愾然(개연): 성을 내는 모양.

漑

물댈 개
(水-총14획)

氵 물수변, 食 먹을 식, 旡 숨막힐 기

먹을(食) 물(氵)이 없어 숨이 막힐(旡) 지경이니 빨리 물을 대어 준다는 뜻의 글자랍니다.

- 漑灌(개관): 물을 댐.
- 漑畓(개답): 논에 물을 댐.

羹

국 · 미음 갱
(羊-총19획)

羔 염소 고, 美 좋을 · 아름다울 미

염소(羔)를 맛이 좋게(美) 먹으려고 국을 끓인다는 뜻의 글자랍니다.

- 羹汁(갱즙): 국물.

倨

거만할 거
(人-총10획)

亻 사람인변, 居 거할 · 앉을 거

앉아만(居) 있고 함께 하지 않는 사람(亻)은 거만하게 보인다는 뜻의 글자랍니다. 사람은 다른 사람들과 함께 보조를 맞추어 인사도 하고 일도 해야 남의 기분을 상하지 않게 한다는 뜻이지요.

- 倨慢(거만): 예의 없이 오만함.

渠
도랑·개천 **거**
(水-총12획)

氵 물수변, 巨 클 거, 木 나무 목

큰(巨) 빗물(氵)도 나무(木)가 빨아들이니 도랑이나 개천 물밖에 안 된다는 뜻의 글자랍니다.

· 渠水(거수): 도랑이나 개천물.
· 渠堰(거언): 개천과 둑.

醵
거둘·술추렴 **거**
(酉-총20획)

酉 닭 유(술·다스하다), 豦 원숭이 거

원숭이(豦)는 술(酉)을 추렴하여 마실 수 있다는 뜻이지요. 원숭이는 사람처럼 손을 사용하므로 술잔을 손으로 들고 받아 마실 수 있다는 뜻이랍니다.

· 醵出(거출): 돈이나 물건을 추렴하여 거두어 냄.

腱
힘줄 **건**
(肉-총13획)

月 달 월(몸·세월), 建 세울 건

몸(月)을 세우는(建) 것은 힘줄이라는 뜻의 글자랍니다.

· 腱反射(건반사): 힘줄의 기계적 자극에 따라 생기는 근육의 구부리고 펴는 작용.

巾
수건 **건**
(巾-총3획)

冂 멀 경, 丨 뚫을 곤(이어주다)

먼(冂) 곳까지 이어주는(丨) 것은 수건이라는 뜻이지요. 수건은 선물로써 먼 곳에 있는 사람에게도 전할 수 있는 것이라는 뜻의 글자랍니다.

· 頭巾(두건): 머리에 쓰는 수건, 또는 남자 상제(喪祭)가 상중에 머리에 쓰는 베로 된 모자.

虔
경건할·정성 **건**
(虍-총10획)

虍 호피무늬 호(범), 文 글월 문

범(虍)같은 사람도 글(文)을 가르쳐서 경건하게 만든다는 뜻이지요. 또한 경건해지려면 정성스러워야 한다는 뜻에서 '정성 건'이라고도 합니다.

· 敬虔(경건): 공경하고 정성됨.

劫
위협할 · 겁탈할 · 겁 **겁**
(力-총7획)

去 갈 거, 力 힘 력

힘(力)으로 가게(去) 만들 때는 위협하기 때문이라는 뜻이지요. 또한 위협하여 빼앗는 것을 겁탈한다는 뜻에서 '겁탈할 겁'이라고도 한답니다.

· 劫奪(겁탈): 위협하여 빼앗음.
· 永劫(영겁): 불교에서 말하는 영원한 세월. 팔만 사천 년의 20배는 1소급, 1소급의 20배는 1중급, 1중급의 20배는 1대급이라 부름.

怯
겁낼 **겁**
(心-총8획)

忄 마음심변, 去 갈 거

가고(去) 싶은 마음(忄)은 겁이 나기 때문이라는 뜻이지요. 사람이 무서운 것을 만나면 그곳을 벗어나고 싶어 한다는 뜻의 글자랍니다.

· 怯劣(겁렬): 겁이 많고 졸렬함.
· 卑怯(비겁): 떳떳하지 못하고 겁을 냄.

偈
쉴 · 글귀 **게**
(人-총11획)

亻 사람인변, 曷 그칠 · 어찌 갈

사람(亻)이 하던 일을 그치고(曷) 쉰다는 뜻이지요. 또한 글을 읽을 때도 쉬어 가며 읽는다는 뜻에서 '글귀 게'라고도 합니다.

· 偈頌(게송): 불교의 큰스님들이 열반에 들기 전에 제자들에게 남기는 공부를 위한 글귀.

檄
격문 · 격서 **격**
(木-총17획)

木 나무 목, 敫 노래할 교

나무(木) 젓가락을 두드리며 흥겹게 노래하던(敫) 생활이 그치는 것은 격문이 붙었기 때문이라는 뜻의 글자랍니다.

· 檄文(격문): 사람들을 선동하거나 어떤 사실을 백성들에게 널리 알려 사람들의 의분심(義憤心)을 고취하여 분기(奮起)시키려는 목적에서 쓴 글.

膈
명치 **격**
(肉-총14획)

月 달 월(몸 · 세월), 鬲 솥 · 오지병 격

몸(月)에서 오지병(鬲)처럼 생긴 위장의 입구부위에 명치가 있다는 뜻의 글자랍니다.

· 膈痰(격담): 명치 부위에서 생기는 가래.

覡
박수 격
(見－총14획)

巫 무당 무, 見 볼 견

보기(見) 어려운 무당(巫)은 남자무당인 박수라는 뜻이지요. 무당은 주로 여자가 많기 때문에 남자무당은 쉽게 볼 수가 없답니다.

· 覡巫(격무): 남자무당.

譴
꾸짖을 견
(言－총21획)

言 말씀 언, 遣 쫓을 · 보낼 견

쫓아가며(遣) 말(言)을 할 때는 꾸짖을 때라는 뜻이지요. 어린 자식이 말을 듣지 않고 도망을 가면 부모는 쫓아가서라도 꾸짖는다는 뜻이랍니다.

· 譴罰(견벌): 꾸짖고 벌을 줌.
· 譴責(견책): 잘못에 대해 꾸중함.

鵑
두견새 견
(鳥－총18획)

月 요동할 연, 鳥 새 조

요동할(月) 때마다 쉬지 않고 우는 새(鳥)는 두견새라는 뜻의 글자랍니다. 두견새는 밤낮을 가리지 않고 잘 우는 새랍니다.

· 鵑鳥(견조): 두견새.
· 鵑雀(견작): 두견새와 참새.

繭
고치 견
(糸－총19획)

艹 초두밑(풀), 糸 실 사, 冂 멀 · 빌 경, 虫 벌레 충, 丨 세울 곤(이어주다)

먼(冂) 옛날부터 풀(艹)잎 같은 뽕잎을 먹으며, 실(糸)을 만들어 이어주는(丨) 벌레(虫)는 고치라는 뜻의 글자랍니다.

· 繭絲(견사): 누에고치와 실.
· 繭紬(견주): 누에고치에서 뽑은 실로 짠 비단.

憬
동경할 경
(心－총15획)

忄 마음심변, 景 경치 · 빛 경

마음(忄)속에 경치(景)를 생각하며 떠올릴 때는 동경할 때라는 뜻의 글자랍니다.

· 憧憬(동경): 마음속으로 그리워하여 순수하게 떠오르는 생각.

鯨
고래 경
(魚-총19획)

魚 물고기 어, 京 클·서울 경

큰(京) 물고기(魚)는 고래라는 뜻의 글자랍니다. 고래는 물고기 중에서 가장 크다는 뜻이지요.

· 捕鯨(포경): 고래를 잡음.
· 鯨肉(경육): 고래고기.

勁
군셀 경
(力-총9획)

巠 물줄기 경, 力 힘 력

물줄기(巠)처럼 힘(力)이 있으니 군세다는 뜻의 글자랍니다. 물줄기는 계곡에서부터 바다에 이르기까지 끊어지지 않고 군세게 이어져 있다는 뜻이랍니다.

· 勁力(경력): 군센 힘.
· 勁軍(경군): 강한 군사.

莖
줄기 경
(艸-총11획)

艹 초두밑(풀), 巠 물줄기 경

풀(艹)에서 물줄기(巠)처럼 이어주는 부분은 줄기라는 뜻의 글자랍니다.

· 莖根(경근): 줄기와 뿌리.

痙
심줄땅길·중풍 경
(疒-총12획)

疒 병 녁, 巠 물줄기 경

물줄기(巠)같은 심줄에 생긴 병(疒)은 심줄이 땅기는 증세를 나타낸다는 뜻이랍니다. 심줄이 땅기는 증세가 오면 중풍에 잘 걸린다는 뜻에서 '중풍 경'이라고도 합니다.

· 痙攣(경련): 심줄이 땅기며 근육이 발작적으로 수축되기를 반복하는 증세.

脛
정강이·종아리 경
(肉-총11획)

月 달 월(몸·세월), 巠 물줄기 경

몸(月)에서 물줄기(巠)처럼 긴 모양을 한 부분은 정강이라는 뜻이지요. 또한 정강이 뒷부분은 종아리라는 뜻에서 '종아리 경'이라고도 한답니다.

· 脛衣(경의): 정강이까지 닿는 바지.

頸

목 경
(頁−총16획)

至 물줄기 경, 頁 머리 혈

머리(頁)와 연결된 물줄기(至) 같은 부분은 목이라는 뜻의 글자랍니다.

· 脛骨(경골): 목뼈.
· 頸筋(경근): 목 근육.

梗

대개・곧을 경
(木−총11획)

木 나무 목, 更 지날・다시 갱

나무(木)는 해가 지나도(更) 대개는 곧게 자란다는 뜻의 글자랍니다.

· 梗概(경개): 소설이나 희곡 따위의 대강의 줄거리.
· 梗正(경정): 곧고 바름.

磬

경석 경
(石−총16획)

殸 소리 성(聲의 古字), 石 돌 석

돌(石)로써 악기의 소리(殸)가 나도록 만든 것은 경석이라는 뜻의 글자랍니다.

· 磬鐘(경종): 돌로 만든 경과 쇠로 만든 종.

悸

두려울 계
(心−총11획)

忄 마음, 季 계절 계

계절(季)이 바뀌면 마음(忄)속에 두려움이 생긴다는 뜻이지요, 날씨가 추운 겨울로 계절이 바뀌면 의식주에 대한 걱정이 앞선다는 뜻이랍니다.

· 悸病(계병): 겁이 많아 가슴이 두근거리는 병.

痼

고질 고
(疒−총13획)

疒 병 녁, 固 굳을 고

병(疒)이 오래되어 굳어(固) 버린 병은 고질병이라는 뜻의 글자랍니다.

· 痼疾(고질): 오래되어 고치기가 어려운 병.

辜

죄 · 허물 · 반드시 **고**
(辛-총12획)

古 옛 고, 辛 매울 신

옛날(古)에는 매운(辛) 고춧가루를 먹여서 죄를 지은 사람에게 반드시 벌을 주었다는 뜻의 글자랍니다.

- **辜**榷(고각): 혼자만 이익을 독점하는 판매 행위.
- **辜**月(고월): 음력 2월. 음력 2월은 새로운 양의 기운이 생기는 달이므로 지난날의 허물을 고치고 새롭게 시작하는 달을 의미함.

錮

땜질할 **고**
(金-총16획)

金 쇠 금, 固 굳을 고

쇠(金)를 이어 붙여서 굳도록(固) 만드는 것은 땜질한다는 뜻의 글자랍니다.

- 禁**錮**(금고): 형벌을 다른 방법으로 땜질하듯이 받는 자유형의 한 가지.

叩

두드릴 **고**
(口-총5획)

口 입 구(사람 · 말하다), 卩 병부 절(벼슬)

사람(口)이 벼슬(卩)을 하기 위하여 시험의 관문을 두드린다는 뜻이지요.

- **叩**門(고문): 문을 두드림.

呱

울 **고**
(口-총8획)

口 입 구(말하다 · 사람), 瓜 오이 과

오이(瓜)처럼 축 늘어져 말(口)을 할 때는 울 때라는 뜻의 글자랍니다.

- **呱**呱(고고): 우는 소리.

拷

고문할 **고**
(手-총9획)

扌 손수변, 考 생각할 고

생각하며(考) 손(扌)을 사용할 때는 고문할 때라는 뜻의 글자랍니다. 고문을 할 때는 상대가 숨김없이 말을 털어놓도록 손으로 상대에게 고통을 주는 정도를 조절한다는 뜻이랍니다.

- **拷**問(고문): 사실대로 말하도록 고통을 주며 질문함.
- **拷**打(고타): 고문하며 때림.

敲
두드릴 고
(攴-총14획)

高 높을 고, 攴 칠 복

북을 칠(攴) 때는 손을 높이(高) 들고 힘차게 두드린 다는 뜻의 글자랍니다.

· 敲鼓(고고): 북을 두드림.

膏
기름 · 고약 고
(肉-총14획)

高 높을 고, 月 달 월(몸 · 세월)

몸(月)에 기름기가 많아서 종기가 생겨 피부가 높이 (高) 부어오르면 고약을 바른다는 뜻의 글자랍니다.

· 膏藥(고약): 종기에 바르는 치 료약.
· 膏粱(고량): 기름진 고기와 밥.

袴
바지 고 · 사타구니 **과**
(衣-총11획)

衤 옷 의, 夸 아첨할 · 사치할 · 큰체할 과

옷(衤)을 사치스럽게(夸) 보이려고 바지로 만든다는 뜻이지요. 치마보다는 바지를 더 많은 노력을 기울여 만드는데, 이는 사치스럽게 보이려고 만들기 때문이랍 니다.

· 袴衣(고의): 바지, 남자의 여름 홑바지.

股
다리 고
(肉-총8획)

月 달 월(몸 · 세월), 殳 칠 수(창 · 몽둥이)

몸(月)에서 몽둥이(殳)처럼 생긴 부분은 다리라는 뜻 의 글자랍니다.

· 股肱(고굉): 다리와 팔.
· 股慄(고율): 두려워 다리가 떨 림.

梏
수갑 곡
(木-총11획)

十 열 십(많다), 人 사람 인, 牛 소 우, 口 입 구(사람 · 말 하다 · 둥글다)

많은(十) 사람(人)을 소(牛)처럼 끌고 가려고 둥근 (口) 모양의 수갑을 손목에 채운다는 뜻의 글자랍니 다.

· 梏亡(곡망): 자유를 속박 당함.
· 梏桎(곡질): 수갑과 족쇄.

鵠
고니 곡
(鳥-총18획)

告 알릴 고, 鳥 새 조

눈에 잘 띄어 알려진(告) 새(鳥)는 고니라는 뜻이지요. 고니는 털의 색깔이 흰색이고 부리는 노란색이므로 사람의 눈에 잘 띈다는 뜻이랍니다.

· 鵠髮(곡발): 백조처럼 머리털이 흰 머리.

昆
형・언니・다 곤
(日-총8획)

日 해・날 일, 比 견줄・비교 비

날(日)의 시간은 비교(比)해도 다같이 24시간씩이며, 한 시간이라도 일찍 태어난 사람은 형이며 언니라는 뜻의 글자랍니다.

· 昆蟲(곤충): 모든 벌레.

棍
곤장・몽둥이 곤
(木-총12획)

木 나무 목, 昆 다 곤

다(昆) 같은 크기의 나무(木)로 곤장을 만든다는 뜻의 글자랍니다. 죄를 지은 죄인의 엉덩이를 내려치는 곤장은 크기가 같아야 여러 사람에게 공평하게 벌을 줄 수가 있다는 뜻이지요. 또한 곤장은 몽둥이 같다는 뜻에서 '몽둥이 곤'이라고도 한답니다.

· 棍杖(곤장): 죄인의 엉덩이를 내려치는 몽둥이.
· 棍棒(곤봉): 몽둥이처럼 생긴, 손가락에 끼워서 하는 운동기구의 하나.

袞
곤룡포・임금의옷 곤
(衣-총11획)

衣 옷 의, 八 여덟 팔(사방팔방・높다), 口 입 구(사람・말하다)

높은(八) 사람(口)이 입는 옷(衣)은 곤룡포라는 뜻이지요. 곤룡포는 임금처럼 높은 사람의 옷이랍니다.

· 袞龍袍(곤룡포): 임금이 시무복으로 입던 정복(正服). 곤복(袞服) 또는 용포(龍袍)라고도 함.

汨
다스릴・골몰할 골
(水-총7획)

氵물수변, 日 해 일

해(日)는 물(氵)을 다스린다는 뜻의 글자랍니다. 해는 물을 증발시키므로 물을 다스린다는 뜻이지요. 또한 잘 다스리기 위해 골몰하게 생각한다는 뜻에서 '골몰할 골'이라고도 한답니다.

· 汨沒(골몰): 한곳에 정신을 집중함.

拱
이름 · 팔짱낄 **공**
(手-총9획)

扌 손수변, 共 함께 공

손(扌)을 함께(共) 모으며 한 아름의 꽃을 안는다는 뜻이지요. 또한 아름으로 손을 모으며 팔짱을 낀다는 뜻의 글자랍니다.

· 拱木(공목): 한 아름이나 되는 나무.
· 拱手(공수): 두 손을 겹쳐 모아 행하는 절. 길사(吉事) 때 남자는 왼손을 위에 포개고 흉사(凶事) 때는 오른손을 위에 포개는데 여자는 그 반대로 행함.

鞏
묶을 · 단단할 · 굳을 **공**
(革-총15획)

工 장인 공(만들다), 凡 대개 범, 革 가죽 혁

가죽(革)으로 만들어지는(工) 아교는 대개(凡) 접착제로 사용하여 물질을 묶은 것처럼 단단하게 굳힌다는 뜻의 글자랍니다.

· 鞏固(공고): 군고 튼튼함.

顆
덩어리 · 낱알 **과**
(頁-총17획)

果 과실 과, 頁 머리 혈

과실(果)이 머리(頁)만하니 덩어리라 부른다는 뜻이지요. 또한 덩어리의 작은 모양은 낱알처럼 생겼다는 뜻에서 '낱알 과'라는 뜻이기도 하답니다.

· 顆粒(과립): 낱개의 입자.

廓
둘레 **곽** · 넓을 **확**
(广-총14획)

广 집 엄(집 · 장소 · 덮다), 郭 성곽 · 둘레 곽

성곽(郭)이 있는 집(广)은 넓고 크다는 뜻의 글자랍니다.

· 廓地(곽지): 크고 넓은 집.
· 廓大(확대): 넓고 큼. 확대(擴大)는 크게 넓힌다는 뜻.

槨
덧관 · 덧널 **곽**
(木-총15획)

木 나무 목, 郭 둘레 · 성곽 곽

관의 둘레(郭)를 감싸는 또 다른 나무(木)판자는 '덧관'이라고 한다는 뜻의 글자랍니다.

· 槨柩(곽구): 덧관.

藿
콩 · 콩잎 **곽**
(艹-총20획)

艹 초두밑, 雨 비 우, 亠 뜻없는토 두(上의 古字로 해석),
住 머무를 주

위(亠)로 자라면서 머무르는(住), 비(雨)의 글자 모양을 한 식물(艹)은 콩이라는 뜻이랍니다.(雨는 마치 콩이 나무에 달린 모양입니다.)

· 藿羹(곽갱): 콩이나 콩잎을 넣고 끓인 국.

棺
널 **관**
(木-총12획)

木 나무 목, 官 벼슬 · 관청 관

나무(木)가 벼슬(官)한 것처럼 대우를 받을 때는 관으로 사용될 때라는 뜻이요, 사람이 죽은 시체를 넣는 관은 아주 귀하게 취급된다는 뜻의 글자랍니다.

· 入棺(입관): 시체를 관속으로 넣음.
· 石棺(석관): 돌로 만든 관.

灌
물댈 **관**
(水-총21획)

氵 물수변, 雚 황새 관

황새(雚)가 물(氵)을 마실 때는 물을 대는 것 같다는 뜻이지요. 황새의 부리는 길게 생겼으므로, 물을 마실 때를 보면 마치 긴 호스로 물을 대어 주는 것 같다는 뜻의 글자랍니다.

· 灌漑水路(관개수로): 물을 대어 주는 수로

刮
깎을 · 긁을 · 닦을 **괄**
(刀-총8획)

舌 혀 설, 刂 칼 도

혀(舌)나 칼(刂)은 깎는 일도 한다는 뜻이요, 혀는 말로써 남의 명예를 깎아내리고, 칼은 과일의 껍질을 깎거나 나무를 조각하여 깎을 때 사용된다는 뜻이랍니다. '비빌 괄'로도 쓰입니다.

· 刮摩(괄마): 갈고 닦음.
· 刮目相對(괄목상대): 눈을 비비고 상대를 봄.

括
맺을 · 묶을 **괄**
(手-총9획)

扌 손수변, 舌 혀 설

손(扌)이나 혀(舌)는 사용할 때 맺음을 잘해야 한다는 뜻이요, 즉 일을 하거나 말을 할 때는 분명하게 해야 한다는 뜻입니다. 또한 맺는다는 말은 묶어서 연결한다는 뜻이므로 '묶을 괄'이라고도 한답니다.

· 括弧(괄호): 글을 하나로 묶는 부호
· 包括(포괄): 하나로 싸 묶음.

胱
방광·오줌통 광
(肉-총10획)

月 달 월(몸·세월), 光 빛 광

몸(月)에서 빛(光)을 보지 못하고 오줌이나 처리하는 오줌통은 방광이라는 뜻의 글자랍니다.

· 膀胱(방광): 몸속에 있는 두 개의 오줌통.
· 膀胱炎(방광염): 방광에 생기는 염증.

匡
도울·바를 광
(匚-총6획)

匚 상자 방(일정한 구역), 王 임금 왕

임금(王)은 일정한 구역(匚)인 나라를 책임지고 백성을 돕고 질서를 바로 잡아야 한다는 뜻의 글자랍니다.

· 匡正(광정): 바르게 함.
· 匡濟(광제): 백성을 구제함.

壙
들 광
(土-총18획)

土 땅 토, 廣 넓을 광

넓은(廣) 땅(土)은 들판이라는 뜻의 글자랍니다.

· 壙野(광야): 넓은 들판.

曠
넓을·빌·밝을 광
(日-총19획)

日 해 일, 廣 클·넓을 광

큰(廣) 해(日)는 넓고 빈 하늘에서 밝게 비친다는 뜻의 글자랍니다.

· 曠日(광일): 밝은 태양.

卦
점괘 괘
(卜-총8획)

圭 서옥 규, 卜 점 복

서옥(圭)을 굴리며 점(卜)을 봐도 점괘가 나온다는 뜻의 글자랍니다.

· 占卦(점괘): 점을 쳐서 나오는 괘.

罫
바둑판선 · 줄 **괘**
(罒–총13획)

罒 그물 망(법 · 그물), 卦 점괘 괘

점괘(卦)를 보는 그물(罒)같이 생긴 것은 바둑판의 선이라는 뜻이지요. 점을 칠 때 바둑판 위에 돌을 던져 놓고 돌이 있는 위치의 선을 보고 점을 친다는 뜻이랍니다.

· 罫線(괘선): 종횡(縱橫)으로 그은 선
· 罫中(괘중): 바둑판의 중심.

乖
어그러질 **괴**
(丿–총8획)

千 일천 · 많을 천, 北 북녘 북 · 달아날 배

많은(千) 사람들이 하던 일을 그만두고 달아나면(北) 일이 어그러진다는 뜻이랍니다.

· 乖僻(괴벽): 어그러지고 궁벽함.
· 事乖(사괴): 일이 꼬이고 어그러짐.

魁
괴수 **괴**
(鬼–총14획)

鬼 귀신 귀, 斗 말 두

귀신(鬼)처럼 무섭게 생긴 사람이 말(斗)술을 마시며 정신 나간 행동을 하니 괴수라는 뜻의 글자랍니다.

· 魁首(괴수): 악한 짓을 일삼는 무리의 우두머리.

拐
유괴할 · 속일 **괴**
(手–총8획)

扌 손수변, 另 다를 령

손(扌)으로 다른(另) 곳으로 납치하는 것은 유괴하는 것이며, 유괴할 때는 속이는 말을 한다는 뜻에서 '속일 괴'라고도 한답니다.

· 誘拐(유괴): 속이는 말로 꾀어서 다른 곳으로 납치하는 파렴치한 행위.

宏
클 **굉**
(宀–총7획)

宀 집 면, 厷 둥글 굉

둥근(厷) 지구는 집(宀) 중에서 가장 크다는 뜻의 글자랍니다.

· 宏大(굉대): 굉장히 큼.
· 宏壯(굉장): 크고 씩씩함.

肱
팔뚝 굉
(肉–총8획)

月 달 월(몸 · 세월), 厶 둥글 굉

몸(月)에서 둥글게(厶) 근육의 알통이 생기는 부분은 팔뚝이라는 뜻이랍니다.

· 肱股(굉고): 팔과 다리.

轟
수레소리 · 울릴 굉
(車–총21획)

車 수레 거

수레(車)가 빽빽하게 지나가니 수레 소리가 크게 울린다는 뜻의 글자랍니다. 옛날에 포장이 안 된 도로는 수레바퀴가 굴러갈 때에 많은 시끄러운 소리가 났다는 뜻이랍니다.

· 轟音(굉음): 크게 울리는 소리.
· 轟笑(굉소): 크게 웃는 소리.

咬
씹을 · 물 교
(口–총9획)

口 입 구, 交 사귈 교

입(口)이 음식과 사귈(交) 때는 음식을 씹을 때라는 뜻의 글자랍니다.

· 咬裂(교열): 물어뜯음.
· 咬傷(교상): 물린 상처.

狡
교활할 교
(犬–총9획)

犭 큰개 견(짐승), 交 사귈 교

짐승(犭)이 사귈(交) 때는 교활하게 보인다는 뜻이지요. 짐승은 포악하고 사나운 동물이지만 자기보다 강한 놈에게는 친하게 사귀려는 태도를 보이므로 교활하게 보인다는 뜻이랍니다.

· 狡猾(교활): 간사함.
· 狡詐(교사): 교활하게 속임.

皎
흴 교
(白–총11획)

白 흰 · 깨끗할 백, 交 사귈 교

흰색(白)은 깨끗해 보이므로 사귀고(交) 싶게 한다는 뜻의 글자랍니다.

· 皎月(교월): 희고 밝은 달
· 皎鏡(교경): 깨끗한 거울.

蛟
이무기 · 도롱뇽 교
(虫 - 총12획)

虫 벌레 충, 交 사귈 교

하늘을 나는 용이 되지 못하고, 땅 위를 기어 다니는 벌레(虫)들과 사귀듯이(交) 기어 다니며 살아가는 동물은 이무기라는 뜻의 글자랍니다. 이무기는 도롱뇽이라고도 하는데 수양이 부족하여 용이 되지 못한 큰 뱀을 말합니다.

· 蛟龍(교룡): 이무기와 용.
· 蛟蛇(교사): 이무기, 큰 뱀.

喬
높을 교
(口 - 총12획)

夭 일찍죽을 요(죽음), 口 입 구(사람 · 말하다), 冂 멀 경

먼(冂) 옛날에는 죽은(夭) 사람(口)의 묘는 높게 만들었다는 뜻의 글자랍니다. 지금은 평평한 평묘나 납골당에 시신을 안치하지만 옛날에는 묘지를 높게 만들었다지요.

· 喬山(교산): 높은 산
· 喬木(교목): 키가 큰 나무.

嬌
예쁠 교
(女 - 총15획)

女 여자 여, 喬 높을 교

여자(女)가 높게(喬) 생각하는 것은 예쁜 것이라는 뜻이지요. 남자는 예쁜 것보다 씩씩한 것을 높게 평가하지만 여자는 예쁜 것을 더 중요하게 생각한다는 뜻이랍니다.

· 愛嬌(애교): 사랑스럽고 예쁨.
· 嬌態(교태): 예쁜 모양의 태도

轎
가마 교
(車 - 총19획)

車 수레 거, 喬 높을 교

높이(喬) 들고 다니는 수레(車)는 가마라는 뜻의 글자랍니다.

· 轎夫(교부): 가마를 메는 남자.

驕
교만할 교
(馬 - 총22획)

馬 말 마, 喬 높을 교

높은(喬) 말(馬)을 타고 가는 모습은 교만하게 보인다는 뜻의 글자랍니다.

· 驕慢(교만): 예의가 없고 오만함.
· 傲慢(오만): 거만하고 게으름.

攪
흔들 · 어지러울 **교**
(手-총23획)

扌 손수변, 覺 깨달을 각

깨닫지(覺) 못하도록 손(扌)을 흔들어 어지럽힌다는 뜻의 글자랍니다.

· 攪亂(교란): 어지럽도록 혼란스러움.

柩
관 · 널 **구**
(木-총9획)

木 나무 목, ㄷ 상자 방(일정한 구역), 久 오랠 구

나무(木)로 만든 상자(ㄷ)가 썩을 때까지 오래도록(久) 일정한 구역에 있는 것은 관이라는 뜻의 글자랍니다. 널은 관을 보호하기 위해 관의 외부에 있는 또 다른 판자를 말합니다.

· 運柩(운구): 시신을 넣은 관을 운반함.
· 柩衣(구의): 관을 덮는 천

灸
지질 · 뜸 **구**
(火-총7획)

久 오랠 구, 火 불 화

불(火)로 오래도록(久) 지지는 것같이 뜸을 놓는다는 뜻의 글자랍니다.

· 鍼灸(침구): 침과 뜸.

仇
원수 **구**
(人-총4획)

亻 사람, 九 아홉 구 · 많을 규 · 모을 규

많은(九) 사람(亻) 중에는 원수도 있다는 글자랍니다.

· 仇家(구가): 원수의 집.

嘔
토할 **구**
(口-총14획)

口 입 구, ㄷ 상자 방(일정한 구역), 品 물품 품(무더기)

입(口)으로 일정한 구역(ㄷ)에 무더기(品)를 내놓을 때는 토할 때라는 뜻의 글자랍니다.

· 嘔吐(구토): 토함.

嶇
험할 구
(山-총14획)

山 뫼 산, 區 구역 구

산(山)이 있는 구역(區)은 길이 험하다는 뜻의 글자
랍니다.

· 嶇路(구로): 험한 길

毆
때릴 구
(殳-총15획)

區 구역 구, 殳 칠 · 창 수(창 · 몽둥이)

몽둥이(殳)는 일정한 부분의 구역(區)을 때릴 때 쓰
기 좋은 무기라는 뜻의 글자랍니다.

· 毆打(구타): 때리며 침.
· 毆縛(구박): 때려서 묶음.

謳
노래 구
(言-총18획)

言 말씀 언, 區 구역 구

구역(區)마다 통하는 말(言)은 노래라는 뜻이지요 노
래는 세계 공용어라는 말이 있듯이 여러 지방과 나라
에 모두 나 통하는 말이라는 뜻이랍니다.

· 謳歌(구가): 노래를 부름.

軀
몸 구
(身-총18획)

身 몸 신, 區 구역 구

몸(身)은 일정한 구역(區)을 차지하고 살아간다는 뜻
이랍니다.

· 體軀(체구): 신체.

廐
마구간 구
(广-총14획)

广 집 엄, 皀 냄새 · 향내 흡, 旡 숨막힐 기

숨 막힐(旡) 듯한 냄새(皀)가 나는 집(广)은 마구간
이라는 뜻의 글자랍니다. 마구간은 말이 사는 집이므
로 말의 분뇨의 냄새가 코를 찌른답니다.

· 廐舍(구사): 마구간

枸

구기자 구
(木-총9획)

木 나무 목, 句 굽을·글귀 구

나무(木)가 넝쿨로 굽어(句) 보이니 구기자나무라는 뜻의 글자랍니다.

· 枸杞子(구기자): 구기자나무의 열매.

鉤

갈고리 구
(金-총13획)

金 쇠 금, 句 굽을·글 구

쇠(金)를 굽혀서(句) 갈고리를 만든다는 뜻의 글자랍니다.

· 鉤引(구인): 갈고리로 잡아당김.

駒

망아지 구
(馬-총15획)

馬 말 마, 句 글 구

글(句)공부를 하는 선비는 작은 말(馬)인 망아지를 타고 다녔다는 뜻의 글자랍니다. 큰 말은 전쟁을 하는 군사들이 주로 타고 다니고, 작은 말인 망아지는 위험하지가 않아 글공부를 많이 한 벼슬아치들이 타고 다녔다는 뜻입니다.

· 駒馬(구마): 망아지와 말.

垢

때 구
(土-총9획)

土 흙 토, 后 임금 후

임금(后)처럼 흙(土)에서 일을 하지 않는 사람은 흙을 때처럼 생각한다는 뜻의 글자랍니다.

· 垢衣(구의): 때 묻은 옷.
· 脫垢(탈구): 때를 벗김.

寇

도둑 구
(宀-총11획)

宀 집 면, 元 으뜸 원, 攴 칠 복(힘쓰다)

집(宀)에서 으뜸(元)으로 힘쓰는(攴) 사람은 도둑이라는 뜻이지요. 도둑은 남의 집에 들어가서 주인보다도 더 힘쓰니 들키지 않고 돈이나 재물을 훔치게 된다는 뜻이랍니다.

· 寇賊(구적): 도둑.
· 倭寇(왜구): 일본에서 우리나라를 침입하여 노략질을 한 도둑.

衢 네거리 구 (行-총24획)	行 다닐・행할 행, 瞿 두려울・조심할 구 특히 조심해서(瞿) 다녀야(行) 하는 곳은 네거리라는 뜻의 글자랍니다. 네거리는 사방에서 오는 차들 때문에 위험하므로 조심해야 한다는 뜻이랍니다.	・衢街(구가): 사거리.
溝 도랑・개천 구 (水-총13획)	氵 물수변, 冓 짤・쌓을 구 물(氵)이 짜(冓) 만들어 놓은 것은 도랑이나 개천이라는 뜻의 글자랍니다.	・溝渠(구거): 도랑. ・溝水(구수): 도랑물.
矩 모질・곡자 구 (矢-총10획)	矢 화살 시, 巨 클 거 큰(巨) 화살(矢)은 모진 마음이라야 쏠 수 있고, 모진 것처럼 모가 난 자는 곡자(曲子)라는 뜻의 글자랍니다. 큰 화살은 큰 짐승을 완전히 죽이려는 때 사용하므로 모진 마음이라야 하고, 자는 주로 일직선이지만 기역자로 모가 난 모양의 자는 곡자라는 뜻이랍니다.	・矩尺(구척): 기역자 모양의 자.
臼 절구 구 (臼-총6획)	亻 사람인변, 丁 걸다, 一 한 일(모으다) 사람(亻)이 낫으로 걸어(丁) 당겨서 베어 놓은 곡식을 한곳에 모아서(一) 작게 부수는 도구는 절구라는 뜻의 글자랍니다.(그릇 속에 一이 두 개로 나눠진 것은 작게 부서짐을 의미함.)	・臼齒(구치): 어금니.
舅 시아비・장인 구 (臼-총13획)	臼 절구 구, 男 남자 남 절구(臼)에 잘 찧은 쌀로 떡을 해서 드리는 남자(男)는 시아버지나 장인이라는 뜻의 글자랍니다. 농경사회나 유교사회에서 시아버지나 장인은 그 집안의 최고 어른이었으므로 좋은 음식을 만들어 드렸다는 뜻이랍니다.	・舅父(구부): 시아버지. ・姑舅(고구): 시어머니와 시아버지.

鳩
비둘기 구
(鳥-총13획)

九 많을·아홉 구, 鳥 새 조

많이(九) 때를 지어 살아가는 새(鳥)는 비둘기라는 뜻의 글자랍니다.

·鳩舍(구사): 비둘기집.

窘
군색할 군
(穴-총12획)

穴 굴 혈, 君 임금·사내 군

임금(君)이 굴(穴)속으로 들어갈 때는 군색하기 때문이라는 뜻이지요. 전쟁 등의 변란으로 인해 임금이 도피를 하여 굴속으로 피하게 되니 보기에 군색해 보인다는 뜻이랍니다.

·窘塞(군색): 곤란한 형편.

穹
높을·클·하늘 궁
(穴-총8획)

穴 굴 혈, 弓 활 궁

굴(穴)속에서 활(弓)을 쏘면 높고 큰 하늘로 화살을 날릴 수 없다는 뜻의 글자랍니다.

·穹谷(궁곡): 높은 산골짜기.
·穹圓(궁원): 큰 원, 하늘을 의미함.

躬
몸 궁
(身-총10획)

身 몸 신, 弓 활 궁

몸(身)도 활(弓)처럼 튼튼해야 한다는 뜻이랍니다. 활이 튼튼하지 못하여 잘 부러지면 사용할 수가 없는 것처럼, 사람의 몸도 튼튼하지 못하면 하고 싶은 일을 제대로 할 수가 없다는 뜻이랍니다.

·躬犯(궁범): 몸으로 범함.
·躬行(궁행): 몸으로 행함.

倦
게으를 권
(人-총10획)

亻 사람인변, 卷 책·굽을 권

사람(亻)이 책(卷)만 보면 게을러진다는 뜻이지요. 사람은 책도 보고, 수양도 하고, 일도 하고, 운동도 하면서 골고루 실천을 해야 더 활기차고 행복한 삶을 살 수 있다는 뜻의 글자랍니다.

·倦怠(권태): 게으름.

捲
말 · 걷을 · 주먹쥘 권
(手-총11획)

扌 손수변, 卷 굽을 · 책 권

손(扌)을 굽게(卷) 말면 주먹이 쥐어진다는 뜻의 글자랍니다. 또한 종이 같은 것을 말면 걷게 된다는 뜻에서 '걷을 권'이라고도 한답니다.

· 捲簾(권렴): 발을 말아 올림.
· 捲歸(권귀): 거두어 가져감.

眷
돌볼 · 친척 권
(目-총11획)

𢍏 많다, 目 눈 목

눈(目)은 많은(𢍏) 것을 돌봐 준다는 뜻의 글자랍니다. 또한 돌보아 주는 사람은 친척이라는 뜻에서 '친척 권'이라는 뜻이기도 하답니다.

· 眷屬(권속): 친척.
· 眷率(권솔): 돌보며 거느리는 식구.

顴
광대뼈 권
(頁-총27획)

雚 황새 관, 頁 머리 혈

황새(雚)의 머리(頁)에는 광대뼈가 없어 보인다는 뜻이지요, 황새는 부리가 길므로 부리에 비해 광대뼈의 크기는 작다는 뜻의 글자랍니다.

· 顴骨(권골): 광대뼈.

蹶
뛸 · 넘어질 궐
(足-총19획)

足 발 족, 厥 짧을 · 그 궐

발(足)을 짧게(厥) 내밀면 뛸 때 넘어진다는 뜻의 글자랍니다.

· 蹶起(궐기): 뛰듯이 일어남.
· 蹶躓(궐지): 넘어짐.

几
제기 · 안석 · 책상 궤
(几-총2획)

丿 뻗침 별, 乙 새 을

새(乙)들이 뻗쳐(丿) 사는 좋은 나무를 잘라서 책상이나 안석 또는 제기를 만든다는 뜻의 글자랍니다.

· 几席(궤석): 안석과 돗자리.
· 几案(궤안): 책상.

| 机 책상 궤 (木-총6획) | 木 나무 목, 几 안석·책상 궤 나무(木)로 책상(几)을 만든다는 뜻의 글자랍니다. | ·机案(궤안): 책상. |

木 나무 목, 几 안석·책상 궤

나무(木)로 책상(几)을 만든다는 뜻의 글자랍니다.

机
책상 궤
(木-총6획)

·机案(궤안): 책상.

氵 물수변, 貴 귀할 귀

아무리 귀한(貴) 것이라도 물(氵)에 닿으면 빨리 녹이 슬어 무너진다는 뜻의 글자랍니다.

潰
무너질 궤
(水-총15획)

·潰滅(궤멸): 무너져 멸함.
·胃潰瘍(위궤양): 위벽이 헐어서 생긴 상처.

木 나무 목, 匚 상자 방, 貴 귀할 귀

나무(木) 상자(匚)에 귀한(貴) 것을 넣어 가는 것이니 함이라는 뜻의 글자랍니다. 함이란 결혼할 때 남자 측에서 여자 측에 보내는 귀한 예물이므로 상자에 넣어간다는 뜻이랍니다.

櫃
함 궤
(木-총18획)

·櫃櫝(궤독): 궤짝, 나무로 만든 함.
·櫃封(궤봉): 함에 넣어둠.

言 말씀 언, 危 위태할 위

위태롭게(危) 만드는 말(言)은 속이는 말이며, 속일 때는 괴상한 행동도 한다는 뜻의 글자랍니다.

詭
속일·괴상할 궤
(言-총13획)

·詭辯(궤변): 괴상한 말.
·詭詐(궤사): 속임수.

石 돌 석, 圭 서옥 규

서옥(圭)같은 돌(石)은 규소라는 뜻이랍니다. 규소는 8면체의 다이아몬드형의 물질로 반도체로 쓰인답니다.

硅
규소 규
(石-총11획)

·硅素(규소): 석영, 수정 따위에 함유된 원소의 일종.
·硅砂(규사): 석영을 포함한 바위가 분해된 모래로써, 유리의 원료가 됨.

葵
해바라기 규
(艸-총13획)

艹 초두밑(풀·식물), 癶 걸을 발(피어오르다), 天 하늘 천

하늘(天)의 해의 모양처럼 피어오르는(癶) 꽃이 있는 식물(艹)은 해바라기라는 뜻의 글자랍니다.

· 葵花(규화): 해바라기꽃.

逵
길 규
(辶-총12획)

坴 언덕 륙, 辶 갈 착

언덕(坴)으로 가도(辶) 길은 있다는 뜻의 글자랍니다.

· 逵路(규로): 도로

窺
엿볼 규
(穴-총16획)

穴 구멍 혈, 規 법규 규

가정의 법규(規)에 어긋나게 창호지 문에 구멍(穴)을 내어 엿본다는 뜻의 글자랍니다.

· 窺見(규견): 엿봄.

橘
귤나무·귤 귤
(木-총16획)

木 나무 목, 矞 간사할 율

간사하게도(矞) 추운 겨울인데도 따뜻한 제주도에서만 자라는 나무(木)는 귤나무라는 뜻이랍니다.

· 橘柚(귤유): 귤과 유자.
· 橘皮(귤피): 귤 껍질

剋
반드시·이길 극
(刀-총9획)

克 이길 극, 刂 칼 도

이기려고(克) 칼(刂)까지 사용할 때는 반드시 이기겠다는 뜻이지요.

· 下剋上(하극상): 아랫사람이 윗사람을 이김.

隙
틈 극
(阜-총13획)

阝 언덕 부(크다·막다), 兌 벽틈 극

벽틈(兌)을 막아(阝) 틈이 없게 만든다는 뜻의 글자랍니다.

· 隙駒(극구): 달리는 말을 문틈으로 보는 것과 같다. 세월이 지극히 빠름을 비유.

戟
창 극
(戈-총12획)

車 많은 세월, 戈 창 과

창(戈)은 많은 세월(車) 동안 무기로 사용됐다는 뜻이랍니다.

· 刺戟(자극): 창으로 찌름, 충격을 줌.

棘
가시나무 극
(木-총12획)

朿 가시 치

가시(朿)가 많으니 가시나무라는 뜻의 글자랍니다.

· 荊棘(형극): 가시나무, 또는 고난의 길

覲
뵐 근
(見-총18획)

堇 때 근, 見 볼 견

때(堇)에 맞게 보러(見) 가는 것은 뵙는 것이라는 뜻의 글자랍니다. 부모님이나 웃어른에게 매일 문안 인사를 드릴 때는 때에 맞게 뵈어야 한다는 뜻이랍니다.

· 覲見(근현): 뵘, 배알함.

饉
흉년들 근
(食-총20획)

食 먹을·밥 식, 堇 때(時也)·진흙 근

때(堇)가 되어도 먹을(食) 것이 없으니 흉년이 들었다는 뜻의 글자랍니다.

· 饑饉(기근): 흉년으로 주림.

衾
이불 금
(衣-총10획)

今 이제·곧 금, 衣 옷 의

옷(衣)을 벗고 곧바로(今) 이불속으로 들어간다는 뜻의 글자랍니다.

· **衾枕**(금침): 이불과 베개.

擒
사로잡을 금
(手-총16획)

扌 손수변, 禽 날짐승 금

날짐승(禽)을 손(扌)으로 사로잡는다는 뜻의 글자랍니다. 날짐승은 새처럼 날아다니는 짐승을 말하며, 사로잡는다는 말은 산채로 잡는다는 뜻이랍니다.

· **擒生**(금생): 생포함, 산채로 잡음.
· **擒捉**(금착): 사로잡음.

襟
가슴·옷섶 금
(衣-총18획)

衤 옷 의, 禁 금할 금

옷(衤)에서 금해야(禁) 할 부분인 가슴 부분에 달린 것은 옷섶이라는 뜻의 글자랍니다. 옷섶이라, 두루마기나 저고리 등의 깃 아래에 달린 길쭉한 조각으로 옷을 단정하게 입을 수 있게 묶는 줄 같은 것이랍니다. 가슴에 손을 대는 것은 금해야 할 행동이라는 뜻입니다.

· **胸襟**(흉금): 가슴, 또는 가슴속 마음.

扱
취급 급
(手-총7획)

扌 손수변, 及 미칠 급

손(扌)을 미쳐서(及) 취급한다는 뜻이지요. 여기서 미친다는 말은 영향을 준다는 뜻이랍니다.

· **取扱**(취급): 가져서 관리하며 처리함.

汲
물길을 급
(水-총7획)

氵 물수변, 及 미칠 급

물(氵)에 손을 미치게(及) 하여 물을 긷는다는 뜻의 글자랍니다.

· **汲水**(급수): 물을 길음. 급수(給水)는 물을 공급해 줌을 뜻함.

亘
지극할 **긍** · 군셀 **환**
(二-총6획)

一 한 일, 旦 아침 단

아침(旦)에 떠오르는 하나(一)의 해는 지극히 쉬지 않고 군세게 뻗치며 돌아간다는 뜻입니다. 그래서 '뻗칠 긍'으로도 쓰입니다.

- **亘未來**(긍미래): 미래까지 뻗침.
- **亘誠**(긍성): 지극한 정성.

矜
자랑할 · 불쌍히여길 **긍**
(矛-총9획)

矛 창 모, 今 이제 · 곧 · 바로 금

창(矛)이 만들어지면 곧바로(今) 자랑할 거라는 뜻의 글자랍니다. 또한 자랑할 것이 없는 사람을 불쌍히 여긴다는 뜻에서 '불쌍히여길 긍'이라고도 한답니다.

- **矜持**(긍지): 가진 것을 자랑함.
- **矜恤**(긍휼): 불쌍히 여김.

伎
재주 **기**
(人-총6획)

亻 사람인변, 支 지탱할 · 나누어질 지

사람(亻)이 어렵고 험한 세상을 낙오되지 않고 지탱하며(支) 살아가려면 재주가 있어야 된다는 뜻이랍니다.

- **伎倆**(기량): 재주. 기량(技倆)과 같은 뜻.
- **伎巧**(기교): 교묘한 재주.

妓
기생 · 갈보 **기**
(女-총7획)

女 여자 여, 支 나누어질 · 지탱할 지

나누어가며(支) 살아가는 여자(女)는 기생이라는 뜻의 글자랍니다. 보통 여자는 한 남자에게만 몸과 마음을 쓰지만 갈보나 기생은 여러 남자들에게 나누어가며 몸과 마음을 주고 살아간다는 뜻이랍니다.

- **妓生**(기생): 술이나 춤으로 남자들의 흥을 돋우는 여자.
- **娼妓**(창기): 창녀와 기생.

朞
돌 **기**
(月-총12획)

其 그 기, 月 달 월(몸 · 세월)

세월(月)이 흘러 몸이 태어난 그(其) 날이 되면 돌이 돌아왔다고 하는 뜻의 글자랍니다.

- **朞祭祀**(기제사): 매년 돌아오는 제사.

嗜
즐길 기
(口-총13획)

口 입 구(말하다・사람), 耆 늙은이 기

늙은이(耆)는 말하기(口)를 즐긴다는 뜻이지요. 늙은 노인은 몸으로 행동하기는 어려우므로 대신에 말하는 것으로 즐긴다는 뜻이랍니다.

- **嗜**好品(기호품): 즐기며 좋아하는 물품.

崎
산길험할・험할 기
(山-총11획)

山 뫼 산, 奇 기이할 기

기이하게(奇) 생긴 산(山)은 산길도 험하다는 뜻의 글자랍니다.

- **崎**嶇(기구): 산길이 험함, 또는 쉽게 보이지 않음.

畸
뙈기밭・기이할 기
(田-총13획)

田 밭 전, 奇 기이할 기

농지가 정리가 되지 않고 산이나 좁은 땅에 만들어진 기이하게(奇) 생긴 작은 평수의 밭(田)을 뙈기밭이라고 부른다는 뜻의 글자랍니다. 뙈기밭은 기이하게 생겼으므로 '기이할 기'라는 뜻도 있는 글자랍니다.

- **畸**人(기인): 기이한 생각이나 행동을 하는 사람.
- **畸**形(기형): 기이한 모양.

綺
아름다울・비단 기
(糸-총14획)

糸 실 사(실・다스리다), 奇 기이할・뛰어날 기

실(糸)이 기이하게도(奇) 아름답게 생겼으니 비단이라는 뜻의 글자랍니다.

- **綺**羅星(기라성): 비단그물처럼 하늘을 수놓은 아름다운 별.
- **綺**衣(기의): 아름다운 옷, 비단 옷.

杞
구기자 기
(木-총7획)

木 나무 목, 己 몸 기

몸(己)에 좋은 열매의 나무(木)는 구기자라는 뜻의 글자랍니다. 구기자는 한약재로 이용됩니다.

- 枸**杞**(구기): 탱자나무와 구기자나무.
- **杞**茶(기다): 구기자차.

譏

나무랄 기
(言–총19획)

言 말씀 언, 幾 위태할 · 몇개 기

말(言)로써 위태로운(幾) 느낌을 받도록 나무란다는 뜻의 글자랍니다.

- **譏評**(기평): 나무라며 평가함.
- **譏謗**(기방): 나무라듯이 헐뜯음.

羈

굴레 · 구속 기
(罒–총24획)

两 덮을 아, 革 가죽 혁, 馬 말 마

말(馬)의 머리를 가죽(革) 끈으로 덮어(两) 씌워서 구속하여 부려먹기 위한 것이니 굴레라는 뜻의 글자랍니다. 굴레란 말이나 소의 목에서 고삐에 걸쳐 얽어매는 줄로서, 말이나 소를 부려먹기 위해 만든 가죽 끈이랍니다.

- **羈束**(기속): 굴레를 씌움.
- **羈絆**(기반): 굴레를 잡아당기는 줄.

肌

살 기
(肉–총6획)

月 달 월(몸 · 세월), 几 안석(凭坐(빙좌): 의지하여 앉음, 또는 의자) · 책상 · 제기 궤(제사 때 사용하는 음식상)

몸(月)에서 뼈에 의지하는(几) 것은 살이라는 뜻의 글자랍니다.

- **肌膏**(기고): 살갗의 기름.
- **肌骨**(기골): 살과 뼈, 또는 신체.

拮

열심히일할 · 익힐 길
(手–총9획)

扌 손수변, 吉 좋을 · 길할 길

손(扌)을 좋게(吉) 사용하는 때는 열심히 일할 때라는 뜻이지요, 또한 열심히 일하여 기술을 익힌다는 뜻에서 '익힐 길'이라고도 한답니다.

- **拮事**(길사): 열심히 일함.
- **拮技**(길기): 재주를 익힘.

喫

마실 · 먹을 끽
(口–총12획)

口 입 구(말하다 · 사람), 契 맺을 계

입(口)맛으로 맺어진(契) 음식은 마시거나 먹고 싶다는 뜻의 글자랍니다.

- **滿喫**(만끽): 만족하게 먹고 마심.
- **喫煙**(끽연): 담배를 피움.

儺
휘청거릴 · 굿할 **나**
(人-총21획)

亻 사람인변, 難 어려울 난

사람(亻)이 어려운(難) 일이 닥쳐 휘청거리면 역귀를 쫓는 굿을 한다는 뜻의 글자랍니다. 정신이 허약한 사람은 나쁜 귀신이 해를 끼치면 인생이 어렵게 되는 경우가 생기므로 이를 물리치기 위하여 굿을 한다는 뜻이지요. '역귀쫓을 나'로도 쓰입니다.

· 儺儺之聲(나나지성): 귀신을 쫓으려고 굿을 하는 소리.

懦
나약할 **나**
(心-총17획)

忄 마음심변, 需 구할 · 쓸 수

마음(忄)을 너무 많이 쓰면(需) 나약해진다는 뜻이지요. 필요 없는 공상과 망상으로 마음을 쓰면 몸과 정신이 황폐해진다는 뜻이랍니다. 그러므로 수양을 해야 된다는 뜻이지요.

· 懦弱(나약): 힘이 약함.

拏
붙잡을 **나**
(手-총9획)

奴 종 노, 手 손 수

도망가는 종(奴)을 손(手)으로 붙잡는다는 글자랍니다.

· 拏捕(나포): 붙잡음. 나포(拿捕)와 같은 의미.

拿
맞잡을 · 붙잡을 **나**
(手-총10획)

合 합할 합, 手 손 수

손(手)을 서로 합하여(合) 맞잡는다는 뜻의 글자랍니다.

· 拿捕(나포): 붙잡음.
· 拿獲(나획): 잡아서 이득을 봄.

煖
따뜻할 **난**
(火-총13획)

火 불 화, 爰 당길 원

불(火)을 당기니(爰) 따뜻하다는 뜻의 글자랍니다.

· 煖房(난방): 따뜻한 방.

捏
만들 **날**
(手-총10획)

扌 손수변, 日 해 일, 土 흙 토

손(扌)으로 흙(土)을 모양을 갖추어 햇빛(日)에 말리면 그 모양대로 만들어진다는 뜻의 글자랍니다.

· **捏造**(날조): 만듦.

捺
도장찍을 **날**
(手-총11획)

扌 손수변, 大 큰 대, 示 볼 시

손(扌)이 크게(大) 보일(示) 때는 도장을 찍을 때라는 뜻의 글자랍니다. 도장을 찍을 때의 손은 큰 역할을 하는 때라는 뜻이랍니다.

· **捺印**(날인): 도장을 찍음.

衲
기울 · 승복 **납**
(衣-총9획)

衤 옷 의, 內 안 내 · 들일 납

옷(衤)은 안(內)으로 들이며 깁는다는 뜻이지요. 옷을 기울 때는 깁는 부분을 안쪽으로 넣고 기워야 옷의 면이 깨끗해 보이기 때문이랍니다. 또한 기워 입는 옷은 승복이라는 뜻이지요. 승복은 승려들이 입는 옷인데, 승려는 검소하게 절약하며 살아가므로 옷이 떨어지면 버리지 않고 기워서라도 입을 수 있을 때까지 입는다는 뜻이랍니다.

· **衲子**(납자): 승려를 말함. 승복(장삼)을 입은 데서 나온 말.
· **衲皮**(납피): 이런저런 헝겊을 이어 붙여서 만든 이불.

囊
주머니 · 자루 **낭**
(口-총22획)

宀 집 면(집 · 덮다), 一 하나 일(모으다), 品 물건 품, 㠭 많다, 衣 옷 의

많은(㠭) 물건(品)들을 모아(一) 옷(衣)에 넣고 덮을(宀) 수 있는 것이니 주머니라는 뜻의 글자랍니다. 주머니는 자루 같은 역할을 하는 것이므로 '자루 낭'이라고도 한답니다.

· **囊中**(낭중): 주머니 속, 자루 속.
· **囊濕症**(낭습증): 불알 밑이 땀으로 축축해지는 증세.

撚
꼴 **년**
(扌-총15획)

扌 손수변, 然 자연 · 그럴 연

손(扌)으로 자연스럽게(然) 새끼줄을 꼰다는 뜻의 글자랍니다.

· **撚絲機**(연사기): 실을 꼬는 기계.

涅
검은진흙 녈 · 극락 열
(水-총10획)

泪 환할 율, 土 땅 토

환한(泪) 땅(土)은 극락이라는 뜻이지요. 극락의 반대는 물속의 검은 진흙땅이라는 뜻의 글자입니다. 극락은 인간이 죽어서 죄가 없는 영혼이 가는 곳을 뜻하고, 검은 진흙땅은 지옥으로 죄가 큰 영혼이 가는 곳을 뜻하므로 '극락 열'이라고도 합니다.

· 涅墨(날묵): 검은 진흙, 또는 먹.
· 涅槃(열반): 생사의 인연을 떠나 번뇌를 없애고 법신불에 귀의함, 또는 입적(入寂).

弩
쇠뇌 노
(弓-총8획)

奴 종 노, 弓 활 궁

종(奴)처럼 힘이 되어 주는 활(弓)은 쇠뇌라는 뜻이지요. 쇠뇌는 팔에 얹어놓고 쏘는, 총처럼 생긴 활로써 큰 힘을 들이지 않고도 사용할 수 있는 활이랍니다.

· 弩隊(노대): 쇠뇌를 쓰는 군대.
· 弩手(노수): 쇠뇌를 잘 쏘는 사람.

駑
둔할 노
(馬-총15획)

奴 종 노, 馬 말 마

종(奴)과 말(馬)은 둔하면 안 된다는 뜻의 글자랍니다.

· 駑馬(노마): 둔한 말.
· 駑鈍(노둔): 둔함.

膿
고름 농
(肉-총17획)

月 달 월(몸 · 세월), 農 농사 농

농사(農)를 짓다가 몸(月)에 생긴 상처를 빠르게 치료하지 않으면 고름이 생긴다는 뜻의 글자랍니다.

· 膿液(농액): 고름.
· 血膿(혈농): 피고름.

訥
어눌할 · 말더듬을 눌
(言-총11획)

言 말씀 언, 內 안 내

말(言)이 입안(內)에서 제대로 나오지 못하는 이유는 말을 더듬을 경우와 어눌하여 말을 잘못하는 경우라는 뜻의 글자랍니다.

· 訥辯(눌변): 말을 잘하지 못함.
· 訥言敏行(눌언민행): 말은 잘하지는 못하지만 실행은 민첩하게 잘함.

紐
맬·끈 뉴(유)
(糸-총10획)

糸 실 사, 丑 소 축
소(丑)는 실(糸)로 된 끈으로 매어서 끌고 다닌다는 뜻의 글자랍니다.

·紐帶(유대): 띠로 맴, 또는 상호간에 연결함.

匿
숨을 닉
(匸-총11획)

匸 상자 방·감출 혜, 若 만약·만일 약
만약(若)에 대비하여 상자(匸) 속에 숨긴다는 뜻의 글자랍니다.

·隱匿(은닉): 숨김.

簞
소쿠리·대광주리 단
(竹-총18획)

竹 대 죽, 單 홑·오직 단
오직(單) 대나무(竹)로만 만든 소쿠리는 대광주리라는 뜻의 글자랍니다.

·簞瓢(단표): 소쿠리와 바가지.

緞
비단 단
(糸-총15획)

糸 실 사, 段 단계·계단 단
실(糸)을 단계(段)적으로 잘 짠 천은 비단이라는 뜻의 글자랍니다.

·緋緞(비단): 명주실로 짠 피륙의 총칭.
·紬緞(주단): 명주와 비단의 총칭. 명주(明紬)란 명주실로 짠 무늬 없는 비단을 말함.

蛋
알 단
(虫-총11획)

疋 짝 필, 虫 벌레 충
벌레(虫)도 짝(疋)을 만나면 알을 낳는다는 뜻의 글자랍니다.

·蛋殼(단각): 알의 껍데기.
·鷄蛋(계단): 달걀, 계란.

撻
매질할 · 종아리칠 **달**
(手-총16획)

扌 손수변, 達 도달할 · 통달할 달

통달하도록(達) 손(扌)으로 매질을 한다는 뜻의 글자랍니다. 스승이 제자에게 공부를 잘하라고 매를 들고 종아리를 친다는 뜻의 글자랍니다.

· 鞭撻(편달): 채찍으로 때림.
· 楚撻(초달): 스승이나 부모가 매로 자식의 종아리를 때림.

疸
황달 **달**
(疒-총10획)

疒 병 녁, 旦 아침 · 일찍 단

일찍(旦)부터 증상이 나타나는 병(疒)은 황달이라는 뜻이지요. 다른 병들은 오랜 시일이 지나야 증상이 나타나지만, 황달은 걸리면 금세 얼굴색이 누렇게 변한다는 뜻이랍니다.

· 黃疸(황달): 얼굴이나 피부가 누런 황색으로 변하면서 한기를 느끼고 식욕이 감퇴하는 병.

憺
편안할 **담**
(心-총16획)

忄 마음심변, 詹 살펴볼 첨

마음(忄)을 살펴서(詹) 바르게 하면 편안해진다는 뜻의 글자랍니다

· 澹憺(담담): 마음이 맑아서 편안함.

澹
맑을 · 담박할 **담**
(水-총16획)

氵 물수변, 詹 살펴볼 첨

물(氵) 속을 살펴보려면(詹) 물이 맑아야 한다는 뜻의 글자랍니다. 맑은 느낌은 담박하다는 뜻에서 '담박할 담'이라고도 한답니다.

· 澹泊(담박): 맑고 조용함.
· 澹澹(담담): 마음이 요란하지 않고 편안함.

痰
가래 **담**
(疒-총13획)

疒 병 녁, 炎 더울 · 불꽃 염

불(炎)기운이 많아서 생기는 병(疒)에서는 가래가 생긴다는 뜻의 글자랍니다. 인체는 물과 불기운의 조화로 움직이는데, 감기에 걸려 심한 열이 나면 가래가 나온다는 뜻이랍니다.

· 咳痰(해담): 기침과 가래.
· 痰涎(담연): 가래침.

言 말씀 언, 覃 깊을 담

말(言)이 마음속 깊이(覃) 자리 잡을 때는 이야기를 할 때라는 뜻의 글자랍니다.

譚
이야기 **담**
(言-총19획)

· **古譚**(고담): 옛 이야기.

日 해 일, 雲 구름 운

해(日)를 구름(雲)이 가로 막으니 날씨가 흐리다는 뜻의 글자랍니다.

曇
흐릴 **담**
(日-총16획)

· **曇天**(담천): 날씨가 흐림.

辶 갈 착, 罒 그물 망, 氺 물 수

그물(罒)을 통과해 가는(辶) 물(氺)은 잘 뒤섞인다는 뜻의 글자랍니다.

遝
뒤섞일 **답**
(辶-총14획)

· **遝至**(답지): 한곳으로 몰림.

虫 벌레 충, 尙 높을 상, 土 땅·흙 토

흙(土)에서 높이(尙) 떨어진 풀이나 나뭇가지에 사는 벌레(虫)는 사마귀라는 뜻의 글자랍니다.

螳
사마귀 **당**
(虫-총17획)

· **螳螂**(당랑): 사마귀.

尙 높을·오히려 상, 木 나무 목

높이(尙) 받들어지는 나무(木)는 아가위나무라는 뜻의 글자랍니다. 아가위나무는 산사나무 또는 산 앵두나무라고도 하는데, 열매를 소화제 따위의 약재로 이용하는 나무입니다.

棠
아가위나무 **당**
(木-총12획)

· **棠棣**(당체): 산앵두나무.

撞
칠 당
(手-총15획)

扌 손수변, 童 아이 동

아이(童)들이 손(扌)뼉을 치며 노래한다는 뜻의 글자랍니다.

· 撞球(당구): 공끼리 부딪치며 하는 놀이.
· 撞突(당돌): 부딪침.

袋
자루 대
(衣-총11획)

代 대표할 · 대신할 대, 衣 옷 의

옷(衣)은 대표(代)적인 자루라는 뜻이지요. 옷은 몸을 감싸서 보호하는 것이므로 마치 자루의 역할 같은 것이라는 뜻이랍니다.

· 負袋(부대): 짐을 넣는 자루.
· 包袋(포대): 물건을 싸는 자루.

擡
들 대
(手-총17획)

扌 손수변, 臺 돈대 · 집 · 선반 대

선반(臺) 위에 물건을 올리려면 손(扌)으로 들어야 하다는 뜻의 글자랍니다.

· 擡頭(대두): 머리를 듦.

堵
담 도
(土-총12획)

土 흙 토, 者 사람 자

사람(者)은 흙(土)으로 담을 쌓는다는 뜻의 글자랍니다.

屠
죽일 · 잡을 도
(尸-총12획)

尸 주검 시(집 · 죽음), 者 사람 자

사람(者)은 죽이는(尸) 것을 잡는다고 말하기도 한다는 뜻의 글자랍니다.

· 屠狗(도구): 개를 죽임.
· 屠者(도자): 짐승을 죽이는 백정.

睹
볼 도
(目 – 총14획)

目 눈 목, 者 사람 자

사람(者)의 눈(目)은 보는데 이용된다는 뜻의 글자랍니다.

· 睹聞(도문): 보고 들음.
· 直睹(직도): 직접 봄.

賭
걸 · 도박 도
(貝 – 총16획)

貝 재물 패, 者 사람 자

사람(者)은 재물(貝)을 걸고 도박을 한다는 뜻의 글자랍니다.

· 賭博(도박): 재물을 걸고 하는 노름.

搗
찧을 도
(手 – 총13획)

扌 손수변, 島 섬 도

손(扌)으로 섬(島)을 만들 때는 방아를 찧을 때라는 뜻이지요. 방아를 찧을 때는 절구통에 방아질을 하고 나서 가운데 들어간 부분을 메우기 위해 주변의 것을 안으로 다시 모아 가운데를 산처럼 높이게 되니 마치 섬처럼 보인다는 뜻의 글자랍니다.

· 搗精(도정): 곡식을 찧어 껍질을 벗김.
· 搗精所(도정소): 정미소

鍍
도금할 도
(金 – 총17획)

金 금 · 쇠 금, 度 법도 도 · 헤아릴 탁

헤아릴(度) 때 좋게 보이도록 금(金)색으로 도금을 한다는 뜻이랍니다.

· 鍍金(도금): 부식을 방지하고 좋게 보이도록 장식하기 위해 금, 은, 니켈 등을 녹여서 쇠같은 물질의 표면에 발라서 입힘.

掉
흔들 도
(手 – 총11획)

扌 손수변, 卓 높을 탁

손(扌)을 높이(卓) 들어 흔든다는 뜻의 글자랍니다.

· 掉頭(도두): 머리를 흔들음.
· 掉手(도수): 손을 흔들음.

淘
쌀일 · 물흐를 **도**
(水-총11획)

氵 물수변, 勹 쌀 포(감싸다 · 뿔 · 다투다), 缶 장군 부(그릇)

그릇(缶)에 있는 물(氵)로 다툴(勹) 때는 쌀을 일 때라는 뜻이랍니다. 쌀을 일 때의 물은 흐르는 것 같다는 뜻에서 '물흐를 도'라고도 한답니다.

- 淘淸(도청): 맑은 물을 흐르게 하여 깨끗하게 함.
- 淘汰(도태): 쌀을 일어 깨끗하게 함.

萄
포도 **도**
(艸-총12획)

艹 초두밑(풀 · 식물), 勹 쌀 포(감싸다 · 덮다), 缶 장군 부(통그릇)

식물(艹)의 열매를 장군(缶)에 담아 놓고 뚜껑을 덮어(勹) 술을 담아서 먹으니 포도라는 뜻의 글자랍니다.

- 葡萄酒(포도주): 포도가 원료인 술.

淊
큰물 **도**
(水-총13획)

氵 물수변, 舀 긁을 요 · 절구 확

물(氵)이 흘러가면서 땅바닥에 있는 돌이나 모래를 긁어(舀) 내려갈 때는 큰물이 흐를 때라는 뜻의 근자랍니다.

- 淊淊(도도): 큰물이 흐르는 모양.

蹈
밟을 **도**
(足-총17획)

足 발 족, 舀 긁을 요 · 절구 확

절구(舀)질을 하듯 발(足)로써 밟는다는 뜻의 글자랍니다.

- 舞蹈(무도): 춤을 춤.

濤
파도 · 물결 **도**
(水-총17획)

氵 물수변, 壽 목숨 수

목숨(壽)이 있는 물(氵)은 살아서 움직이므로 파도가 치고 물결이 인다는 뜻이랍니다.

- 波濤(파도): 큰 물결.
- 怒濤(노도): 성난 파도.

禱
기도·빌 도
(示-총19획)

示 귀신(신)·볼 시, 壽 목숨 수

신(示)에게 목숨(壽)을 오래 유지하게 해달라고 기도하며 빈다는 뜻의 글자랍니다.

· 祈禱(기도): 신에게 소원을 이루게 해달라고 빎.
· 黙禱(묵도): 조용히 마음속으로 기도함.

瀆
더러울·도랑 독
(水-총18획)

氵 물수변, 賣 팔 매

파는(賣) 물(氵)은 더러우면 안 된다는 뜻이지요. 더러운 물은 도랑물이라는 뜻에서 '도랑 독'이라고도 한답니다.

· 冒瀆(모독): 더럽힘.

禿
모지라질·대머리 독
(禾-총7획)

禾 벼 화(곡식), 儿 어진사람 인(어질다)

벼(禾)가 어질게(儿) 보이도록 껍질을 모지라지게 벗기면 대머리처럼 매끈하다는 뜻의 글자랍니다. 모지라진다는 말은 물건의 끝이 닳아서 반들반들해진다는 뜻이랍니다.

· 禿頭(독두): 대머리.

沌
돌·혼란할 돈
(水-총7획)

氵 물수변, 屯 모일·진칠 둔

모인(屯) 물(氵)을 손으로 돌리면 밑바닥이 혼란스럽게 보인다는 뜻의 글자랍니다. 대야에 물을 모아 놓고 손으로 저어 돌리면 바닥의 그림이나 물체가 혼란스럽게 보인다는 뜻이랍니다.

· 混沌(혼돈): 혼탁하고 혼란함.

疼
아플 동
(疒-총10획)

疒 병 녁, 冬 겨울 동

겨울(冬)에 병(疒)이 들면 더욱 아프다는 뜻이지요. 추운 겨울엔 몸이 추위에 떨게 되니 더욱 아프게 느껴진다는 뜻이랍니다.

· 疼痛(동통): 아픈 고통.

胴
큰창자 **동**
(肉-총10획)

月 달 월(몸·세월), 同 가지런할·모을·같을 동

몸(月)에서 가지런한(同) 호스 같은 모양으로 된 부분은 큰창자라는 뜻의 글자랍니다.

· 胴體(동체): 몸통.

憧
그리워할 **동**
(心-총15획)

忄 마음심변, 童 아이 동

아직 청년이 되지 않은 사춘기 아이(童)들의 마음(忄)은 이성이나 장래에 대해 부푼 꿈을 안고 있으며, 동경한다는 뜻의 글자랍니다.

· 憧憬心(동경심): 그리워하는 마음.

瞳
눈동자 **동**
(目-총17획)

目 눈 목, 童 아이 동

아이(童)들의 눈(目)은 눈동자가 맑고 선명하다는 뜻의 글자랍니다.

· 瞳子(동자): 눈동자.
· 瞳孔(동공): 눈동자.

兜
투구 **두**
(儿-총11획)

匸 덮을 혜·상자 방, 皃 모양 모

덮어(匸)쓰는 모양(皃)을 한 것은 투구라는 뜻이요 투구는 옛날 전쟁 때에 머리를 보호하기 위해 쓰던 쇠로 된 모자를 말한답니다.

· 兜鍪(두갑): 투구와 갑옷.

痘
마마·천연두 **두**
(疒-총12획)

疒 병 녁, 豆 콩 두

콩(豆)만한 물집 같은 것이 얼굴이나 피부에 생기는 병(疒)은 마마인 천연두라는 뜻의 글자랍니다.

· 牛痘(우두): 바이러스에 의한 소의 급성 전염성질병으로 원형 또는 타원형 모양의 중심부가 움푹 들어간 수포(水疱)가 생기는 병. 우두를 앓은 지 얼마 안 되는 소의 우유를 짠 사람, 병든 소, 우사(牛舍)에 깐 짚 등에서 감염됨.

遁
피할 **둔**
(辶-총13획)

辶 갈 착, 盾 방패 순

방패(盾)를 가도록(辶) 하여 몸을 피한다는 뜻의 글자랍니다. 적의 공격을 방패로 막으며 피한다는 뜻이지요.

· 遁甲(둔갑): 몸을 피하기 위해 다른 모습으로 변신함.

臀
볼기 · 엉덩이 **둔**
(肉-총17획)

殿 진정할 · 큰집 전, 月 달 월(몸 · 세월)

몸(月)에서 진정(殿)되어 있는 부분은 볼기, 즉 엉덩이라는 뜻의 글자랍니다. 엉덩이는 몸의 중심에 있으면서 머리나 팔다리처럼 많이 움직이지 않으니 안정이 되어 있는 부분이라는 뜻이랍니다.

· 臀部(둔부): 엉덩이.

橙
등자나무 등 · 귤 **증**
(木-총16획)

木 나무 목, 登 오를 등

오르기(登)가 어려운 나무(木)는 등자나무라는 뜻이지요. 등자나무는 가시가 있기 때문에 오르기가 어렵다는 뜻이랍니다. 귤나무와 비슷하게 생겼다고 해서 '귤 증'이라고도 합니다.

· 橙色(등색): 귤의 색깔, 오렌지색.
· 橙皮(등피): 귤 껍질

懶
게으를 **라**
(心-총19획)

忄 마음심변, 賴 믿을 · 의지할 뢰

남에게 의지하는(賴) 마음(忄)은 게으르게 만든다는 뜻의 글자랍니다.

· 懶怠(나태): 게으름.

癩
문둥병 **라**
(疒-총21획)

疒 병 녁, 賴 믿을 · 의지할 뢰

서로 의지하며(賴) 살게 하는 병(疒)은 문둥병이라는 뜻의 글자랍니다. 이 병에 걸린 사람들은 모여서 집단을 이루고 서로 의지하며 산다는 뜻의 글자랍니다.

· 癩病(나병): 문둥병.

邏

돌・순행할 라
(辶-총23획)

辶 갈 착, 羅 새그물 라

새그물(羅)을 치러 갈(辶) 때는 여러 곳을 돌아가면서 설치한다는 뜻이랍니다. 새는 영리해서 한번 걸려든 자리는 조심하므로 여러 곳으로 자리를 옮겨 그물을 설치해야 많이 잡을 수 있다는 뜻이지요.

・巡邏(순라): 순행하여 돌아다님.

螺

소라 라
(虫-총17획)

虫 벌레 충, 累 포갤・여러 루

벌레(虫)처럼 생긴 것이 여러 층으로 포개어진(累) 모양을 하고 있는 것은 소라라는 뜻의 글자랍니다.

・螺線(나선): 소라같이 동그란 나사처럼 생긴 모양.
・螺貝(나패): 소라와 조개.

烙

지질 락
(火-총10획)

火 불 화, 夂 뒤에서 올 치(서서히), 口 입 구(사람・말하다)

사람(口)의 몸에 불(火)을 서서히(夂) 갖다대는 것은 지지는 것이라는 뜻의 글자랍니다.

・烙刑(낙형): 불로 지지는 형벌.
・烙殺(낙살): 지져서 죽임.

酪

소젖 락
(酉-총13획)

酉 닭 유(술・따뜻하다), 各 제각기 각

술(酉)처럼 생긴 것이 제각기(各)의 젖꼭지마다 짜면 나오는 것이니 소젖이라는 뜻이지요. 소젖인 우유는 탁주 같은 색깔을 하였으며, 제각기 젖꼭지마다 짜면 나온다는 뜻의 글자랍니다. 소는 유방(乳房)이 한 덩어리로 되어 젖꼭지가 한곳에 몰려 있으므로 젖이 잘 나온다는 뜻이지요.

・酪農(낙농): 젖소를 키워 우유를 생산, 판매하거나 치즈・버터 등을 제조 판매하는 농사.

駱

낙타 락
(馬-총16획)

馬 말 마, 各 제각기 각

말(馬)처럼 타고 다닐 수 있는데 제각기(各) 혹이 나 있는 동물은 낙타라는 뜻의 글자랍니다.

・駱駝(낙타): 사막의 배라는 별명의 말과 같은 이동수단의 동물.

瀾
물결 란
(水-총20획)

氵 물수변, 闌 가로막을 · 드물 란

흐르는 물(氵)을 가로 막으면(闌) 물결이 인다는 뜻의 글자랍니다.

- 波瀾(파란): 파도 물결

鸞
난새 란
(鳥-총30획)

䜌 이을 · 다스릴 련, 鳥 새 조

신비의 새 봉황을 따라 이어서(䜌) 날아다니는 새(鳥)는 난새라는 뜻의 글자랍니다. '수레에매단방울 란'으로도 쓰입니다.

- 鸞鏡(난경): 뒷면에 난새를 새긴 거울.
- 鸞和(난화): 임금의 마차에 매다는 황금으로 된 방울.

剌
어그러질 랄
(刀-총9획)

束 묶을 속, 刂 칼 도

묶어(束) 놓은 줄을 칼(刂)로 잘라 버리면 묶인 것들이 어그러져 무너진다는 뜻의 글자랍니다.

- 潑剌(발랄): 활동적이고 까불거림.
- 乖剌(괴랄): 어그러지게 함.

辣
매울 랄
(辛-총14획)

辛 매울 신, 束 묶을 속

매운(辛) 고추는 묶어(束) 놓아도 매운 냄새가 난다는 뜻의 글자랍니다.

- 辛辣(신랄): 매움.

籃
바구니 람
(竹-총20획)

竹 대 죽, 監 볼 · 살필 감

대나무(竹)를 일자로 가늘게 쪼개서 살펴(監)가며 엮어서 바구니를 만든다는 뜻의 글자랍니다.

- 搖籃(요람): 아기를 태워서 돌보는 바구니.

臘
납향제 · 연말 · 섣달 **랍**
(肉-총19획)

月 달 월(몸 · 세월), 鼠 근본 · 목갈기 렵

몸(月)의 근본(鼠)이 되시는 부모님과 부모님의 부모인 조상님께 올리는 제사는 납향제라는 뜻의 글자랍니다. 납향제는 주로 연말인 섣달에 지낸답니다.

· 臘梅(납매): 섣달에 꽃이 피는 매화. 매화꽃은 잎보다 먼저 자라며 추운 겨울에 봄을 가장 먼저 알리는 꽃으로써 선비정신과 강한 생명력을 상징하는 꽃임.
· 臘享祭(납향제): 12월에 선조님들에게 올리는 제사.

蠟
밀 · 꿀 · 초 **랍**
(虫-총21획)

虫 벌레 충, 鼠 근본 · 목갈기 렵

벌레(虫)가 근본(鼠)에 힘쓰니 꿀을 만든다는 뜻의 글자랍니다. 나비나 벌 같은 벌레가 꽃에서 꿀을 만들 수 있게 일하는 것은 자연의 근원적인 일이라는 뜻이랍니다. 꿀은 초처럼 불이 붙는다는 뜻에서 '초 랍'이라고도 하지요.

· 蠟淚(납루): 초가 녹아서 흘러내린 것
· 蠟燭(납촉): 불을 켜는 초

狼
이리 · 늑대 **랑**
(犬-총10획)

犭 큰개 견, 良 어질 량

어질지(良) 못한 큰개(犭)처럼 생긴 짐승은 이리라는 뜻의 글자랍니다. 이리는 늑대의 다른 말이지요.

· 狼狽(낭패): 사나운 이리.

倆
재주 **량**
(人-총10획)

亻 사람인변, 兩 두 량

사람(亻)이 두(兩) 가지나 잘하니 재주가 있다는 뜻이랍니다. 보통 사람은 한 가지를 잘하기도 쉽지 않은데 두 가지나 잘하는 것은 재주가 있는 사람이라는 뜻이랍니다.

· 技倆(기량): 기술과 재주.
· 才倆(재량): 재주.

梁
기장 **량**
(米-총13획)

氵 물수변, 刅 상처 창, 米 쌀 미

물(氵)을 제대로 먹고 상처(刅)없이 잘 자란 쌀(米)은 기장이라는 뜻의 글자랍니다. 기장은 볏과에 속하는 쌀의 일종으로 좋은 살을 뜻한답니다.

· 梁米(양미): 좋은 쌀.
· 梁肉(양육): 좋은 쌀과 고기.

侶
짝·승려 **려**
(人-총9획)

イ 사람인변, 呂 등골·풍류 려

등뼈(呂)같은 사람(イ)은 짝이라는 뜻의 글자랍니다. 또한 짝이 없어 독신인 사람은 승려라는 뜻에서 '승려 려'라고도 한답니다. 성경에도 여자는 남자의 갈비뼈로 만들었다고 하고, 한자에서도 짝을 등골에 비유를 했는데, 이는 갈비뼈나 등골뼈는 인체에서 가장 중요한 오장육부를 보호하는 역할을 하고 있으니 그 정도로 소중한 사람은 짝이라는 뜻의 상징적인 표현이랍니다.

· **伴侶者**(반려자): 짝이 되는 사람, 부부를 뜻함.
· **僧侶**(승려): 중, 스님.

閭
마을문·마을 **려**
(門-총15획)

門 문 문, 呂 등골·풍류 려

등골(呂)처럼 중요시하는 문(門)은 마을 입구의 문이라는 뜻의 글자랍니다. 마을 입구의 문은 마을 사람들 모두의 생활에 관계가 있으므로 잘 관리를 해야 한다는 뜻이랍니다.

· **閭閻**(여염): 마을 문, 마을, 마을 사람의 뜻.

濾
거를·씻을 **려**
(水-총18획)

氵 물수변, 慮 생각할·근심할 려

위생에 나쁠까봐 근심(慮)이 되면 물(氵)로 깨끗이 씻는다는 뜻이며, 쌀을 씻을 때는 쌀을 걸러내는 조리로 거른다는 뜻에서 '거를 려'라고도 한답니다.

· **濾過**(여과): 걸러 내거나 빠져 나가게 하여 구분함.

戾
그칠·사나울 **려**
(戶-총8획)

戶 지게 호(집·문), 犬 개 견

문(戶) 앞에서 집을 지키는 개(犬)는 사납다는 뜻의 글자랍니다.

· **戾犬**(여견): 사나운 개, 맹견 (猛犬).

黎
무리·검을·동틀 **려**
(黍-총15획)

黍 기장 서, 勹 구기·조금 작

기장(黍)은 조그맣기 때문에 작은 구기(勹)에 담아도 수많은 무리처럼 보인다는 뜻이랍니다. 무리는 검은 밤에도 활동을 하고, 검은 밤도 시간이 지나면 동이 튼다는 뜻에서 '검을 려, 동틀 려'라고도 한답니다.

· **黎明**(여명): 동이 틀 무렵.

瀝
물흐를 · 물방울 **력**
(水-총19획)

氵 물수변, 歷 지날 력

물(氵)이 지나는(歷) 것은 물이 흐른다는 말이며, 흐르는 물도 물방울이 모여서 이루어진 것이라는 뜻에서 '물방울 력'이라고도 한답니다.

- 披瀝(피력): 물이 흐르듯 자기의 의견을 자연스럽게 밝힘.
- 瀝血(역혈): 핏방울.

礫
조약돌 · 자갈 **력**
(石-총20획)

石 돌 석, 樂 풍류 악 · 즐길 락 · 좋아할 요

보기에 좋은(樂) 돌(石)은 둥근 조약돌이며, 조약돌은 자갈이라는 뜻의 글자랍니다.

- 礫石(역석): 조약돌, 자갈.

輦
궁중의길 · 손수레 **련**
(車-총15획)

夫 사내 부, 車 수레 거

사내(夫)들이 수레(車)를 끌고 다니는 곳은 궁중의 길이고, 궁중의 실에서는 손수레를 이용한나는 뜻의 글자랍니다.

- 輦道(연도): 궁중의 길
- 輦車(연거): 손수레.

簾
주렴 · 발 **렴**
(竹-총19획)

竹 대 죽, 廉 염치 · 값쌀 염

값싼(廉) 대나무(竹)들을 일자로 가늘게 쪼개어 나란히 엮어 햇빛도 가리고 내부에 대한 외부 사람들의 시선도 가리도록 걸어 놓는 것은 발이라는 뜻의 글자랍니다.

- 簾鉤(염구): 발을 거는 갈고리.
- 簾幕(염막): 발과 장막.

斂
거둘 **렴**
(攴-총17획)

僉 여러 첨, 攵 칠 복(힘쓰다)

여러(僉) 사람에게서 힘써(攵) 거두어 모은다는 뜻의 글자랍니다. 세금이나 불우이웃돕기 성금을 거둘 때는 여러 사람에게서 힘써 거둔다는 뜻이지요.

- 收斂(수렴): 거두어 모음.
- 意見收斂(의견수렴): 여러 사람들의 의견을 거두어 모음.

殮
염할 · 빈소 **렴**
(歹-총17획)

歹 뼈앙상할 알(죽음), 僉 여러 첨

죽은(歹) 사람을 위해 여러(僉) 사람이 빈소를 차려 놓고 염을 한다는 뜻의 글자랍니다. 빈소는 염을 하는 장소인데, 염이란 죽은 사람에게 저승으로 잘 가시라고 깨끗한 옷을 입히고 마음으로 기원하는 것을 말하는 것이랍니다.

· **殮襲**(염습): 죽은 사람의 몸을 깨끗이 씻긴 후에 옷을 입힘.
· **殮匠**(염장): 염습하는 장인(匠人).

囹
감옥 **령**
(囗-총8획)

囗 에울 위(에워싸다 - 圍(둘레 위)의 古字), 令 명령할 · 하여금 **령**

법으로 명령하여(令) 에워싸는(囗) 곳은 감옥이라는 뜻의 글자랍니다.

· **囹圄**(영어): 감옥.

鈴
방울 **령**
(金-총13획)

金 쇠 금, 令 하여금 · 명령할 · 개목소리 령(犬聲)

쇠(金)가 개목소리(令)를 내니 방울소리라는 뜻의 글자랍니다.

· **搖鈴**(요령): 방울을 흔듦.
· **電鈴**(전령): 전기로 방울소리를 내는 벨

齡
나이 **령**
(齒-총20획)

齒 이 치, 令 하여금 · 명령할 · 철 령(時也)

이(齒)는 철(令)이 지남에 따라 사람의 나이를 알려준다는 뜻이랍니다. 사람의 이는 어린 아기 때부터 늙은 노인에 이르기까지 시간이 지남에 따라 나이를 알 수 있게 한다는 뜻의 글자랍니다.

· **年齡**(연령): 나이.

逞
굳셀 · 왕성할 **령**
(辶-총11획)

辶 갈 착, 呈 드러낼 · 드릴 정

드러나게(呈) 가는(辶) 모습은 굳세게 보인다는 뜻의 글자랍니다. 굳센 사람의 태도는 굳세지 못한 사람들보다 힘이 왕성하여 드러나 보인다는 뜻이랍니다.

· **逞態**(영태): 굳센 태도

撈
잡을 · 건져낼 **로**
(手-총15획)

扌 손수변, 勞 힘쓸 로

손(扌)으로 힘써(勞) 잡아서 건져낸다는 뜻의 글자랍니다.

· 勞力(노력): 힘을 씀.
· 勞役(노역): 힘써 일을 함.

擄
노략질할 **노**
(扌-총16획)

扌 손수변, 虜 사로잡을 로

손(扌)을 사로잡아(虜) 놓고 노략질을 한다는 뜻의 글자랍니다.

· 擄掠(노략): 남의 것을 무기로 위협하며 약탈함.

虜
사로잡을 · 포로 **로**
(虍-총12획)

虍 범의무늬 호(범), 男 남자 · 사내 남

범(虍)같이 사나운 남자(男)는 사로잡아 둔다는 뜻의 글자랍니다. 사로잡힌 사람은 포로랍니다.

· 捕虜(포로): 사로잡힌 적군.
· 虜掠(노략): 사로잡아 놓고 약탈함.

磟
자갈땅 **록**
(石-총13획)

石 돌 석, 彔 근본 록

돌(石)이 근본(彔)이 된 땅은 자갈땅이라는 뜻의 글자랍니다.

· 磟地(녹지): 자갈땅.

麓
산기슭 **록**
(鹿-총19획)

林 수풀 림, 鹿 사슴 록

사슴(鹿)이 사는 숲(林)은 산 아래의 평평한 산기슭이라는 뜻의 글자랍니다. 사슴은 경사가 심한 산에서는 잘 달릴 수가 없기 때문이랍니다.

· 山麓(산록): 산기슭.

壟
언덕·밭두둑 롱
(土-총19획)

龍 용 용, 土 땅 토

용(龍)이 사는 땅(土)은 언덕처럼 높은 곳이라는 뜻의 글자랍니다. 또한 밭 사이의 높은 경계를 밭두둑이라고 해서 '밭두둑 롱'이라고도 한답니다.

- 壟斷(농단): 언덕이 절벽처럼 가파르고 높음.
- 壟絆(농반): 논밭의 경계.

瓏
옥소리 롱
(玉-총20획)

王 임금 왕(구슬·옥), 龍 용 용

구슬이 용처럼 힘차게 굴러가니 옥소리가 난다는 뜻의 글자랍니다.

- 瓏玲(농령): 옥소리.
- 瓏瓏(롱롱): 옥이 부딪치는 소리.

聾
귀머거리 롱
(耳-총22획)

龍 용 용, 耳 귀 이

용(龍)이 하늘로 승천할 때의 큰 소리도 듣지 못하는 귀(耳)는 귀머거리라는 뜻의 글자랍니다.

- 聾啞(농아): 귀머거리와 벙어리.
- 聾兒(농아): 귀머거리 아이.

儡
허수아비 뢰
(人-총17획)

亻 사람인변, 畾 밭사이 뢰

밭 사이(畾)에 사람(亻) 모양을 하고 있는 것은 허수아비라는 뜻의 글자랍니다.

- 傀儡(괴뢰): 남의 조종에 의해 움직이는 꼭두각시.

牢
우리·감옥·굳을 뢰
(牛-총7획)

宀 집 면, 牛 소 우

소(牛)의 집(宀)은 우리라는 뜻의 글자랍니다. 우리는 소와 같은 가축을 가두어 두는 감옥 같은 집을 말하는데 굳게 만든다는 뜻의 글자랍니다.

- 牢固(뇌고): 굳고 튼튼함.
- 牢獄(뇌옥): 감옥.
- 牢定(뇌정): 굳게 정함.

磊
돌무더기 **뢰**
(石-총15획)

石 돌 석

돌(石)이 무더기로 쌓여 있다는 뜻의 글자랍니다.

· 磊磊(뇌뢰): 돌 무더기.

賂
뇌물 **뇌**
(貝-총13획)

貝 돈·재물 패, 各 제각기 각

제각기(各) 따로 받는 돈(貝)이나 재물은 뇌물이라는 뜻의 글자랍니다. 공동으로 전체가 주고받는 회비나 기물은 뇌물이 아니지만 별도로 남몰래 제각기 따로따로 주고받는 돈이나 재물은 뇌물이라는 뜻이랍니다.

· 賂物(뇌물): 잘 봐달라고 주는 돈이나 재물.
· 賄賂(회뇌): 뇌물.

寮
벼슬아치 **료**
(宀-총15획)

宀 집 면, 尞 진실하다·성실하다, 小 작을 소

작은(小) 집(宀)에 살아도 진실하고(尞) 성실하게 살아야 하는 사람은 벼슬아치라는 뜻의 글자랍니다. 벼슬아치가 진실하지 못하고 성실하지 않으면 그 사회는 불행하게 된다는 뜻의 글자랍니다.

※寮는 僚와 같은 뜻.

· 官僚(관료): 벼슬한 관리.

燎
불붙을 **료**
(火-총16획)

火 불 화, 尞 성실하다·진실하다, 小 작을 소

작은(小) 불(火)씨라도 성실하게(尞) 붙이면 불붙게 한다는 뜻의 글자랍니다.

· 燎原(요원): 불이 난 들판.
· 香燎(향료): 불을 붙여 향을 태우는 그릇.

瞭
밝을 **료**
(目-총17획)

目 눈 목, 尞 진실·성실, 小 작을 소

작은(小) 눈(目)이지만 진실(尞)을 볼 수가 있으니 눈이 밝다는 뜻의 글자랍니다.

· 明瞭(명료): 밝음.
· 瞭昧(요매): 밝음과 어두움.

寥

고요할 **요**
(宀-총14획)

宀 집 면, 翏 바람획획불 료

바람이 획획 불어도(翏) 집(宀) 안에 있으면 고요하다는 뜻의 글자랍니다.

· 寥寥(요요): 고요함.
· 寥闃(요격): 고요함.

聊

방탕할·귀울릴 **료**
(耳-총11획)

耳 귀 이, 卯 토끼·무성할 묘

토끼(卯)의 귀(耳)는 크기 때문에 소리가 울린다는 뜻의 글자랍니다. 또한 귀가 울릴 정도로 야단을 맞을 때는 방탕하게 살 때라는 뜻에서 '방탕할 료'라고도 한답니다.

· 聊浪(요랑): 물결치는 대로 떠돌아다님.
· 聊啾(요추): 귀가 울릴 정도로 시끄러운 소리.

壘

진·즐비할 **루**
(土-총18획)

畾 밭사이 뢰, 土 땅·흙 토

밭 사이(畾) 땅(土)인 밭두둑 길은 마치 진처럼 튼튼하고 즐비하게 연결되어 있다는 뜻의 글자랍니다. 진은 군사들이 주둔하는 진지를 말한답니다.

· 壘壁(누벽): 보루, 군사의 주둔지.
· 壘塹(누참): 보루와 참호

陋

더러울·좁을 **루**
(阜-총9획)

阝 언덕 부(막다·높다), 丙 밝을·남녘 병, ㄴ 바르다

밝은(丙) 햇빛이 바르게(ㄴ) 비치지 않고 막힌(阝) 그늘진 곳은 습기로 인해 더러워진다는 뜻의 글자랍니다. 또한 더러운 곳은 사람의 손길이 닿지 않는 좁은 곳이라는 뜻에서 '좁을 루'라고도 한답니다.

· 陋醜(누추): 더러워 추함.

琉

유리 **류(유)**
(玉-총10획)

王 임금 왕(구슬·옥), 㐬 흐르다

구슬(王)에 햇빛이 흘러서(㐬) 통과하는 것은 유리로 된 구슬이라는 뜻의 글자랍니다.

· 琉璃(유리): 창문에 주로 사용하는 칠보의 일종.

溜
증류수·낙숫물 **류**
(水-총13획)

氵 물수변, 留 머무를 류

물(氵)을 끓여 증발한 수증기가 찬 기온에 의해 벽이나 천정에 물방울로 맺혀서 머물고(留) 있다가 무거워서 떨어지는 낙숫물은 증류수로 되어 있다는 뜻의 글자랍니다.

· 溜水(유수): 고인 물.
· 溜槽(유조): 낙숫물을 받는 나무통·그릇.

瘤
혹 **류**
(疒-총15획)

疒 병 녁, 留 머무를 류

머무르는(留) 병(疒)은 혹이라는 뜻의 글자랍니다. 혹은 피부가 튀어나와 가라앉지 않고 머물러 있으니 일종의 병처럼 보인다는 뜻이랍니다.

· 瘤腫(유종): 혹 또는 혹같이 큰 종기.

戮
죽일 **륙(육)**
(戈-총15획)

翏 바람불 료, 戈 창 과(무기)

바람(翏)이 일어나도록 창(戈)을 휘두르니 죽이는 것이라는 뜻의 글자립니다.

· 戮屍(육시): 무덤을 파서 죽은 시체를 다시 죽이는 형벌
· 殺戮(살육): 죽임.

淪
빠질 **륜**
(水-총11획)

氵 물수변, 侖 뭉치·덩어리 륜

무거운 뭉치(侖) 덩어리는 물(氵)속으로 빠져 들어간다는 뜻의 글자랍니다.

· 淪落(윤락): 정상적인 생활을 못하고 잘못된 생활에 빠짐.
· 淪落行爲(윤락행위): 정상적인 사랑이 아닌 타락된 성생활.

綸
낚싯줄·실·휩쌀 **륜**
(糸-총14획)

糸 실 사(실·다스리다), 侖 뭉치·덩어리 륜

실(糸)이 덩어리(侖)로 감겨 있으니 낚싯줄이라는 뜻의 글자랍니다. 낚시를 위해 긴 실을 감아서 뭉치로 갖고 다닌다는 뜻이지요. 또한 실 뭉치는 실을 감아서 휩싼 덩어리라는 뜻이랍니다.

· 綸巾(윤건): 머리에 쓰는 두건
· 綸絲(윤면): 실과 솜.

慄
두려울 률
(心-총13획)

忄 마음심변, 栗 밤 률

밤(栗)의 껍질을 벗기려니 마음(忄)에 두려움이 생긴다는 뜻의 글자랍니다. 밤은 껍데기가 침으로 둘러싸여 있으므로 손을 대기가 무섭다는 뜻이랍니다.

· **戰慄**(전률): 전쟁에 대한 두려움.

勒
굴레·억지로할 륵
(力-총11획)

革 가죽 혁, 力 힘 력

힘(力)을 제어하기 위해 가죽(革)으로 만든 것은 굴레라는 뜻의 글자랍니다. 또한 굴레를 쓴 가축은 억지로 일하게 된다는 뜻에서 '억지로할 륵'이라고도 합니다.

· **勒買**(늑매): 물품을 억지로 삼.
· **勒婚**(늑혼): 억지로 하는 결혼.

肋
갈빗대 륵(늑)
(肉-총6획)

月 달 월(몸·세월), 力 힘 력

힘(力)이 있는 몸(月)은 갈빗대가 튼튼하다는 뜻의 글자랍니다. 사람이 힘이 왕성해지면 가슴에 힘이 생기므로 갈비뼈가 튼튼하다는 뜻이랍니다.

· **肋骨**(늑골): 갈비뼈.
· **肋膜炎**(늑막염): 갈비뼈 부위에 생기는 염증.

凜
늠름할·찰 름
(冫-총15획)

冫 얼음 빙(차다), 稟 녹미 름

차가운(冫) 방에 살지라도 뇌물을 바라지 않고 녹미(稟)만으로 살아가니 늠름하게 보인다는 뜻의 글자랍니다. 녹미는 공직에서 일한 대가로 받는 봉급 쌀을 말한답니다.

· **凜凜**(늠름): 양심과 정의로 떳떳하게 삶.

凌
능가할·업신여길 능
(冫-총10획)

冫 얼음 빙(차다), 夌 높을 릉

얼음(冫)은 물의 높이(夌)를 능가하며, 실력이 능가하는 사람은 실력이 모자라는 사람을 업신여기게 된다는 뜻의 글자랍니다. 물과 얼음을 함께 두면 얼음의 높이가 물의 높이를 능가한다는 뜻의 글자입니다.

· **凌駕**(능가): 남보다 더 높음.
· **凌蔑**(능멸): 업신여김.

菱 마름 릉 (艹-총12획)	艹 초두밑(풀), 夌 높을 릉 키가 높이(夌) 자라는 풀(艹)은 마름풀이라는 뜻의 글자랍니다.(마름풀이란 연못이나 늪에서 자라는 풀로 열매가 마름모 모양입니다.)	·菱實(능실): 마름열매.
稜 모서리 · 밭두둑 릉 (禾-총13획)	禾 벼 화(곡식), 夌 높을 릉 곡식(禾)이 있는 밭의 높은(夌) 부분은 밭두둑이라는 뜻의 글자랍니다. 밭두둑은 모가 나게 높인다고 해서 '모서리 릉'이라고도 하지요.	·稜角(능각): 모난 각.
綾 비단 릉(능) (糸-총14획)	糸 실 사, 夌 높을 릉 높은(夌) 가치의 실(糸)로 된 것은 비단이라는 뜻의 글자랍니다.	·綾紗(능사): 엷은 비단. ·綾織(능직): 무늬를 넣어 짠 비단
俚 속될 리 (人-총9획)	亻 사람인변, 里 마을 리 마을(里)에 사는 사람(亻)은 속되다는 뜻의 글자랍니다. 산속에 스님들처럼 마을을 떠나 수도를 하면 탐욕과 다툼을 멀리하며 살아가지만, 마을에서 생활하는 세속생활은 탐욕과 다툼이 많다는 뜻이랍니다.	·俚言(이언): 속된 말, 상말.
厘 이 리 · 터전 전 (厂-총9획)	厂 언덕 엄(장소), 里 마을 리 마을(里)이란 장소(厂)는 생활의 터전이라는 뜻의 글자랍니다. 또한 상인의 삶의 터전은 시장의 가게인 전방이라는 뜻에서 '전방 전'이라고도 한답니다.(리(이)는 화폐의 최소 단위로 1전의 10분의 1을 뜻합니다.)	·厘毛(이모): 아주 적은 돈. ·厘門(전문): 가게 문.

裡
속 리
(衣-총12획)

裏와 同字

옷(衣)에서 마을(里)은 옷 속이라는 뜻이지요. 옷 속에서 사람이 사는 것이나 마을에서 사람이 사는 것이 같다는 뜻에서 만들어진 글자랍니다.

· 表裡(표리): 겉과 속. 표리(表裏)와 같음.

悧
영리할 리
(心-총10획)

忄 마음심변, 利 이로울 리

이롭게(利) 마음(忄)을 쓰니 영리하다는 뜻의 글자랍니다.

· 怜悧(영리): 이롭게 생각함.

痢
설사 리
(疒-총12획)

疒 병 녁, 利 이로울 리

이로운(利) 병(疒)은 설사라는 뜻이지요. 설사는 몸속에 나쁜 것들을 밖으로 배설하게 하므로 몸에는 이롭다는 뜻이랍니다.

· 痢疾(이질): 설사가 잦은 병.

籬
울타리 리
(竹-총25획)

竹 대 죽, 離 아름다울 · 떠날 리

대나무(竹)가 아름답게(離) 보일 때는 울타리로 심어져 있을 때라는 뜻의 글자랍니다.

· 籬壁(이벽): 울타리.

罹
근심 리
(罒-총16획)

罒 그물 망, 忄 마음, 隹 새 추

새(隹)의 마음(忄)은 그물(罒)에 걸릴까봐 근심이라는 뜻의 글자랍니다.

· 罹病(이병): 병에 걸림.

吝 인색할·아낄 **린(인)** (口−총7획)	文 글월 문, 口 입 구(사람·말하다) 사람(口)이 글(文)을 배우거나 가르칠 때는 시간과 노력을 아껴서는 안 된다는 뜻의 글자랍니다. ·吝嗇(인색): 지나치게 아낌.
燐 반딧불 **인**·도깨비불 **린** (火−총16획)	火 불 화, 粦 반딧불 린(燐과 같음) 반딧불(粦)은 개똥벌레 엉덩이에서 나오는 불빛(火)이며, 도깨비불처럼 공중을 떠다니는 것이므로 마치 불이 일어나는 것같이 보인다는 뜻의 글자랍니다. ·燐火(인화): 불이 붙음. ·燐光(인광): 인을 공기 중에 방치할 때 자연의 변화에 따라 생기는 빛.
鱗 비늘 **린(인)** (魚−총23획)	魚 물고기 어, 粦 반딧불 인 물고기(魚)에서 반딧불(粦)같은 불빛이 일어나는 것은 비늘이 있기 때문이라는 뜻의 글자랍니다. ·鱗甲(인갑): 비늘 모양의 갑옷. ·鱗雲(인운): 고기비늘 모양의 구름.
躪 짓밟을 **린(인)** (足−총27획)	足 발 족, 藺 뇌양이 린(풀의 일종) 풀(藺)이 발(足)에 짓밟힌다는 뜻의 글자랍니다. ·躪轢(인력): 짓밟아서 심하게 상처를 줌.
淋 젖을 **림**·병의이름 **임** (水−총11획)	氵 물수변, 林 수풀 림 수풀(林)은 물(氵)에 젖어야 잘 자란다는 뜻의 글자랍니다. ·淋汗(임한): 땀에 젖음. ·淋疾(임질): 성병의 일종.

笠
삿갓·갓·우산 **립**
(竹-총11획)

竹 대 죽, 立 설·세울 립

대나무(竹)로 만든 것이 서(立) 있는 사람의 머리 위에 있는 것은 삿갓이라는 뜻이지요. 삿갓은 우산 모양을 하고 있으므로 '우산 립'이라는 뜻도 있답니다.

· 笠纓(입영): 갓끈.
· 笠子(입자): 갓.

粒
쌀밥·낱알 **립**
(米-총11획)

米 쌀 미, 立 설·이룰 립

쌀(米)로써 이루는(立) 것은 쌀밥이라는 뜻이며, 쌀밥도 낱알로 되어 있다는 뜻의 글자랍니다.

· 粒狀(입상): 알맹이 모양.
· 粒子(입자): 최소 단위의 알맹이.

寞
고요할·쓸쓸할 **막**
(宀-총14획)

宀 집 면, 莫 없을 막·클 막·저물 모

집(宀)안에 사람이 없으니(莫) 고요하고 쓸쓸하다는 뜻의 글자랍니다.

· 寂寞(적막): 고요함.
· 索寞(삭막): 쓸쓸함.

卍
만자 **만**
(十-총6획)

十 열 십(많다), 一 한 일(모으다), ㅣ 세울·뚫을 곤(이어지다)

시방은 팔방과 상하의 십방향인데, 해석하면 시방(十)으로 이어지며(ㅣ) 모여 있는(一) 우주를 만자(卍字)로 표기한다는 뜻의 글자랍니다.(한자에서 둥근 원은 네모로 표기됩니다. 만(卍)자의 모양은 사방이 트인 네모이므로 둥근 원을 뜻하며, 이는 모가 나지 않은 둥근 우주를 의미합니다. 이처럼 불교의 상징적인 글자인 卍字는 둥근 우주를 의미하므로, 불교는 우주의 진리를 신앙하고 수행하는 종교라는 뜻이기도 한 글자랍니다.)

· 卍字旗(만자기): 불교의 만자(卍字)가 그려진 깃발.

挽
당길 **만**
(手-총10획)

扌 손수변, 免 피할·면할 면

위기를 면할(免) 수 있도록 손(扌)으로 당긴다는 뜻의 글자랍니다. 예를 들면, 어린아이가 찻길에서 놀고 있을 때 차가 달려오면 아이의 팔을 당겨서 차를 피할 수 있게 한다는 뜻입니다.

· 挽留(만류): 손으로 잡아당기며 행동을 저지함.
· 挽回(만회): 뒤처져 있다가 다시 회복함.

輓
애도할 · 끌 **만**
(車-총14획)

車 수레 거(군사), 免 면할 · 피할 면

군사(車)가 전쟁에서 적의 공격을 피하지(免) 못하고 죽으면 다른 살아 있는 사람들이 애도한다는 뜻이지요. 또한 죽은 사람의 상여는 끌고 가듯이 간다는 뜻에서 '끌 만'이라고도 한답니다.

- **輓詞**(만사): 죽은 이에게 전하는 애도하는 말씀.
- **輓歌**(만가): 죽은 이를 위해 부르는 애도의 노래 또는 상여를 끌고 갈 때의 통곡의 소리.

彎
굽을 **만**
(弓-총22획)

絲 다스릴 련, 弓 활 궁

잘 다스려지는(絲) 활(弓)은 탄력 있게 잘 굽는다는 뜻의 글자랍니다. 화살을 제대로 날리는 활은 탄력 있게 잘 굽는다는 뜻이지요.

- **彎曲**(만곡): 휘어져 굽음.

蔓
넝쿨 **만**
(艸-총15획)

艹 초두밑(풀 · 식물), 曼 길 · 퍼질 · 넓을 만

길고 넓게(曼) 퍼지며 자라는 식물(艹)은 넝쿨이라는 뜻의 글자랍니다.

- **蔓延**(만연): 넝쿨처럼 길게 넓게 퍼짐.
- **蔓草**(만초) : 풀 넝쿨.

饅
만두 **만**
(食-총20획)

食 먹을 · 밥 · 음식 식, 曼 길 · 넓을 · 퍼질 만

길고 넓게(曼) 퍼진 모양의 먹는 음식(食)은 만두라는 뜻이지요.

- **饅頭**(만두): 고기나 야채를 작게 썰어서 밀가루 반죽의 껍질 안에 넣어서 쪄 먹는 음식.

鰻
뱀장어 · 장어 **만**
(魚-총22획)

魚 물고기 어, 曼 길 · 퍼질 만

길게(曼) 생긴 물고기(魚)는 뱀장어라는 뜻의 글자랍니다.

- **鰻炙**(만적): 장어구이.

瞞
속일 만
(目-총16획)

目 눈 목, 㒼 평평할 만

구덩이의 윗부분만 덮어서 평평하게(㒼) 보이게 하는
것은 눈(目)을 속이는 것이라는 뜻의 글자랍니다.

· 欺瞞(기만): 속임.

抹
지울 말
(手-총8획)

扌 손수변, 末 끝 말

손(扌)으로 끝(末)까지 지운다는 뜻의 글자랍니다. 글
씨를 지울 때는 끝까지 지워야 바탕이 깨끗하다는 뜻
이랍니다.

· 抹消(말소): 지워 없앰.

沫
거품 말
(水-총8획)

氵 물수변, 末 끝 말

물(氵)의 끝(末) 표면에 물거품이 생긴다는 뜻의 글
자랍니다.

· 泡沫(포말): 물거품.

襪
버선 말
(衣-총20획)

衤 옷의변, 蔑 멸시할 멸

멸시받는(蔑) 옷(衤)은 버선이라는 뜻의 글자랍니다.
버선은 우리 고유의 양말을 말하는데, 이는 발에 밟히
고 바닥의 때를 묻히며 발 냄새와 함께 하기 때문에
옷 중에서는 가장 천시된다는 뜻이랍니다.

· 襪線(말선): 양말 실, 재주가
없음에 비유.

惘
멍할 망
(心-총11획)

忄 마음심변, 罔 없을 망

마음(忄)에 생각이 없으니(罔) 멍하다는 뜻의 글자랍
니다.

· 茫然自失(망연자실): 자신을
잃고 멍함.

芒
싹·가시 **망**
(艸-총7획)

艹 초두밑, 一 위·높다(上의 古字), 乚 바르다

바르게(乚) 위로(一) 피어오르는 풀(艹)은 싹이라는 뜻이지요. 그리고 싹은 가시처럼 뾰족하게 나온다는 뜻에서 '가시 망'이라고도 합니다.

- 芒角(망각): 가시 같은 뾰족한 뿔.
- 草芒(초망): 풀싹.

呆
어리석을 **매**·보호할 **보**
(口-총7획)

口 입 구(사람·말하다), 木 나무 목

사람(口)이 나무(木)를 보호하면 나무도 사람을 보호한다는 뜻이지요. 또한 나무(木)를 잘 가꾸지 않고 함부로 하는 사람(口)은 어리석다는 뜻의 글자랍니다.

- 呆者(매자): 어리석은 사람.
- 呆想(매상): 어리석은 생각.

寐
잠잘 **매**
(宀-총12획)

宀 움집 면, 爿 널조각 장(장수), 未 아닐 미

장수(爿)가 아직 집(宀)안에 있으니 아직 일어나지 않고(未) 잠을 자고 있다는 뜻의 근자랍니다. 장수는 군사들의 우두머리로서 집안에서는 잠만 자고 군대에서 지낸다는 뜻이랍니다.

- 夢寐(몽매): 잠에서 꿈을 꿈.

昧

어두울 **매**
(日-총9획)

日 해·날 일, 未 아닐 미

해(日)가 아직 보이지 않으니(未) 어둡다는 뜻의 글자랍니다.

- 愚昧(우매): 어리석어 지혜가 어두움.

煤
그을음 **매**
(火-총13획)

火 불 화, 某 아무 모

아무(某)것이나 불(火)로 태우면 그을음이 생긴다는 뜻의 글자랍니다.

- 煤煙(매연): 그을음이 생기는 연기.

邁

멀리갈 매
(辶-총17획)

辶 갈 착, 萬 일만 만

일만(萬)리나 가는(辶) 것은 멀리 가는 것이라는 뜻의 글자랍니다.

· **邁進**(매진): 멀리 나아감.

罵

욕할 매
(罒-총15획)

罒 그물 망(법·그물), 馬 말 마

말(馬)이 법(罒)대로 가지 않으니 욕을 한다는 뜻의 글자랍니다. 말이 훈련 받은 대로 가지 않고 마음대로 하니 마부가 욕을 한다는 뜻의 글자랍니다.

· **罵倒**(매도): 죽어라고 욕함.
· **罵詈**(매리): 욕하며 꾸짖음.

萌

싹 맹
(艸-총12획)

艹 초두밑(풀), 明 밝을 명

풀(艹)같은 것이 밝은(明) 세상으로 나오는 것이니 싹이라는 뜻의 글자랍니다.

· **萌動**(맹동): 초목이 싹틈.
· **萌蘖**(맹얼): 나뭇가지에서 돋 아나는 싹과 뿌리인 그루터기 에서 돋아나는 싹.

眄

애꾸눈·곁눈질할 면
(目-총9획)

目 눈 목, 丏 가릴 면

한 눈(目)을 가리고(丏) 있으니 애꾸눈이라는 뜻의 글자랍니다. 애꾸눈은 한 쪽 눈으로 양쪽을 다 보아야 하므로 곁눈질을 잘한다는 뜻에서 '곁눈질할 면'이라고 도 한답니다.

· **眄眼**(면안): 애꾸눈.
· **眄視**(면시): 곁눈질을 함.

棉

목화나무·목화 면
(木-총12획)

木 나무 목, 帛 비단 백

비단(帛)을 만드는 원료의 나무(木)는 목화나무라는 뜻의 글자랍니다.

· **棉作**(면작): 목화 농사.
· **棉實油**(면실유): 목화씨에서 짠 기름.
· **木棉**(목면): 목화나무.

緬

가는실·아득할 **면**
(糸-총15획)

糸 실 사, 面 낯·보일 면

보일(面) 듯 말 듯한 실(糸)은 가는 실이며, 가는 실은 멀리 있으면 아득하게 보인다는 뜻의 글자랍니다.

· **緬想**(면상): 아득한 옛날을 생각함.
· **緬絲**(면사): 가는 실.

麵

국수 **면**
(麥-총20획)

麥 보리 맥, 面 낯·마을 면

마을(面) 사람들이 농사를 지은 보리(麥)를 국수로 만들어 먹는다는 뜻의 글자랍니다.

· **冷麵**(냉면): 차가운 국물이 있는 국수.
· **溫麵**(온면): 따뜻한 국물이 있는 국수.

溟

바다·어두울 **명**
(水-총13획)

氵 물수변, 冥 어두울 명

물(氵)이 어두운(冥) 곳은 깊은 바다라는 뜻의 글자랍니다. 바다의 깊은 곳은 햇빛이 들어가지 않으므로 어둡다는 뜻이랍니다.

· **溟洲**(명주): 바다 가운데에 있는 섬.

暝

어두울·쓸쓸할 **명**
(日-총14획)

日 날·해 일, 冥 어두울 명

날(日)이 어두워지면(冥) 쓸쓸해진다는 뜻의 글자랍니다.

· **暝暝**(명명): 쓸쓸하거나 어두운 모양.

蟆

모기 **명**
(虫-총16획)

虫 벌레 충, 冥 어두울 명

어두운(冥) 밤에 기성을 부리는 벌레(虫)는 모기라는 뜻이지요. 모기는 밝은 낮보다는 어두운 밤에 사람을 더 잘 문다는 뜻입니다.

· **蟆蟲**(명충): 모기.

酩
술취할 **명**
(酉-총13획)

酉 닭 유(술 · 따스하다), 夕 저녁 석, 口 입 구(말하다 · 사람)

저녁(夕)에는 사람(口)들이 술(酉)을 마시고 취할 수 있다는 뜻이지요. 낮에는 일을 하므로 저녁이 되어야 술을 마신다는 뜻이랍니다.

· 酩酊(명정): 몸을 가눌 수 없을 정도로 술에 취함.

皿
그릇 **명**
(皿-총5획)

그릇을 의미하는 모양의 상형문자랍니다.

· 器皿(기명): 그릇.

袂
소매 **메**
(衣-총9획)

衤 옷의변, 夬 나누어질 · 결단날 쾌

옷(衤)에서 결단(夬)이 잘 나는 부분은 소매라는 뜻의 글자랍니다. 옷소매는 다른 부분에 비해 잘 닳아 떨어진다는 뜻입니다.

· 袂別(메별): 소매를 나눔.

摸
더듬을 · 찾을 · 규모 **모**
(手-총14획)

扌 손수변, 莫 없을 · 클 막

큰(莫) 손(扌)으로 더듬어 찾는다는 뜻의 글자랍니다. 또한 찾으면 규모를 알 수 있다는 뜻에서 '규모 모'라고도 한답니다.

· 摸索(모색): 어려움을 극복하기 위한 방법을 찾는 것
· 規模(규모): 사물의 형태.

糢
모호할 · 흐릿할 **모**
(米-총17획)

米 쌀 미, 莫 클 막 · 없을 막 · 저물 모

쌀(米)알이 크게(莫) 생겼으니 모호한 느낌이 든다는 뜻의 글자랍니다. 쌀알은 작은 것인데 크게 보이니 진짜 쌀인지 아닌지 모호하다는 뜻입니다.

· 糢糊(모호): 흐릿함.

耗
닳을 · 소모할 **모**
(耒-총10획)

耒 쟁기 뢰, 毛 털 모

소가 털(毛)이 닳도록 일을 하니 쟁기(耒)도 함께 닳아서 소모가 된다는 뜻의 글자랍니다.

· 消耗(소모): 닳아서 사라짐.

牡
수컷 · 열쇠 **모**
(牛-총7획)

牛 소 우, 土 땅 · 흙 토

논밭의 흙(土)에서 일을 많이 하는 소(牛)는 수컷이라는 뜻의 글자랍니다. 암컷은 새끼를 낳기 때문에 수컷이 일을 더한다는 뜻이랍니다. 또한 자물통과 자물쇠 중에 수컷에 비유되는 것은 자물쇠인 열쇠라는 뜻에서 '열쇠 모'라고도 한답니다.

· 牡牛(모우): 수소
· 牡鑰(모약): 열쇠.

歿
죽을 **몰**
(歹-총8획)

歹 뼈앙상할 알(죽음), 勹 쌀 포(감싸다 · 방어하다 · 뿔 · 싸우다), 又 또 우(손 · 들어가다)

뼈가 앙상할(歹) 정도로 허약한 사람과 손(又)으로 때리며 싸우면(勹) 죽을 수도 있다는 뜻의 글자랍니다.

· 歿死(몰사): 죽음.

渺
아득할 **묘**
(水-총12획)

氵 물수변, 眇 애꾸눈 · 아득할 · 다할 묘

애꾸눈(眇)은 물(氵)을 보면 아득해 보인다는 뜻이지요. 한 쪽 눈으로는 시각적으로 거리를 측정할 수가 없기 때문에 넓게 수평으로 퍼져 있는 물을 볼 때면 아득하게 보인다는 뜻의 글자랍니다.

· 渺漫(묘만): 물이 아득히 퍼져 있는 모양.
· 渺渺(묘묘): 아득하게 펼쳐진 모양.

描
그릴 · 묘사할 **묘**
(手-총12획)

扌 손수변, 苗 싹 묘

손(扌)으로 싹(苗)이 돋아나는 모양을 그리니 묘사한다는 뜻의 글자랍니다.

· 描寫(묘사): 베껴서 그림을 그림.

猫
고양이 묘
(犬-총12획)

犭 큰개 견(짐승), 苗 싹・무리・이을 묘

유연하게 이어(苗) 가는 짐승(犭)은 고양이라는 뜻의 글자랍니다. 고양이는 담이나 나무가 높다고 멈추지 않고 유연하게 올라 다닌다는 뜻이랍니다.

· **猫頸縣鈴**(묘경현령): 고양이 목에 방울을 달음.

杳
어두울・고요할 묘
(木-총8획)

木 나무 목, 日 해 일

해(日)가 나무(木) 아래로 넘어 갔으니 날이 어둡다는 뜻이지요. 또한 어두운 밤은 고요하며, 어두운 곳에서는 물체들이 아득하게 보인다는 뜻에서 '고요할 묘, 아득할 묘'라고도 한답니다.

· **杳冥夜**(묘명야): 고요하고 어두운 밤.

巫
무당 무
(工-총7획)

一 한 일, 人 사람 인, ㅣ 세울 곤(이어주다)

한(一) 하늘과 한(一) 땅을 조화롭게 이어주는(ㅣ) 사람(人)들은 무당이라는 뜻의 글자랍니다. 무당은 인간 세상을 위해 하늘에 제사도 올리고 하늘의 뜻을 인간 세상에 알려주는, 하늘과 땅을 조화롭게(人이 양쪽으로 조화롭게 있음) 이어주는 사람이라는 뜻이랍니다. 무당은 고대시대의 종교인 불교, 도교, 유교, 기독교 등의 고대종교가 생기기 전부터 활동하는 원시시대의 종교의식의 주도자를 말한답니다.

· **巫堂**(무당): 원시시대에 종교적 의식행위를 주도한 자.
· **巫服**(무복): 무당의 옷.

誣
속일 무
(言-총14획)

言 말씀 언, 巫 무당 무

무당(巫)의 말(言)은 속이는 말도 있다는 뜻의 글자랍니다. 무당은 보이지 않는 영적인 세계를 접하여 사람들에게 전해 주는 사람이지만, 개인적으로 영적인 능력이 천차만별이고 또한 이기주의적 욕심이 발동하는 인간이므로, 일반 사람들을 속이는 말도 한다는 뜻이랍니다.

· **誣告**(무고): 없는 사실을 있다고 사람들을 속이는 말.

憮
멍할 무
(心-총15획)

忄 마음심변(마음・생각), 無 없을 무

생각(忄)이 없을(無) 때는 멍하게 보인다는 뜻의 글자랍니다.

· **憮然**(무연): 멍한 모양.

撫
어루만질 **무**
(手-총15획)

扌 손수변, 無 없을 무

손(扌)으로 아픔이 없도록(無) 어루만진다는 뜻의 글자랍니다. 아이가 배가 아프면 어른이 손바닥으로 어루만져 주면 아픔이 없어진다는 뜻이랍니다.

· 愛撫(애무): 사랑하여 어루만짐.
· 撫摩(무마): 어루만지고 문지름.

蕪
번성할 · 황무지 **무**
(艸-총16획)

艹 초두밑(풀), 無 없을 무

다른 것은 없고(無) 풀(艹)만 난잡하게 번성한 땅은 황무지라는 뜻의 글자랍니다. '거칠 무, 난잡할 무'로도 쓰입니다.

· 蕪雜(무잡): 난잡하여 잡됨.
· 荒蕪地(황무지): 거친 땅.

拇
엄지손가락 **무**
(手-총8획)

扌 손수변, 母 어머니 모

손(扌)에서 어머니(母)라는 뜻의 손가락은 엄지손가락이라는 뜻의 글자랍니다.

· 拇指(무지): 엄지손가락.
· 拇印(무인): 엄지손가락으로 찍는 손도장.

毋
없을 · 그칠 · 말 **무**
(毋-총4획)

十 열 십(많다), 乚 바르다, 𠃌 걸다

많은(十) 농기구를 창고 벽에 바르게(乚) 걸어(𠃌) 놓을 때는 일이 없어서 일을 그칠 때라는 뜻이지요. 또한 '그치라는 말은 말라'는 뜻이므로 '말 무'라고도 한답니다.

· 毋害(무해): 해로움이 없음.
· 毋慮(무려): 걱정이 없음.

畝
밭이랑 **묘(무)**
(田-총10획)

亠 높다(上의 古字), 田 밭 전, 久 오랠 구

밭(田)이 오래(久)될수록 높아지는(亠) 것은 밭이랑이라는 뜻의 글자랍니다. 밭이랑은 물이 흐르는 고랑에 흙이 쌓이면 밭이랑, 즉 밭으로 흙을 떠서 올려 주므로 높아진다는 뜻이랍니다.

· 畝間(묘간): 밭이랑 사이.
· 畝畔(묘반): 밭이랑과 밭두둑.

蚊
모기 **문**
(虫-총10획)

虫 벌레 충, 文 글월 문

글(文)을 읽듯이 아래로 가만히 보고 있는 벌레(虫)는 모기라는 뜻의 글자랍니다. 모기는 사람의 피부에 앉아 피를 빨아먹는데 앉아 있는 모습이 마치 바닥에 있는 글을 읽는 것같이 보인다는 뜻이랍니다.

· 蚊帳(문장): 모기장.
· 蚊陣(문진): 모기떼.

媚
아첨할·사랑할 **미**
(女-총12획)

女 여자 여, 眉 눈썹 미

여자(女)가 눈썹(眉)에 화장을 할 때는 사랑할 때이며, 사랑할 때는 아첨도 한다는 뜻의 글자랍니다.

· 媚笑(미소): 사랑의 웃음.
· 媚態(미태): 아첨하는 태도

薇
장미·백일홍 **미**
(艸-총17획)

艹 초두밑(풀·식물), 微 작을 미

작은(微) 가시가 있는 식물(艹) 중에는 장미가 있고, 붉은 장미처럼 붉은 꽃을 피우는 꽃은 백일홍이라는 뜻의 글자랍니다.

· 薇花(미화): 장미꽃.

靡
흐트러질·쓰러질 **미**
(非-총19획)

麻 삼 마, 非 아닐 비

삼(麻)으로 만든 마약에 중독이 되면 계속 먹지 않으면(非) 정신이 흐트러지고 몸은 쓰러진다는 뜻의 글자랍니다.

· 靡爛(미란): 흐트러지고 문드러짐.
· 靡服(미복): 흐트러진 복장.

悶
번민할 **민**
(心-총12획)

門 문 문, 心 마음 심

마음(心)의 문(門)을 닫고 있을 때는 번민할 때라는 뜻의 글자랍니다. 사람이 걱정으로 번민을 할 때는 다른 사람들에게 마음의 문을 열지 않고 혼자서만 고민을 한다는 뜻이랍니다.

· 煩悶(번민): 괴롭게 고민함.

謐 편안할·조용할 **밀** (言-총17획)	言 말씀 언, 必 살필·반드시 필, 皿 그릇 명 그릇(皿)이 그러하듯 말(言)도 살펴서(必) 해야 인생이 편안하다는 뜻이지요. 또한 편안하면 조용하다는 뜻에서 '조용할 필'이라고도 한답니다.	·謐然(밀연): 조용한 분위기.
剝 벗길 **박** (刀-총10획)	彔 근본 록, 刂 칼 도 칼(刂)로써 근본(彔)이 나타나도록 껍질을 벗긴다는 뜻의 글자랍니다.	·剝奪(박탈): 직급의 옷을 벗기고 직위를 빼앗음. ·剝脫(박탈): 자격을 상실함.
搏 칠 **박** (手-총13획)	扌 손수변, 尃 펼 부 손(扌)을 펴서(尃) 손바닥으로 친다는 뜻의 글자랍니다.	·搏手(박수): 손바닥끼리 서로 침. ·搏擊(박격): 치고 때림.
縛 묶을 **박** (糸-총16획)	糸 실 사, 尃 펼 부 실(糸)같은 줄로 펼쳐 있는(尃) 물건들을 한 덩어리로 묶는다는 뜻의 글자랍니다.	·束縛(속박): 묶음. ·捕縛(포박): 잡아 묶음.
膊 포 **박** (肉-총14획)	月 달 월(몸·고기·세월), 尃 펼 부 고기(月)를 넓게 펴진(尃) 모양으로 자르니 '포'라는 뜻의 글자랍니다.	·脯膊(포박): 고기를 얇게 하여 말린 것

撲
두드릴・칠 **박**
(手-총15획)

扌 손수변, 業 많다

손(扌)으로 많이(業) 두드린다는 뜻의 글자랍니다. 또한 두드리는 모습은 치는 모습이므로 '칠 박'이라고도 한답니다.

· **撲**滅(박멸): 두드려서 없앰.
· **撲**殺(박살): 쳐 죽임.

樸
통나무・순박할 **박**
(木-총16획)

木 나무 목, 業 많다

많은(業) 나무(木)들은 순박하다는 뜻의 글자랍니다. 나무가 옻나무처럼 독이 있는 것도 있지만 대부분의 나무는 자연스럽게 순박하다는 뜻이랍니다. 또한 순박하게 보이는 나무는 통나무라는 뜻에서 '통나무 박'이라고도 합니다.

· 淳**樸**(순박): 순수하고 꾸밈이 없음.
· 素**樸**(소박): 마음씨가 깨끗하고 꾸밈이 없음.

珀
호박 **박**
(玉-총9획)

王 임금 왕(구슬・옥), 白 흰 백(깨끗하다)

희고(白) 깨끗하게 보이는 옥(王)은 호박이라는 뜻의 글자랍니다.

· 琥**珀**(호박): 지질시대에 나무의 수지(樹脂)가 땅속에 묻히어 수소, 산소, 탄소와 화합하여 굳어진 광물.

箔
발 **박**
(竹-총14획)

竹 대 죽, 泊 머무를 박

대나무(竹)를 머무르게(泊) 하여 햇빛을 가리고 칸막이처럼 활용하는 것은 발이라는 뜻의 글자랍니다.

· 竹**箔**(죽박): 대나무로 만든 발.

粕
지게미・깻묵 **박**
(米-총11획)

米 쌀 미, 白 흰 백(깨끗하다)

흰(白) 쌀(米)과 누룩으로 술을 만들 때 가라 앉는 찌꺼기는 지게미라는 뜻의 글자랍니다. 지게미를 굳게 하면 깻묵처럼 생겼다는 뜻에서 '깻묵 박'이라고도 한답니다.

· **粕**味(박미): 깻묵의 맛.

駁

반박할 **박**
(馬-총14획)

馬 말 마, 爻 받들 · 사귈 효

말(馬)도 사귀지(爻) 않고 부리면 반박한다는 뜻의 글자랍니다.

· **反駁**(반박): 대항하며 달려듦.
· **論駁**(논박): 반박하는 말.

拌

버릴 **반**
(扌-총8획)

扌 손수변, 半 절반 반

손(扌)으로 절반(半)을 떼어 버린다는 뜻의 글자랍니다.

· **伴棄**(반기): 버림.

畔

밭두둑 **반**
(田-총10획)

田 밭 전, 半 반 반

밭(田)을 반(半)으로 나누는 경계는 밭두둑이라는 뜻의 글사랍니다.

· **畔界**(반계): 밭두둑 길
· **畔路**(반로): 밭 사이의 두둑 길

絆

맬 **반**
(糸-총11획)

糸 실 사, 半 반 반

실(糸)같은 줄로 물건을 반(半)으로 가름하여 묶어야 매고 다니기가 수월하다는 뜻의 글자랍니다.

· **絆拘**(반구): 잡아서 줄로 맴.
· **絆緣**(반연): 얽히도록 가장자리까지 묶음.

槃

즐거울 **반**
(木-총14획)

般 많을 · 일반 반, 木 나무 목

많은(般) 나무(木)가 있는 장소에서 즐겁게 노래하며 논다는 뜻의 글자랍니다.

· **槃旋**(반선): 빙글빙글 돌아다니며 즐겁게 놂.

蟠
서릴 반
(-총18획)

虫 벌레 충, 番 갈마들 · 차례 번

벌레(虫)도 자기 집으로 갈마들(番) 때는 몸을 서린다는 뜻의 글자랍니다. 여기서 '서린다'는 말은 '몸을 사리다'의 큰말입니다.

- 蟠虯(반규): 꾀리를 틀고 있는 이무기.

攀
휘어잡을 반
(手-총19획)

木 나무 목, 爻 본받을 · 사귈 효, 大 큰 대, 手 손 수

손(手)이 나무(木)들과 크게(大) 사귄다(爻)는 말은 휘어잡았다는 뜻의 글자랍니다. 휘어잡는다는 말은 손의 감각에 맞도록 완전히 밀착하여 잡는다는 말이므로 나무와 손이 사귀듯 한다는 뜻이랍니다.

- 攀登(반등): 휘어잡고 오름.
- 以部首攀漢字(이부수반한자): 부수로 한자 휘어잡기.

礬
명반 반
(石-총20획)

林 수풀 림, 爻 사귈 효, 大 큰 대, 石 돌 석

돌(石)과 수풀(林)이 크게(大) 사귀듯이(爻), 황산알루미늄과 황산칼륨이 합쳐져서 만들어진 유황성분은 명반이라는 뜻의 글자랍니다.

- 明礬(명반): 유황성분의 일종으로써 무색투명의 결정체(結晶體)로 염색이나 약에 쓰임.

斑
얼룩 반
(文-총12획)

王 임금 왕(구슬 · 옥), 文 글월 문

구슬(王)이나 옥(王)에 글씨(文)를 쓰면 얼룩처럼 보인다는 뜻의 글자랍니다.

- 斑點(반점): 얼룩점.

頒
반포할 · 널리펼 반
(頁-총13획)

分 나눌 분, 頁 머리 · 페이지 혈

머릿(頁)속의 생각을 세상에 나누어(分) 주는 것은 반포한다는 뜻의 글자랍니다.

- 頒布(반포): 다른 사람들도 알도록 널리 알림.

勃
발끈할 · 활발할 **발**
(力-총9획)

孛 요기(妖氣) 발 · 혜성 패, 力 힘 력

요사한 기운(孛)의 힘(力)이 몸속에서 발끈거린다는 뜻의 글자랍니다. 예상치도 않은 때에 몸에 힘이 발끈하게 솟아난다는 뜻입니다. 발끈하는 힘은 활발하다는 뜻에서 '활발할 발'이라고도 한답니다.

· 勃起(발기): 요기가 일어남.
· 勃發(발발): 활발하게 일어남.

跋
밟을 **발**
(足-총12획)

足 발 족, 犮 개달아날 발

개가 달아날(犮) 때는 발(足)로써 아무 곳이나 밟고 달아난다는 뜻이지요. 개가 위협을 느껴 달아날 때는 도망가기가 바쁘다보니 씨를 뿌린 밭이라도 밟고 도망간다는 뜻의 글자랍니다.

· 跋扈(발호): 사나워서 손을 못 댈 정도로 제멋대로 날뜀.
· 跋涉(발섭): 산을 넘어 물을 건너 여러 곳을 돌아다님.

魃
가물귀신 · 가물 **발**
(鬼-총15획)

鬼 귀신 귀, 犮 개달아날 발

개가 달아날(犮)만큼 무서운 귀신(鬼)은 가물귀신이라는 뜻의 글자랍니다. 가뭄이 들면 아무리 충직한 개도 집을 지키지 못하고 물을 찾으러 간다는 뜻의 글자입니다.

· 旱魃(한발): 가뭄.

撥
뒤집을 · 다스릴 **발**
(手-총15획)

扌 손수변, 發 필 · 일어날 발

손(扌)으로 일으키며(發) 뒤집는다는 뜻이지요. 또한 뒤집을 때는 잘 다스리기 위함이므로 '다스릴 발'이라고도 한답니다.

· 撥亂反正(발란반정): 어지러운 세상을 뒤집어 바르게 바꿈.
· 反撥(반발): 반대로 뒤집음.

潑
뿌릴 · 활발할 **발**
(水-총15획)

氵 물수변, 發 필 발

꽃이 잘 피어나도록(發) 물(氵)을 뿌리면 활발하게 자란다는 뜻의 글자랍니다.

· 活潑(활발): 생활력이 넘침.

醱
술뜰 · 발효 **발**
(酉 -총19획)

酉 닭 유(술 · 따스하다), 發 필 · 일어날 발

술(酉)을 만들 때 위로 피어오르는(發) 거품이 일 때는 술 뜰 때라는 뜻의 글자랍니다.

• **醱**酵(발효): 술이나 간장, 식초 등을 만들 때 효소가 분해 되어 생기는 거품 같은 것

坊
방 · 동네 **방**
(土 -총7획)

土 땅 토, 方 사방 방

땅(土) 위에 사방(方)으로 된 것은 방이며, 또한 방을 구하려면 사람 사는 동네에 가야 한다는 뜻에서 '동네 방'이라고도 합니다.

• **坊**門(방문): 동네의 입구.
• **坊**民(방민): 동네 사람.

彷
방황할 **방**
(彳 -총7획)

彳 조금걸을 척(여러사람 · 행하다), 方 모 · 사방 방

사방(方)으로 걸어(彳) 다니는 것은 방황할 때라는 뜻이지요. 정처 없이 이곳저곳 사방으로 돌아다니니 방황하는 것이랍니다.

• **彷**徨(방황): 정처 없이 돌아다님.

昉
밝을 **방**
(日 -총8획)

日 해 · 날 일, 方 사방 방

사방(方)으로 해(日)가 비치니 밝다는 뜻의 글자랍니다.

• **昉**日(방일): 밝은 해.

枋
박달나무 **방**
(木 -총8획)

木 나무 목, 方 사방 방

사방(方)으로 알려진 나무(木)는 박달나무라는 뜻이지요. 박달나무 아래서 단군성조가 나라의 건국을 선포했으므로 만백성에게 알려진 나무라는 뜻이랍니다.

• **檀枋**(단방): 박달나무.

肪
기름 **방**
(肉-총8획)

月 달 월(몸·고기·세월), 方 모·사방 방

몸(月)의 사방(方) 껍질 부분은 기름진 고기로 되어 있다는 뜻이랍니다.

· 脂肪(지방): 몸에서 기름의 역할을 하는 살코기의 일부분.

榜
게시판 **방**
(木-총14획)

木 나무 목, 旁 넓을·클 방

나무(木)로 크고 넓게(旁) 만든 것은 게시판이라는 뜻의 글자랍니다. 게시판은 여러 사람이 볼 수 있는 광고판이므로 크고 넓게 만드는데, 옛날에는 주로 나무로 만들었답니다.

· 榜文(방문): 게시판에 써 붙인 글.
· 落榜(낙방): '게시판에 이름이 있지 않음'의 뜻으로, 시험에 떨어짐을 의미함.

膀
방광·오줌통 **방**
(肉-총14획)

月 달 월(몸·세월), 旁 클·넓을 방

몸(月)에서 크고(旁) 넓은 것은 방광이라는 뜻의 글자랍니다. 방광은 오줌통으로써 몸에서 오줌을 저장하므로 넓고 크다는 뜻입니다.

· 膀胱(방광): 오줌통.

謗
비방할 **방**
(言-총17획)

言 말씀 언, 旁 클·넓을 방

크게(旁) 문제를 일으키는 말(言)은 비방하는 말이라는 뜻의 글자랍니다. 남을 비방하는 말은 남의 명예를 훼손시키는 관계로 감옥에 갈 수도 있으니 큰 문제를 발생하는 말이랍니다.

· 誹謗(비방): 남을 헐뜯는 말을 함.
· 毁謗(훼방): 남의 마음에 상처를 주는 말을 함.

尨
삽살개 **방**
(尢-총7획)

尤 허물·더욱 우, 彡 터럭 삼(털·모양)

털(彡)이 더욱(尤) 많이 자라는 개는 삽살개라는 뜻의 글자랍니다. 삽살개는 털이 무럭무럭 자라는 개의 일종이랍니다.

· 尨犬(방견): 털이 북슬북슬하게 많아서 더욱 크게 보이는 개.
· 尨大(방대): 아주 큼.

幇
도울 **방**
(巾-총12획)

封 봉할 · 제후 봉, 巾 수건 건(수건 · 재물)

재물(巾)을 봉해서(封) 주는 것은 도와주는 것이라는 뜻의 글자랍니다. 돈이나 재물을 봉투나 함에 넣고 뚜껑을 봉해서 가난한 사람이나 필요한 사람에게 주는 것은 그를 도와준다는 뜻이랍니다.

· **幇助**(방조): 도와줌.

陪
더할 · 도울 · 모실 **배**
(阜-총11획)

阝 언덕 부(높다 · 크다 · 막다), 咅 높다

높은(阝) 것에 더 높게(咅) 해주는 것은 더해주는 것이며, 더해주는 것은 도와주는 것이며, 윗사람을 돕는 것은 모시는 것이라는 뜻의 글자랍니다.

· **陪席**(배석): 윗사람을 모시고 함께 참석함.
· **陪加**(배가): 더함.

徘
배회할 **배**
(彳-총11획)

彳 걸을 척(여러사람 · 행하다), 非 아닐 비

가야할 곳이 아닌(非) 곳으로 걸으니(彳) 배회하는 것이라는 뜻의 글자랍니다.

· **徘徊**(배회): 일없이 돌아다님.

湃
물결소리 **배**
(水-총12획)

氵 물수변, 拜 절 · 굴복할 · 공경할 배

물(氵)이 굴복하여(拜) 아래로 흐를 때는 물결소리가 난다는 뜻의 글자랍니다.

· **湃湃**(배배): 파도 소리.

胚
아이밸 **배**
(肉-총9획)

月 달 월(몸 · 세월), 不 아니 불, 一 하나 일

몸(月)이 하나(一)가 아니니(不) 아이를 밴 것이라는 뜻의 글자랍니다.

· **胚孕**(배잉): 임신함.
· **胚胎**(배태): 아이를 밴.

帛
비단・명주 **백**
(巾-총8획)

白 흰 백(깨끗하다), 巾 수건 건(베・재물)

깨끗하게(白) 보이는 베(巾)는 비단이라는 뜻의 글자랍니다.

· 帛書(백서): 비단 위에 쓴 글씨.
· 帛絲(백사): 깨끗하고 윤이 나는 흰 명주실

魄
넋 **백**
(鬼-총15획)

白 흰 백(깨끗하다), 鬼 귀신 귀

사람은 흰(白) 뼈를 남기도록 죽으면서 귀신(鬼)인 넋이 된다는 뜻의 글자랍니다.

· 魂魄(혼백): 넋

蕃
무성할 **번**
(艸-총16획)

艹 초두변, 番 차례 번

풀(艹)이 차례(番)로 올라오니 무성하다는 뜻의 글자랍니다.

· 蕃盛(번성): 무성하게 가득함.

藩
울타리 **번**
(艸-총19획)

艹 초두밑(풀・식물), 潘 쌀뜨물 반

쌀뜨물(潘)을 뿌려 주는 식물(艹)은 울타리나무라는 뜻이지요. 울타리나무가 튼튼하게 자랄 수 있도록 귀한 쌀뜨물을 그냥 버리지 않고 거름으로 사용한다는 뜻이랍니다.

· 藩臣(번신): 왕실을 수호하는 신하.
· 藩壁(번벽): 울타리벽.

帆
돛 **범**
(巾-총6획)

巾 수건 건(베・재물), 凡 대개・평범할 범

대개(凡)는 베(巾)로 돛을 만든다는 뜻의 글자랍니다. 큰 배의 돛은 질긴 가죽 같은 것을 사용하기도 하지만 대개는 베를 사용한다는 뜻이랍니다.

· 帆船(범선): 돛을 이용하여 운행하는 배.
· 出帆(출범): 돛배가 나간다는 말로, 이는 어떤 일의 시작을 의미함.

梵
중의글 **범**
(木-총11획)

林 수풀 림, 凡 대개 범

대개(凡) 숲(林)속의 절에서는 중의 글 읽는 소리가 들린다는 뜻의 글자랍니다.

· 梵宇(범우): 절.
· 梵鐘(범종): 절에 걸어둔 종.

氾
넘칠 **범**
(水-총5획)

氵 물수변, 㔾 병부 절(벼슬)

물(氵)이 벼슬(㔾)한 것처럼 높이 오르면 넘친다는 뜻의 글자랍니다.

· 氾濫(범람): 물이 넘쳐서 흐름.

泛
뜰 · 넓을 **범**
(水-총8획)

氵 물수변, 乏 궁색할 · 없을 핍

물(氵)보다 무게가 없는(乏) 것은 물에 뜬다는 뜻의 글자랍니다.

· 泛舟(범주): 배를 띄움.
· 泛海(범해): 넓은 바다.

劈
쪼갤 **벽**
(刀-총15획)

辟 편벽될 벽 · 법 벽 · 피할 피, 刀 칼 도

편벽된(辟) 생각은 칼(刀)로써 쪼갠다는 뜻의 글자랍니다. 생각이 원만하지 못하고 이기주의적이고 편협한 것은 없애야 한다는 뜻의 글자랍니다.

· 劈開(벽개): 쪼개져서 갈라짐.

擘
엄지손가락 **벽**
(手-총17획)

辟 편벽될 벽 · 법 벽 · 피할 피, 手 손 수

손(手)에서 편벽되게(辟) 생긴 것은 엄지손가락이라는 뜻의 글자랍니다. 유독 엄지손가락만이 다른 손가락들과는 다른 방향으로 생겼다는 뜻입니다.

· 擘指(벽지): 엄지손가락.

璧
둥근옥 **벽**
(玉-총18획)

辟 편벽될 벽 · 법 벽 · 피할 피, 玉 구슬 옥

편벽(辟)되게 구르지 않는 구슬(玉)은 둥근 옥이라는 뜻의 글자랍니다. 둥근 구슬은 한쪽으로 치우친 모양이 아니므로 제대로 구른다는 뜻이지요.

- 璧門(벽문): 둥근 옥으로 장식된 문.
- 璧帛(벽백): 둥근 옥과 비단.

癖
버릇 **벽**
(疒-총18획)

疒 병 녁, 辟 부를 · 편벽될 벽

자신이 스스로 불러서(辟) 병(疒)이 된 것이니 버릇이라는 뜻의 글자랍니다. 버릇은 타인이 준 것이 아니라 자신이 스스로 만든 것이라는 뜻이랍니다.

- 酒癖(주벽): 술버릇.
- 癖性(벽성): 버릇.

闢
열 **벽**
(門-총21획)

門 문 문, 辟 부를 · 편벽될 벽

사람을 불러서(辟) 문(門)을 열도록 한다는 뜻의 글자랍니다.

- 開闢(개벽): 새로운 세상을 엶.

瞥
얼핏볼 **별**
(目-총17획)

敝 버릴 · 상할 폐, 目 눈 목

버린(敝) 것은 눈(目)으로 얼핏 본다는 뜻이지요. 이미 필요가 없어서 확인을 하고 버린 것인데 볼 일이 있어도 신중하지 않게 얼핏 보고 만다는 뜻이랍니다.

- 瞥見(별견): 얼핏 봄.

鱉
자라 **별**
(魚-총23획)

敝 버릴 폐, 魚 물고기 어

고기(魚)를 잡다가 그물에 걸려든 것 중에 버리는(敝) 것은 자라라는 뜻의 글자랍니다. 자라는 먹기가 곤란하고 별로 쓸모가 없는 고기라는 뜻이지요. 물론 자라탕도 해먹는 사람이 있지만 먹을 것이 없어서 하는 짓이라 봅니다.

- 龜鱉(귀별): 거북과 자라.

瓶
병 병
(瓦-총11획)

幷 아우를 · 함께 병, 瓦 기와 와

기와(瓦)와 함께(幷) 구울 수 있는 것은 병이라는 뜻의 글자랍니다. 기와는 두껍고 튼튼하므로 기와처럼 열을 많이 가해야 제대로 구울 수 있는 것은 병이라는 뜻이지요. 병은 바깥 면에만 열을 가하기 때문에 기와를 굽는 강한 열로 굽는다는 뜻이랍니다.

· 酒瓶(주병): 술병.
· 花瓶(화병): 꽃병.

餅
떡 병
(食-총17획)

食 먹을 · 밥 식, 幷 함께 · 아우를 병

밥(食)과 아울러(幷) 취급되는 것은 떡이라는 뜻이지요. 떡은 밥의 재료인 쌀로써 만들기 때문이랍니다.

· 餠商(병상): 떡장사.

堡
방죽 · 둑 보
(土-총12획)

保 보호할 보, 土 흙 · 땅 토

홍수나 파도로부터 인명과 재산을 보호하기(保) 위해 흙(土)으로 담을 높이 쌓은 것은 방죽이라는 뜻의 글자랍니다.

· 堡壘(보루): 둑, 방죽.

洑
보막을 보
(水-총9획)

氵 물수변, 伏 엎드릴 · 굴복할 복

물(氵)을 굴복(伏)시키는 것이니 보를 막는다는 뜻의 글자랍니다. '보를 막는다'는 말은 '물을 논이나 밭으로 흐르도록 저수지를 만든다'는 뜻이랍니다.

· 洑垌(보동): 보를 만들기 위해 둘러쌓은 둑.

菩
보리수 · 보살 보
(艸-총12획)

艹 초두밑(풀 · 식물), 音 높다

높은(音) 인격을 완성한 부처님이 수도하신 나무(艹) 아래는 보리수나무 밑이라는 뜻이지요. 보리수는 보살님들이 좋아한다는 뜻에서 '보살 살'이라고도 한답니다.

· 菩提樹(보리수): 석가모니불이 보리수 아래서 수도하였으며, 보리수 열매로 염주를 만듦.
· 菩薩(보살): 부처가 되기 위해 수행하는 높은 인격의 수도자, 또는 불교의 여신도를 지칭.

僕
종 복
(人-총14획)

亻 사람인변, 業 많다

많은(業) 사람(亻)들이 종처럼 산다는 뜻의 글자랍니다. 사람들이 본성을 상실하고 돈과 재물과 육체적 쾌락과 명예와 이기주의에 얽매여 종처럼 살고 있다는 뜻이랍니다.

· 奴僕(노복): 종, 노예.

匐
기어갈 복
(勹-총11획)

勹 쌀 포(감싸다·보호하다·쌀·다투다), 畐 찰·나비 복

나비(畐)의 날개를 감싸면(勹) 엉금엉금 기어간다는 뜻의 글자랍니다.

· 匐枝(복지): 땅으로 기어가듯이 자라는 나뭇가지.
· 怖伏(포복): 두려워서 기어감.

輻
바퀴살 복
(車-총16획)

車 수레 거, 畐 찰·나비 복

수레(車)에서 가득하게 찰수록(畐) 좋은 것은 수레바퀴가 휘어지지 않도록 받쳐 주는 바퀴살이라는 뜻의 글자랍니다.

· 三十輻共一轂(삼십복공일곡): 30개의 바퀴살을 하나의 바퀴살통에 끼워 수레바퀴를 만듦.

鰒
전복 복
(魚-총20획)

魚 물고기 어, 复 돌아갈 복

물고기(魚)로 돌아가지(复) 않고 조개껍질 같은 것을 등에 붙이고 물속에 사는 생물은 전복이라는 뜻의 글자랍니다.

· 全鰒(전복): 조개의 일종으로, 껍질은 한약재로 쓰이고 살은 식용임.

捧
받들 봉
(手-총11획)

扌 손수변, 奉 받들 봉

받들(奉) 때는 손(扌)으로 받든다는 뜻의 글자랍니다.

· 捧納(봉납): 돈이나 물건을 바침.
· 捧受(봉수): 받들어 받음.

棒
몽둥이 봉
(木-총12획)

木 나무 목, 奉 받들 봉

손으로 위로 받드는(奉) 나무(木)는 몽둥이라는 뜻의 글자랍니다.

- **棒術**(봉술): 몽둥이로 하는 무술.
- **棍棒**(곤봉): 몽둥이.

烽
봉화 봉
(火-총11획)

火 불 화, 夆 만날 봉

불(火)끼리 만나서(夆) 소식을 전하니 봉화라는 뜻이지요. 봉화는 교통통신이 미흡했던 옛날에 먼 거리까지 긴급히 소식을 전하기 위해 만들었던 통신시설입니다. 산의 봉우리에 봉화대를 만들어서 불을 피우면 다른 쪽에서도 똑같이 불을 피우기를 계속하여 목적지까지 위기상황을 전했지요.

- **烽火**(봉화): 나라에 변란이 있을 때 봉화대에 불을 피워 긴급히 소식을 전하는 통신시설.

鋒
칼날·맨앞 봉
(金-총15획)

金 쇠 금·금 금·돈 금·성 김, 夆 만날 봉

쇠(金)로 만든 칼이 물체와 만나는(夆) 부분은 칼날이라는 뜻의 글자랍니다. 칼날은 맨 끝에 있는 부분이므로 '끝 봉'이라고도 합니다.

- **先鋒**(선봉): 맨 앞(앞쪽으로 끝).
- **筆鋒**(필봉): 붓의 끝.

俯
구부릴·머리숙일 부
(人-총10획)

亻 사람인변, 府 관청 부

관청(府)에서 일하는 사람(亻)은 주민들에게 머리를 숙이고 허리를 구부릴 정도로 친절해야 한다는 뜻의 글자랍니다.

- **俯伏**(부복): 허리를 구부리고 엎드림.
- **俯瞰**(부감): 구부려 내려다 봄.

咐
분부할 부
(口-총8획)

口 입 구(사람·말하다), 付 붙일·부탁할·줄 부

윗사람이 아랫사람에게 부탁하는(付) 말(口)은 분부하는 말이라는 뜻의 글자랍니다.

- **咐囑**(부촉): 부탁하여 위촉함.
- **吩咐**(분부): 윗사람이 아랫사람에게 부탁하는 말.

腑
장부 · 내장 부
(肉－총12획)

月 달 월(몸 · 세월), 府 관청 부

몸(月)에서 관청(府)같은 역할을 하는 부분은 장부라
는 뜻의 글자랍니다. 장부는 오장육부로써, 마을을 유
지하고 발전시키려면 관청이 있듯이, 내장도 몸을 유
지하고 건강하게 활동하도록 하는 기능을 가졌다는 뜻
이랍니다.

·臟腑(장부): 오장육부(五臟六
腑), 오장은 간장, 심장, 폐장,
신장, 비장, 육부는 대장, 소장,
방광, 담, 위장, 삼초

駙
빠를 · 부마 부
(馬－총15획)

馬 말 마, 付 붙일 · 부탁할 · 줄 부

말(馬)을 타고 가는 사람에게 편지를 부탁하니(付)
빠르게 전달된다는 뜻의 글자랍니다.

·駙馬(부마): 1) 빠른 말. 2) 부
마도위(駙馬都尉)의 약칭. 임
금의 사위에게 주던 칭호(임금
의 사위는 빠르게 출세했다는
뜻이기도 함.)

賻
부의 부
(貝－총17획)

貝 돈 · 재물 패, 尃 펼 부

주머니를 펼쳐서(尃) 나오는 돈(金)으로 부의를 한다
는 뜻이요, 부의는 초상난 집에 주는 돈으로써, 초상
비용에 보태라는 뜻의 돈으로써 가능한 정성껏 낸다는
뜻이랍니다.

·賻儀(부의): 초상난 집에 슬픔
을 함께 한다는 뜻으로 주는 돈.
·賻儀金(부의금): 부의.

剖
나눌 · 쪼갤 부
(刀－총10획)

咅 높다, 刂 칼 도

칼(刂)을 높이(咅) 들 때는 나눌 때라는 뜻이요, 또
한 나누는 것은 쪼개는 것이라는 뜻에서 '쪼갤 부'라고
도 한답니다.

·解剖(해부): 칼로 나누어 속을
봄.

埠
선창 · 부두 부
(土－총11획)

土 땅 · 흙 토, 阜 언덕 부

땅(土)이 언덕(阜)처럼 높은 지대를 선창으로 한다는
뜻이요, 배를 이용하는 선창, 즉 부두는 배의 갑판으
로 타고 내려야 하므로 수면보다 배의 갑판 높이만큼
지대가 높아야 한다는 뜻이랍니다.

·埠頭(부두): 배를 타고 내리는
곳.

芺
연꽃·부용 **부**
(艹-총8획)

艹 초두밑(풀·식물), 夫 사내·남편 부

사내(夫)가 본받아야 할 식물(艹)은 연꽃이라는 뜻의 글자랍니다. 연꽃이 진흙탕 속에서도 깨끗한 꽃을 피우듯이, 사내들도 험한 세상 속에서도 올바르게 잘 살아야 수신제가치국평천하(修身齊家治國平天下)를 잘할 수 있다는 뜻이랍니다.

· 芺蓉(부용): 연꽃의 별칭.

孵
알깔 **부**
(子-총14획)

卵 알 란, 孚 기를·종자 부

알(卵)을 길러서(孚) 알을 깐다는 뜻의 글자랍니다. 알을 기른다는 말은 어미가 알을 잘 품어준다는 뜻이랍니다.

· 孵化(부화): 알을 까서 새끼가 나오게 함.
· 孵卵(부란): 알을 깜, 부회(孵化).

斧
도끼 **부**
(斤-총8획)

八 여덟 팔(사방팔방·높다), 乂 다스릴·어질 예, 斤 도끼 근

높이(八) 들어야 다스려지는(乂) 연장은 도끼(斤)라는 뜻이지요. 도끼는 높이 들어야 도끼질을 할 수가 있다는 뜻이랍니다.

· 斧斤(부근): 도끼.

訃
부고·이를 **부**
(言-총9획)

言 말씀 언, 卜 점 복(알리다)

초상이 나서 아는 사람들에게 말(言)로써 알리는(卜) 것은 부고라는 뜻이지요. 또한 말로써 알리니 소식이 이른다는 뜻에서 '이를 부'라고도 하는 글자랍니다.

· 訃告(부고): 사람이 죽었음을 친지나 가족에게 알림.
· 訃音(부음): 부고(訃告).

吩
분부할 **분**
(口-총7획)

口 입 구(말하다·사람), 分 나눌 분

윗사람이 아랫사람에게 자신의 뜻을 말(口)로써 나누어(分) 주면서 부탁하는 것이니 분부한다는 뜻이랍니다.

· 吩咐(분부): 남에게 부탁하는 말.

扮
꾸밀 분
(手-총7획)

扌 손수변, 分 나눌 분

손(扌)으로 물건을 모양 있게 나누면서(分) 꾸민다는 뜻의 글자랍니다.

·扮裝(분장): 꾸미며 장식함.

忿
분할·성낼 분
(心-총8획)

分 나눌 분, 心 마음 심

마음(心)이 나누어질(分) 때는 분해서 성낼 때라는 뜻의 글자랍니다.

·忿怒(분노): 분해서 성을 냄.
·忿爭(분쟁): 성내며 싸움.

盆
분재·동이 분
(皿-총9획)

分 나눌 분, 皿 그릇 명

그릇(皿)에 나누어진(分) 꽃나무는 분재이며, 또한 분재는 동이에 심는다는 뜻의 글자랍니다.

雺
안개 분
(雨-총12획)

雨 비 우, 分 나눌 분

비(雨)가 작게 나누어지면(分) 안개처럼 떠다닌다는 뜻의 글자랍니다. 안개도 작은 물방울이라는 뜻이랍니다.

·雺雨(분우): 안개비.

噴
뿜을 분
(口-총15획)

口 입 구(사람·말하다), 賁 클 분

입(口)을 크게(賁) 할 때는 뿜을 때라는 뜻이지요. 입 속에 공기나 물을 가득 채워서 분수처럼 밖으로 내뿜는다는 뜻이랍니다.

·噴水(분수): 물을 뿜음.

焚
불사를 분
(火-총12획)

林 수풀 림, 火 불 화

불(火)로써 숲(林)을 태우는 것이니 불사른다는 뜻이랍니다.

· 焚身(분신): 몸을 태움.
· 焚香(분향): 향을 태움.
· 焚火(분화): 불로 태움.

糞
똥 분
(米-총17획)

米 쌀 미, 異 다를 이

쌀(米)밥을 먹었는데 다르게(異) 변하여 똥이 되었다는 뜻의 글자랍니다.

· 糞尿(분뇨): 똥과 오줌.

佛
비슷할 불
(彳-총8획)

彳 조금걸을 척(행하다 · 여러사람), 弗 아닐 · 돈 불

따라서 행하지(彳) 아니하면(弗) 비슷하게 할 수가 없다는 뜻의 글자랍니다.

· 彷佛(방불): 비슷함.

棚
사다리 붕
(木-총12획)

木 나무 목, 朋 벗 붕

나무(木)를 벗(朋)처럼 양쪽으로 똑같이 잘라 놓고 계단처럼 오르기 위해 여러 개의 작은 나무를 나란히 이어놓은 것이니 사다리라는 뜻의 글자랍니다.

· 木棚(목붕): 나무 사다리.

硼
붕사 · 붕산 붕
(石-총13획)

石 돌 석, 朋 벗 붕

돌(石)을 벗(朋)처럼 친하게 섞어서 화합물로 만든 것은 붕사라는 뜻의 글자랍니다. 또한 붕사는 붕산을 만드는 재료가 되므로 '붕산 붕'이라고도 한답니다.

· 硼砂(붕사): 붕소의 화합물, 에나멜, 비누 등의 제조에 쓰임.
· 硼酸(붕산): 약품의 일종. 흰빛의 투명하고 비늘 모양의 광택이 나는 결정체. 붕사에 황산을 넣어 만들며, 주로 방부제로 쓰임.

糸 실 사(실·줄·다스리다), 崩 무너질 붕

무너지지(崩) 않도록 줄(糸)로써 묶어 놓는다는 뜻의 글자랍니다.

繃
묶을 **붕**
(糸-총17획)

- 繃帶(붕대): 상처 난 곳에 약을 바른 후 덮어 싸며 묶는 띠.

備 갖출·준비할 비, 心 마음 심.

마음(心)에 갖춘(備) 것이 없으면 고달퍼진다는 뜻의 글자랍니다. 또한 고달프니 피곤하다는 뜻에서 '피곤할 비'라는 뜻이기도 합니다.

憊
고달플·피곤할 **비**
(心-총16획)

- 憊臥(비와): 피곤하여 누움.
- 憊活(비활): 고달픈 생활.

乚 꼬리(끝), 丿 뻗침 별

끝(乚)으로 뻗쳐(丿) 들어가는 것은 비수나 숟가락이라는 뜻의 글자랍니다. 비수는 칼끝으로, 숟가락도 끝의 둥근 부분으로 밥을 떠서 입으로 가져간다는 뜻이랍니다.

匕
비수·숟가락 **비**
(匕-총2획)

- 匕首(비수): 몸을 보호하기 위해 만든 작은 칼, 단도
- 匕箸(비저): 숟가락과 젓가락.

戶 집·지게 호(외짝문), 非 아닐 비

외짝문(戶)이 아닌(非) 것은 짝이 있는 문짝이라는 뜻의 글자랍니다.

扉
문짝 **비**
(戶-총12획)

- 扉門(비문): 문짝.
- 扉戶(비호): 문짝과 외짝문.

糸 실 사, 非 아닐 비

보통의 실(糸)로는 아니(非)되는 것은 비단이라는 뜻의 글자랍니다. 비단은 명주실로 짜는 천(絹)이라는 뜻이랍니다.

緋
비단 **비**
(糸-총14획)

- 緋緞(비단): 명주실로 짜는 천(絹)의 총칭.

翡
물총새 비
(羽-총14획)

非 아닐 비, 羽 날개 · 깃 우

날개(羽)가 아니(非) 보이게 나는 새는 물총새라는 뜻의 글자랍니다. 물총새는 날개를 펄럭이지 않고 폈다가 강하게 몸에 붙이면서 물 위로 날아가는 새이기 때문에 날개가 잘 보이지 않는다는 뜻이지요.

· 翡翠(비취): 물총새.

蜚
바퀴 · 때까치 비
(虫-총14획)

非 아닐 비, 虫 벌레 충

있어야 할 곳이 아닌(非) 곳에 있는 벌레(虫)는 바퀴벌레라는 뜻의 글자랍니다. 바퀴벌레는 사람이 사는 집안의 식당에서 주로 사니 있지 않아야 할 곳에 사는 벌레라는 뜻이랍니다. 바퀴벌레를 잘 잡아먹는 벌레는 때까치라는 뜻에서 '때까치 비'라고도 한답니다.

· 蜚蠊(비렴): 바퀴벌레.

誹
헐뜯을 · 비방할 비
(言-총15획)

言 말씀 언, 非 아닐 비

말(言)같지도 않은(非) 말은 남을 헐뜯는 비방하는 말이라는 뜻의 글자랍니다.

· 誹謗(비방): 남을 헐뜯는 말.

痹
마비 · 저릴 비
(疒-총13획)

疒 병 녁, 卑 천할 비

천하게(卑) 여겨지는 병(疒)은 몸이 저리는 마비라는 뜻의 글자랍니다. 마비는 크게 병으로 여겨지지 않는 병이라는 뜻으로 마비증세는 아무런 이상 없이 활동하다가도 순간적으로 생겼다가 사라지는 증세이기 때문에 병으로 취급되지 않을 정도랍니다.

· 痲痹(마비): 몸이 저림.

裨
관복 · 도울 · 작을 비
(衣-총13획)

衤 옷 의, 卑 천할 비

천한(卑) 신분으로는 입을 수 없는 옷(衤)은 관복이며, 관복을 입은 신하는 임금을 보좌하며 돕는 일을 한다는 뜻의 글자랍니다. 도와주면 작은 것도 큰 힘이 된다는 뜻에서 '작을 비'라고도 한답니다.

· 裨補(비보): 도와서 보완함.
· 裨木(비목): 작은 나무.

脾
비위 · 지라 **비**
(肉-총12획)

月 달 월(몸 · 세월), 卑 천할 비

몸(月)에서 천한(卑) 일을 하는 곳은 비위라는 뜻의 글자랍니다. 비위는 비장과 위장을 뜻하는 말로, 위장은 몸속으로 들어오는 음식을 분해 시켜 소화시키는 작용을 하고, 비장은 몸속의 노화된 적혈구 등을 처리하는 장(臟)을 말한답니다. 지라는 비장을 뜻한답니다.

· 脾熱症(비열증): 비장에 열이 생기는 증세.
· 脾胃(비위): 비장과 위장. 비장과 위장이 좋아야 몸이 건강하듯이, 세상의 여러 잡다한 일에 적응을 잘 하는지 않는지를 말할 때 '비위가 좋다, 안 좋다'로 비유하여 쓰는 말

姚
죽은어머니 **비**
(女-총7획)

予 여자 여, 比 비교 비

비교(比)가 되게 생각나는 여자(予)는 죽은 어머니라는 뜻의 글자랍니다.

· 姚意(비의): 돌아가신 어머님의 뜻.

庀
덮을 **비**
(广-총7획)

广 집 엄(집 · 덮다), 匕 숟가락 · 비수 비

숟가락(匕)이나 비수(匕)는 덮는다(广)는 뜻의 글자랍니다. 숟가락은 위생상 수저통에 넣고 뚜껑을 덮고, 비수는 안전을 위해 칼날 부분은 덮개로 덮어둔다는 뜻이랍니다.

· 庀護(비호): 덮어서 보호함.

琵
비파 **비**
(玉-총12획)

王 임금 왕(구슬 · 옥), 比 비교 · 견줄 비

구슬(王)들을 비교(比)하기 위해 굴리면 비파소리처럼 들린다는 뜻의 글자랍니다.

· 琵琶(비파): 줄이 3~5현으로 되어 있는 현악기의 일종, 한국 · 중국 · 일본의 고전악기임.

砒
비상 · 비소 **비**
(石-총9획)

石 돌 석, 比 비교할 · 견줄 비

돌(石)과 비교하게(比) 되는 것은 비상이라는 뜻의 글자랍니다. 비상은 비석(砒石)을 태워서 만든 결정체로써 독약 성분의 물질입니다.

· 砒素(비소): 비상.
· 砒石(비석): 비소 성분이 들어 있는 돌.

秕

쪽정이 비
(禾-총9획)

禾 벼 화(곡식), 比 비교할 비

벼(禾)와 비교될(比) 수 없는 것은 쪽정이라는 뜻의 글자랍니다. 쪽정이는 모양은 벼이지만 벼의 껍질만 있고 알맹이는 없는 못 쓰는 벼랍니다.

· 秕糠(비강): 쌀겨, 벼의 껍질
· 秕政(비정): 알맹이 없고 껍질만 있는 부정부패한 정치.

沸

끓을 비
(水-총8획)

氵 물수변, 弗 아니·돈 불

물(氵)처럼 생각되지 않을(弗) 때는 끓을 때라는 뜻의 글자랍니다. 물이 끓을 때는 증발되기 때문에 물이라는 생각보다는 공기로 변한다는 느낌이 더 든다는 뜻이랍니다.

· 沸騰(비등): 물이 끓어오름.
· 沸水(비수): 끓는 물.

鄙

더러울 비
(邑-총14획)

啚 인색할 비, 阝 고을 부

인색한(啚) 사람들은 마을(阝)을 더럽게 한다는 뜻의 글자랍니다. 인색한 사람들은 마을이 더러워도 청소하기를 싫어하기 때문이랍니다.

· 鄙賤(비천): 더럽고 천함.
· 鄙言(비언): 남을 불쾌하게 만드는 말.

臂

팔·팔뚝 비
(肉-총17획)

辟 피할 피·부를 벽, 月 달 월(몸·세월)

말을 하지 않고 몸(月)으로 부를(辟) 때는 팔을 잡아당긴다는 뜻의 글자랍니다.

· 臂力(비력): 팔힘.
· 肩臂(견비): 어깨와 팔

譬

비유할 비
(言-총20획)

辟 피할 피·부를 벽, 言 말씀 언

직설적으로 하는 말(言)은 피하고(辟) 다른 말로 비유를 한다는 뜻의 글자랍니다.

· 譬喩(비유): 다른 예를 들어서 깨닫게 함.

嚬
찡그릴 빈
(口-총19획)

口 입 구(사람 · 말하다), 頻 자주 빈

너무 자주(頻) 똑같은 말(口)만 하면 듣는 사람은 얼굴을 찡그린다는 뜻의 글자랍니다.

· 嚬蹙(빈축): 얼굴을 찡그림.

瀕
물가 빈
(水-총19획)

氵 물수변, 頻 자주 빈

물(氵)이 자주(頻) 썰물과 밀물로 왔다 갔다 하는 곳은 물가라는 뜻의 글자랍니다.

· 瀕海(빈해): 바닷가.

嬪
빈궁 · 궁녀 · 귀녀 빈
(女-총17획)

女 여자 여, 賓 손님 · 공경할 빈

공경 받는(賓) 여자(女)는 빈궁이며, 빈궁은 궁녀이며, 궁녀는 귀녀(貴女)라는 뜻의 글자랍니다.

· 嬪宮(빈궁): 왕이 될 왕자의 아내.
· 宮女(궁녀): 왕궁에서 생활하는 여자.

濱
물가 · 가까울 빈
(水-총17획)

氵 물수변, 賓 손님 빈

물(氵)이 손님(賓)처럼 들어왔다 나가는 곳은 물가라는 뜻의 글자랍니다. 물가는 밀물과 썰물로 물이 들어오고 나가는 곳이랍니다. 물가는 육지와 가까운 곳이라는 뜻에서 '가까울 빈'이라고도 합니다.

· 濱海(빈해): 해변, 해안.

殯
빈소 빈
(歹-총18획)

歹 뼈앙상할 알(죽음), 賓 손님 빈

사람이 죽으면(歹) 손님(賓)은 빈소로 안내한다는 뜻의 글자랍니다.

· 殯所(빈소): 발인 때까지 시신을 관 속에 넣어 두고 문상 온 손님들의 절을 받는 곳.

憑 의지할 **빙** (心-총16획)	馮 탈·의지할 빙, 心 마음 심 의지하는(馮) 마음(心)을 고치지 않으면 항상 의지하게 된다는 뜻의 글자랍니다.	·信憑(신빙): 믿고 의지함. ·證憑(증빙): 의지할 만한 증거.
些 적을 **사** (二-총7획)	此 그칠·이 차, 二 두 이(많다) 많다(二)고 그치면(此) 적어진다는 뜻이지요. 지식이 많다고 배움을 그치면 점점 무식하게 되고, 재산이 많다고 돈벌기를 그치고 쓰기만 하면 재산이 줄어든다는 뜻이랍니다.	·些少(사소): 양이 적음. ·些糧(사량): 적은 양식.
嗣 후손·이을 **사** (口-총13획)	口 입 구(사람·말하다), 冊 책 책, 司 맡을·벼슬 사 벼슬(司)을 한 사람(口)은 책(冊)을 버리지 않고 자손에게 물려주어 벼슬을 계속해서 이어가도록 한다는 뜻의 글자랍니다.	·後嗣(후사): 뒤를 이을 후손.
祠 사당 **사** (示-총10획)	示 볼·귀신 시, 司 맡을·벼슬 사 선조 귀신(示)들에게 제사지내는 일을 맡아서(司) 행하는 곳은 사당이라는 뜻의 글자랍니다.	·祠堂(사당): 선조 귀신들을 모셔 놓고 제사지내는 일을 맡아서 행하는 집.
奢 사치할 **사** (大-총12획)	大 큰 대, 者 사람 자 사람(者)이 큰(大) 부자인 것처럼 허세를 부리며 사치를 한다는 뜻의 글자랍니다.	·奢侈(사치): 형편에 맞지 않게 외형을 가꾸기 위해 돈을 낭비함.

娑
춤출 사
(女-총10획)

沙 모래 사, 女 여자 여

여자(女)가 모래(沙) 위로 달릴 때는 마치 춤을 추는 것처럼 보인다는 뜻의 글자랍니다.

· 娑女(사녀): 춤추는 여자, 여자 무용수.

紗
비단 사
(糸-총10획)

糸 비단 사, 小 작을 소, 丿 뻗침 별

굵기가 작은(小) 실(糸)을 뻗치며(丿) 짠 천은 비단이라는 뜻의 글자랍니다.

· 甲紗(갑사): 최고 품질의 비단
· 羅紗(나사): 비단

瀉
설사 사
(水-총18획)

氵 물수변, 寫 베낄·닮을 사

물(氵)을 닮은(寫) 똥은 설사라는 뜻의 글자랍니다.

· 泄瀉(설사): 물이 새어나옴, 또는 물처럼 새어나오는 똥.
· 吐瀉(토사): 토하고 설사함.

麝
사향노루 사
(鹿-총21획)

鹿 사슴 록, 射 쏠 사

활을 쏘아야(射) 잡을 수 있는 사슴(鹿)은 사향노루라는 뜻의 글자랍니다. 사향노루는 달리는 속도가 빠르므로 손으로 잡기가 쉽지 않다는 뜻이랍니다.

· 麝香(사향): 사슴의 향낭을 말려서 만든 향료.

獅
사자 사
(犬-총13획)

犭 큰개 견(짐승), 師 스승 사

짐승(犭)들 중에 스승(師)이 있는 무리의 짐승은 사자라는 뜻이지요. 사자는 위계질서가 뚜렷하여 마치 예의범절을 가르치는 스승이 있는 것같이 보인다는 뜻이랍니다. 사자는 먹이가 생기면 제일 먼저 우두머리에게 양보하고 우두머리가 먹고 난 후에 차례로 먹는답니다.

· 獅子(사자): 아프리카에 주로 사는 개과의 육식동물로서 싸움에 능한 사나운 짐승.
· 獅子吼(사자후): 사자의 울음 소리처럼 우렁찬 소리.

徙
옮길 **사**
(彳-총11획)

彳 조금걸을 척(여러사람·행하다), 止 그칠 지, 卜 알릴 복, 人 사람 인

그쳐(止)있던 사람(人)이 여러 사람(彳)에게 알리러(卜) 가려면 장소를 옮겨 다닌다는 뜻의 글자랍니다.

- **移徙**(이사): 다른 곳으로 옮김.
- **徙植**(사식): 나무를 옮겨서 심음.

蓑
도롱이 **사**
(艸-총14획)

艹 초두밑(풀), 一 하나 일(모으다), 口 입 구, 衣 옷 의

풀(艹)을 모아(一) 엮어서 사람(口)의 옷(衣)을 덮는 것은 도롱이라는 뜻의 글자랍니다.

- **蓑笠**(사립): 도롱이와 삿갓.

刪
도려낼·깎을 **산**
(刀-총7획)

冊 책 책, 刂 칼 도

책(冊)에 있는 필요한 부분을 칼(刂)로 도려낸다는 뜻의 글자랍니다.

- **刪補**(산보): 도려내며 보완함.

珊
산호 **산**
(玉-총9획)

王 임금 왕(옥·구슬), 冊 책 책

책(冊)에 따르면 식물로 발표되었다가 동물로 수정 발표된 옥(王)같은 보석을 만드는 재료는 산호라는 뜻의 글자랍니다.

- **珊瑚**(산호): 바다 깊은 곳에 사는 식물처럼 생긴 동물류로서, 골축으로 여러 가지의 보석을 만드는 재료가 됨

疝
산증 **산**
(疒-총8획)

疒 병 녁, 山 뫼 산

산(山)처럼 불알이 부어오르는 병(疒)은 산증이라는 뜻의 글자랍니다.

- **疝症**(산증): 불알이 붓고 아픈 병.

撒
뿌릴 살
(手-총15획)

扌 손수변, 散 흩을 산

흩어지도록(散) 손(扌)으로 뿌린다는 뜻의 글자랍니다.

· 撒布(살포): 넓게 뿌림.

煞
죽일 살
(火-총13획)

勹 쌀 포(감싸다 · 보호하다 · 뿔 · 다투다), ⺕ 고슴도치 계(손), 攵 칠 복(힘쓰다), 灬 불 화

손(⺕)에 햇불(灬)을 들고 전쟁터에서 힘써(攵) 싸우니(勹) 많은 사람을 죽인다는 뜻의 글자랍니다.(煞은 殺과 같은 뜻임.)

· 相衝煞(상충살): 서로 싸워 죽임.

薩
보살 살
(艸-총18획)

艹 초두밑(풀), 阝 언덕 부(높다 · 크다), 産 낳을 · 생산할 산

큰(阝) 잡초(艹)같은 잡념을 머릿속에 낳지(産) 않도록 하는 수행자ⁿ 보살이라는 뜻이시요 보살은 부처가 되기 전의 수행자로서, 부처는 잡초 같은 잡념이 생겨도 밝은 지혜로 청소해 버리지만, 아직 깨달음이 미흡한 보살은 잡념이 자라지 않도록 미리 경계를 해야 한다는 뜻이랍니다.

· 菩薩(보살): 불도(佛道)를 닦으며 선행(善行)을 쌓는 수행자.

滲
물스며들 삼
(水-총14획)

氵 물수변, 參 석 삼 · 간여할 참

물(氵)이 간여할(參) 때는 물이 스며들 때라는 뜻의 글자랍니다.

· 滲透壓(삼투압): 물이 통하여 스며들도록 하는 압력.

澁
깔깔할 · 떫을 삽
(水-총15획)

氵 물수변, 止 그칠지

물(氵)로 씻을 때 피부가 매끄럽지 못하여 씻는 손을 자주 그치도록(止) 하는 것은 피부가 거칠어 깔깔하다는 뜻의 글자랍니다. 맛이 깔깔한 것은 떫은맛이라는 뜻에서 '떫을 삽'이라고도 한답니다.

· 澁味(삽미): 떫은 맛.
· 澁膚(삽부): 깔깔하여 거친 피부.

觴 술잔 상 (角-총18획)	角 뿔・술잔・다툴 각, 宀 높다・알리다, 昜 해・볕 양 높은(宀) 하늘의 해(昜)가 지고 나면 사람들이 술잔(角)을 주고받으며 하루의 피로를 푼다는 뜻의 글자랍니다. 술이란 피로를 풀 만큼만 적당히 마셔야지 피로가 쌓일 정도로 마시고 다음날 일하는데 방해가 되면 안 된다는 뜻입니다.	・觴詠(상영): 술을 마시며 시와 노래를 읊음.
嬬 과부 상 (女-총20획)	女 여자 여, 霜 서리 상 여자(女)가 서리(霜)를 맞은 것처럼 초라해 보이니 과부라는 뜻의 글자랍니다.	・靑嬬(청상): 젊은 과부.
翔 날개・날 상 (羽-총12획)	羊 양 양(착하다・좋다), 羽 깃 우 깃(羽)이 좋게(羊) 활용될 때는 날개로 변할 때랍니다.	・翔空(상공): 하늘을 날아다님. ・翔禽(상금): 하늘을 나는 새.
爽 시원할 상 (爻-총11획)	大 큰 대, 爻 어질・본받을 효 마음이 어질고(爻) 생각이 어질면(爻) 머리가 크게(大) 시원하다는 뜻의 글자랍니다. 머리가 시원하면 기분이 좋으므로 마음과 생각이 어질어지고, 머리가 뜨거우면 정신이 탁해져서 성질이 나쁘게 된다는 뜻이지요. 그래서 머리를 시원하고 상쾌하도록 하기 위해 아침에 맑은 기운을 마시며 운동이나 수도를 하는 것이랍니다.	・爽快(상쾌): 마음이 시원하고 즐거움.
璽 도장・옥새 새 (玉-총19획)	爾 오직・가까울・너 이, 玉 옥・구슬 옥 오직(爾) 자신만이 사용하는 옥(玉)은 옥새라는 뜻이지요. 옥새는 옥으로 된 도장이랍니다. 도장은 임금이나 백성이나 오직 자신만 사용해야 되는 것이랍니다. 남의 도장을 사용하는 것은 큰 범죄를 저지르는 것이기 때문입니다.	・玉璽(옥새): 옥으로 된 도장, 또는 임금의 도장.

嗇
농부·아낄 색
(口-총13획)

土 땅 토, 人 사람 인, 回 돌 회

여러 사람(人)들이 돌아(回) 다니는 땅(土)인 둑길은 농부들이 논밭에 심은 곡식을 밟지 않으려는 아끼는 마음에서 만든 것이랍니다.

- **吝嗇**(인색): 아낌.
- **嗇夫**(색부): 농부.

牲
희생 생
(牛-총9획)

牛 소 우, 生 날·살 생

소(牛)로 태어나면(生) 인간을 위해 희생만 한다는 뜻의 글자랍니다.

- **犧牲**(희생): 남을 위해 사는 삶.

甥
생질·사위 생, 조카 질
(生-총12획)

生 날 생, 男 사내 남

남자(男)로 태어난(生) 조카도 생질이라는 뜻이지요. 생질은 남자로 태어난 조카와 여자로 태어난 조카딸을 합친 말이랍니다. 또한 조카와 같은 서열은 사위라는 뜻에서 '사위 서'라고도 한답니다.

- **甥姪**(생질): 조카와 조카딸.

婿
사위 서
(女-총12획)

女 여자 여, 胥 서로·기다릴 서

여자(女)들이 기다리는(胥) 사람은 사위라는 뜻의 글자랍니다. 사위는 딸과 결혼한 남의 집 남자이므로 사위가 온다면 반가운 마음에서 집안의 여자들이 기다리게 된다는 뜻의 글자랍니다.

- **同婿**(동서): 자매의 남편끼리의 관계, 남편의 아내끼리의 관계.
- **婿郞**(서랑): 남의 사위를 부르는 말.

胥
서로·기다릴 서
(肉-총9획)

疋 발 소·짝 필, 月 달 월(몸·세월)

몸(月)에서 발(疋)은 서로 기다리며 교대로 움직인다는 뜻의 글자랍니다.

- **胥謀**(서모): 서로 모의함.
- **胥失**(서실): 서로 실수함.

嶼
섬 서
(山-총17획)

山 뫼 산, 與 같을 여

산(山)과 같은(與) 모양이니 섬이라는 뜻의 글자랍니다. 섬은 산으로 되어 있다는 뜻이랍니다.

· 島嶼(도서): 섬.

抒
당길 · 끌어낼 서
(手-총7획)

扌 손수변, 予 나 여 · 미리 예

손(扌)으로 나(予)를 향해 당긴다는 뜻의 글자랍니다. 또한 당길 때는 끌어내듯이 한다는 뜻에서 '끌어낼 서'라고도 한답니다.

· 抒力(서력): 당기는 힘.
· 抒情(서정): 감정을 끌어냄.

曙
밝을 · 새벽 서
(日-총18획)

日 해 일, 署 관청 · 글 · 마을 서

마을(署)로 해(日)가 떠오르는 새벽은 밝다는 뜻의 글자랍니다.

· 曙光(서광): 새벽에 떠오르는 밝은 빛.
· 曙天(서천): 새벽 하늘.

薯
감자 · 마 서
(艸-총18획)

艹 초두밑, 罒 그물 망(법), 者 사람 자

사람(者)이 심은 풀(艹)이 그물(罒)처럼 뻗어 자라니 감자라는 뜻의 글자랍니다. 감자 같은 맛이 나는 것은 '마'라는 뜻에서 '마 서'라고도 합니다.

· 薯豉(서시): 감자로 담근 된장.

棲
살 서
(木-총12획)

木 나무 목, 妻 아내 처

아내(妻)는 나무(木)가 있는 곳에서 살기를 원한다는 뜻의 글자랍니다.

· 棲息地(서식지): 사는 곳.
· 同棲(동서): 함께 삶.

犀
물소 서
(牛-총12획)

尸 주검 시(집 · 죽음), 氺 물 수(水와 같음), 牛 소 우

물(氺)을 집(尸)처럼 사는 소(牛)는 물소라는 뜻의
글자랍니다.

· **犀角**(서각): 물소의 뿔.
· **犀尾**(서미): 물소의 꼬리.

黍
기장 서
(黍-총12획)

禾 벼 화(곡식), 人 사람 인, 氺 물 수

사람(人)이 물(氺)이 없는 밭에는 벼(禾) 대신에 기
장을 심는다는 뜻의 글자랍니다. 기장은 볏과의 일년
초로써 밭에 심는데, 줄기는 50～120cm, 이삭은 가을
에 익으며, 열매는 담황색이고 좁쌀보다 낟알이 굵답
니다.

· **黍麥**(서맥): 기장과 보리.
· **黍粟**(서속): 기장과 조

鼠
쥐 서
(鼠-총13획)

臼 절구 구, 二 두 이(많다), ㄴ 꼬리

절구(臼) 주위에 많은(二) 꼬리(ㄴ)들이 왔다 갔다
하니 쥐들이라는 뜻의 글자랍니다. 절구는 곡식을 찧
는 노구이므로 주위엔 항상 쥐들이 돌아다닌다는 뜻이
지요.

· **鼠輩**(서배): 쥐의 무리.
· **鼠賊**(서적): 도둑쥐.

潟
갯벌 · 소금밭 석
(水-총15획)

氵물수변, 舄 아름찰 · 큰모양 석

물(氵)이 아름차게(舄) 들어왔다가 빠져나가면 큰 모
양의 갯벌이 생긴다는 뜻의 글자랍니다. 또한 갯벌을
막아 소금을 만든다는 뜻에서 '소금밭 석'이라고도 한
답니다.

· **潟鹵**(석로): 소금밭.
· **潟貝**(석패): 갯벌 조개.

銑
무쇠 선
(金-총14획)

金 쇠 금, 先 먼저 선

쇠(金)를 용광로에서 용해하여 제일 먼저(先) 연출한
쇠는 무쇠라는 뜻의 글자랍니다.

· **銑鐵**(선철): 무쇠.

羊 양 양(착하다), 次 침 연(涎과 같음)

착한(羊) 사람은 사람들이 침(次)이 마르도록 칭찬하며 부러워한다는 뜻의 글자랍니다.

羨
부러워할 선
(羊-총13획)

· 羨望(선망): 부러워하며 바람.
· 羨慕(선모): 부러워하며 사모함.

月 달 월(몸·세월), 善 좋을·착할 선

몸(月)에 좋은(善) 것은 반찬이라는 뜻의 글자랍니다. 반찬은 선물에 좋다는 뜻에서 '선물 선'이라고도 한답니다. 축하의 선물로 식사대접을 한다는 뜻이지요.

膳
반찬·선물 선
(肉-총16획)

· 飯饌(반찬): 밥과 찬. 찬은 밥과 곁들여 먹는 또 다른 음식을 말함.
· 膳物(선물): 축하의 뜻이 담긴 물품.

戶 지게·집 호, 羽 깃·날개 우

집(戶)에서 날개(羽) 모양을 한 것은 사립문과 부채라는 뜻의 글자랍니다.

扇
사립문·부채 선
(戶-총10획)

· 扇風機(선풍기): 부채같이 바람을 일으키는 기계.
· 扇形(선형): 부채 모양.

火 불 화, 扇 부채 선

불(火)에 부채(扇)질을 하듯이 앞에서 분위기를 더욱 부추기며 선동한다는 뜻의 글자랍니다.

煽
부추길·선동할 선
(火-총14획)

· 煽動(선동): 분위기를 부추겨 일으킴.

月 달 월(몸·세월), 泉 샘 천

몸(月)에서의 샘(泉)은 땀구멍이라는 뜻의 글자랍니다.

腺
땀구멍 선
(肉-총13획)

· 腺毛(선모): 땀구멍에 나 있는 털.

屑 가루 **설** (尸-총10획)	尸 주검 시(집·죽음), 肖 작을 초 죽을(尸) 힘을 다해 작게(肖) 만들면 가루가 된다는 뜻의 글자랍니다.	·屑塵(설진): 가루티끌.
泄 샐 **설** (水-총8획)	氵 물수변, 世 세상 세 세상(世)에 있는 모든 물(氵)은 새는 성질이 있다는 뜻의 글자랍니다.	·漏泄(누설): 새어 나감.
渫 더러울 · 우물칠 **설** (水-총12획)	氵 물수변, 枼 엷을 엽 깊이가 엷은(枼) 물(氵)은 쉽게 더러워진다는 뜻의 글 자랍니다. 우물이 더러우면 우물을 쳐서 더러운 물은 버리고 새로운 물이 오르게 한다는 뜻에서 '우물칠 설' 이라고도 한답니다.	·浚渫(준설): 우물을 깊게 파거 나, 땅을 깊게 팜.
洩 샐 **설** (水-총9획)	氵 물수변, 曳 끌 · 당길 예 물(氵)은 손으로 끌어(曳) 당겨도 새어 나간다는 뜻 의 글자랍니다.	·漏洩(누설): 새어 나감.
殲 죽을 **섬** (歹-총21획)	歹 뼈앙상할 알(죽음), 韱 가늘 섬 뼈가 앙상하게(歹) 가늘게(韱) 드러나니 죽을 것 같 다는 뜻의 글자랍니다.	·殲滅(섬멸): 죽어 없어짐.

閃
언뜻볼·번쩍할 섬
(門-총10획)

門 문 문, 人 사람 인

문(門) 안으로 사람(人)이 언뜻 본다는 뜻의 글자랍니다. 언뜻 보는 시간만큼 짧은 순간에 빛이 번쩍한다는 뜻에서 '번쩍할 섬'이라고도 한답니다.

· 閃見(섬견): 언뜻 봄.
· 閃光(섬광): 번쩍이는 빛.

醒
술깰 성
(酉-총16획)

酉 닭 유(술·따스하다), 星 별 성

술(酉)을 마시고 나서 정신이 별(星)처럼 초롱초롱하게 밝으니 술이 깬다는 뜻의 글자랍니다.

· 覺醒(각성): 술이 깨어 상황을 인식함. 이에 비해 각성(覺性)은 자신의 마음의 근본인 성품을 깨달음을 뜻함.

塑
토우 소
(土-총13획)

朔 초하루·처음 삭, 土 흙·땅 토

처음(朔)에는 사람들이 점토 흙(土)으로 토우를 만들었다는 뜻의 글자랍니다. 토우는 점토 흙을 이겨서 만든 사람이나 동물 모양의 인형을 말한답니다.

· 塑工(소공): 흙을 이겨서 토우를 만드는 사람.

宵
밤·개똥벌레 소
(宀-총10획)

宀 집 면, 小 작을 소, 月 달 월(몸·세월)

집(宀) 안에 작은(小) 불빛을 내는 몸(月)은 밤에 날아다니는 개똥벌레라는 뜻의 글자랍니다.

· 宵夜(소야): 밤.
· 深宵(심소): 깊은 밤, 심야(深夜).

逍
거닐 소
(辶-총11획)

辶 갈 착, 肖 작을·닮을 초

작은(肖) 걸음으로 갈(辶) 때는 거닐 때라는 뜻의 글자랍니다.

· 逍風(소풍): 바람을 쐬러 거닐음.
· 逍遙(소요): 거닐음.

搔
긁을 소
(手-총13획)

扌 손수변, 蚤 벼룩 조

벼룩(蚤)에게 물리면 손(扌)으로 긁는다는 뜻의 글자랍니다.

· 搔首(소수): 머리를 긁음.

瘙
피부병 · 종기 소
(疒-총15획)

疒 병 녁, 蚤 벼룩 조

벼룩(蚤)에 물려서 긁게 되어 생기는 병(疒)은 피부병이나 종기라는 뜻의 글자랍니다.

· 瘙腫(소종): 종기.

梳
빗 소
(木-총11획)

木 나무 목, 疏 흐르다

나무(木)의 틈 사이로 머리카락이 잘 흐르도록(疏) 빗기는 것은 빗이라는 뜻의 글자랍니다.

· 梳帚(소추): 빗과 빗자루.
· 行梳(행소): 빗질을 함.

疏
드물 · 거칠 소
(疋-총12획)

疋 짝 필 · 발 소 · 바를 아, 束 묶을 속

바르게(疋) 묶어(束) 두지 않으면 거칠게 된다는 뜻의 글자랍니다. 일을 할 때 묶어 놓아야 될 것을 묶어 두지 않으면 일이 잘못되어 거칠어진다는 뜻의 글자입니다. 또한 정성이 없이 일을 거칠게 하면 수확물이 듬성듬성 드물게 된다는 뜻이기도 합니다.

· 疏外(소외): 가치가 없어 밖에 둠.

蕭
쑥 · 쓸쓸할 소
(艸-총16획)

艹 초두밑(풀), 肅 엄숙할 숙

엄숙한(肅) 발걸음으로 걷게 하는 풀(艹)은 쑥이라는 뜻의 글자랍니다. 쑥은 식용이므로 함부로 밟고 다니지 못하고 조심스럽게 발걸음을 해야 한다는 뜻이지요. 또한 쑥은 들판에 아무렇게나 자라니 쓸쓸해 보인다는 뜻에서 '쓸쓸할 소'라고도 한답니다.

· 蕭冷(소랭): 쓸쓸하고 싸늘함.
· 蕭田(소전): 쑥밭.

簫
통소 소
(竹-총18획)

竹 대 죽, 肅 엄숙할 숙

대나무(竹)가 엄숙한(肅) 소리를 내니 통소라는 뜻의 글자랍니다.

·簫笛(소적): 통소와 피리.

遡
거스를 소
(辶-총14획)

朔 처음 · 초하루 삭, 辶 갈 착

처음(朔)으로 다시 가는(辶) 것이니 거슬러 간다는 뜻의 글자랍니다.

·遡及(소급): 거슬러 감.

甦
소생할 · 깨어날 소
(生-총12획)

更 다시 갱, 生 날 · 살 생

다시(更) 살아난(生) 것이니 소생한 것이라는 뜻의 글자랍니다.

·甦生(소생): 죽을 고비에서 다시 살아남.

贖
속죄할 · 죄사할 속
(貝-총22획)

貝 재물 · 조개 패, 賣 팔 매

재물(貝)을 팔(賣) 때는 속죄하는 마음으로 팔아야 한다는 뜻의 글자이지요 재물을 파는 상인이 소비자를 속여서 폭리를 취하면 큰 죄를 짓는 행위이므로 속죄하는 마음, 즉 양심적이어야 한다는 뜻이랍니다.

·贖罪(속죄): 죄에 대해서 용서를 구함.

遜
겸손할 손
(辶-총14획)

辶 갈 착, 孫 자손 · 손자 손

자손(孫)들은 웃어른들과 함께 갈(辶) 때는 겸손해야 한다는 뜻의 글자랍니다. 자손들이 웃어른들과 함께 가면서 태도가 불손하면 웃어른들이 사람들에게 비난을 받는다는 뜻이랍니다.

·謙遜(겸손): 양보하는 말과 행동.

悚
두려울 · 죄송할 **송**
(心-총10획)

忄 마음심변, 束 묶을 속

마음(忄)이 묶여(束)질 때는 죄송한 일을 하여 두려울 때라는 뜻의 글자랍니다.

· 罪悚(죄송): 죄를 짓고 당황함.

灑
뿌릴 **쇄**
(水-총22획)

氵 물수변, 麗 고울 · 빛날 려

물(氵)이 곱게 빛날(麗) 때는 해를 향해 작은 물방울들이 되도록 뿌려서 햇빛에 무지개가 생길 때라는 뜻의 글자랍니다.

· 灑掃(쇄소): 물을 뿌리며 청소를 함.
· 灑塵(쇄진): 먼지를 가라앉히기 위해 물을 뿌림.

碎
부술 **쇄**
(石-총13획)

石 돌 석, 卒 군사 · 죽을 졸

돌(石)을 죽이는(卒) 것은 돌을 깨어 부순다는 뜻의 글자랍니다.

· 粉碎(분쇄): 부수어 가루로 만듦.

嫂
형수 **수**
(女-총13획)

女 여자 여, 叟 늙은이 수

늙은(叟) 여자(女)이니 형수라는 뜻의 글자랍니다. 형수는 형의 부인이니 나보다 늙었다는 뜻이지요.

· 兄嫂(형수): 형의 부인

瘦
수척할 · 파리할 **수**
(疒-총15획)

疒 병 녁, 叟 늙은이 수

늙은이(叟)가 병(疒)이 들면 얼굴이 파리하고 수척해 보인다는 뜻의 글자랍니다. 파리하다는 말은 얼굴에 혈색이 없다는 말입니다.

· 瘦瘠(수척): 얼굴이 파리하고 여윔.

狩
사냥 **수**
(犬-총9획)

犭 큰개 견(짐승), 守 지킬 · 기다릴 수

짐승(犭)이 가까이 오기를 기다렸다가(守) 활이나 총으로 사냥을 한다는 뜻의 글자랍니다.

· 狩獵(수렵): 사냥.

髓
골수 · 뼈기름 **수**
(骨-총23획)

骨 뼈 골, 辶 갈 착, 𠂇 도울 좌, 月 달 월(몸 · 세월)

몸(月)이 잘 움직여 갈(辶) 수 있도록 뼈(骨)를 돕는(𠂇) 것은 골수라는 뜻의 글자랍니다.

· 骨髓(골수): 뼛속에서 뼈의 활동을 돕는 뼈 기름.

戍
지킬 · 수루 **수**
(戈-총6획)

人 사람 인, 戈 창 과

사람(人)이 창(戈)을 들고 성을 지킨다는 뜻의 글자랍니다.

· 戍兵(수병): 성이나 국경을 지키는 병사.
· 戍樓(수루): 성이나 국경을 지키는 망루.

蒐
꼭두서니 · 모을 · 찾을 **수**
(艸-총14획)

艹 초두밑, 鬼 귀신 귀

풀(艹)이 귀신(鬼)처럼 보이니 꼭두서니풀이라는 뜻이지요 꼭두서니 풀은 많은 풀이 모여 있는 곳에 숨어 있으므로 찾기가 쉽지는 않다는 뜻의 글자랍니다. '숨을 수'로도 쓰입니다.

· 蒐集(수집): 모음.
· 蒐索(수색): 찾음.

穗
이삭 **수**
(禾-총17획)

禾 벼 화, 惠 은혜 혜

은혜로운(惠) 벼(禾)이니 이삭도 잘 주워야 한다는 뜻의 글자랍니다.

· 落穗(낙수): 땅에 떨어진 이삭.

竪 더벅머리 · 세울 **수** (豆-총13획)	臤 굳을 견 · 굳을 현, 豆 설 · 세울 립 머리카락이 굳어서(臤) 선(豆) 것은 더벅머리라는 뜻의 글자랍니다.	·竪童(수동): 더벅머리 아이.
袖 소매 **수** (衣-총10획)	衤 옷의변, 由 말미암을 유 옷(衤)으로 말미암아(由) 달려 있는 것은 소매라는 뜻의 글자랍니다.	·袖裏(수리): 소매 속. ·袖手(수수): 반대쪽 소매 속으로 양손을 넣어 팔짱을 낌.
粹 순수할 **수** (米-총14획)	米 쌀 미, 卒 군사 · 다할 · 죽을 졸 쌀(米)은 생명이 다할(卒) 때까지 상하거나 맛이 변하지 않고 자연 그대로이니 순수하다는 뜻의 글자랍니다.	·純粹(순수): 자연 그대로 변치 않음.
繡 수놓을 **수** (糸-총18획)	糸 실 사, 肅 엄숙할 숙 실(糸)로써 엄숙하게(肅) 수를 놓는다는 뜻의 글자랍니다.	·刺繡(자수): 수를 놓음.
羞 부끄러울 **수** (羊-총11획)	羊 양 양, 丿 삐침 별, 丑 소 축 소(丑)고기와 양(羊)고기는 어느 곳에 뻗쳐(丿) 놓아도 부끄럽지 않은 맛있는 음식이라는 뜻으로 '맛있는 음식 수'로도 쓰입니다.	·羞恥(수치): 부끄러움. ·珍羞盛饌(진수성찬): 맛있는 음식으로 찬이 가득함.

讐
원수·갚을 **수**
(言 -총23획)

隹 새 추, 言 말씀 언

참새(隹) 두 마리가 서로 지저귀며 말(言)을 할 때는 원수와 싸우는 것 같다는 뜻의 글자랍니다. 새의 소리는 우는 소리이므로 참새가 쉬지 않고 울면서 지저귀는 소리는 원수와 싸우는 것처럼 들린다는 뜻이랍니다. 또한 원수에게 원한을 갚는다는 뜻에서 '갚을 수'라고도 한답니다.

· **怨讐**(원수): 원한이 있는 사람.
· **復讐**(복수): 원수에게 원한을 갚음.

酬
갚을 **수**
(酉 -총13획)

酉 닭 유(술·따스하다), 州 고을 주

고을(州) 주막에서 먹은 술(酉)은 술값을 갚아야 한다는 뜻의 글자랍니다. 자기 집이나 친구 집에서 먹은 술은 술값을 내지 않지만 장사를 위해 차린 주막에서 먹은 술값은 갚아야 한답니다.

· **報酬**(보수): 보답하여 갚음.

菽
콩 **숙**
(艸 -총12획)

艹 초두밑, 叔 삼촌·어릴 숙

어릴(叔)수록 위에서 자라는 풀(艹)같은 식물의 곡식은 콩이라는 뜻의 글자랍니다.(콩은 새로운 것이 위로 올라오면서 자라고, 어린 나이라도 촌수가 위인 삼촌이 있으니 '삼촌 숙'을 '어릴 숙'이라고도 한답니다.)

· **菽麥**(숙맥): 콩과 보리, 콩인지 보리인지를 분별하지 못한다는 뜻인 숙맥불변(菽麥不辨)의 준말.

塾
글방 **숙**
(土 -총14획)

孰 누구·어느 숙, 土 땅·흙 토

땅(土) 위에 사는 사람들은 어느 누구나(孰) 글방에서 공부를 해야 한다는 뜻의 글자랍니다.

· **塾生**(숙생): 글방에서 공부하는 학생.
· **塾堂**(숙당): 글방이 있는 집.

夙
일찍 **숙**
(夕 -총6획)

几 제기·안석·책상 궤, 歹 뼈앙상할 알(죽음)

뼈가 앙상할(歹) 정도로 책상(几)에서 공부만 하면 몸이 약해져서 일찍 죽는다는 뜻의 글자랍니다.

· **夙成**(숙성): 빨리 이룸.
· **夙起**(숙기): 새벽에 일찍 일어남.

筍
죽순 순
(竹-총12획)

竹 대 죽, 旬 열흘 순

대나무(竹)에서 열흘(旬)에 하나 정도로 싹이 트는 것이니 죽순이라는 뜻의 글자랍니다.

- 竹筍(죽순): 대나무 잎싹.
- 雨後竹筍(우후죽순): 비온 뒤의 대나무의 싹처럼 생기발랄함의 비유.

醇
진한술 · 순수할 순
(酉-총15획)

酉 닭 유(술 · 따스하다), 享 누릴 · 잔치 향

잔치(享)에서 마시는 술(酉)은 잘 차려진 음식에 순수하고 두터운 정이 더하니 진한 술도 잘 마신다는 뜻에서 '두터울 순'이라는 훈음으로도 쓰입니다.

- 醇朴(순박): 두터운 인정.
- 醇化(순화): 두터운 정이 생김.

馴
길들 순
(馬-총13획)

馬 말 마, 川 내 천

말(馬)을 냇물(川)이 흘러가듯이 자연스럽게 길들인다는 뜻의 글자랍니다.

- 柔馴(유순): 부드럽게 길들임.

膝
무릎 슬
(肉-총15획)

月 달 월(몸 · 세월), 桼 옻나무 · 옻칠 · 검을 칠

몸(月)에서 옻칠(桼)을 한 것처럼 때가 묻어 검은 윤기가 나는 곳은 무릎이라는 뜻의 글자랍니다. 방이나 마룻바닥에서 꿇어서 생활을 했던 옛날에는 무릎 부분이 옻칠을 한 것처럼 보였다는 뜻이랍니다.

- 膝下(슬하): 무릎 아래, 보살핌 아래.
- 膝行(슬행): 무릎으로 걸어감.

丞
도울 · 정승 승
(一-총6획)

了 마칠 료, ㇉ 걸다, 丿 뻗침 별, ㇏ 파임 불, 一 한 일(모으다)

마칠(了) 수 있도록 걸고(㇉) 뻗치고(丿) 파고들며(㇏) 모아주니(一) 돕는다는 뜻의 글자랍니다. 임금을 돕는 관리는 정승이므로 '정승 승'이라는 뜻도 있습니다.

- 丞助(승조): 도와줌.
- 政丞(정승): 조정(朝廷)의 대신(大臣).

匙
순가락 **시**
(匕-총11획)

是 이것 시, 匕 비수・숟가락 비

이것(是)은 비수(匕)가 아니라 숟가락이라는 뜻의 글자랍니다.

- 匙箸(시저): 숟가락과 젓가락.
- 十匙一飯(십시일반): 열 숟가락을 모으면 밥 한 그릇이 된다는 뜻.

媤
시집 **시**
(女-총12획)

女 여자 여, 思 생각 사

여자(女)가 생각(思)하는 것은 시집이라는 뜻의 글자랍니다. 여자는 시집을 가면 시집식구가 되는 관계로 시집을 위한 생각을 하며 살게 된다는 뜻이랍니다.

- 媤宅(시댁): 시집간 집.
- 媤家(시가): 시댁.

柹
감나무 **시**
(木-총9획)

木 나무 목, 市 시장・도시 시

도시(市)에서 가장 많이 볼 수 있는 과일나무(木)는 감나무라는 뜻의 글자랍니다. 감나무는 일반 집에서 많이 심는 나무이므로 집이 많은 도시에서도 많이 볼 수가 있다는 뜻이랍니다.

- 紅柹(홍시): 붉고 말랑말랑한 감.
- 柹雪(시설): 곶감 겉에 생기는 흰 가루.

弒
죽일 **시**
(弋-총12획)

乂 좋다(五의 古字), 木 나무 목, 式 법 식

좋은(乂) 법(式)을 무시하고 나무(木) 몽둥이로 윗사람을 때려죽이는 것은 시해한다는 뜻의 글자랍니다.

- 弒害(시해): 신하가 왕을 죽임.
- 弒殺(시살): 시해(弒害).

猜
시기할 **시**
(犬-총11획)

犭 큰개 견(짐승), 靑 푸를・젊을 청

짐승(犭)도 젊고(靑) 예쁜 것을 보면 시기한다는 뜻의 글자랍니다.

- 猜忌心(시기심): 남을 시샘하며 꺼리는 마음.

諡
시호 시
(言-총16획)

言 말씀 언, 兮 말멈출·노래후렴·어조사 혜, 皿 그릇 명

자신의 그릇(皿)도 제대로 챙기지 못하고 말을 멈추고 (兮) 세상을 떠난 국가유공자에게 임금이 말(言)을 하여 시호를 내린다는 뜻의 글자랍니다.(여기서 그릇 이란 국가에서 내려주는 상이나 녹봉, 즉 봉급을 뜻 함.)

· 諡號(시호): 생전의 행적을 사정(査正)하여 사후에 임금이 내리는 칭호

豺
승냥이 시
(豸-총10획)

豸 해치양·발없는벌레 치, 才 재주·능할 재

해치양(豸)을 잡는 재주(才)가 대단히 좋은 동물은 승냥이라는 뜻의 글자랍니다.

※ 승냥이: 식육목 개과의 동물로 큰 개와 비슷하나 개보다 이마가 넓고 주둥이가 뾰족하다.
※ 해치양: 나쁜 사람을 해친다는 신령스러운 짐승.

· 豺狼(시랑): 승냥이와 이리.

拭
닦을 식
(手-총9획)

扌 손수변, 式 법식 식

손(扌)을 법식(式)대로 움직이며 깨끗이 닦는다는 뜻의 글자랍니다.

· 拂拭(불식): 털고 닦으며 깨끗이 함.

熄
불꺼질 식
(火-총14획)

火 불 화, 息 쉴 식

불(火)이 타다가 쉬어(息) 버리니 불이 꺼진다는 뜻의 글자랍니다.

· 終熄(종식): 마침.

蝕
벌레먹을·일식 식
(虫-총15획)

食 밥·먹을 식, 虫 벌레 충

벌레(虫)가 먹었다(食)는 뜻이니 '벌레먹을 식'자랍니다. 태양의 전부 또는 일부가 달에 가려 안 보이는 것이 마치 벌레 먹은 것 같다는 뜻에서 '일식 식'이라고도 한답니다.

· 腐蝕(부식): 썩고 벌레가 먹음.
· 日蝕(일식): 태양의 전부 또는 일부가 달에 가려 안 보이는 현상.

呻 신음할 **신** (口-총8획)	口 입 구(사람·말하다), 申 펼·원숭이 신 입(口)에서 나오는 소리가 길게 퍼질(申) 때에는 신음할 때라는 뜻의 글자랍니다.	·呻吟(신음): 끙끙 앓는 소리.
娠 임신할 **신** (女-총10획)	女 여자 여, 辰 용 진·별 진·태어날 신 여자(女)가 용(辰)꿈이나 별이 떨어지는 꿈을 꾸면 아이가 태어날 꿈을 꾸는 것이니 임신을 하게 된다는 뜻의 글자랍니다.	·姙娠(임신): 여자가 아이를 뱀.
宸 집 **신** (宀-총10획)	宀 집 면(집·덮다), 辰 용 진·별 진·태어날 신 덮여(宀) 있는 곳에서 용(辰)이 사니 용의 집이라는 뜻의 글자랍니다. 구렁이가 용이 되기 전까지는 굴처럼 덮인 곳에서 오랜 세월을 수양하므로 그곳이 용의 집이라는 뜻의 글자랍니다.	·宸闕(신궐): 대궐집.
蜃 대합조개 **신** (虫-총13획)	辰 별·용 진, 虫 벌레 충 용(辰)이 되려고 물속에서 조용히 수양을 하는 벌레(虫)는 대합조개라는 뜻의 글자랍니다. 오랜 세월을 수양하여 구렁이가 용이 되듯이, 물속의 생물인 대합조개도 그처럼 조용히 수양을 하는 것처럼 보인다는 뜻이랍니다.	·蜃蛤(신합): 대합조개.
薪 땔나무 **신** (艸-총17획)	⺌ 초두밑(풀·식물), 新 새 신 식물(⺌)은 새롭게(新) 자꾸 자라므로 땔나무로 사용한다는 뜻의 글자랍니다.	·臥薪嘗膽(와신상담): 땔나무 위에 누워 지내며 곰의 쓸개를 맛보며 복수를 다짐한다는 말.

爐
타고남은불 **신**
(火-총18획)

火 불 화, 盡 다할 진

불(火)이 꺼지기를 다할(盡) 때까지 확인해봐야 하는 이유는 타고 남은 불이 숨어 있기 때문이라는 뜻의 글자랍니다.

· 餘爐(여신): 타고 남은 불.

迅
빠를 **신**
(辶-총7획)

辶 갈 착, 乚 새 을, 十 열 십(많다)

많은(十) 새(乚)들이 날아갈(辶) 때는 빠르게 날아간다는 뜻의 글자랍니다.

· **迅速**(신속): 빠름.
· **迅達**(신달): 빠르게 도달함.

訊
신문할 **신**
(言-총10획)

言 말씀 언, 凡 빠를 신(迅과 같은)

말(言)을 빠르게(凡) 진행할 때에는 신문할 때라는 뜻의 글자랍니다. 죄를 지은 사람에게 신문을 할 때는 거짓말을 생각할 틈을 주지 않기 위해서 말을 빠르게 진행한다는 뜻이지요.

· **訊問**(신문): 죄인에게 범죄 사실을 질문하며 조사함.

悉
다 **실**
(心-총11획)

釆 분별할 변, 心 마음 심

마음(心)이 분별(釆)을 다한다는 뜻의 글자랍니다. 마음에서의 '좋다', '안 좋다' 등등의 모든 생각은 분별이라는 뜻이랍니다.

· **知悉**(지실): 다 알고 있음.

啞
벙어리 **아**
(口-총11획)

口 입 구(사람·말하다), 亞 버금 아·누를 압

입(口)을 누르면(亞) 벙어리처럼 말을 못한다는 뜻의 글자랍니다.

· **聾啞**(농아): 귀머거리와 벙어리.
· **盲啞**(맹아): 소경과 벙어리.

俄
잠깐 · 갑자기 **아**
(人-총9획)

亻 사람인변, 我 나 아

나(我)의 일을 도와준 사람(亻)에게 잠깐 동안 감사의 말을 전한다는 뜻의 글자랍니다.

· **俄頃**(아경): 잠깐 만에 갑자기.

訝
의심할 · 맞을 **아**
(言-총11획)

言 말씀 언, 牙 어금니 아

상대방이 말(言)을 할 때 어금니(牙)를 물 때는 의심스럽다는 표정이라는 뜻의 글자랍니다. 또한 의심스러운 사람은 환영하며 맞이하기가 어렵다는 뜻에서 '맞을 아'라고도 한답니다.

· **訝賓**(아빈): 손님을 맞이함.
· **疑訝**(의아): 의심스러움.

衙
마을 · 관청 **아**
(行-총13획)

行 다닐 · 행할 행, 吾 나 오

나(吾)의 행하는(行) 일은 마을을 위해서라는 뜻이며, 마을에는 관청이 있다는 뜻의 글자랍니다.

· **官衙**(관아): 마을 관청.
· **衙前**(아전): 관청의 일을 먼저 앞서 일하는 관리.

堊
백토 **악**
(土-총11획)

亞 버금 · 둘째 아, 土 흙 · 땅 토

두 번째(亞)로 좋은 색의 흙(土)은 백토라는 뜻이지요. 흙은 여러 가지의 색이 있으나 백색은 황색 다음으로 좋게 보이는 색이랍니다.

· **堊土**(악토): 백사장(白沙場).

愕
놀랄 **악**
(心-총12획)

忄 마음심변, 咢 놀랄 악

놀랄(咢) 때는 마음(忄)이 놀라는 것이라는 뜻의 글자랍니다.

· **驚愕**(경악): 크게 놀람.

顎
턱 **악**
(頁-총18획)

咢 놀랄 악, 頁 머리 혈

머리(頁)가 충격으로 놀랄(咢) 때는 턱을 맞을 때라는 뜻의 글자랍니다.

- **顎**骨(악골): 턱뼈.
- 下**顎**(하악): 아래턱.

按
어루만질 · 누를 **안**
(手-총9획)

扌 손수변, 安 편안할 안

손(扌)으로 편안하게(安) 하는 때는 어루만질 때라는 뜻의 글자랍니다.

- **按**摩(안마): 어루만지고 문지름.

晏
늦을 **안**
(日-총10획)

日 해 일, 安 편안할 안

해(日)가 떠도 편안하게(安) 누워 있으니 늦게 일어난다는 뜻의 글자랍니다.

- **晏**起(안기): 늦게 일어남.
- **晏**時(안시): 늦은 시간.

鞍
안장 **안**
(革-총15획)

革 가죽 혁, 安 편안할 안

가죽(革)으로 만든 것이 편안하게(安) 해주는 것은 안장이라는 뜻의 글자랍니다.

- **鞍**裝(안장): 말 등에 편하게 앉으려고 만든 자리.

斡
돌아갈 · 알선할 **알**
(斗-총14획)

龺 많은 세월, 人 사람 인, ㇌ 거듭 첩(많다), 十 열 십(많다)

많은 세월(龺)을 통해서 많고(㇌) 많은(十) 사람(人)들이 태어나서 죽고, 죽었다가 다시 태어나며 저승과 이승을 돌아가며 산다는 뜻의 글자랍니다. 일이 돌아가도록 하기 위해 일자리를 알선한다는 뜻에서 '알선할 알'이라고도 한답니다.

- **斡**旋(알선): 일이 필요한 사람에게 일자리를 소개함.

軋

수레삐걱거릴 알
(車-총8획)

車 수레 거, し 끝 · 꼬리

수레(車)의 꼬리(し) 부분에 앉으면 삐걱거리는 소리가 더욱 심하게 난다는 뜻의 글자랍니다.

· 軋轢(알력): 수레의 삐걱거리는 소리처럼 서로간의 세력 싸움으로 시끄러운 소리.

庵

암자 암
(广-총11획)

广 집 엄(집 · 덮다), 奄 매우 · 오랠 엄

매우 오랜(奄) 세월 동안 있는 집(广)은 암자라는 뜻의 글자랍니다. 암자는 산속에 지은 작은 절로써 오랜 세월이 흘러도 없어지지 않는다는 뜻이랍니다.

· 庵子(암자): 산속에 작은 절

闇

어두울 암
(門-총17획)

門 문 문, 立 설 립, 日 해 일

해(日)가 서(立) 있어도 문(門)안은 어둡다는 뜻의 글자랍니다.

· 暗鬱(암울): 어둡고 답답함.
· 暗黑(암흑): 어둡고 검음.

昂

높을 · 밝을 앙
(日-총9획)

日 해 일, 工 장인 공(만들다), 卩 병부 절(벼슬)

물건을 만드는 장인(工)이나 벼슬(卩)한 관리는 높은 하늘의 밝은 해를 본받아 맑고 밝고 바르게 살아야 한다는 뜻의 글자랍니다. 해는 맑은 하늘에서 밝은 빛을 바르게 비춰 주기 때문에 이러한 성질을 본받아야 한다는 뜻이랍니다.

· 昂貴(앙귀): 값이 오름.
· 昂騰(앙등): 높이 오름.

怏

원망할 앙
(心-총8획)

忄 마음심변, 央 가운데 앙

마음(忄) 가운데(央)에 있어서 안 되는 것은 원망하는 마음이라는 뜻의 글자랍니다.

· 怏心(앙심): 원망하는 마음.
· 怏憎(앙증): 원망하고 미워함.

秧
모 앙
(禾-총10획)

벼(禾)를 논의 가운데(央)에 던져 놓은 것은 모라는 뜻의 글자랍니다. 모를 심을 때에 모를 논의 가운데 곳곳에 던져 놓아야 논두렁으로 나가지 않고 일을 편하고 빠르게 진행할 수가 있다는 뜻이랍니다.

· 移秧(이앙): 모를 옮겨 심음.
· 秧板(앙판): 모판.

鴦
원앙새 앙
(鳥-총16획)

央 가운데 앙, 鳥 새 조

새(鳥)가 서로 가운데(央)로 모여드니 원앙새라는 뜻의 글자랍니다. 원앙새는 서로 사이가 좋아서 암수가 항상 함께 붙어 다니므로 서로의 사이에 가운데 공간이 안 보일 정도라는 뜻이랍니다.

· 鴛鴦(원앙): 원앙새.

靄
아지랑이 · 노을 애
(雨-총24획)

雨 비 우, 謁 뵈올 · 아뢸 알

비(雨)가 온 다음에 더 많이 뵈올(謁) 수 있는 것은 아지랑이라는 뜻의 글자랍니다. 아지랑이는 땅이 뜨거운 햇빛을 받아 수증기로 증발되는 현상이므로 비가 온 다음에 더욱 많이 볼 수가 있다는 뜻이랍니다. 아지랑이처럼 햇빛에 구름이 피어오르는 모양은 노을이므로 '노을 애'라고도 한답니다.

· 發靄(발애): 피어오르는 아지랑이.
· 夕靄(석애): 저녁 노을.

崖
낭떠러지 애
(山-총11획)

山 뫼 산, 厓 언덕 애

산(山)이나 언덕(厓)에는 낭떠러지가 있다는 뜻의 글자랍니다.

· 崖壁(애벽): 절벽.
· 崖落(애락): 낭떠러지에서 떨어짐.

隘
좁을 애
(阜-총13획)

阝 언덕 부(높다 · 막다), 益 더할 익

담을 더하여(益) 높이면(阝) 집 안이 좁아 보인다는 뜻의 글자랍니다.

· 隘路(애로): 좁은 길.

曖
해희미할 · 가릴 **애**
(日 -총17획)

日 해 일, 愛 사랑 애

해(日)가 구름 속에서 사랑(愛)을 하는지 구름에 가려서 희미하다는 뜻의 글자랍니다.

· 曖昧(애매): 희미함.

扼
잡을 **액**
(手 -총7획)

扌 손수변, 厄 재앙 액

재앙(厄)은 손(扌)으로 잡는 것이 아니라 마음으로 잡는 것이라는 뜻의 글자랍니다. 마음을 잘못 사용하면 재앙이 온다는 뜻이랍니다.

· 扼賊(액적): 도둑을 잡음.

腋
겨드랑이 **액**
(肉 -총12획)

月 달 월(몸 · 세월), 夜 밤 야

몸(月)에서 밤(夜)처럼 해가 비치지 않는 곳은 겨드랑이라는 뜻의 글자랍니다.

· 腋臭(액취): 겨드랑이의 땀 냄새.
· 腋毛(액모): 겨드랑이 털.

縊
목맬 **액**
(糸 -총16획)

糸 실 사(실 · 다스리다), 益 더할 익

실(糸)을 더하여(益) 굵고 긴 줄을 만들어야 목을 맬 수가 있다는 뜻의 글자랍니다.

· 縊殺(액살): 목을 매어 죽임.
· 縊死(액사): 목을 매어 죽음.

櫻
앵두 **앵**
(木 -총21획)

木 나무 목, 嬰 어린 영

나무(木)의 열매가 어리게(嬰) 보이는 것은 앵두라는 뜻의 글자랍니다. 앵두는 사과나 복숭아처럼 크지 않으니 어리게 보인다는 뜻이랍니다.

· 櫻桃(앵도): 앵두와 복숭아.
· 櫻脣(앵순): 앵두 같은 입술.

鶯
꾀꼬리 **앵**
(鳥-총21획)

炏 피어오르다 · 불이번지다, 鳥 새 조

만물이 피어오르는(炏) 봄날 즐겁게 노래를 부르는 새(鳥)는 꾀꼬리라는 뜻의 글자랍니다.

- 鶯舌(앵설): 꾀꼬리의 혀.
- 鶯語(앵어): 꾀꼬리의 울음소리

揶
빈정거릴 **야**
(手-총12획)

扌 손수변, 耳 귀 이, 阝 고을 · 마을 부

마을(阝) 사람들이 하는 말을 귀(耳)담아 듣지 않고 손(扌)으로 귀를 만지며 빈정거린다는 뜻의 글자랍니다.

- 揶揄(야유): 빈정거리며 희롱함.

爺
아비 **야**
(父-총13획)

父 아버지 · 아비 부, 耶 어조사 야

아버지(父)이니라(耶).

- 老爺(노야): 늙은 아버지.
- 爺孃(야양): 아버지와 어머니.

冶
풀무 · 쇠녹일 **야**
(冫-총7획)

冫 얼음 빙(얼음 · 차다), 台 별 태 · 클 태 · 기쁠 이

큰(台) 얼음(冫)을 녹이듯이 쇠를 녹이는 기구는 풀무라는 뜻이지요. 풀무는 화력을 세게 하기 위해 바람을 일으키는 송풍기랍니다.

- 冶家無食刀(야가무식도): 대장장이 집에 식칼이 없음.
- 冶金(야금): 쇠를 녹임.

葯
구리때잎 **약**
(艸-총13획)

艹 초두변(풀 · 식물), 約 약속할 · 나긋나긋할 약

식물(艹)에서 나긋나긋한(約) 향기가 나는 부분은 구리때잎이라는 뜻의 글자랍니다.

- 葯胞(약포): 꽃밥. 수꽃술 끝에 붙어서 꽃가루 주머니를 가지고 있는 부분.

攘
물리칠 **양**
(手-총20획)

扌 손수변, 襄 높을·오를 양

심판이 손(扌)을 높이(襄) 올려주니 상대를 물리쳤다는 뜻의 글자랍니다.

· 攘伐(양벌): 쳐서 물리침.
· 攘敵(양적): 적을 물리침.

釀
술빚을 **양**
(酉-총24획)

酉 닭 유, 襄 높을·오를 양

술(酉)에서 거품이 높이 오를(襄) 때는 술빚을 때라는 뜻의 글자랍니다.

· 釀造(양조): 술을 빚어 만듦.

瘍
종기·상처 **양**
(疒-총14획)

疒 병 녁, 昜 해·볕 양(陽과 같음)

해(昜)처럼 붉고 둥근 것이 피부에 생기는 병(疒)이니 종기라는 뜻의 글자랍니다. 종기도 상처라는 뜻에서 '상처 양'이라고도 한답니다.

· 腫瘍(종양): 종기.
· 胃潰瘍(위궤양): 위가 헐어서 난 상처.

恙
근심 **양**
(心-총10획)

羊 양 양(착하다), 心 마음 심

양(羊)의 모습은 마음(心)에 근심이 있는 것처럼 보인다는 뜻의 글자랍니다. 양은 우두커니 서 있기를 잘하므로 마치 근심이 있는 것처럼 보인다는 뜻이랍니다.

· 恙憂(양우): 근심.

癢
가려울 **양**
(疒 - 총20획)

疒 병 녁, 養 기를·몸위할 양

몸을 위하는(養) 병(疒)은 가려움이라는 뜻의 글자랍니다. 환부가 가려운 것은 병균을 죽이고 혈액이 상통하는 증세이므로 몸을 위해 주는 증세라는 뜻이랍니다.

· 隔靴搔癢(격화소양): 신을 신고 발바닥을 긁는다는 말로써, 일이 시원스럽게 진행되지 못함을 비유.

圄
감옥 어
(口－총10획)

口 에울 위(에워싸다), 五 다섯 오, 口 입 구(사람 · 말하다)

다섯(五) 사람(口) 정도가 에워싸인(口) 곳은 감옥의 감방이라는 뜻의 글자랍니다. 주로 감옥의 감방엔 죄인을 다섯 명 정도씩 가두어 둔다는 뜻이랍니다.

· 圄圄(영어): 감옥.

禦
지킬 · 막을 어
(示－총16획)

御 임금 어, 示 보일 · 볼 · 귀신 시

임금(御)을 본다(示)는 말은 임금을 적으로부터 지킨다는 뜻의 글자랍니다. 아이를 본다는 말이 아이를 위험으로부터 안전하도록 보호하며 지킨다는 뜻과 같은 글자랍니다.

· 防禦(방어): 적의 공격을 막음.
· 禦冬(어동): 겨울의 추위를 막음.

瘀
어혈질 · 병 어
(疒－총13획)

疒 병 녁, 於 살 · 어조사 어

사는데(於) 큰 지장은 없는 병(疒)은 어혈지는 병이라는 뜻의 글자랍니다. 어혈이란 몸속의 피가 일정한 부위에 멍깔이 응어리시는 섯으로 응어리만 풀리면 낫는 병이므로 크게 문제가 되는 병은 아니라는 뜻이지요.

· 瘀血(어혈): 몸속의 피가 일정한 부위에 응어리가 생긴 것으로 멍 같은 것임.

臆
가슴 억
(肉－총17획)

月 달 월(몸 · 세월), 意 뜻 · 생각 의

몸(月)에서 뜻과 생각(意)은 가슴을 통해 나온다는 뜻의 글자랍니다. 머리는 나무의 꽃과 잎이라면 가슴은 둥치와 가지이고 뿌리는 단전이랍니다. 사람이 생각을 깊이 하려면 단전으로 해야 하는데 단전주선을 해야 하는 이유가 여기에 있는 것이랍니다. 그래서 옛 성인의 말씀에 "단전으로 생각한다."는 말이 있답니다.

· 臆說(억설): 어림잡은 생각으로 말함.
· 臆測(억측): 가슴으로 잰다는 말로써 생각으로 예상을 한다는 뜻.

堰
방죽 언
(土－총12획)

土 땅 · 흙 토, 匸 상자 방(일정한 구역), 륫 편안할 안(륫과 같음)

일정한 구역(匸)을 편안하게(륫) 지키기 위해 땅(土) 위에 쌓은 것은 방죽이라는 뜻의 글자랍니다.

· 堰畓(언답): 논을 보호하기 위해 쌓은 둑.
· 河口堰(하구언): 강어귀에 쌓은 방죽.

諺
상말・속언 **언**
(言-총16획)

言 말씀 언, 彦 선비 언

선비(彦)의 말(言)에는 상말이 없다는 뜻의 글자랍니다. 학문으로 세상살이의 바른 이치를 공부하는 선비는 상말을 않는다는 뜻이랍니다.

· 俗諺(속언): 세속에서 사용되는 상말.
· 諺解(언해): 한자를 한글로 풀이함.

俺
나 **엄**
(人-총10획)

亻사람인변, 奄 오랠・매우 엄

매우 오래(奄) 살고 싶은 사람(亻)은 '나'라는 뜻의 글자랍니다.

· 俺設(엄설): 나의 설명.

奄
매우・오랠・그칠 **엄**
(大-총8획)

大 큰 대, 日 말할 왈, ㄴ 꼬리

큰(大) 성인의 말씀(日)은 꼬리(ㄴ)를 물고 매우 오래도록 그치지 않고 이어진다는 뜻의 글자랍니다.

· 奄大(엄대): 매우 큼.
· 奄月(엄월): 오랜 세월.

儼
근엄할 **엄**
(人-총22획)

亻사람인변, 嚴 엄할 엄

사람(亻)이 엄하니(嚴) 근엄하다는 뜻의 글자랍니다.

· 謹儼(근엄): 원칙대로 함.

繹
풀어낼 **역**
(糸-총19획)

糸 실 사, 睪 살필・엿볼 역

실(糸)을 살펴면서(睪) 푼다는 뜻의 글자랍니다. 실을 풀 때 잘못하면 더욱 엉클어지므로 잘 살펴야 한다는 뜻이랍니다.

· 繹絲(역사): 실을 풂.
· 繹題(역제): 문제를 풂.

筵
대자리 **연**
(竹-총13획)

竹 대 죽, 延 뻗칠 · 끌 연

대나무(竹)로 된 것이 넓게 뻗쳐(延) 있으니 대자리라는 뜻의 글자랍니다. 대자리는 여러 사람이 앉을 수 있도록 대나무로 만든 자리랍니다.

· 筵席(연석): 대자리.

捐
병들어죽을 · 버릴 **연**
(手-총10획)

扌 손수변, 肙 작은벌레 연

병들어 죽은 작은 벌레(肙)를 손(扌)으로 집어서 버린다는 뜻의 글자랍니다.

· 義捐金(의연금): 의로운 일에 내는 돈.
· 捐助金(연조금): 남을 도와주는 돈.
· 捐世(연세): 세상을 버림.

椽
서까래 **연**
(木-총13획)

木 나무 목, 彖 끊을 단

나무(木)가 똑같은 모양으로 끊어져(彖) 있으니 서까래라는 뜻의 글자랍니다.

· 椽木(연목): 서까래.

鳶
솔개 **연**
(鳥-총14획)

弋 주살 익(새를 잡는 화살), 鳥 새 조

주살(弋)처럼 새(鳥)를 잘 잡는 새는 솔개라는 뜻의 글자랍니다. 솔개는 하늘 높이 날다가 다른 작은 새들을 빠르게 공격하여 잡는 새랍니다.

· 鳶䲔(연분): 하늘의 솔개와 바다의 가오리.
· 鳶鶴(연학): 솔개와 학.

焰
불꽃 **염**
(火-총12획)

火 불 화, 臽 구덩이 · 함정 함

불(火) 구덩이(臽)는 불꽃이 세다는 뜻의 글자랍니다.

· 發焰(발염): 타오르는 불꽃.
· 焰室(염실): 종묘의 신주를 모신 방.

艶
고울 · 탐스러울 **염**
(色-총19획)

豊 풍성할 · 풍년 풍, 色 빛 색

풍년(豊)이 되니 사람들의 얼굴 색깔(色)이 곱고 탐스럽게 보인다는 뜻의 글자랍니다.

· 艶聞(염문): 이성간의 소문.

嬰
갓난아이 · 어릴 **영**
(女-총17획)

貝 조개 · 돈 · 재물 패, 女 여자 여

여자(女)의 조개(貝) 사이에서 갓난아이가 태어난다는 뜻의 글자랍니다.(남자의 생식기는 고추에 비유하고 여자의 생식기는 조개에 비유함.)

· 嬰兒(영아): 어린 아이.

穢
거칠 · 더러울 **예**
(禾-총18획)

禾 벼 화(곡식), 歲 해 세

곡식(禾) 농사를 해(歲)마다 계속해서 지으면 땅의 영양분이 줄어들어 땅이 거칠어진다는 뜻의 글자랍니다. 또한 거칠면 더럽다는 뜻에서 '더러울 예'라고도 한답니다.

· 穢心(예심): 거친 마음.
· 穢濁(예탁): 더럽고 탁함.

曳
당길 · 끌 **예**
(曰-총6획)

曰 말할 왈, ノ 뻗침 별(뻗치다), 乀 파임 불(파고 들어가다)

말할(曰) 내용이 상대의 마음에 뻗치고(ノ) 파고 들어가야(乀) 상대의 관심을 끌어 올 수가 있다는 뜻의 글자랍니다. 끄는 것은 당긴다는 뜻이므로 '당길 예'라고도 한답니다.

· 曳引(예인): 끌어당김.

裔
후손 **예**
(衣-총13획)

衣 옷 의, 冏 빛날 · 밝을 경

밝게 빛나는(冏) 문화유산이 되는 민족 전통의 옷(衣)은 후손들이 잘 보존한다는 뜻의 글자랍니다.

· 後裔(후예): 후손.

詣

학문에통달할 · 이를 **예**
(言-총13획)

言 말씀 언, 旨 뜻 · 맛 지

뜻(旨)에 따라 하고 싶은 말(言)을 잘할 수 있는 사람
은 학문에 통달한 사람이라는 뜻의 글자랍니다.

- **造詣**(조예): 학문이나 기술에 통달함.
- **參詣**(참예): 참여하여 이름.

伍

대오 **오**
(人-총6획)

亻 사람 인, 五 다섯 오

다섯(五) 사람(亻)이 나란히 한조가 되어 대오를 이
룬다는 뜻의 글자랍니다.

- **落伍**(낙오): 대오에서 탈락함.
- **隊伍**(대오): 여러 사람이 모여
  질서 있게 편성된 대열.

寤

깨달을 · 잠깰 **오**
(宀-총14획)

宀 집 면, 爿 조각 장(장수), 吾 나 오

집(宀)안에서는 내가(吾) 장수(爿)라는 것을 깨닫는
다는 뜻의 글자랍니다.

- **寤寐不忘**(오매불망): 자나 깨
  나 잊지 않음.

奥

깊을 · 속 **오**
(大-총13획)

丿 삐침 별, 冂 빌 · 멀 경, 釆 분별할 변, 大 큰 대

크게(大) 뻗쳐(丿)있는 빈(冂) 허공은 분별하기(釆)
어려운 깊은 속이 있다는 뜻의 글자랍니다. 허공은 우
주만유의 근원이랍니다.

- **深奥**(심오): 깊은 속.

懊

원망할 · 한탄할 **오**
(心-총16획)

忄 마음심변, 奥 심오할 오

마음(忄)속의 깊은(奥) 곳에 원망하는 마음이 있다는
뜻의 글자랍니다.

- **懊嘆**(오탄): 원망과 한탄.
- **懊恨**(오한): 원망과 한탄.

蘊
쌓을 온
(艸-총20획)

艹 초두변, 縕 솜옷 온

솜옷(縕)처럼 푹신하도록 풀(艹)을 많이 쌓는다는 뜻의 글자랍니다.

· 蘊合(온합): 합쳐서 쌓음.
· 蘊蓄(온축): 쌓음.

壅
막을 · 막힐 · 옹졸할 옹
(土-총16획)

雍 가릴 옹, 土 흙 · 땅 토

흙(土)으로 가리는(雍) 것이니 담을 쌓아 막는다는 뜻이며, 또한 생각이 막히면 옹졸하다는 뜻의 글자랍니다.

· 壅壁(옹벽): 막힌 벽.
· 壅拙(옹졸): 마음이 좁고 편협함.

渦
소용돌이 와
(水-총12획)

氵 물수변, 咼 비뚤어질 와 · 비뚤어질 괘

물(氵)이 비뚤어지게(咼) 돌며 흐르니 소용돌이라는 뜻의 글자랍니다.

· 渦中(와중): 소용돌이 가운데.

蝸
달팽이 와
(虫-총15획)

虫 벌레 충, 咼 비뚤어질 와 · 비뚤어질 괘

벌레(虫)가 비뚤어진(咼) 껍질 집에서 사니 달팽이라는 뜻의 글자랍니다.

· 蝸角(와각): 달팽이의 촉각.

訛
그릇될 와
(言-총11획)

言 말씀 언, 化 변화 화

말(言)이 일관성 없게 자꾸 변하면(化) 그릇된 것이라는 뜻의 글자랍니다.

· 訛傳(와전): 그릇되게 전하는 말.

婉
순할 **완**
(女-총11획)

女 여자 여, 宛 굽힐 · 지정할 완

성질을 굽힐(宛) 줄 아는 여자(女)는 순한 사람이라는 뜻의 글자랍니다.

· 柔婉(유완): 성격이 부드럽고 순함.

宛
지정할 · 굽힐 **완**
(宀-총8획)

宀 집 면, 夗 뒹굴 원

집(宀)에서 누워 뒹구는(夗) 곳은 지정된 장소라는 뜻의 글자랍니다. 누워서 뒹굴 때는 몸을 굽힌다는 뜻에서 '굽힐 완'이라고도 한답니다.

· 宛處(완처): 지정된 장소
· 宛延(완연): 길고 굽은 모양, 또는 물이 굽이쳐 흐름.

腕
팔 **완**
(肉-총12획)

月 달 월(몸 · 세월), 宛 지정할 · 굽을 완

몸(月)에서 대표적으로 굽히며(宛) 동작하는 곳은 팔이라는 뜻의 글자랍니다. 팔을 굽히는 모습은 눈에 띈다는 뜻이지요.

· 腕力(완력): 팔힘.
· 腕脚(완각): 팔과 다리.

琬
옥돌 **완**
(王-총11획)

王 임금 왕(구슬 · 옥), 完 완전할 · 튼튼할 완

튼튼한(完) 구슬(王)은 옥돌로 만들어진다는 뜻의 글자랍니다.

· 琬石(완석): 옥돌.

阮
원나라 · 성 **원(완)**
(阜-총7획)

阝 언덕 부(높다 · 막다), 元 으뜸 원

으뜸(元)으로 적의 공격을 잘 막은(阝) 나라는 원나라라는 뜻의 글자랍니다.

· 阮國(완국): 완나라.

頑
완고할 **완**
(頁-총13획)

元 으뜸 원, 頁 머리 혈

자신의 머리(頁)가 으뜸(元)이라고 착각하는 사람은 완고하다는 뜻의 글자랍니다.

· **頑**强(완강): 심하게 완고함.
· **頑**固性(완고성): 무디고 굳은 성질

柱
굽힐 **왕**
(木-총8획)

十 열 십(많다), 人 사람 인, 王 임금 왕

많은(十) 사람(人)들이 임금(王)의 앞에서는 허리를 굽힌다는 뜻의 글자랍니다.

· **柱**臨(왕림): 남이 초라한 낮은 지붕 아래로 허리를 굽혀 들어오는 것

矮
난쟁이 **왜**
(矢-총13획)

矢 화살 시, 委 맡길 위

화살(矢)을 쏘는 일을 맡길(委) 사람은 난쟁이가 좋다는 뜻의 글자랍니다. 난쟁이는 키가 작아 몸집이 작으므로 창이나 칼을 들고 싸우는 것보다 화살을 쏘는 전쟁에서 더 유리하다는 뜻이지요.

· **矮**人(왜인): 난쟁이. 또는 키가 작은 사람들이 많은 일본인을 지칭함.

巍
높을 **외**
(山-총21획)

山 뫼 산, 魏 클 위

큰(魏) 산(山)은 높다는 뜻의 글자랍니다.

· **巍巍**(외외): 높은 모양.

猥
함부로 **외**
(犬-총12획)

犭 큰개 견(짐승), 畏 두려워할 외

두려운(畏) 짐승(犭)은 함부로 하기가 곤란하다는 뜻의 글자랍니다.

· **猥**濫(외람): 함부로 함.
· **猥**褻(외설): 더러운 짓을 함부로 함.

僥

바랄 · 요행 **요**
(人-총14획)

亻 사람 인, 堯 높을 · 우뚝할 요

사람(亻)이 실력도 없이 높게(堯) 되기를 바라는 것은 요행을 바라는 것이라는 뜻의 글자랍니다.

· 僥倖(요행): 헛된 생각이 이루어지기를 바람.

撓

흔들 **요**
(手-총15획)

扌 손수변, 堯 높을 · 우뚝할 요

손(扌)을 높이(堯) 들어서 흔든다는 뜻의 글자랍니다.

· 撓手(요수): 손을 흔듦.

饒

넉넉할 **요**
(食-총21획)

食 먹을 · 음식 · 밥 식, 堯 높을 · 우뚝할 요

먹을(食) 음식이 높이(堯) 쌓여 있으니 넉넉하다는 뜻의 글자랍니다.

· 豊饒(풍요): 풍성하고 넉넉함.

凹

오목할 **요**
(凵-총5획)

오목한 모양의 상형문자랍니다.

· 凹凸(요철): 오목하고 볼록함.

夭

예쁠 · 일찍죽을 **요**
(大-총4획)

丿 뻗침 별, 大 큰 대

이름을 크게(大) 뻗치려고(丿) 얼굴을 예쁘게 가꾼다는 뜻이지요. 또한 예쁜 여자는 팔자가 사나워서 일찍 죽는다는 뜻에서 '일찍죽을 요'라고도 한답니다.

· 夭折(요절): 일찍 죽음.

拗
꺾을 **요**
(手-총8획)

扌 손수변, 幼 어릴 유

나무가 어린(幼) 것은 손(扌)으로 꺾기가 쉽다는 뜻의 글자랍니다.

· 拗强(요강): 강하게 꺾음.
· 執拗(집요): 잡아서 꺾음.

窈
고요할 **요**
(穴-총10획)

穴 굴 혈, 幼 어릴 · 어린아이 유

어린아이(幼)는 굴(穴) 속으로 들어가 봐야 고요함을 안다는 뜻의 글자랍니다. 굴속이 어떤지를 경험해보지 않은 사람은 굴속이 어떤지를 모른다는 뜻의 글자랍니다.

· 窈窕(요조): 고요함.
· 窈窕淑女(요조숙녀): 정숙한 숙녀.

擾
어지러울 **요**
(手-총18획)

扌 손수변, 憂 근심 우

손(扌)을 사용하여 근심스럽게(憂) 하니 정돈된 것을 흐트러뜨리며 어지럽힌다는 뜻이랍니다.

· 擾亂(요란): 어지럽고 혼란함.
· 騷擾(소요): 떠들며 어지럽힘.

邀
맞이할 **요**
(辶-총17획)

辶 갈 착, 敫 노래할 교

노래하듯이(敫) 즐겁게 가서(辶) 손님을 맞이한다는 뜻의 글자랍니다. 손님을 맞을 때에는 마중을 나가서 즐겁게 맞이한다는 뜻이지요.

· 邀招(요초): 초청하여 맞이함.

窯
기와굽는가마 **요**
(穴-총15획)

穴 굴 혈, 羊 양 양(착하다 · 좋다), 灬 불 화

굴(穴)속에 불(灬)을 좋도록(羊) 때는 곳이니 기와 굽는 가마라는 뜻의 글자랍니다. 기와 굽는 가마 속에서 도기그릇도 굽는다는 뜻에서 '도기그릇 요'라고도 합니다.

· 窯業(요업): 질그릇이나 토기 등을 구워 만드는 산업.

湧
샘물솟을 **용**
(水-총12획)

氵 물수변, 勇 날쌜 · 용감할 용

물(氵)이 용감하게(勇) 땅속에서 솟아오르니 샘이 솟아오르는 것이라는 뜻의 글자랍니다.

· 湧泉(용천): 샘이 솟아오름.

踊
뛸 **용**
(足-총14획)

足 발 족, ⼍ 크다, 用 사용 용

발(足)을 크게(⼍) 사용(用)할 때는 뛸 때라는 뜻의 글자입니다.

· 舞踊(무용): 발로 뛰며 춤을 춤.

蓉
연꽃 **용**
(艸-총14획)

艹 초두밑(풀 · 식물), 容 얼굴 용

식물(艹)이 얼굴(容)만 내놓은 것이니 연꽃이라는 뜻의 글자랍니다. 잎과 줄기는 물에 잠겨 있으나 얼굴에 해당하는 연꽃만은 물 위로 피어난다는 뜻의 글자랍니다.

· 美蓉(미용): 아름다운 연꽃.

茸
녹용 · 사슴뿔 **용**
(艸-총10획)

艹 초두밑(풀 · 식물), 耳 귀 이

귀(耳) 위에 풀(艹)이 있으니 사슴뿔인 녹용이라는 뜻의 글자랍니다.

· 鹿茸(녹용): 사슴의 뿔.

聳
솟을 · 공경할 **용**
(耳-총17획)

從 쫓을 · 따를 · 말들을 종, 耳 귀 이

말을 들으려고(從) 귀(耳)를 솟아오르게 할 때는 공경하기 때문이라는 뜻의 글자랍니다. 사람이 자기가 공경하는 분의 말씀을 들을 때는 누워 있거나 엎드려 있다가도 솟아오르듯 벌떡 일어나 바르게 앉거나 서서 듣는다는 뜻의 글자랍니다.

· 聳立(용립): 높이 솟음.
· 聳出(용출): 높이 솟아남.

迂

멀 우
(辶-총7획)

辶 갈 착, 于 갈 우

가고(辶) 또 가니(于) 멀리 가는 것이라는 뜻의 글자
랍니다.

· **迂廻**(우회): 멀리 돌아서 감.

寓

머무를 · 붙을 · 살 우
(宀-총12획)

宀 집 면, 禺 짐승 우

집(宀)에 사는 짐승(禺)은 집에 머물러 붙어사는 것
이라는 뜻의 글자랍니다.

· **寓生**(우생): 남에게 붙어 삶.
· **寓食**(우식): 식당을 정해 놓고
끼니를 해결함.

嵎

산굽이 · 산모퉁이 우
(山- 총 12획)

山 뫼 산, 禺 짐승 우

산(山)에서 짐승(禺)이 튀어 나올 것 같은 곳은 산굽
이라는 뜻의 글자랍니다.

· **嵎嵎**(우우): 산이 겹쳐서 높은
모양.
· **嵎壁**(우벽): 산모퉁이 절벽.

隅

모퉁이 우
(阜-총12획)

阝 언덕 부(높다 · 막다), 禺 짐승 우

짐승(禺)들을 막아(阝) 놓고 기르는 곳은 집의 모퉁
이라는 뜻의 글자랍니다.

· **隅曲**(우곡): 모퉁이, 구석.
· **隅中**(우중): 모퉁이와 중앙.

虞

염려할 · 헤아릴 우
(虍-총13획)

虍 범의무늬 호(범), 吳 오나라 · 큰소리칠 오

범(虍)이 큰소리(吳)로 포효하니 염려가 된다는 뜻의
글자랍니다. 옛날에는 범이 마을에 내려와서 가축이나
사람을 잡아먹었으므로 범이 크게 우니 두렵다는 뜻이
랍니다.

· **虞慮**(우려): 염려, 근심.
· **虞犯**(우범): 범죄에 대한 근심.

耘
김맬 **운**
(耒-총10획)

耒 쟁기 뢰, 云 말할 운

말하자면(云) 쟁기(耒)는 김매는 기구라는 뜻의 글자랍니다.

· 耕耘機(경운기): 밭도 갈고 김도 매는 기계.

隕
떨어질 **운**
(阜-총13획)

阝 언덕 부(막다·높다), 員 사람 원

언덕(阝)처럼 높은 곳에서 사람(員)이 떨어지지 않도록 주의한다는 뜻의 글자랍니다.

· 隕石(운석): 돌이 떨어짐.

殞
죽을 **운**
(歹-총14획)

歹 뼈앙상할 알, 員 사람 원

사람(員)이 뼈가 앙상하게(歹) 드러나니 죽을 것처럼 보인다는 뜻의 글자랍니다.

· 殞命(운명): 목숨이 끊어짐.

猿
원숭이 **원**
(犬-총13획)

犭 큰개 견(짐승), 袁 긴옷 원

긴 옷(袁)을 입은 듯한 짐승(犭)은 원숭이라는 뜻의 글자랍니다. 원숭이는 사람처럼 생겼으므로 마치 원숭이의 털이 사람이 긴 옷을 입고 있는 것처럼 보인다는 뜻이랍니다.

· 類人猿(유인원): 사람과 원숭이.

冤
원통할·억울할 **원**
(宀-총11획)

宀 집 면(집·덮다), 兔 토끼 토

토끼(兔)가 집(宀)에 갇혀 있으니 원통해 한다는 뜻의 글자랍니다.

· 冤痛(원통): 억울하여 마음이 아픔.

鴛
원앙새 **원**
(鳥-총16획)

夗 뒹굴 원, 鳥 새 조
사랑하여 서로 뒹구는(夗) 새(鳥)는 원앙새라는 뜻의
글자랍니다.

·鴛鴦(원앙): 원앙새.

萎
시들·마를 **위**
(艸-총12획)

艹 초두밑, 委 맡길 위
맡길(委) 물건을 풀(艹) 위에 놓으면 물건에 눌려서
시들어 말라 버린다는 뜻의 글자랍니다.

·萎縮(위축): 시들어 축소됨.

喩
깨우칠·비유할 **유**
(口-총12획)

口 입 구(사람·말하다), 兪 대답할·자연스러울 유
자연스럽게(兪) 사람(口)을 깨우치게 한다는 뜻의 글
자랍니다. 사람을 깨우치게 하고 싶으면 억지가 아니
라 스스로 자연스럽게 하도록 해야 한다는 뜻이랍니
다. 또한 깨우치고 나면 비유를 제대로 할 수가 있다는
뜻에서 '비유할 유'라고도 한답니다.

·譬喩(비유): 어떤 사물이나 일
에 대한 예를 듦.

愉
즐거울 **유**
(心-총12획)

忄 마음심변, 兪 대답할·자연스러울 유
마음(忄)이 자연스러울(兪) 때는 즐거울 때라는 뜻의
글자랍니다.

·愉快(유쾌): 즐겁고 유쾌함.

揄
희롱할 **유**
(手-총12획)

扌 손수변, 兪 대답할·자연스러울 유
대답(兪)을 손(扌)으로 하는 것은 희롱하는 짓이라는
뜻의 글자랍니다.

·揶揄(야유): 빈정거리며 희롱
함.

癒
병나을 유
(疒-총18획)

疒 병 녁, 兪 대답할 · 자연스러울 유

병(疒)의 치료에 대한 답(兪)이 나오니 병이 나을 수가 있다는 뜻의 글자랍니다.

- 治癒(치유): 병을 치료하여 낫게 함.
- 快癒(쾌유): 상쾌하게 병이 나음.

諭
깨우칠 유
(言-총16획)

言 말씀 언, 兪 대답할 · 자연스러울 유

말(言)로써 질문에 대답하여(兪) 깨우쳐 준다는 뜻의 글자랍니다.

- 諭示(유시): 깨우치도록 가르침.

鍮
놋쇠 유
(金-총17획)

金 쇠 금, 兪 대답 · 자연스러울 유

쇠(金)가 자연스럽게(兪) 주물이 잘 되어 만들어진 것은 놋쇠라는 뜻의 글자랍니다.

- 鍮器(유기): 놋그릇.
- 鍮刀(유도): 놋쇠로 된 칼

宥
너그러울 · 용서할 유
(宀-총9획)

宀 집 면, 有 있을 유

집(宀) 안에 있을(有) 것은 다 있으니, 마음이 너그러워지고, 너그러운 마음으로 용서를 한다는 뜻의 글자랍니다.

- 宥和(유화): 너그럽게 화합함.
- 宥罪(유죄): 죄를 용서함.

柚
유자나무 유
(木-총9획)

木 나무 목, 由 까닭 · 말미암을 유

까닭(由)있게 자란 나무(木)는 유자나무라는 뜻의 글자랍니다. 유자나무는 먹지 못하는 탱자가 아니라 몸에 좋은 열매인 유자를 맺어주므로 까닭 있는 나무라는 뜻이랍니다.(유자는 탱자와 비슷한 모양의 열매지만 탱자는 먹지 못한답니다.)

- 柚子(유자): 유자나무의 열매.

游
헤엄칠 · 노닐 **유**
(水–총12획)

氵 물수변, 斿 깃발 유

물(氵)에 빠진 깃발(斿)을 구하기 위해 헤엄을 치고 간다는 뜻의 글자랍니다. 또한 헤엄을 치며 노닌다는 뜻에서 '노닐 유'라고도 한답니다.

· 游泳(유영): 헤엄을 치며 노닒.

蹂
밟을 **유**
(足–총16획)

足 발 족, 柔 부드러울 유

발(足)이 부드럽게(柔) 움직일 때는 땅을 밟고 지날 때라는 뜻의 글자랍니다.

· 蹂躪(유린): 짓밟음.
· 蹂踐(유천): 짓밟음.

諛
아첨할 **유**
(言–총16획)

言 말씀 언, 臾 잠깐 유

잠깐(臾)도 쉬지 않고 상대의 환심을 얻기 위해 하는 말(言)은 아첨하는 말이라는 뜻의 글자랍니다.

· 諛言(유언): 아첨하는 말.
· 諛悅(유열): 아첨으로 상대를 기쁘게 함.

戎
병장기 **융**
(戈–총6획)

十 열 십(많다), 戈 창 과(무기)

많은(十) 무기(戈)를 만드는 이유는 군사들의 병장기로 사용하기 위해서라는 뜻의 글자랍니다.

· 戎器(융기): 전쟁에 사용하는 가구.
· 戎馬(융마): 전쟁에 쓰는 말.

絨
가는베 · 삶은실 · 융 **융**
(糸–총12획)

糸 실사변, 戎 병장기 · 클 · 도울 융

실(糸)의 굵기가 큰(戎)것은 두텁게 하므로 삶아야 가는 베를 짤 수 있다는 뜻의 글자랍니다.

· 絨毯(융담): 두터운 담요.

蔭 덮을·가릴 음 (艸-총15획)	++ 초두밑(풀·식물), 陰 그늘 음 그늘(陰)은 풀(++)이나 식물이 덮어서 가리기 때문에 도 생긴다는 뜻의 글자랍니다.	·蔭德(음덕): 숨은 공덕, 조상의 덕. ·蔭林(음림): 나무가 무성한 숲
揖 읍할 읍 (手-총12획)	扌 손수변, 咠 귓속말 집 두 손(扌)을 모아서 귓속말(咠)을 하듯이 읍을 한다 는 뜻의 글자랍니다.	·揖禮(읍례): 읍을 하며 예를 갖 추는 인사 ·揖進(읍진): 인사하고 나아감.
膺 가슴·응할 응 (肉-총17획)	雁 매 응, 月 달 월(몸·고기·세월) 매(雁)는 몸(月)의 가슴으로 상대를 쳐서 충격을 준 다음에 발로 잡는다는 뜻의 글자랍니다. 매는 작은 새 를 잡아먹기 위해 신속하게 날아서 가슴으로 부딪쳐서 중심을 잃게 한 다음에 발로 낚아챈다는 뜻이랍니다. 매는 먹이를 공격할 때는 가슴으로 응하므로 '응할 응' 이라고도 한답니다.	·膺懲(응징): 혼나게 응함. ·膺受(응수): 상대가 주는 것을 받으며 응함.
誼 옳을·친할 의 (言-총15획)	言 말씀 언, 宜 마땅 의 마땅한(宜) 말(言)이니 옳은 말이라는 뜻의 글자랍니 다. 옳은 사람과 친해야 된다는 뜻에서 '친할 의'라고 도 한답니다.	·情誼(정의): 친한 정. ·友誼(우의): 친한 벗
擬 비교할·비슷할 의 (手-총17획)	扌 손수변, 疑 의심할 의 의심(疑)이 되는 것은 직접 손(扌)으로 만져 보며 비 교해 본다는 뜻의 글자랍니다. 또한 비교되는 것은 비 슷하기 때문이라는 뜻에서 '비슷할 의'라고도 한답니 다.	·擬似(의사): 비슷한 것을 비교 함. ·擬聲(의성): 비슷한 소리로 흉 내 냄.

椅 의자 의 (木-총12획)	木 나무 목, 奇 이상할 기 나무(木)가 이상한(奇) 모양으로 변하여 의자로 만들어졌다는 뜻의 글자랍니다.	·椅子(의자): 사람이 앉을 수 있게 만든 가구.
毅 군셀 의 (殳-총15획)	立 설 립, 豕 모여들 · 나란히설 임, 殳 창 · 칠 수 창(殳)을 옆에 세우고(立) 나란히 서(豕) 있으니 군세게 보인다는 뜻의 글자랍니다.	·毅容(의용): 군센 표정. ·毅情(의정): 군센 정신
姨 이모 이 (女-총9획)	女 여자 여, 夷 베풀 · 평평할 · 오랑캐 이 베풀어(夷) 주기를 잘하는 여자(女)는 이모라는 뜻의 글자랍니다. 이모는 조카들에게 맛있는 것도 사주고 용돈도 주므로 베푼다는 뜻이지요.	·姨母(이모): 엄마의 자매.
痍 상처 이 (疒-총11획)	疒 병 녁, 夷 베풀 · 평평할 · 오랑캐 이 오랑캐(夷)의 병(疒)은 상처가 많다는 뜻의 글자랍니다. 오랑캐는 주로 위험한 짓을 많이 하므로 상처가 나는 일이 많고, 또한 상처에 따른 병도 많다는 뜻이지요.	·傷痍勇士(상이용사): 부상당한 용사.
弛 해이할 · 느슨할 이 (弓-총6획)	弓 활 궁, 也 어조사 야 활(弓)이라는 것은(也) 느슨해서는 안 된다는 뜻의 글자랍니다.	

爾
너 · 가까울 · 그 **이**
(爻-총14획)

帀 두루 잡, 八 여덟 팔(사방팔방 · 높다), 爻爻 밝을 례

사방팔방(八)을 두루(帀) 밝게(爻爻) 빛을 비출 때는 가까이 있는 너부터 그 빛이 비춰진다는 뜻의 글자랍니다.

· 爾汝(이여): 너희들.
· 爾後(이후): 그 후, 이후(以後).

餌
먹이 · 미끼 · 이깝 **이**
(食-총15획)

食 먹을 · 밥 식, 耳 귀 이

귀(耳) 모양의 낚시에 먹을(食) 것이 끼워져 있으니 고기의 먹이인 미끼라는 뜻의 글자랍니다.

· 食餌(식이): 먹을 수 있는 것, 먹이.

翊
다음날 **익**
(羽-총11획)

羽 깃 · 펼 · 모을 우, 호 설 · 세울 립

마음을 모아서(羽) 뜻을 세우는(호) 일은 다음날도 계속 이어져야 성공을 할 수 있다는 뜻의 글자랍니다.

· 翊日(익일): 다음날.
· 翊月(익월): 다음달.

靭
질길 **인**
(革-총12획)

革 가죽 혁, 刃 칼날 인

가죽(革)을 칼(刃)로 자르면 질기다는 것을 알 수 있다는 뜻의 글자랍니다.

· 靭帶(인대): 척추동물에서 뼈들을 서로 연결시키는 줄 모양의 부위.

咽
목구멍 **인** · 오열 **열**
(口-총9획)

口 입 구, 囚 원인 · 인연 인

입(口)과 인연(囚)이 된 부분은 목구멍이라는 뜻의 글자랍니다. 입에서 먹은 음식은 목구멍을 통해서 위장으로 내려가게 된답니다.

· 咽喉(인후): 목구멍.
· 嗚咽(오열): 목이 메도록 우는 소리.

蚓 지렁이 **인** (虫-총10획)	虫 벌레 충, 引 당길 인 벌레(虫)가 자신의 줄처럼 생긴 몸을 당기듯이(引) 앞으로 나아가니 지렁이라는 뜻의 글자랍니다.	·蚓餌(인이): 지렁이 미끼(이 깝).
湮 잠길 **인** (水-총12획)	氵 물수변, 垔 덮을 인 물(氵)로 덮으면(垔) 물에 잠긴다는 뜻의 글자랍니다.	·湮滅(인멸): 물에 잠겨 보이지 않듯이 사라짐. ·湮沒(인몰): 물에 빠져 잠김.
佚 편안할 **일**·방탕할 **질** (人-총7획)	亻 사람인변, 失 잃을 실 사람(亻)이 편하고자 도덕성을 잃으면(失) 방탕해지고, 방탕하면 망한다는 뜻에서 '망할 일'이라는 훈음도 있답니다.	·佚樂(일락): 편하게 놀고 즐김. ·佚宕(질탕): 방탕하게 놀음.
溢 넘칠 **일** (水-총13획)	氵 물수변, 益 더할 익 그릇에 물(氵)을 자꾸 더하면(益) 넘친다는 뜻의 글자랍니다.	·海溢(해일): 태풍으로 바닷물이 넘침.
剩 남을 **잉** (刀-총12획)	乘 탈·오를 승, 刂 칼 도 칼(刂)을 든 강도가 차에 올라타니(乘) 남아 있을 승객이 아무도 없다는 뜻의 글자랍니다.	·剩餘(잉여): 쓰고 남음. ·過剩(과잉): 지나치게 많음.

孕
아이밸 **잉**
(子-총5획)

乃 어조사 · 곧 내, 子 자식 자

곧(乃) 자식(子)이 생기게 하려고 아이를 밴다는 뜻의 글자랍니다.

· 孕胎(잉태): 아이를 뱀.

仔
자세할 **자**
(人-총5획)

亻 사람인변, 子 아들 자

사람(亻)은 자식(子)에게 자세히 가르친다는 뜻의 글자랍니다.

· 仔細(자세): 세밀함.

瓷
도자기 · 사기그릇 **자**
(瓦-총11획)

次 다음 · 차례 차, 瓦 기와 와

기와(瓦)를 굽고 다음(次) 차례에 도자기를 굽는다는 뜻의 글자랍니다. 기와와 도자기는 서로간의 제품에 차이가 있으므로 따로따로 굽는다는 뜻이랍니다.

· 陶瓷器(도자기): 질그릇과 사기그릇.

炙
구울 **자(적)**
(火-총8획)

月 달 월(몸 · 고기 · 세월), 火 불 화

불(火)에 고기(月)를 굽는다는 뜻의 글자랍니다.

· 炙背(적배): 등을 햇볕에 태움.
· 炙鐵(적철): 적쇠.

煮
구울 · 지질 · 삶을 **자**
(火-총13획)

者 사람 · 어조사 자, 灬 불 화

사람(者)은 불(灬)로 음식을 해 먹을 때 잘 익혀 먹어야 한다는 뜻으로 '익힐 자'라는 훈과 음으로도 쓰입니다.

· 煮沸(자비): 물을 끓여서 음식을 삶음.
· 煮饅頭(자만두): 군만두.

蔗
사탕수수 자
(艹–총15획)

艹 초두밑, 庶 여러 · 많을 서

많은(庶) 풀(艹)같은 작물이 자라니 사탕수수라는 뜻의 글자랍니다.

· 蔗糖(자당): 사탕수수를 고아서 만든 설탕.

藉
도울 · 깔개 자
(艹–총18획)

艹 초두밑, 耒 쟁기 뢰(농기구), 昔 옛날 석

옛날(昔)부터 풀(艹)을 맬 때는 쟁기(耒)같은 농기구를 빌려 주어 돕는다는 뜻의 글자랍니다.

· 慰藉(위자): 위로하고 도와줌.
· 憑藉(빙자): 도움에 기댐.

疵
흠집 자
(疒–총10획)

疒 병 녁, 此 이 · 그칠 차

병(疒)은 그치더라도(此) 흠집은 남는다는 뜻의 글자랍니다. 병에 걸렸다가 다시 나아도 병의 흔적은 남는다는 뜻이지요.

· 瑕疵(하자): 흠집.

炸
터질 작
(火–총9획)

火 불 화, 乍 잠깐 사

불(火)은 잠깐(乍) 사이에 폭탄을 터지게 한다는 뜻의 글자랍니다.

· 炸裂(작렬): 폭탄이 터짐.
· 炸發(작발): 화약이 폭발함.
· 炸藥(작약): 포탄 속에 들어 있어서 발사 시에 폭발시키는 화약.

勺
조금 · 구기 작
(勺–총3획)

勹 쌀 포(감싸다 · 뿔 · 다투다), 丶 점 주

점(丶)같이 작은 것은 감싸도(勹) 조그맣다는 뜻의 글자랍니다. 조금만 맛을 보기 위해 국물을 떠는 국자는 구기라는 뜻의 글자랍니다.

· 勺水(작수): 양이 적은 물.

灼

불사를 작
(火-총7획)

火 불 화, 勺 조금 작

조그만(勺) 성냥불(火)이 온 산을 불사른다는 뜻의 글자랍니다.

- 灼灼(작작): 불살라지는 모양.
- 灼熱(작열): 불살라 태움.

芍

작약 작
(艸-총7획)

艹 초두밑(풀·식물), 勺 조금·구기 작

식물(艹)의 꽃봉오리가 조그마할(勺) 때 따서 약용으로 쓰니 작약이라는 뜻의 글자랍니다. 작약은 미나리과의 다년생풀로써 뿌리뿐 아니라 꽃도 약으로 쓰인답니다.

- 芍藥花(작약화): 함박꽃.

嚼

씹을 작
(口-총21획)

口 입 구(사람·말하다), 爵 벼슬 작

입(口)이 벼슬(爵)을 할 때는 씹을 때라는 뜻의 글자랍니다. 벼슬을 하면 먹을 것이 많이 생기듯이, 먹을 것이 입에 낳이 들어오니 입이 벼슬하는 것이라는 뜻으로 비유한 글자랍니다.

- 嚼肉(작육): 고기를 씹어 먹음.

綽

너그러울 작
(糸 -총14획)

糸 실 사(실·다스리다), 卓 높을 탁

높은(卓) 임금이 나라를 다스릴(糸) 때는 너그러워야 한다는 뜻의 글자랍니다. 임금이 나라를 다스리려면 마음에 여유가 있어야 실정을 하지 않는다는 뜻이랍니다.

- 綽楔(작설): 효자, 충신, 열녀 등을 표창하기 위하여 그 집 앞에 세운 붉은 문.
- 綽態(작태): 여유가 있는 태도

雀

참새 작
(隹-총11획)

少 적을·작을 소, 隹 새 추

새(隹)가 작으니(少) 참새라는 뜻의 글자랍니다. 참새는 새 중에서도 몸집이 작은 새의 일종이랍니다.

- 雀雉(작치): 참새와 꿩.

鵲
까치 작
(鳥-총19획)

昔 옛날 석, 鳥 새 조

옛날(昔)부터 사람들과 친하게 지낸 새(鳥)는 까치라는 뜻의 글자랍니다. 까치는 사람들이 잡아먹지 않았답니다.

· 鵲語(작어): 까치의 소리.

棧
사다리 · 복도 잔
(木-총12획)

木 나무 목, 戔 쌓을 전

나무(木)가 계단처럼 쌓여(戔) 있는 것이니 사다리라는 뜻의 글자랍니다. 또한 사다리와 전혀 다르게 만들어진 나무로 된 길은 평탄한 복도라는 뜻에서 '복도 잔'이라고도 한답니다.

· 棧木(잔목): 나무사다리.
· 棧橋(잔교): 복도처럼 길게 이어진 다리.

盞
술잔 잔
(皿-총13획)

戔 쌓을 전, 皿 그릇 명

그릇(皿)에 자꾸만 쌓는다(戔)는 말은 술잔에 술을 비우면 다시 따르기를 계속하는 모습을 뜻하는 글자랍니다.

· 盞臺(잔대): 술잔을 받치는 그릇.

簪
비녀 잠
(竹-총18획)

竹 대 죽(책 · 대나무), 朁 일찍 참

대나무(竹)는 일찍(朁)부터 비녀로 사용되었다는 뜻의 글자랍니다. 옛날에는 대나무 끝의 가느다란 부분을 다듬어서 여자들이 머리를 묶어 고정시키는 비녀로 사용했다는 뜻이랍니다.

· 玉簪(옥잠): 옥비녀.

箴
경계 잠
(竹-총15획)

竹 대 죽(책 · 대나무), 咸 다 함

책(竹)을 다(咸) 이해하는 사람은 모든 일에 경계할 수 있다는 뜻의 글자랍니다. 경계해야 되는 것은 바늘이라는 뜻에서 '바늘 잠'이라고도 합니다.

· 箴針(잠침): 바늘.
· 箴言(잠언): 삼가 경계해야 할 교훈적인 말.
· 箴訓(잠훈): 조심하도록 경계하는 교훈.

仗
의장・무기 **장**
(人-총5획)

亻 사람인변, 丈 어른 장

어른(丈)처럼 키 큰 사람(亻)을 뽑아서 무기를 다루는 기술을 가르치는 군대는 의장대라는 뜻의 글자랍니다. 일반적으로 어른은 키가 크다는 뜻에서 만들어진 글자입니다.

・**儀仗**(의장): 의식에 사용하는 무기.
・**儀仗隊**(의장대): 의장을 다루는 군대.

杖
지팡이 **장**
(木-총7획)

木 나무 목, 丈 어른 장

어른(丈)이 가지고 다니는 나무(木)는 지팡이라는 뜻의 글자랍니다. 여기서 어른이란 말은 나이가 많으신 노인을 뜻한답니다.

・**棍杖**(곤장): 형벌로 다스릴 때 사용하는 엉덩이에 치는 지팡이.
・**木杖**(목장): 나무지팡이.

匠
고안할・만들・장인 **장**
(匚-총6획)

匚 상자 방, 斤 도끼 근

도끼(斤)로 나무를 베어 고안한 대로 상자(匚)를 만드는 사람은 장인이라는 뜻의 글자랍니다.

・**匠人**(장인): 전문적인 기술을 가진 사람.
・**匠心**(장심): 장인의 마음.

檣
돛대 **장**
(木-총17획)

木 나무 목, 嗇 아낄・농부 색

농부(嗇)와는 상관이 없는 나무(木)는 돛대라는 뜻의 글자랍니다. 돛대는 바다에 떠다니는 배 위에 세워진 기둥으로 농부가 아닌 어부와 상관있는 것이지요.

・**帆檣**(범장): 돛과 돛대.

薔
장미・장미꽃 **장**
(艸-총17획)

艹 초두밑(풀・식물), 嗇 아낄・농부 색

자신을 아끼기(嗇) 위해 줄기에 가시를 피우는 식물(艹)은 장미라는 뜻의 글자랍니다.

・**薔薇**(장미): 장미꽃.

漿
미음 **장**
(水-총15획)

將 장수 · 장차 장, **水** 물 수

장수(將)가 마시는 물(水)은 미음이라는 뜻의 글자랍니다. 장수는 영양가 있는 음식을 많이 먹으므로 물을 마실 때도 곡식의 가루를 물에 탄 미음을 마신다는 뜻이랍니다.

· 漿果(장과): 미음과 과실.

醬
간장 · 젓갈 **장**
(酉-총18획)

將 장수 장, **酉** 닭 유(술 · 따스하다)

술(酉)처럼 발효시키는 음식 중에서 장수(將)같은 위엄을 갖춘 음식은 간장이라는 뜻이지요. 간장은 모든 사람의 입맛을 조절하는 조미료로써 사람이 아무렇게나 먹을 수 없는 강한 짠맛을 가지고 있다는 뜻이랍니다.

· 醬油(장유): 간장과 기름.
· 醬肉(장육): 장조림.

滓
찌꺼기 **재**
(水-총13획)

氵 물수변, **宰** 재상 · 잡을 · 다스릴 재

물(氵)에서 잡아(宰)내야 하는 것은 찌꺼기라는 뜻의 글자랍니다.

· 滓濁(재탁): 탁한 찌꺼기.
· 滓渣(재사): 찌꺼기.

齋
재계할 **재**
(齊-총17획)

齊 가지런할 · 다스릴 제, **小** 작을 소

작은(小) 일에도 가지런한(齊) 마음으로 조심하는 것은 재계하는 마음이라는 뜻의 글자랍니다.

· 齋戒(재계): 삼가 조심함.
· 齋祈(재기): 재계하고 기도함.

鉦
쇳소리 · 징 **쟁**
(金-총16획)

金 쇠 금, **爭** 다툴 · 싸울 쟁

쇠(金)로 된 무기를 들고 싸우면(爭) 쇳소리가 난다는 뜻의 글자랍니다. 또한 쇳소리를 내도록 만든 악기는 징이라는 뜻에서 '징 쟁'이라고도 한답니다.

· 鉦盤(쟁반): 징처럼 생긴 소반

邸
집 저
(邑-총8획)

氏 근본·낮을 저, 阝 고을 부

고을(阝)의 근본(氏)은 집이라는 뜻의 글자랍니다. 첫째로 집이 있어야 고을이라고 한다는 뜻이지요.

- **邸宅**(저택): 사람이 사는 집.
- **官邸**(관저): 국가 관리의 집.

觝
찌를·맞닥뜨릴 저
(角-총12획)

角 뿔 각, 氏 근본·낮을 저

뿔(角)을 낮게(氏) 해서 서로 맞닥뜨릴 때는 상대를 공격하여 찌를 때라는 뜻의 글자랍니다.

- **觝排**(저배): 공격하여 물리침.
- **觝觸**(저촉): 서로 부딪힘.

咀
씹을 저
(口-총8획)

口 입 구, 且 또 차·거의 차·공손할 저

입(口)이 또(且) 똑같이 움직이니 음식을 씹는다는 뜻의 글자랍니다.

- **咀嚼**(저작): 씹어서 먹음.

狙
엿볼·원숭이 저
(犬-총8획)

犭 큰개 견(짐승), 且 또·거의 차

거의(且) 사람에 가까운 모습의 짐승(犭)은 원숭이라는 뜻이지요. 또한 원숭이는 엿보기를 잘한다는 뜻에서 '엿볼 저'라고도 한답니다.

- **狙擊**(저격): 몰래 엿보아 침.
- **狙害**(저해): 기회를 엿보아 사람을 해함.

詛
저주할 저
(言-총12획)

言 말씀 언, 且 또 차

말(言)을 계속해서 또(且) 하니 저주하는 것이라는 뜻이지요. 저주를 하는 말은 한 번만으로 그치지를 않고 계속해서 나쁜 말을 한다는 뜻이랍니다.

- **詛呪**(저주): 남이 나쁘게 되도록 하는 말.

猪
돼지 저
(犬-총12획)

犭 큰개 견(짐승), 者 사람 자

사람(者)을 짐승(犭)에 비유할 때는 '돼지처럼 보인다'는 뜻의 글자랍니다.

·猪突的(저돌적): 산돼지처럼 앞 뒤 안 가리고 막 달림.
·猪肉(저육): 돼지고기.

箸
젓가락 저
(竹-총15획)

竹 대 죽, 者 사람 자

사람(者)이 대나무(竹)를 잘라서 젓가락으로 사용한다는 뜻의 글자랍니다. 대나무의 맨 끝은 젓가락같이 생겼다는 뜻이랍니다.

·箸筒(저통): 젓가락통.
·匕箸(비저): 숟가락과 젓가락.

躇
머뭇거릴 저
(足-총20획)

足 발 족, 著 분명할·글지을 저

발(足)걸음의 방향이 분명하지(著) 않으니 머뭇거린다는 뜻의 글자랍니다.

·躊躇(주저): 머뭇거리며 망설임.

嫡
본처 적
(女-총14획)

女 여자 여, 商 밑둥치 적

밑둥치(商)가 되는 여자(女)이니 본처라는 뜻의 글자랍니다. 첩이 되는 여자는 나중에 자란 잎이나 꽃이라면 뿌리의 역할은 집에 있는 본처가 한다는 뜻의 글자랍니다. 이혼한 여자는 잘려나간 가지이므로 본처가 아니지요.

·嫡子(적자): 본처의 자식.
·嫡庶(적서): 적자와 서자.

謫
귀양갈 적
(言-총18획)

言 말씀 언, 商 밑둥치·나무뿌리 적

밑둥치(商)로 간다는 말(言)은 귀양 간다는 말이랍니다. 나무가 보기 좋게 잎이 피고 열매를 맺는 것은 출세를 한다는 뜻이라면 나무뿌리로 간다는 말은 세상을 등지고 숨어 지낸다는 뜻이니 귀양 간다는 뜻이랍니다.

·謫客(적객): 귀양살이를 하는 사람.
·謫中(적중): 귀양살이 중에.

狄
북방오랑캐 **적**
(犬-총7획)

犭 큰개 견(짐승), 火 불 화

짐승(犭)을 불(火)에 굽지도 않고 날것으로 그냥 먹는 사람들이니 북방오랑캐라는 뜻의 글자랍니다.

- 狄人(적인): 북방 오랑캐.

迹
자취 **적**
(辶-총10획)

辶 갈 착, 亦 또·클·어조사 역

큰(亦) 일을 하고 간(辶) 사람들은 자취가 남는다는 뜻의 글자랍니다.

- 行迹(행적): 발자취. 행적(行蹟)과 같은 뜻임.

栓
마개·나무못 **전**
(木-총10획)

木 나무 목, 全 온전할 전

나무(木)로 온전하게(全) 하는 때는 병의 마개로 사용할 때라는 뜻의 글자랍니다. 옛날에는 병마개를 나무노 만들었답니다.

- 消火栓(소화전): 방화기구의 마개.

銓
저울질할 **전**
(金-총14획)

金 쇠 금, 全 온전할 전

쇠(金)를 온전하게(全) 다룰 때는 쇠뭉치 저울추를 가지고 저울질을 할 때라는 뜻의 글자랍니다.

- 銓衡(전형): 저울대의 눈금을 보며 저울질을 함.

剪
자를·가위 **전**
(刀-총11획)

前 앞 전, 刀 칼 도

칼(刀)이 앞으로(前) 나아가며 자르는 것은 가위라는 뜻의 글자랍니다.

- 剪刀(전도): 가위.
- 剪枝(전지): 나뭇가지를 자름.

煎
달일 **전**
(火-총13획)

亠 머리, 月 달 월(몸·고기·세월), 刂 칼 도, 灬 불 화

소 몸(月)의 머리(亠)를 칼(刂)로 잘라 불(灬)로 달여서 곰국을 끓인다는 뜻의 글자랍니다.

· 煎茶(전다): 차를 끓임.
· 煎藥室(전약실): 한약을 끓여 탕제하는 곳.

箭
화살 **전**
(竹-총15획)

竹 대 죽, 前 앞 전

대나무(竹)로 만든 활이 앞으로(前) 쏘는 것은 화살이라는 뜻의 글자랍니다.

· 箭書(전서): 글을 쓴 종이를 화살에 끼워서 날아가게 하여 전하는 글.
· 箭筒(전통): 화살통.

塡
메울·누를 **진**
(土-총13획)

土 흙·땅 토, 眞 참 진

땅(土)은 참(眞)으로 잘 메워져 아래를 누르고 있다는 뜻의 글자랍니다.

· 塡補(전보): 메워서 보충함.
· 塡充(전충): 메워서 채움.

奠
정할·올릴·제사올릴 **전**
(大-총12획)

酋 두목 추, 大 큰 대

큰(大) 인물이 두목(酋)으로 정해지니 부하들이 인사를 올린다는 뜻의 글자랍니다.

· 奠居(전거): 있을 곳을 정함.
· 奠物(전물): 신이나 조상에게 제사 때 올리는 제물.

輾
돌아누울·뒤척일 **전**
(車-총17획)

車 수레 거(군사), 展 펼칠·늘일 전

군사(車)들이 몸을 늘이고(展) 잘 때는 피곤해서 몸을 뒤척인다는 뜻의 글자랍니다.

· 輾轉(전전): 몸을 뒤척이며 돌아누움.
· 輾轉不寐(전전불매): 뒤척이며 잠을 이루지 못함.

廛

가게 · 터 **전**
(广-총15획)

广 집 엄, 초 언덕 륙, 田 밭 전

언덕(초) 위의 밭(里)과 집(土)은 생활의 터전이라는 뜻의 글자입니다. 또 도시에서는 가게가 생활의 터전이라는 뜻입니다.

· 廛房(전방): 물건을 파는 점포

纏

얽힐 · 묶을 **전**
(糸-총21획)

糸 실사변(실 · 다스리다), 廛 가게 전

가게(廛)를 운영하려면 실(糸)처럼 얽히는 일도 있다는 뜻의 글자랍니다. 얽힌 것은 묶인 것처럼 보인다는 뜻에서 '묶을 전'이라고도 한답니다.

· 纏綿(전면): 얽힘.
· 纏縛(전박): 묶음.

悛

고칠 **전**
(心-총10획)

忄 마음심변, 夋 거만할 준

거만한(夋) 마음(忄)은 고쳐야 한다는 뜻의 글자랍니다.

· 改悛(개전): 잘못을 고침.

澱

찌꺼기 **전**
(水-총16획)

氵 물수변, 殿 대궐 · 큰 집 전

대궐(殿)처럼 큰 집에서 나오는 물(氵)에는 찌꺼기도 많다는 뜻의 글자랍니다.

· 澱粉(전분): 식물의 영양 저장 물질로서 뿌리나 줄기에 포함되어 있는 탄수화물. 녹말.

氈

모전 **전**
(毛-총17획)

亶 조상 · 클 단, 毛 털 모

큰(亶) 털(毛)로 짜여진 것은 모전이라는 뜻의 글자랍니다.

· 毛氈(모전): 털로 짠 모직물, 양탄자.

顚
머리삐뚤이·사지떨릴 **전**
(頁-총22획)

亶 클·조상 단, 頁 머리 혈

머리(頁)에 큰(亶) 문제가 생기면 사지가 떨리면서 머리삐뚤이처럼 고개를 삐뚤게 돌린다는 뜻의 글자랍니다. 머릿속의 뇌에 이상이 생기면 온 몸이 이상하게 뒤틀리게 된다는 뜻이랍니다.

· 顚聲(전성): 떨리는 목소리.
· 顚者(전자): 짱구머리인 사람.

癲
미칠 **전**
(疒-총24획)

疒 병 녁, 顚 머리 전

머리(顚)에 병(疒)이 들었으니 미쳤다는 뜻의 글자랍니다.

· 癲狗(전구): 미친 개.
· 酒行癲(주행전): 술을 마시고 미친 행동을 함.

顛
정수리·이마 **전**
(頁-총19획)

眞 참 진, 頁 머리 혈

머리(頁)에서 참(眞)으로 중요한 부분은 정수리이며, 정수리는 이마의 바로 위에 있다는 뜻의 글자랍니다.

· 顛實(전실): 정수리에 기가 실함.
· 顛仆(전부): 엎어짐.

箋
글·문서·쪽지 **전**
(竹-총14획)

竹 대 죽(책·대나무), 戔 쌓을 전

책(竹) 속에 쌓인(戔) 것은 글이고, 글을 쓴 종이는 쪽지나 문서라는 뜻의 글자랍니다.

· 箋注(전주): 본문의 내용을 풀이함. 전주(箋註).
· 箋惠(전혜): 받은 편지에 대한 경칭(敬稱).

餞
보낼 **전**
(食-총17획)

食 먹을·음식·밥 식, 戔 쌓을 전

먹을(食) 음식을 조금씩 쌓아서(戔) 다른 사람에게 먹도록 보내준다는 뜻의 글자랍니다.

· 餞別(전별): 떠나는 사람을 송별함.
· 餞宴(전연): 송별회.

篆
전서·전자 **전**
(竹-총15획)

竹 대나무 죽(책), 彖 결단할 단

대나무(竹)를 결단내서(彖) 자르고 나면 생기는 구멍에 털을 붓털처럼 끼워 넣어 종이에 글씨를 쓰기 시작한 때의 글씨체는 전서체라는 뜻의 글자랍니다.

· 篆書(전서): 고대 한자 서체. 주나라 때 태사(太史) 주(籒)가 만든 대전(大篆)과 진시황 때 이사(李斯)가 대전을 간략하게 변형시킨 소전(小篆)이 있음.

截
끊을 **절**
(戈-총14획)

𢦏 상할 재, 隹 새 추

새(隹)를 요리해 먹으려면 상한(𢦏) 부분은 끊어내야 한다는 뜻의 글자랍니다.

· 截斷(절단): 끊음. 절단(切斷)과 같음.

粘
끈적끈적할 **점**
(米-총11획)

米 쌀 미, 占 점칠·차지할 점

쌀(米)이 차지하는(占) 성분 중에는 끈적끈적한 성분도 있다는 뜻의 글자랍니다. 쌀밥은 풀 대용으로도 사용한답니다.

· 粘液(점액): 끈적끈적한 액체.
· 粘土(점토): 진흙, 끈적끈적한 흙.

霑
젖을 **점**
(雨-총16획)

雨 비 우, 沾 젖을 첨

비(雨)를 맞으면 젖는다(沾)는 뜻의 글자랍니다.

· 霑雨(점우): 비에 젖음.
· 霑汗(점한): 땀에 젖음.

町
밭두둑·정보 **정**
(田-총7획)

田 밭 전, 丁 일꾼·장정 정

일꾼(丁)이 밭(田)에서 일을 하다가 쉴 때는 밭두둑에서 쉬며, 밭두둑은 밭의 평수가 몇 정보인지를 구분해 준다는 뜻의 글자랍니다.

· 三千坪爲一町步(삼천평위일정보): 3천평을 1정보라고 함.
· 町畦(정휴): 밭두둑.

酊

술취할 · 비틀거릴 **정**
(酉-총9획)

酉 닭 유(술 · 따스하다), 丁 장정 · 일꾼 정

장정(丁)이 술(酉)을 먹고 술에 취해 비틀거린다는 뜻의 글자랍니다.

· 酒酊(주정): 술에 취해 비틀거림.

釘

못 · 박을 **정**
(金-총10획)

金 쇠 금, 丁 장정 · 일꾼 정

쇠(金)의 모양이 장정 정(丁)으로 된 것은 못이며, 못은 나무에 박는 것이라는 뜻에서 '박을 정'이라는 뜻의 글자랍니다.

· 釘頭(정두): 못대가리.
· 釘彫(정조): 그림이나 글씨를 새겨 박음.

穽

함정 **정**
(穴-총9획)

穴 굴 · 구멍 혈, 井 우물 정

우물(井)처럼 아래로 땅을 파 놓고 굴(穴)처럼 속이 안 보이도록 위를 덮은 것은 함정이라는 뜻이랍니다.

· 陷穽(함정): 사람이 길을 가다가 모르고 빠지도록 만든 큰 구덩이.

幀

그림족자 **정**
(巾-총12획)

巾 수건 건(베 · 수건), 貞 곧을 정

베(巾)를 곧게(貞) 틀에 맞추어 고정해 놓고 그림을 그려서 만든 것은 그림족자라는 뜻의 글자랍니다.

· 影幀(영정): 족자에 그린 초상화.

碇

닻 · 배멈출 **정**
(石-총13획)

石 돌 석, 定 정할 정

돌(石)로써 정하게(定) 하는 것이니 닻이라는 뜻의 글자랍니다. 옛날 쇠가 귀한 시대엔 돌에 줄을 묶어서 물속에 내려놓아 배를 멈추게 했다는 뜻이랍니다.

· 碇泊(정박): 닻을 내려 배를 멈춤.

錠 덩어리 정 (金-총16획)	金 쇠 금, 定 정할 정 쇠(金)를 고정되게(定) 움직이지 않도록 하려면 무거운 덩어리로 만들면 된다는 뜻의 글자랍니다.

· 錠劑(정제): 가루약을 덩어리로 만듦.

挺 뽑을 · 빼어날 정 (手-총10획)	扌 손수변, 廷 바를 · 조정 정 손(扌)으로 바르게(廷) 잡아 뽑는다는 뜻의 글자랍니다. 또한 뽑히는 사람은 빼어난 실력이 있다는 뜻에서 '빼어날 정'이라고도 한답니다.

· 挺拔(정발): 뽑음.
· 挺技(정기): 빼어난 재주.

睛 눈동자 정 (目-총13획)	目 눈 목, 靑 푸를 · 젊을 청 젊은이(靑)의 눈(目)은 눈동자에 힘이 있어야 한다는 뜻의 글자랍니다.

· 畵龍點睛(화룡점정): 용을 그릴 때 마지막으로 눈동자를 점으로 찍는다는 뜻으로 일은 끝마무리가 중요하다는 뜻.

靖 편안할 정 (靑-총13획)	호 설 · 세울 립, 靑 푸를 · 젊을 청 세운(호) 목표를 젊을(靑) 때에 달성해야 늙어서 편안하게 살 수가 있다는 뜻의 글자랍니다. 젊을 때에 뜻을 이루지 못하면 늙어서는 더욱 힘들다는 뜻이랍니다.

· 靖國(정국): 나라를 편안하게 다스림.
· 靖世(정세): 세상을 편안하게 다스림.

啼 울 제 · 울 체 (口-총12획)	口 입 구(사람 · 말하다), 帝 임금 제 임금(帝)도 입(口)으로 울 때가 있다는 뜻이랍니다.

· 啼眼(제안): 우는 눈.
· 啼血(제혈): 피를 토하며 욺.

蹄
굽 제
(足–총16획)

足 발 족, 帝 임금 제

발(足)에서 임금(帝)같이 귀한 부분은 굽이라는 뜻의 글자랍니다. 말발굽이나 소발굽이나 짐승들의 굽은 걷거나 달릴 때 발을 보호하므로 대단히 중요하다는 뜻이랍니다.

· 蹄形(제형): 발굽 모양.
· 蹄形磁石(제형자석): 발굽처럼 생긴 자석.

悌
공경할 제
(心–총10획)

忄 마음심변, 弟 아우

아우(弟)의 마음(忄)은 형을 공경한다는 뜻의 글자랍니다.

· 悌友(제우): 친구 간에 서로 공경함.

梯
사다리 제
(木–총11획)

木 나무 목, 弟 아우·형제 제

나무(木)가 형제(弟)처럼 나란히 모양을 갖춘 것이니 사다리라는 뜻의 글자랍니다.

· 梯形(제형): 사다리 모양.

眺
바라볼 조
(目–총11획)

目 눈 목, 兆 억조·많을 조

눈(目)은 많은(兆) 것을 바라볼 수가 있다는 뜻의 글자랍니다.

· 眺覽(조람): 바라봄.
· 眺望(조망): 바라봄.

凋
마를·시들 조
(冫–총10획)

冫 얼음 빙(차다), 周 두루 주

찬(冫)바람이 두루(周) 불어 오면 풀잎들은 말라서 시들어 버린다는 뜻의 글자랍니다.

· 凋枯(조고): 시들어 마름.
· 凋川(조천): 마른 하천

稠
빽빽할 조
(禾-총13획)

禾 벼 화(곡식), 周 두루 · 주밀할 주

벼(禾)가 논에 주밀하게(周) 있다는 말은 빽빽하게 있다는 뜻이랍니다.

· **稠密**(조밀): 빽빽하게 꽉 들어참.

阻
막힐 · 험할 조
(阜-총8획)

阝 언덕 부(막다 · 높다), 且 또 차

언덕(阝)이 또(且) 앞을 막으니 길이 험하다는 뜻의 글자랍니다.

· **阻害**(조해): 험하게 방해함.
· **阻止**(조지): 막아서 멈추게 함.

粗
거칠 조
(米-총11획)

米 쌀 미, 且 또 차

쌀(米)을 절구에 넣어서 또(且) 찧기를 계속하는 것은 거친 쌀겨를 벗기려는 것입니다.

· **粗惡**(조악): 거칠고 나쁨.
· **粗雜**(조잡): 거칠고 잡됨.

嘲
비웃을 · 조롱할 조
(口-총15획)

口 입 구(사람 · 말하다), 朝 아침 조

아침(朝)부터 시끄럽게 말하면(口) 주위 사람들의 조롱꺼리가 된다는 뜻의 글자랍니다. 일반적으로 아침에는 정신을 가다듬고 하루를 준비하는 시간이므로 시끄러운 말은 하지 않는 것이 좋다는 뜻입니다.

· **嘲弄**(조롱): 비웃고 희롱함.
· **嘲笑**(조소): 비웃음.

藻
조류 조
(艸-총20획)

艹 풀, 澡 씻을 조

물에 씻기며(澡) 살아가는 풀(艹)은 조류풀이라는 뜻의 글자랍니다.

· **藻類**(조류): 물속에 사는 풀.
· **海藻類**(해조류): 바닷물 속에 사는 풀.

躁
빠를 조
(足-총20획)

足 발 족, 喿 새지저귈 조

새는 지저귀며(喿) 놀 때도 날아다니니 발(足)이 빠르게 보인다는 뜻의 글자랍니다.

·躁急(조급): 빠르고 급함.
·躁心(조심): 조급한 마음.

繰
고치켤 조(소)
(糸-총19획)

糸 실사변, 品 물품 품(무더기), 木 나무 목

나무(木)로 된 물레를 돌려서 실(糸)을 뽑아서 무더기(品)로 쌓을 때는 고치를 켤 때라는 뜻의 글자랍니다.

·繰繭(소견): 고치를 켬.
·繰車(소거): 고치를 커는 물레.

漕
배저을 조
(水-총14획)

氵 물수변, 曹 무리 조

무리(曹)의 사람들이 물(氵)을 건너기 위해 배를 저어간다는 뜻의 글자랍니다.

·漕艇(조정): 작은 배를 저어감.
·漕船(조선): 큰 배를 저어감.

曹
관청·무리·성씨 조
(曰-총11획)

卄 스물 입(많다), 口 입 구(사람·말하다), 一 한 일(모으다), 曰 말할 왈

많은(卄) 사람(口)들을 모아(一) 놓고 말할(曰) 수 있는 곳은 관청이요, 관청에는 무리지어 일을 한다는 뜻의 글자랍니다.

·法曹(법조): 법을 행하는 관청.
·兵曹(병조): 이조시대에 병사를 관리하던 관청.

槽
말구유통 조
(木-총15획)

木 나무 목, 曹 무리 조

무리(曹)의 먹이를 담아 놓는 나무(木)로 된 것은 말구유통이라는 뜻의 글자랍니다.

·槽櫪(조력): 말의 먹이를 담는 그릇.

遭
만날 조
(辶-총15획)

辶 갈 착, 曹 무리 조

사람들이 무리(曹)지어 갈(辶) 때는 만나기 위함이라는 뜻의 글자랍니다. 단체면회나 이산가족 상봉처럼 무리지어 가는 일은 누군가를 만나려는 것이라는 뜻이랍니다.

· 遭遇(조우): 서로 만남.
· 遭友(조우): 친구를 만남.

糟
지게미 조
(米-총17획)

米 쌀 미, 曹 무리 조

쌀(米)을 무리(曹)로 준비하여 술을 담을 때 생기는 것은 지게미라는 뜻의 글자랍니다.

· 糟糠(조강): 지게미와 쌀겨.
· 糟糠之妻(조강지처): 구차하고 힘들 때 함께 도우며 살아온 아내.

棗
대추나무 조
(木-총12획)

朿 가시 치

가시(朿)들이 있는 나무는 대추나무라는 뜻의 글자랍니다.

· 棗東栗西(조동율서): 제물을 놓을 때 대추는 동쪽에 밤은 서쪽에 놓는다는 말.
· 棗栗梨柿(조율이시): 대추, 밤, 배, 감.

詔
조서 조
(言-총12획)

言 말씀 언, 召 부를 소

말(言)로써 불러(召)들이는 것은 조서라는 뜻의 글자랍니다. 조서는 임금처럼 높은 사람의 명령이랍니다.

· 詔書(조서): 임금의 명령을 쓴 글씨.
· 詔旨(조지): 임금의 명령.

爪
손톱 · 발톱 조
(爪-총4획)

亻 사람인변, 丿 뻗침 별(뻗치다), 乀 파임 불(파고들어가다)

사람(亻)에게서 뻗치고(丿) 파고들어가는(乀) 것은 손톱이라는 뜻의 글자랍니다. 손톱처럼 생긴 것은 발톱이라는 뜻에서 '발톱 조'라고도 한답니다.

· 爪角(조각): 짐승의 발톱과 뿔.
· 爪毒(조독): 손톱 자국으로 생긴 독.

肇
비로소 · 처음 조
(聿-총14획)

戶 지게 호(집 · 외짝문), 攵 칠 복(힘쓰다), 聿 마침내 · 오
직 · 붓 율

오직(聿) 집(戶)을 짓기 위해 힘써(攵) 일하니 비로
소 집이 완성되었다는 뜻의 글자랍니다. 비로소는 처
음 시작을 의미하므로 '처음 조'라고도 합니다.

- 肇冬(조동): 첫 겨울.
- 肇始(조시): 처음으로 시작함.

簇
조릿대 · 가는대 족
(竹-총17획)

竹 대 죽, 族 가족 · 겨레 · 무리 족

대나무(竹)가 무리(族)로 많이 날 때는 가는 대나무
인 조릿대라는 뜻의 글자랍니다.

- 簇子(족자): 글씨나 그림을 꾸
  며서 벽에 거는 물건
- 簇出(족출): 떼를 지어 무리로
  생겨남.

猝
갑자기 졸
(犬-총11획)

犭 큰개 견(짐승), 卒 군사 · 죽을 졸

짐승(犭)이 죽는(卒) 일은 갑자기 생기는 일이라는
뜻이지요. 짐승들은 사람들의 사냥이나 식육을 위해
언제든지 별안간 죽음을 당한다는 뜻이랍니다.

- 猝富(졸부): 갑자기 된 부자.
- 猝地(졸지): 갑자기.

踪
발자취 종
(足-총15획)

足 발 족, 宗 마루 · 종가 종

발로 마루(宗) 위를 밟고 지나가면 발자취가 남는다는
뜻의 글자랍니다.

- 蹤迹(종적): 발자취 또는 행적.
- 失踪(실종): 행적이 사라짐.

慫
권할 종
(心-총15획)

從 따를 · 쫓을 종, 心 마음 심

마음(心)에 드는 일은 친구에게 쫓아가서(從) 함께
하자고 권한다는 뜻의 글자랍니다.

- 慫慂(종용): 억지로 권함.

腫
종기 종
(肉-총13획)

月 달 월(몸 · 세월), 重 무거울 중

몸(月)의 동작을 무겁게(重) 만드는 것은 종기라는 뜻의 글자랍니다. 종기가 나면 근육이 아프고 땅겨서 몸동작이 힘겹다는 뜻이랍니다.

· 腫氣(종기): 몸을 무겁게 만드는 부스럼.
· 腫毒(종독): 종기의 독.

踵
발꿈치 · 이을 종
(足-총16획)

足 발 족, 重 무거울 종

발(足)에서 가장 무거운(重) 몸을 지탱하는 부분은 발꿈치이며, 발꿈치는 발과 다리를 이어주는 부분이므로 '이을 종'이라고도 합니다.

· 踵門(종문): 문 앞에 이름.
· 踵踐(종천): 발꿈치로 밟음.

挫
꺾을 · 꺾일 좌
(手-총10획)

扌 손수변, 坐 앉을 좌

앉으면(坐) 손(扌)이 꺾인다는 뜻의 글자랍니다. 서 있을 때는 손이 팔처럼 펴지지만 앉으면 팔이 팔꿈치에서 꺾이는 것처럼 손노 손마디에서 꺾인다는 뜻이랍니다.

· 挫折(좌절): 꺾임.
· 挫氣(좌기): 기세가 꺾임.

註
풀이할 주
(言-총12획)

言 말씀 언, 主 주인 · 거느릴 주

거느리는(主) 말(言)은 풀이한 말이라는 뜻이지요. 어려운 단어를 이해하기 쉽도록 풀이를 한 것은 그 단어에 속한 내용이므로 그 단어가 거느리는 말이라는 뜻이랍니다.

· 註解(주해): 단어의 뜻을 풀어 해석함.
· 註釋(주석): 주해.

做
지을 · 간주할 주
(人-총11획)

亻 사람인변, 故 연고 · 옛 고

사람(亻)은 옛날(故)부터 집도 짓고 농사도 지으며 살아왔다는 뜻의 글자랍니다. 다른 동물들은 농사를 짓지 못한답니다.

· 看做(간주): 자의적으로 보고 판단함.

冑
투구 주
(肉-총9획)

由 까닭·말미암을 유, 月 달 월(물·세월)

몸(月)이 있는 까닭(由)에 투구가 있다는 뜻의 글자
랍니다. 투구는 몸의 머리를 보호하기 위해 만든 방어
용 모자랍니다.

· 鉀冑(갑주): 갑옷과 투구.

紬
명주 주
(糸-총11획)

糸 실 사, 十 열 십(많다), 口 입 구(사람)

많은(十) 사람(口)들이 좋아하는 실(糸)은 명주라는
뜻의 글자랍니다.

· 紬緞(주단): 명주와 비단.

呪
빌 주
(口-총8획)

口 입 구(사람·말하다), 儿 어진사람 인(어질다)

어진(儿) 사람(口)이 하는 말(口)은 남의 행복을 빌
어주는 말이라는 뜻이랍니다. 어진 사람은 다른 사람
들이 건강하고 행복하라고 말을 해주니 빌어주는 말이
랍니다.

· 呪文(주문): 비는 글.

嗾
부추길 주(수)
(口-총14획)

口 입 구(사람·말하다), 族 가족·겨레 족

가족(族) 간에 말할(口) 때는 서로 부추겨 준다는 뜻
의 글자랍니다.

· 嗾囑(주촉): 부추기며 하도록
함.
· 使嗾(사주): 부추기며 시킴.

輳
바퀴살통·모일 주
(車-총16획)

車 수레 거(군사·수레), 奏 아뢸·연주·풍류 주

풍류(奏)를 즐기려고 수레(車)를 타고 모인다는 뜻의
글자랍니다. 또한 수레에서 바퀴살이 모인 곳은 바퀴
살통이라는 뜻에서 '바퀴살통 주'라고도 한답니다.

· 輳軌(주대): 바퀴살통과 줏대.
줏대는 수레바퀴 끝의 휘갑쇠
를 말함.

廚
부엌 주
(广-총15획)

广 집 엄(집 · 덮다), 尌 세울 주

집(广)을 세울(尌) 때는 부엌도 같이 만든다는 뜻입니다.

·廚房(주방): 부엌방.

誅
벨 · 죽일 주
(言-총13획)

言 말씀 언, 朱 붉을 주

죄인에게 붉은(朱) 피가 나오도록 하라고 말(言)을 하는 것은 죄인의 목을 베어 죽이라는 말이라는 뜻의 글자랍니다.

·誅求(주구): 혹독하게 세금을 징수함.
·誅殺(주살): 죄인을 죽임.

躊
머뭇거릴 주
(足-총21획)

足 발 족, 壽 목숨 수

목숨(壽)이 위태롭다고 느껴지는 곳에서는 발(足)걸음을 머뭇거리게 된다는 뜻의 글자랍니다.

·躊躇(주저): 머뭇거림.

紂
말고삐 주
(糸-총9획)

糸 실사변(실 · 다스리다), 寸 마디 촌(가깝다 · 친척 · 법도)

실(糸)로 된 줄을 가까이서(寸) 잡고 다니는 것은 말고삐라는 뜻의 글자랍니다.

·馬紂(마주): 말고삐.

樽
술통 준
(木-총16획)

木 나무 목, 尊 높을 존

나무(木)가 높이(尊) 받들어지는 것은 술통이라는 뜻의 글자랍니다. 술이 들어 있는 나무로 된 술통은 술을 좋아하는 사람에게는 아주 귀하게 다루어진다는 뜻이랍니다.

·樽勺(준작): 술통과 술잔.

蠢
꿈틀거릴 · 움직일 **준**
(虫-총21획)

春 봄 춘, 虫 벌레 충

봄(春)에는 벌레(虫)들이 꿈틀거리며 기어 나온다는 뜻의 글자랍니다.

· 蠢童(준동): 꿈틀거리며 움직임.

竣
마칠 **준**
(立-총12획)

立 설 · 세울 립, 夋 갈 · 거만할 준

가(夋)려고 일어설(立) 때는 일을 마칠 때라는 뜻의 글자랍니다.

· 竣工(준공): 공사를 마침.
· 竣事(준사): 일을 마침.

櫛
빗 · 즐비할 **즐**
(木-총19획)

木 나무 목, 節 마디 절

나무(木)를 조각하여 마디(節)가 즐비하게 만든 것이니 빗이라는 뜻의 글자랍니다.

· 櫛沐(즐목): 빗질하고 목욕함.
· 櫛風沐雨(즐풍목우): 바람에 빗질하고 비로 목욕함.

汁
진액 **즙**
(水-총5획)

氵 물수변, 十 열 십(많다)

많은(十) 물(氵)을 짜내려고 하니 진액이라는 뜻이지요. 과일이나 채소 등을 갈아서 물기를 강하게 짜내면 진액인 즙이 나온다는 뜻이랍니다.

· 果汁(과즙): 과일즙.

葺
기울 · 지붕이을 **즙**
(艸-총13획)

艹 초두밑, 咠 귓속말 · 참소할 집

귓속말(咠)을 하듯이 사이좋게 짚 풀(艹)을 엮으며 지붕을 잇는다는 뜻의 글자랍니다.

· 瓦葺(와즙): 기와로 지붕을 이음.

咫
짧을 지
(口-총9획)

尺 자 척, 只 다만 지

자(尺)는 다만(只) 짧은 눈금으로 되어 있을 뿐이라는 뜻의 글자랍니다.

· 咫尺千里(지척천리): 짧은 자로 천리를 잰다는 뜻

枳
탱자나무 · 탱자 지
(木-총9획)

木 나무 목, 只 다만 지

다만(只) 나무(木)일 뿐이니 탱자나무라는 뜻의 글자랍니다. 탱자나무는 먹지도 못하는 탱자를 열매라고 맺고, 가시만 무성할 뿐이니 별로 가치가 없는 나무라는 뜻이랍니다.

· 枳殼(지각): 탱자 껍질

祉
복 지
(示-총9획)

示 볼 · 귀신 시, 止 그칠 지

귀신(示)의 장난이 그치면(止) 복이 온다는 뜻의 글자랍니다.

· 福祉(복지): 하늘에서 내리는 복.

摯
잡을 · 지극할 지
(手-총15획)

執 잡을 집, 手 손 수

잡으려면(執) 손(手)으로 잡는다는 뜻의 글자랍니다. 또한 잡으려면 지극한 정성이 있어야 한다는 뜻에서 '지극할 지'라고도 한답니다.

· 摯拘(지구): 잡아서 체포함.

肢
팔다리 · 사지 지
(肉-총8획)

月 달 월(몸 · 세월), 支 지탱할 · 나누어질 지

몸(月)에서 나누어진(支) 부분은 팔다리라는 뜻의 글자랍니다.

· 四肢(사지): 두 개의 팔과 두 개의 다리.
· 肢體(지체): 팔다리.

嗔
성낼 **진**
(口-총13획)

口 입 구(말하다 · 사람), 眞 참 진

참(眞)된 말하지(口) 않으면 성을 낸다는 뜻의 글자
랍니다.

- 嗔言(진언): 성내는 말.
- 嗔責(진책): 성내며 꾸짖음.

疹
홍역 · 마마 **진**
(疒-총10획)

疒 병 녁, 人 사람 인, 彡 터럭 삼(털 · 모양)

사람(人)의 얼굴모양(彡)을 바꾸는 병(疒)은 홍역이
라는 뜻의 글자랍니다. 홍역은 열이 나서 얼굴색이 붉
게 되기 때문이랍니다.

- 紅疹(홍진): 홍역(紅疫).
- 疹疾(진질): 홍역.

叱
꾸짖을 **질**
(口-총5획)

口 입 구(말하다 · 사람), 匕 비수 비

비수(匕)같은 말을(口) 할 때는 꾸짖을 때라는 뜻의
글자랍니다.

- 叱責(질책): 꾸짖음.
- 叱咤(질타): 꾸짖음.

桎
수갑 · 차꼬 **질**
(木-총10획)

木 나무 목, 至 이를 지

어디에도 이르지(至) 못하게 구속하는 수갑 같은 나무
(木)는 차꼬라는 뜻의 글자랍니다.

- 桎梏(질곡): 차꼬와 수갑.

膣
여자생식기 **질**
(肉-총15획)

月 달 월(몸 · 세월), 窒 막힐 · 가득찰 질

몸(月)에서 구멍 속이 가득 차(窒)있는 곳은 여자음
부라는 뜻의 글자랍니다.

- 膣口(질구): 여자 생식기.

嫉
시기할 · 질투할 **질**
(女-총13획)

女 여자 여, 疾 병 질

여자(女)의 병(疒)은 질투라는 뜻의 글자랍니다.

· 嫉妬(질투): 시기함.

帙
주머니 · 책갑 **질**
(巾-총8획)

巾 수건 건(베 · 재물), 失 잃을 실

재물(巾)을 잃지(失) 않도록 베로 만든 주머니에 넣어 다닌다는 뜻의 글자랍니다. 베로 만든 주머니 중에는 책을 넣어 다니는 책갑도 있다는 뜻에서 '책갑 질'이라고도 한답니다.

· 帙冊(질책): 여러 권으로 나누어진 한 권의 책.

迭
대신 · 바꿀 **질**
(辶-총9획)

辶 갈 착, 失 잃을 실

잃어(失)버린 것을 표시나지 않도록 가게에 가서(辶) 다른 것을 사가지고 와서 대신 바꾸어 놓는다는 뜻의 날사랍니다.

· 更迭(경질): 다른 사람으로 대신하도록 바꿈.

跌
넘어질 **질**
(足-총12획)

足 발 족, 失 잃을 실

발(足)을 잃었으니(失) 넘어진다는 뜻의 글자랍니다.

· 差跌(차질): 일이 어긋남.
· 蹉跌(차질): 넘어짐.

斟
짐작할 **짐**
(斗-총13획)

甚 심할 심, 斗 말 두

생각만으로 몇 말(斗)이나 되는지 알아맞히니 심할(甚) 정도로 짐작을 잘한다는 뜻의 글자랍니다.

· 斟酌(짐작): 대충 생각으로 아는 것

朕
나·조짐 **짐**
(月-총10획)

月 달 월(몸·세월), 关 웃을 소(笑의 古字)

웃으면(关) 몸(月)이 편안하니 좋은 조짐이 느껴진다는 뜻의 글자랍니다. 웃으면 엔도르핀이 생기므로 몸이 건강해지고 마음이 즐거워서 생활을 활기차게 하므로 복이 온다는 뜻이랍니다.

· **兆朕**(조짐): 어떤 일이 일어날 징조
※**朕**(짐)이란, 임금이 자신을 칭할 때 쓰는 말이랍니다.

什
세간 **집**·열사람 **십**
(人-총4획)

亻 사람인변, 十 열 십

사람(亻)이 열(十)이니 열 사람이라는 뜻의 글자랍니다. 또한 많은(十) 사람(亻)들이 사는 곳에는 세간도 많다는 뜻에서 '세간 집'이라고도 한답니다.

· **什長**(십장): 열 명 정도의 병졸 중에서 우두머리.
· **什器**(집기): 일상생활에 쓰는 도구.

澄
맑을 **징**
(水-총15획)

氵 물수변, 登 오를 등

물(氵)은 올라와(登) 있는 윗부분이 아랫부분보다 더 맑다는 뜻의 글자랍니다.

· **澄水**(징수): 맑은 물.
· **澄氣**(징기): 맑은 공기.

叉
깍지낄 **차**
(又-총3획)

又 또 우(손·들어오다), 丶 점·불똥 주

두 손(又)을 점(丶)같은 모양으로 만들려고 깍지를 낀다는 뜻의 글자랍니다.

· **交叉**(교차): 상대의 가운데로 파고들어 연결됨.
· **交叉路**(교차로): 서로 엇갈린 길

嗟
탄식할 **차**
(口-총13획)

口 입 구(말하다·사람), 差 어긋날 차

사람(口)은 기대했던 일이 어긋나면(差) 탄식을 한다는 뜻의 글자랍니다.

· **嗟歎**(차탄): 탄식함.

蹉
넘어질 **차**
(足-총17획)

足 발 족, 差 어긋날 차

발(足)걸음이 어긋나면(差) 넘어진다는 뜻의 글자랍
니다.

· 蹉跌(차질): 넘어짐. 일이 제대
로 되지 않는다는 뜻.

搾
짤 **착**
(手-총13획)

扌 손수변, 窄 끼울 · 좁을 착

손(扌)에 끼우듯이(窄) 잡고 젖을 짠다는 뜻의 글자
랍니다.

· 搾取(착취): 짜내어 가짐.

窄
좁을 · 끼울 **착**
(穴-총10획)

穴 굴 · 구멍 혈, 乍 갑자기 · 잠깐 사

잠깐(乍) 사이에 구멍(穴)에 끼워 막을 수 있으려면
구멍이 좁아야 한다는 뜻의 글자랍니다. 구멍이 큰 것
은 구녕을 막는 시간이 오래 걸린다는 뜻이랍니다.

· 窄間(착간): 공간 사이에 끼움.
· 窄門(착문): 좁은 문.

鑿
뚫을 · 깎을 **착**
(金-총28획)

丵 풀무성할 착, 臼 절구 구, 殳 창 수, 金 쇠 금

절구(臼) 주위에 풀이 무성하니(丵) 쇠(金)로 된 창
(殳)같이 날카로운 낫으로 풀을 깎는다는 뜻의 글자랍
니다. 또한 구멍이 나도록 깎으면 뚫린다는 뜻에서 '뚫
을 착'이라고도 한답니다.

· 掘鑿(굴착): 파고 뚫음.

撰
글지을 **찬**
(手-총15획)

扌 손수변, 巽 부드러울 손

붓을 든 손(扌)이 부드럽게(巽) 움직이니 글이 잘 지
어진다는 뜻의 글자랍니다.

· 撰錄(찬록): 글로 지어서 기록
함.
· 撰述(찬술): 글을 지음.

饌
반찬 찬
(食-총21획)

食 먹을 · 밥 · 음식 식, 巽 부드러울 손

밥(食)을 먹기 좋도록 부드럽게(巽) 해주는 것은 반찬이라는 뜻의 글자랍니다.

· 飯饌(반찬): 밥과 반찬.

篡
빼앗을 찬
(竹-총16획)

算 계산 · 셈할 산, 厶 나 사

나(厶)에게만 유리하도록 계산하면(算) 남의 것을 빼앗는 것이라는 뜻의 글자랍니다.

· 篡奪(찬탈): 남의 것을 빼앗음.

纂
책지을 찬
(糸-총20획)

竹 대 죽(책 · 대나무), 目 눈 목, 大 큰 대, 糸 실사변 (실 · 다스리다)

눈(目)을 크게(大) 뜨고 책(竹)을 만드는 일을 다스리니(糸) 책이 지어진다는 뜻이랍니다.

· 編纂(편찬): 책을 지어 만듦.

擦
문지를 찰
(手-총17획)

扌 손수변, 察 살필 찰

손(扌)으로 살필(察) 때는 문지를 때라는 뜻의 글자랍니다.

· 摩擦(마찰): 갈고 문지름.

站
역 · 병참 참
(立-총10획)

立 설 · 세울 립, 占 점칠 · 차지할 점

넓은 땅을 차지하여(占) 세운(立) 기관은 병참이며, 병참은 교통이 편리해야 하므로 역이 가까운 곳에 있다는 뜻에서 '역 참'이라고도 한답니다.

· 驛站(역참): 역.
· 兵站(병참): 후방에서 병사나 군수품을 확보하여 지원해 주는 군기관.

塹
구덩이 참
(土-총14획)

斬 벨 참, 土 흙·땅 토

칼로 베어(斬) 죽으면 땅(土)을 판 구덩이에 묻는다는 뜻의 글자랍니다.

· 塹壕(참호): 구덩이와 해자. (해자는 성곽 둘레에 인공으로 조성한 깊은 도랑을 말함)

僭
참람할 참
(人-총14획)

亻 사람인변, 朁 일찍 참

사람(亻)이 일찍(朁)부터 예의와 염치를 배우지 않으면 함부로 죄를 범하는 참람한 사람이 된다는 뜻의 글자랍니다.

· 僭濫(참람): 예의와 염치는 담을 쌓은 행위.

懺
뉘우칠 참
(心-총20획)

忄 마음심변, 韱 가늘 섬

마음(忄)이 가늘어질(韱) 때는 뉘우칠 때라는 뜻의 글자랍니다. 사람이 잘못을 뉘우칠 때는 가슴속의 마음의 줄이 힘이 없어 가늘어진다는 뜻이랍니다.

· 懺悔(참회): 잘못에 대해 뉘우침.

讖
참서 참
(言-총24획)

言 말씀 언, 韱 가늘 섬

미래의 길흉화복을 말(言)한 것을 가는(韱) 글씨로 비밀스럽게 기록한 것이니 참서라는 뜻의 글자랍니다.

· 讖書(참서): 참언을 기록한 책.
· 讖言(참언): 앞날의 길흉을 예언한 말.

讒
참소할 참
(言-총24획)

言 말씀 언, 毚 약은토끼 참

약은 토끼(毚)가 말(言)을 한다면 참소하는 말일 가능성이 크다는 뜻이요, 토끼는 겁이 많아 주위의 동물들을 무서워하므로 초식 동물인 사슴에 대해서 말을 한다 해도 자기를 잡아먹을 것 같다고 없는 사실을 있는 것처럼 억지소리를 할 수 있다는 뜻이랍니다.

· 讒言(참언): 거짓으로 꾸며서 남을 비방하며 참소하는 말.
· 讒訴(참소): 간악하게도 없는 사실을 있는 것처럼 꾸며서 죄 없는 사람에게 죄를 만들어 씌우며 법에 호소함.

倡
가무·기생 **창**
(人-총10획)

亻 사람인변, 昌 창성할 · 번창할 창

번창하게(昌) 노래와 춤을 추는 사람(亻)을 가무를 하는 기생이라는 뜻의 글자랍니다.

· 倡家(창가): 기생의 집.
· 倡優(창우): 배우, 광대. 창(倡)은 노래하는 사람, 우(優)는 놀이하는 사람을 뜻함.

娼
창녀 **창**
(女-총11획)

女 여자 여, 昌 번창할 창

번창하도록(昌) 몸을 파는 여자(女)는 창녀라는 뜻의 글자랍니다.

· 娼女(창녀): 몸을 파는 여자.
· 娼妓(창기): 창녀와 기생.

猖
미칠 **창**
(犬-총11획)

犭 큰개 견(짐승), 昌 창성할 창

짐승(犭)처럼 창성하게(昌) 날뛰니 미쳤다는 뜻의 글자랍니다.

· 猖狂(창광): 정신이 미침.
· 猖披(창피): 부끄러움.

菖
창포 **창**
(艸-총12획)

艹 초두변, 昌 창성할 창

창성하게(昌) 자라는 풀(艹)은 창포라는 뜻의 글자랍니다.

· 菖蒲(창포): 동북아시아 전역에서 자라는 다년생식물로 냇가나 연못가에 자라고 한약재로도 쓰이며, 단오 때 뿌리와 잎을 삶은 물로 머리를 감으면 색깔이 검게 좋아진다고 하여 민간풍속으로 전해옴.

愴
슬퍼할 **창**
(心-총13획)

忄 마음심변, 倉 곳집 · 창고 · 푸를 창

곳집(倉)에 곡식이 없으니 마음(忄)이 슬퍼진다는 뜻의 글자랍니다.

· 愴心(창심): 슬픈 마음.
· 愴恨(창한): 슬프게 한탄함.

槍
창 창
(木-총14획)

木 나무 목, 倉 곳집 · 창고 · 푸를 창

곳집(倉)을 지키는 나무(木)는 창이라는 뜻의 글자랍니다. 곡식의 창고를 지킬 때는 창을 들고 지킨다는 뜻이랍니다.

· 竹槍(죽창): 대나무로 만든 창.
· 槍劍(창검): 창과 칼.

瘡
종기 · 부스럼 창
(疒-총15획)

疒 병 녁, 倉 곳집 · 창고 · 푸를 창

병(疒)이 피부에 창고(倉)같은 상처로 된 것은 종기라는 뜻의 글자랍니다.

· 痘瘡(두창): 천연두 종기.
· 腫瘡(종창): 종기.

艙
선창 창
(舟-총16획)

舟 배 주, 倉 창고 · 곳집 · 푸를 창

배(舟)의 창고(倉)는 선창이라는 뜻의 글자랍니다. 선창은 많은 배를 안전하게 정박해 두는 곳을 말한답니다.

· 船艙(선창): 많은 배를 정박해 둘 수 있는 배의 창고 같은 곳.

廒
곳집 · 헛간 창
(广-총15획)

广 집 엄, 敞 넓을 · 높을 창

집(广)이 넓고 높을수록(敞) 좋은 곳은 곳집이나 헛간이라는 뜻의 글자랍니다. 곳집이나 헛간은 크면 클수록 더욱 많은 곡식이나 물품을 보관할 수가 있으니 좋다는 뜻이랍니다.

· 廒庫(창고): 곡식이나 물품을 보관하는 창고(倉庫).

脹
팽창할 · 배부를 창
(肉-총12획)

月 달 월(몸 · 세월), 長 길 · 클 · 어른 장

몸(月)이 크게(長) 팽창할 때는 배부를 때라는 뜻의 글자랍니다.

· 膨脹(팽창): 부풀어 오름.

漲
물불을·넘칠 **창**
(水-총14획)

氵 물수변, 張 베풀·넓힐 장

물(氵)을 많이 베풀어(張) 주면 물이 불어서 넘친다는 뜻의 글자랍니다.

· 漲溢(창일): 물이 불어서 넘침.

寨
울타리 **채**
(宀-총14획)

宩 틈 하, 木 나무 목

나무(木)로 틈(宩)이 나지 않게 울타리를 친다는 뜻의 글자랍니다.

· 木寨(목채): 나무울타리.

柵
울타리 **책**
(木-총9획)

木 나무 목, 冊 책 책

나무(木)를 책(冊) 글자 모양으로 만든 담은 울타리라는 뜻의 글자랍니다.

· 柵門(책문): 울타리문.

凄
찰·처참할 **처**
(冫-총10획)

冫 얼음 빙(차다), 妻 아내 처

아내(妻)가 차갑고(冫) 정이 없으면 집안 분위기는 차고 처참하다는 뜻의 글자랍니다.

· 凄凉(처량): 차갑고 싸늘함.
· 凄惨(처참): 쓸쓸하고 비참함.

脊
등뼈 **척**
(肉-총10획)

人 사람 인, 丷 자주 첩(많다), 月 달 월(몸·세월)

사람(人)의 몸(月)에서 좌우 양쪽으로 많은(丷) 뼈가 있으니 등뼈라는 뜻의 글자랍니다.

· 脊椎(척추): 등의 기둥뼈.

瘠
파리할 척
(疒-총15획)

疒 병 녁, 脊 등뼈 척

병(疒)에 걸려 등뼈(脊)가 드러날 정도가 되면 피부색이 핏기가 없고 파리하다는 뜻의 글자랍니다.

· 瘦瘠(수척): 몸이 혈기가 없어 야위고 파리한 모양.

滌
씻을 척
(水-총14획)

氵 물수변, 條 조건 · 조목 조

물(氵)의 조건(條)은 씻는 것이라는 뜻의 글자랍니다.

· 洗滌(세척): 깨끗이 물로 씻음.

擲
던질 척
(手-총18획)

扌 손수변, 鄭 동래 · 정중할 정

손(扌)이 정중하지(鄭) 못할 때는 물건을 던질 때라는 뜻의 글자랍니다.

· 投擲(투척): 물건이나 돌을 손으로 던짐.

穿
뚫을 천
(穴-총9획)

穴 구멍 · 굴 혈, 牙 어금니 아

어금니(牙)는 음식에 구멍(穴)을 뚫을 수 있게 뾰족하게 생겼다는 뜻의 글자랍니다.

· 穿孔(천공): 구멍을 뚫음.

喘
헐떡거릴 천
(口-총12획)

口 입 구(사람 · 말하다), 耑 끝 · 시초 단

말(口)을 처음부터 끝(耑)까지 제대로 하지를 못하며 헐떡거린다는 뜻의 글자랍니다.

· 喘息(천식): 숨을 헐떡거림.

擅 멋대로 **천** (手-총16획)	扌 손수변, 亶 진실로 · 많을 · 클 단 손(扌)으로 많은(亶) 것을 멋대로 만진다는 뜻의 글자랍니다.	·**擅權**(천권): 권력을 남용함. ·**擅恣**(천자): 제멋대로 자만함.
闡 열 · 밝힐 · 클 **천** (門-총20획)	門 문 문, 單 홑 · 하나 단 하나(單)의 문(門)을 열더라도 크고 밝은 빛은 들어온다는 뜻의 글자랍니다.	·**闡究**(천구): 연구한 내용을 밝힘. ·**闡明**(천명): 크게 밝힘.
凸 볼록할 **철** (凵-총5획)	가운데가 볼록하게 올라온 모양을 본뜬 상형문자랍니다.	·**凹凸**(요철): 오목하고 볼록함.
綴 연결할 · 맺을 **철** (糸-총14획)	糸 실사변, 叕 이을 철 실(糸)을 이어가니(叕) 연결하는 것이라는 뜻의 글자랍니다.	·**綴文**(철문): 글을 지음. ·**綴字**(철자): 자음과 모음을 연결하여 글자를 만듦.
輟 거둘 · 그칠 **철** (車-총15획)	車 수레 거(수레 · 군사), 叕 이을 철 수레(車)가 이어서(叕) 계속 운행하니 곡식을 수확하여 거둬들이는 것이므로, 그 농사는 그쳤다는 뜻의 글자랍니다.	·**輟事**(철사): 하던 일을 중도에서 그침. ·**輟食**(철식): 음식을 먹기를 중지함.

僉

여럿 · 다 **첨**
(人–총13획)

人 사람 인, 一 한 일(모으다), 口 입 구(사람 · 말하다)

사람들(人, 口)들이 다 모이니(一) 여럿이라는 뜻의 글자랍니다.

· **僉員**(첨원): 여러분.
· **僉意**(첨의): 여러분의 생각.

諂

아첨할 **첨**
(言–총15획)

言 말씀 언, 臽 함정 함

말(言)로써 함정(臽)에 빠지게 하는 것이니 아첨하는 것이라는 뜻의 글자랍니다. 아첨은 진실하게 하는 말이 아니므로 듣는 사람이 잘못된 판단으로 불행한 결과를 가져올 수가 있다는 뜻이랍니다.

· **阿諂**(아첨): 환심을 사기 위해 허위로 하는 언행.

籤

제비 **첨**
(竹–총23획)

竹 대 죽, 韱 가늘 섬

대나무(竹)를 가늘게(韱) 갈라서 제비를 뽑는 찌를 만든다는 뜻의 글자랍니다.

· **抽籤**(추첨): 제비를 뽑음.

帖

문서 · 표제 **첩**
(巾–총8획)

巾 수건 건(수건 · 재물), 占 차지할 · 점령할 점

재물(巾)을 제대로 점령하려면(占) 문서로 기록을 해두어야 한다는 뜻의 글자랍니다. 또한 문서는 표제가 있다는 뜻에서 '표제 첩'이라고도 한답니다.

· **手帖**(수첩): 손에 들고 다니는 작은 기록문서.

貼

붙을 **첩**
(貝–총12획)

貝 재물 패(돈 · 재물), 占 점령할 점

재물(貝)을 점령할(占) 때는 법에 따라서 차압증서를 재물에 붙인다는 뜻의 글자랍니다.

· **貼付**(첩부): 붙임.

捷
민첩할·이길 **첩**
(手-총11획)

扌 손수변, 疌 베틀디딜판 섭

손(扌)으로 베를 짤 때는 베틀디딜판(疌)이 민첩하게 움직인다는 뜻의 글자랍니다. 또한 상대보다 민첩해야 이길 수 있다는 뜻에서 '이길 첩'이라고도 한답니다.

·敏捷(민첩): 재빠르게 행동함.
·捷報(첩보): 이겼다는 소식.

牒
편지·족보 **첩**
(片-총13획)

片 조각 편, 枼 엷을 엽

종이의 장수가 엷고(枼) 크기도 조각(片)만한 것은 편지라는 뜻의 글자랍니다. 또한 편지처럼 중요하게 간직한 것은 족보라는 뜻에서 '족보 첩'이라고도 한답니다.

·請牒(청첩): 청하는 편지.
·譜牒(보첩): 족보

疊
거듭·쌓을 **첩**
(田-총22획)

畾 밭사이 뢰, 冖 덮을 멱, 且 또 차

밭 사이(畾) 고랑에 밭의 흙이 내려와 덮이면(冖) 또(且) 다시 거듭하여 치운다는 뜻의 글자랍니다.

·疊疊(첩첩): 거듭됨.
·重疊(중첩): 거듭하여 쌓임.

涕
눈물 **체**
(水-총10획)

氵 물수변, 弟 아우·제자 제

아우(弟)의 얼굴에 물(氵)이 보이니 눈물이라는 뜻의 글자랍니다. 형보다는 아우가 더 눈물을 잘 흘린다는 뜻이지요.

·涕淚(체루): 눈물.
·涕泣(체읍): 눈물을 흘리며 욺.

諦
살필 **체**
(言-총16획)

言 말씀 언, 帝 임금 제

임금(帝)이 말(言)을 하면 신하들은 그 뜻을 잘 살펴야 한다는 뜻의 글자랍니다.

·諦念(체념): 살펴서 생각함. 집착을 놓고 다시 생각함.
·諦視(체시): 살펴봄.

貂
담비 초
(豸-총12획)

豸 풀어헤칠・해치양 치, 召 부를 소・대추 조

대추(召)나무에도 잘 올라 다니는 해치양(豸)같이 생긴 동물은 담비라는 뜻의 글자랍니다. 담비는 족제빗과에 속하는 동물이랍니다.

・貂璫(초당): 담비꼬리와 금으로 된 고리로 장식한 관(冠).

梢
나무끝 초
(木-총11획)

木 나무 목, 肖 작을 초

나무(木)에서 가장 작게(肖) 보이는 부분은 나무 끝이라는 뜻의 글자랍니다.

・末梢(말초): 끝부분.

稍
작을 초
(禾-총12획)

禾 벼 화(곡식), 肖 작을 초

벼(禾)는 씨가 작다(肖)는 뜻의 글자랍니다.

・稍舍(초사): 작은 집.
・稍船(초선): 작은 배.

硝
초석 초
(石-총12획)

石 돌 석, 肖 작을 초

작은(肖) 돌(石)처럼 단단한 유리성분인 것은 초석이라는 뜻의 글자랍니다.

・硝石(초석): 화학조성식 NO. 가장 보편적인 질산염광물의 하나. 유리광택이 있고 투명함.

炒
볶을 초
(火-총8획)

火 불 화, 少 적을・작을 소

작게(少) 썰어서 불(火)에 볶는다는 뜻의 글자랍니다. 덩어리가 큰 것은 볶을 수가 없다는 뜻입니다.

・炒豆(초두): 볶은 콩.

憔

수척할 · 시달릴 **초**
(心－총15획)

忄 마음심변, 焦 구을 · 탈 **초**

마음(忄)속이 타면(焦) 수척해진다는 뜻의 글자랍니다. 수척해진 것은 시달리기 때문이지요.

- 憔悴(초췌): 속이 타고 근심됨.
- 焦慮(초려): 속이 타고 걱정됨.

樵

땔나무 **초**
(木－총16획)

木 나무 목, 焦 구을 · 태울 · 탈 **초**

태우는(焦) 나무(木)는 땔나무라는 뜻의 글자랍니다.

- 樵童(초동): 땔나무를 하는 아이.
- 樵夫(초부): 나무꾼.

蕉

파초 **초**
(艹－총16획)

艹 초두변, 焦 구을 · 탈 **초**

구운(焦) 음식을 풀(艹) 위에 놓을 때는 파초의 잎이라는 뜻의 글자랍니다. 파초는 잎이 넓으므로 접시처럼 사용한다는 뜻입니다.

- 芭蕉扇(파초선): 넓은 파초 잎으로 만든 부채.

礁

암초 **초**
(石－총17획)

石 돌 석, 焦 구을 · 탈 **초**

불에 태울(焦) 수 없는 돌(石)은 암초라는 뜻의 글자랍니다. 암초는 물속에 있는 돌이므로 불에 타지 않는다는 뜻이랍니다.

- 暗礁(암초): 어두운 물속에 있는 바위.
- 坐礁(좌초): 배가 암초에 부딪쳐 가라앉음.

醋

식초 **초** · 술권할 **작**
(酉－총15획)

酉 닭 유(술 · 따스하다), 昔 옛 · 오랠 **석**

술(酉)을 먹다가 뚜껑을 닫지 않고 오래(昔)두면 식초처럼 된다는 뜻의 글자랍니다.

- 醋醬(초장): 된장이나 고추장에 식초와 물을 타서 만든 조미료.
- 醋意(초의): 질투하는 마음.

囑

부탁할 촉
(口-총24획)

口 입 구(사람·말하다), 屬 돌볼·부탁할·이을·엮을 속

부탁할(屬) 때는 입(口)으로 부탁한다는 뜻의 글자랍니다.

· 囑託(촉탁): 부탁.
· 委囑(위촉): 부탁하여 맡김.

忖

헤아릴 촌
(心-총6획)

忄 마음심변, 寸 마디 촌(가깝다·친척·법도)

법도(寸)있는 마음(忄)으로 헤아린다는 뜻의 글자랍니다.

· 忖度(촌탁): 헤아림.

塚

무덤 총
(土-총13획)

土 흙 토, 冖 덮을 멱, 豕 돼지 시(많다)

많은(豕) 흙(土)으로 덮어(冖) 놓은 것은 무덤이라는 뜻의 글자랍니다.

· 將軍塚(장군총): 장군의 무덤.
· 貝塚(패총): 조개껍질의 무더기.

叢

모을 총
(又-총18획)

丵 풀무성할 착, 取 가질 취

풀이 무성하듯이(丵) 많이 가지려면(取) 모아야 한다는 뜻의 글자랍니다.

· 叢書(총서): 여러 가지 내용의 글을 하나로 모음.
· 叢論(총론): 여러 내용의 말들을 모은 것

寵

사랑 총
(宀-총19획)

宀 움집 면(집·덮다), 龍 용 용

용(龍)에게 집(宀)을 지어 주니 사랑을 베푸는 것이라는 뜻의 글자랍니다.

· 寵愛(총애): 사랑.

撮
비칠 촬
(手-총15획)

扌 손수변, 最 가장 최

손(扌)을 가장(最) 크게 보이려고 그림자로 비치게 한다는 뜻의 글자랍니다.

· 撮影(촬영): 그림자로 비침. 필름에 빛을 가하면 필름의 확대된 그림자가 넓은 벽에 나타나서 영화 화면이 되도록 필름사진을 찍는 행위.

鰍
미꾸라지 추
(魚-총20획)

魚 물고기 어, 秋 가을 추

가을(秋)에 맛있게 먹던 물고기(魚)는 미꾸라지라는 뜻의 글자랍니다. 옛날 농사를 짓던 농촌의 논이나 개울에는 미꾸라지가 많아서 시원한 바람이 부는 가을에 농부들이 미꾸라지국인 추어탕을 맛있게 끓여 먹었다는 뜻이랍니다.

· 鰍魚湯(추어탕): 미꾸라짓국.

酋
두목 추
(酉-총9획)

八 여덟 팔(사방팔방 · 높다), 酉 닭 유(술 · 따스하다)

높은(八) 인간이 술(酉)을 마신 듯 괴팍하게 행동하니 두목이라는 뜻의 글자랍니다. 두목은 나쁜 무리의 우두머리를 뜻한답니다.

· 酋長(추장): 두목 같은 우두머리.

鎚
쇠망치 추
(金-총18획)

金 쇠 금, 追 쫓을 · 따를 추

손이 따라가는(追) 쇠(金)는 쇠망치라는 뜻의 글자랍니다.

· 鎚鍛(추단): 망치질을 함.

芻
짐승먹이 · 꼴 추
(艸-총10획)

勹 쌀 포(감싸다), 屮 풀싹 철

풀싹(屮)처럼 작은 풀까지 베어 말려서 감싸듯이(勹) 보관해 둔 것이니 겨울에 짐승에게 줄 먹이인 꼴이라는 뜻의 글자랍니다.

· 芻狗(추구): 짚으로 만든 개.
· 芻糧(추량): 꼴과 식량.

| 椎 | 木 나무 목, 隹 새 추 | ・椎擊(추격): 쇠뭉치나 방망이로 침. |
| 쇠뭉치・뻣뻣할 추 (木–총12획) | 새(隹)가 나무(木) 위에 앉는 가지는 쇠뭉치처럼 뻣뻣하다는 뜻의 글자랍니다. | ・椎骨(추골): 등골뼈. |

| 錐 | 金 쇠 금, 隹 새 추 | ・錐針(추침): 송곳과 바늘. |
| 송곳 추 (金–총16획) | 새(隹)의 부리처럼 뾰족한 쇠(金)는 송곳이라는 뜻의 글자랍니다. | ・錐畵(추화): 도자기 등등에 송곳으로 파서 그린 그림. |

| 錘 | 金 쇠 금, 垂 드리울 수 | ・秤錘(칭추): 저울. |
| 저울 추 (金–총16획) | 쇠(金)로 된 막대기가 드리우는(垂) 것이니 저울이라는 뜻의 글자랍니다. | |

| 樞 | 木 나무 목, 區 구역・나눌 구 | ・中樞(중추): 중심. |
| 밑둥・중요할・가운데 추 (木–총15획) | 나무(木)가 가지로 나누어지지(區) 않은 둥치의 밑부분을 밑둥치라 하며, 밑둥치는 중요한 부분이라는 뜻의 글자랍니다. 또한 중요한 것은 가운데에 있다는 뜻에서 '가운데 추'라고도 한답니다. | ・樞機(추기): 중요한 기계. |

| 墜 | 阝 언덕 부, 㒸 많다・높다, 土 땅 토 | ・墜落(추락): 높은 곳에서 떨어짐. |
| 떨어질 추 (土–총15획) | 높은(㒸) 언덕(阝)에서 낮은 땅(土) 아래로 떨어진다는 뜻의 글자랍니다. | |

黜
물리칠 · 내칠 **출**
(黑-총17획)

黑 검을 흑, 出 날 · 나아갈 출

검은(黑) 세력이 쳐들어오니 나아가서(出) 물리친다
는 뜻의 글자랍니다. 검은 세력이란 나쁜 뜻을 가진 인
간들을 뜻합니다.

· 放黜(방출): 내쫓음.
· 黜斥(출척): 물리침.

悴
초췌할 · 파리할 **췌**
(心-총11획)

忄 마음심변, 卒 군사 · 마칠 졸

군사(卒)들의 마음(忄)은 긴장이 되므로 얼굴이 초췌
하여 파리해 보인다는 뜻의 글자랍니다.

· 憔悴(초췌): 수척하고 파리함.
· 悴顔(췌안): 초췌한 얼굴.

萃
모일 **췌**
(艸-총12획)

艹 초두밑, 卒 군사 · 죽을 · 마칠 졸

군사(卒)들이 쉬려고 풀(艹) 위로 모인다는 뜻이랍니
다.

· 拔萃(발췌): 중요한 것을 빼내
어 모음.
· 萃集(췌집): 모음.

膵
췌장 **췌**
(肉-총16획)

月 달 월(몸 · 세월), 萃 모을 췌

몸(月)에서 소화액을 분비하여 모아(萃) 놓은 곳은
췌장이라는 뜻의 글자랍니다.

· 膵癌(췌암): 췌장(이자)에 발
생하는 악성종양.

贅
모을 · 붙을 · 혹 **췌**
(貝-총18획)

土 땅 · 흙 토, 方 사방 방, 攵 칠 복(힘쓰다), 貝 재물 패

사방(方)의 넓은 땅(土)에서 힘써(攵) 재물(貝)을 모
으다 보면 혹처럼 불필요한 것도 따라 붙는다 뜻의 글
자랍니다.

· 贅文(췌문): 불필요한 글.
· 贅言(췌언): 불필요한 말.

娶
장가들 취
(女-총11획)

取 가질 취, 女 여자 여

여자(女)를 갖는다(取)는 말은 장가를 든다는 뜻이랍니다.

- **娶嫁**(취가): 장가가고 시집가는 결혼.
- **再娶**(재취): 두 번째 장가를 감.

脆
연할·약할 취
(肉-총10획)

月 달 월(몸·세월), 危 위험할 위

몸(月)이 위험하게(危) 보인다는 말은 몸이 약하다는 뜻이랍니다.

- **脆弱**(취약): 약함.
- **脆力**(취력): 약한 힘.

翠
물총새·푸를 취
(羽-총14획)

羽 깃·날개 우, 卒 죽을·군사 졸

날개(羽)가 있는 새가 죽을(卒) 때까지 물총놀이를 하듯이 물을 떠나지 않고 살아가니 물총새라는 뜻의 글자랍니다. 또한 물총새는 푸른 물 위로 난다는 뜻에서 '푸를 취'라고도 한답니다.

- **翠空**(취공): 푸른 하늘.
- **翠光**(취광): 푸른 빛.

惻
슬퍼할 측
(心-총12획)

忄 마음심변, 則 곧·법칙 칙

법(則)을 지키지 않으면 마음(忄)에 슬픈 일을 당한다는 뜻의 글자랍니다.

- **惻隱**(측은): 불쌍함.
- **惻隱之心**(측은지심): 불쌍히 여기는 마음.

侈
사치할 치
(人-총8획)

亻 사람인변, 多 많을 다

사람(亻)이 몸에 많은(多) 것을 치장하니 사치스럽게 보인다는 뜻의 글자랍니다.

- **奢侈**(사치): 분수에 넘치게 삶.

嗤
웃을 **치**
(口 - 총13획)

口 입구변(말하다 · 사람), 山, 뫼 산, 一 한 일(모으다), 虫 벌레 충

사람(口)이 산(山)에서 벌레(虫)를 모아(一) 기르니 웃음이 나온다는 뜻의 글자랍니다.

· 嗤侮(치모): 비웃고 업신여김.

痔
치질 **치**
(疒 - 총11획)

疒 병녁, 寺 절 사

절(寺)에서 많이 걸리는 병(疒)은 치질이라는 뜻의 글자랍니다. 절에서 생활하면 차가운 마룻바닥에서도 좌선을 한다고 오랜 시간을 앉아 있으니 치질이 잘 걸린다는 뜻입니다.

· 痔疾(치질): 항문에 생기는 병의 일종.

緻
치밀할 **치**
(糸 - 총15획)

糸 실 사(실 · 다스리다), 致 이를 치

목표에 이르도록(致) 다스리려면(糸) 치밀해야 한다는 뜻의 글자랍니다.

· 緻密(치밀): 아주 빽빽하고 세밀함.

痴
어리석을 **치**
(疒 - 총13획)

疒 병녁, 知 알 지

옳지 못하게(그릇되게) 아는(知) 병(疒)에 걸린 사람은 어리석은 사람이라는 뜻의 글자랍니다. 무엇이든 똑바로 알아야 아는 것이 힘이 되는데, 엉뚱하게 알아서 잘못을 저지르는 사람은 어리석은 사람이라는 뜻이지요.

· 白痴(백치): 아주 어리석은 사람. 바보.
· 痴情(치정): 어리석은 불륜의 정.

馳
달릴 **치**
(馬 - 총13획)

馬 말 마, 也 어조사 · 있다 야

말(馬)이 있다(也)면 타고 달릴 수 있다는 뜻의 글자랍니다.

· 馳馬(치마): 달리는 말.
· 馳報(치보): 달려가서 알림.

幟
깃발 치
(巾-총15획)

巾 수건 건(수건·재물), 戠 찰진 흙·진흙 시(소리나다)

수건(巾)같은 것이 소리가 나니(戠) 깃발이 펄럭이는 소리라는 뜻의 글자랍니다.

· 旗幟(기치): 깃발.

熾
불탈·치열하게탈 치
(火-총16획)

火 불 화, 戠 찰진 흙·진흙 시(소리나다)

불(火)이 소리가 나게(戠) 타니 치열하게 탄다는 뜻의 글자랍니다.

· 熾熱(치열): 불이 강하게 타오름.

勅
칙서·조서 칙
(力-총9획)

束 묶을 속, 力 힘 력

힘(力)있게 묶어(束) 놓는 글은 칙서나 조서라는 뜻의 글자랍니다.

· 勅令(칙령): 임금의 명령.
· 勅書(칙서): 법적인 명령의 글.

砧
다듬잇돌 침
(石-총10획)

石 돌 석, 占 차지할·점칠 점

돌(石)이 집안에 자리를 차지하고(占) 있으니 다듬잇돌이라는 뜻의 글자랍니다.

· 砧石(침석): 다듬잇돌.

鍼
바늘 침
(金-총17획)

金 쇠 금, 咸 다 함

쇠(金)가 다(咸) 닳도록 갈아서 바늘을 만든다는 뜻의 글자랍니다.

· 鍼灸(침구): 침과 뜸.
· 鍼術(침술): 침으로 병을 치료하는 기술.

蟄

벌레움츠릴 · 숨을 **칩**
(虫-총17획)

執 잡을 집, 虫 벌레 충

벌레(虫)를 잡으려하면(執) 벌레는 숨거나 움츠러든
다는 뜻의 글자랍니다.

· **驚蟄**(경칩): 24절기의 하나, 벌
레가 겨울잠에서 깨어나는 양
력 3월 5일경.

秤

저울 **칭**
(禾-총10획)

禾 벼 화(곡식), 平 평평할 평

곡식(禾)과 저울추의 무게를 평평하게(平) 다는 것은
저울이라는 뜻의 글자랍니다.

· **稱量**(칭량): 질량을 저울에 달
음.
· **秤錘**(칭추): 저울.

陀

비탈질 **타**
(阜-총8획)

阝 언덕부변, 它 다를 · 뱀 타

뱀(它)이 잘 오르는 언덕(阝)은 비탈지다는 뜻의 글
자랍니다.

· **它頃**(타경): 비탈진 경사.

舵

키 **타**
(舟-총11획)

舟 배 주, 它 다를 · 뱀 타

배(舟)의 방향을 다르게(它) 조절할 수 있는 것은 키
라는 뜻의 글자랍니다. 키는 배를 좌우로 방향 조정을
하는 구조물이라는 뜻이랍니다.

· **舵部**(타부): 배의 키 부분.
· **操舵手**(조타수): 배의 방향을
잡는 선원.

駝

낙타 **타**
(馬-총15획)

馬 말 마, 它 다를 · 뱀 타

말처럼 일하면서도 말(馬)과는 다르게(它) 생긴 것은
낙타라는 뜻의 글자랍니다.

· **駱駝**(낙타): 낙타과의 짐승. 등
에 지방질을 저축하는 혹이 있
고, 위(胃)에는 물을 넣을 수
있으며, 다리가 길고 발바닥이
두꺼워 사막을 걷기에 적당한
동물로서, 사막의 배라는 별명
이 있음.

唾
침 타
(口-총11획)

口 입 구, 垂 드리울 · 길게늘일 수

입(口)에서 길게(垂) 늘이듯이 흘러내리는 것은 침이라는 뜻의 글자랍니다.

·唾液(타액): 침물.

惰
게으를 타
(心-총12획)

忄 마음심변, 左 도울 · 왼 좌, 月 달 월(몸 · 세월)

몸(月)이 마음(忄)을 도와(左)주지 않으면 게을러진다는 뜻의 글자랍니다.

·惰性(타성): 게으른 습성.
·惰怠(타태): 게으름.

楕
길쭉할 타
(木-총13획)

木 나무 목, 左 도울 · 왼 좌, 月 달 월(몸 · 세월) – 橢과 同字

몸(月)을 다쳐 뼈가 부러져서 나무(木)로 도울(左) 때는 몸에 길게 붙여 묶어 고정시켜 준다는 뜻의 글자랍니다.

·楕圓(타원): 길쭉한 원

擢
뽑을 탁
(手-총17획)

扌 손수변, 翟 꿩깃 적

꿩깃(翟)을 손(扌)으로 뽑는다는 뜻의 글자랍니다.

·拔擢(발탁): 뽑음.

鐸
요령 · 방울 탁
(金-총21획)

金 쇠 금, 睪 엿볼 · 살필 역

엿보게(睪) 만드는 쇠(金)는 요령이나 방울이라는 뜻의 글자랍니다. 요령이나 방울소리가 나면 소리가 나는 쪽을 살피거나 엿보게 된다는 뜻이지요.

·木鐸(목탁): 요령소리가 나는 나무.

呑

삼킬 **탄**
(口-총7획)

丿 뻗침 별, **大** 큰 대, **口** 입 구(사람·말하다)

입(口)안으로 크게(大) 뻗쳐(丿) 들어가니 삼킨다는 뜻의 글자랍니다.

· **甘呑苦吐**(감탄고토): 달면 삼키고 쓰면 뱉는다는 말로, 이기주의적인 태도를 뜻함.

坦

너그러울·넓을 **탄**
(土-총8획)

土 땅 토, **旦** 아침 단

아침(旦)에 땅(土) 위로 떠오르는 밝은 해는 너그럽다는 뜻의 글자랍니다. 또한 너그러운 사람은 마음이 넓고 넓은 땅은 평평하다는 뜻으로 '평평할 탄'으로도 쓰입니다.

· **坦坦大路**(탄탄대로): 평평한 큰길
· **坦率**(탄솔): 너그럽게 다스림.

綻

옷터질 **탄**
(糸-총14획)

糸 실사변(실·다스리다), **定** 정할 정

실(糸)로써 제대로 고정(定)시키지 않으면 옷이 터진다는 뜻의 글자랍니다.

· **破綻**(파탄): 깨어지고 옷이 터지듯이 하던 일이 실패함.

憚

꺼릴 **탄**
(心-총15획)

忄 마음심변, **單** 홑·하나 단

마음(忄)이 하나(單)가 되지 못하는 것은 서로가 꺼리기 때문이라는 뜻의 글자랍니다. 가정이나 사회의 구성원들이 마음을 하나로 모으지 못하는 것은 서로를 싫어하기 때문이라는 뜻이랍니다.

· **忌憚**(기탄): 꺼리는 마음.
· **憚事**(탄사): 일을 하기 싫어함.

眈

노려볼 **탐**
(目-총9획)

目 눈 목, **尤** 갈·머뭇거릴 유

눈(目)의 시선이 가는(尤) 것이니 노려본다는 뜻의 글자랍니다.

· **眈視**(탐시): 노려봄.

搭
실을 · 탈 **탑**
(手-총13획)

扌 손수변, 艹 초두변, 合 합할 합

손(扌)으로 베어 놓은 풀(艹)을 모두 합하여(合) 지 게나 수레에 실어 나른다는 뜻의 글자랍니다.

· 搭乘(탑승): 수레나 차 같은 것 에 올라탐.
· 搭載(탑재): 수레나 차 같은 것 에 짐을 실음.

宕
석공 · 방탕할 **탕**
(宀-총8획)

宀 움집 면(집 · 덮다), 石 돌 석

돌(石)로써 집(宀)을 만드는 사람이니 석공이며, 석공 은 야무지므로, 야무지게 살면 방탕하지 않다는 뜻의 글자랍니다.

· 宕子(탕자): 방탕한 자식.

蕩
방탕할 · 없애버릴 **탕**
(艸-총16획)

艹 초두변, 湯 끓을 탕

끓는(湯) 물에 풀(艹)을 넣으면 싱싱한 것이 흐물흐 물하게 되니 방탕한 모양이라는 뜻이며, 사람이 방탕 하면 없애버리게 된다는 뜻에서 '없애버릴 탕'이라고도 합니다.

· 放蕩(방탕): 정신을 못 차리고 아무렇게나 행동함.
· 蕩盡(탕진): 다 써 버리고 없 음.

汰
씻을 · 사태 **태**
(水-총7획)

氵 물수변, 太 클 태

큰(太) 물(氵)이 흐르면서 씻어 버린다는 뜻의 글자 랍니다. 또한 큰 물은 홍수사태를 일으킴으로 '사태 태' 라고도 한답니다.

· 沙汰(사태): 큰 물에 모래가 씻 겨 없어지듯이 지형이 무너짐 을 뜻함.

苔
이끼 **태**
(艸-총9획)

艹 초두변, 台 클 태

큰(台) 풀(艹)에는 이끼가 낀다는 뜻의 글자랍니다. 이끼는 고목이나 바위의 습한 부분에 끼는 것이지만, 갈대처럼 습한 곳에서 자라는 큰 풀에도 낄 수가 있다 는 뜻입니다.

· 苔木(태목): 이끼가 낀 고목.
· 苔泉(태천): 이끼가 낀 샘.

笞

매 · 볼기칠 태
(竹-총11획)

竹 대 죽(책 · 대나무), 台 클 태

큰(台) 대나무(竹) 매로써 볼기를 친다는 뜻의 글자 랍니다.

· 笞刑(태형): 매로 볼기를 치는 형벌

跆

밟을 · 뛸 태
(足-총12획)

足 발 족, 台 클 태

큰(台) 발(足)은 밟을 때 유리하고 뛰기도 잘하게 보 인다는 뜻의 글자랍니다.

· 跆拳道(태권도): 뛰면서 주먹 으로 치는 권법.
· 跆土(태토): 땅을 밟음.

撑

버틸 · 지탱할 탱
(手-총15획)

扌 손수변, 尚 높을 · 오히려 상, 牙 어금니 · 대장기 아

손(扌)으로 대장기(牙)를 높이(尚) 들고 끝까지 버틴 다는 뜻의 글자랍니다. 전장에서 깃발이 넘어지면 진 것이나 다름이 없으므로 병사가 깃발을 높이 들고 버 틴다는 뜻이랍니다.

· 撑柱(탱주): 버티는 기둥.
· 支撑(지탱): 버팀.

攄

펼 터
(手-총18획)

扌 손수변, 慮 생각 · 깃발 려

손(扌)으로 깃발(慮)를 편다는 뜻의 글자랍니다. 깃발 을 깃대에 걸기 위해 먼저 깃발을 손으로 편다는 뜻의 글자입니다.

· 攄布(터포): 베를 넓게 폄.
· 攄懷(터회): 자기의 생각을 모 두 말함.

桶

통 통
(木-총11획)

木 나무 목, 甬 크다, 用 쓸 용

나무(木)가 크게(甬) 쓰일(用) 때는 통으로 사용될 때 라는 뜻의 글자랍니다.

· 水桶(수통): 물통.
· 饌桶(찬통): 반찬통.

筒
대롱 **통**
(竹-총12획)

竹 대 죽, 同 같을 동

대나무(竹)와 같은(同) 모양인 것은 대롱이라는 뜻의 글자랍니다.

· **筒狀幹**(통상간): 대롱 모양의 줄기.

慟
서러울 **통**
(心-총14획)

忄 마음심변, 動 움직일 동

마음(忄)이 움직일(動) 때는 서러울 때라는 뜻의 글자랍니다.

· **慟忿**(통분): 서럽고 분함.
· **慟恨**(통한): 서럽고 원통함.

腿
다리 · 정강이 **퇴**
(肉-총14획)

月 달 월(몸 · 세월), 退 물러날 퇴

몸(月)이 뒤로 물러날(退) 때는 다리로 움직이며, 다리는 정강이와 넓적다리로 되어 있다는 뜻에서 '넓적다리 퇴'로도 쓰인답니다.

· **腿却**(퇴각): 다리.
· **臂腿**(비퇴): 팔과 다리, 사지.

褪
빛바랠 **퇴**
(衣-총15획)

衤 옷의변, 退 물러날 퇴

옷(衤)의 색깔이 물러난다(退)는 말은 빛이 바랜다는 뜻이랍니다.

· **褪色**(퇴색): 색깔이 낡고 바램.

堆
퇴비 · 모을 · 쌓을 **퇴**
(土-총11획)

土 땅 토, 隹 새 추

새(隹)가 땅(土) 위에 싸는 분뇨는 퇴비에 도움이 되고, 퇴비는 풀을 많이 모아서 쌓아 둔 것이 썩어야 만들어진다는 뜻의 글자랍니다.

· **堆肥**(퇴비): 풀을 쌓아서 썩게 만든 거름.
· **堆積**(퇴적): 높이 쌓음.

槌
망치 퇴(추)
(木-총14획)

木 나무 목, 追 쫓을 · 따를 추

나무(木)가 따라다니며(追) 쓰이니 망치라는 뜻의 글자랍니다. 망치의 손잡이로 사용되는 나무는 쇠뭉치 구멍에 끼워져 쇠뭉치에 항상 따라 다니며 사용된다는 뜻이랍니다.

· 鐵槌(철퇴): 철망치.

頹
무너질 퇴
(頁-총16획)

禿 대머리 · 모지라질 독, 頁 머리 혈

대머리(禿)는 머리(頁)털이 무너져 없어졌다는 뜻의 글자랍니다.

· 頹廢(퇴폐): 무너짐.

妬
질투할 투
(女-총8획)

女 여자 여, 石 돌 석

여자(女)가 마음속으로 돌(石)을 던질 때는 질투를 하는 때라는 뜻의 글자랍니다.

· 嫉妬(질투): 남을 시기함.

套
외투 · 덮개 투
(大-총10획)

大 큰 대, 長 긴 장

크고(大) 긴(長) 옷은 외투이며, 외투는 덮개 같은 옷이라는 뜻이랍니다.

· 外套(외투): 덮개로 사용하는 옷.

慝
간악할 · 간사할 특
(心-총15획)

匿 숨길 · 은닉할 닉, 心 마음 심

솔직한 마음(心)을 숨기는(匿) 사람은 간악하다는 뜻의 글자랍니다.

· 慝者(특자): 간악한 사람.

巴
뱀·꼬리 **파**
(己-총4획)

巳 뱀 사, ㅣ 세울 곤

뱀(巴)은 머리를 세우고(ㅣ) 기어 다닌다는 뜻의 글자랍니다.

· **巴結**(파결): 아첨함.
· **巴舌**(파설): 뱀의 혀.

芭
파초 **파**
(艹-총8획)

艹 초두변, 巴 뱀 파

뱀(巴)처럼 긴 줄기로 자라는 풀(艹)은 파초라는 뜻의 글자랍니다.

· **芭蕉**(파초): 파초 과의 여러해 살이풀. 높이 3미터 가량, 잎은 타원형으로 여름에 황갈색의 꽃이 피며, 열매의 모양이 바나나처럼 생김.

爬
긁을·기어다닐 **파**
(爪-총8획)

爪 손톱 조(다투다), 巴 뱀 파

뱀(巴)이 다툴(爪) 때는 땅을 긁듯이 기어 다닌다는 뜻의 글자랍니다. 뱀은 몸으로 땅을 밀면서 나아가므로 지나간 자리는 흙이 파인 흔적이 남는다는 뜻의 글자랍니다.

· **爬蟲類**(파충류): 거북, 악어 뱀처럼 기어 다니는 동물.

琵
비파 **파**
(玉-총12획)

王 임금 왕(옥·구슬), 巴 뱀 파

뱀(巴)처럼 긴 줄이 구슬(王)들이 구르는 소리를 내니 비파라는 뜻의 글자랍니다.

· **琵琶**(비파): 타원형의 몸통에 곧고 짧은 자루로 된 현악기. 4줄의 당비파와 5줄의 향비파가 있음.

婆
할머니 **파**
(女-총11획)

波 물결 파, 女 여자 여

여자(女)의 피부에 물결(波)이 치니 할머니라는 뜻의 글자랍니다.

· **老婆**(노파): 늙은 할머니.

跛 절룩거릴 파 (足-총12획)	足 발 족, 皮 가죽·피부 피 발(足)의 가죽(皮)에 상처가 나면 걸을 때 절룩거린 다는 뜻의 글자랍니다.	·跛于(파우): 절룩거리며 걸어 감. ·跛行(파행): 절룩거리며 걸어 감.
愎 괴팍할 퍅 (心-총12획)	忄 마음심변, 复 돌아갈 복 마음(忄)이 돌아간(复) 사람은 괴팍한 사람이라는 뜻 의 글자랍니다. 마음은 곧고 바르게 되어야 온전한 정 신이 되는데, 갑자기 돌아버리니 온전하지 못하고 괴 팍하다는 뜻이랍니다.	·乖愎(괴퍅): 정신이 온전하지 못하고 어그러짐.
辨 힘쓸 판 (辛-총16획)	辡 죄인이서로송사할 변, 力 힘 력 서로 송사를(辡) 하면 힘(力)이 들어도 이기려고 힘 쓴다는 뜻의 글자랍니다.	·辨公(판공): 함께 힘씀. ·辨功(판공): 성공을 위해 힘씀.
唄 찬불 패 (口-총10획)	口 입구변(말하다·사람), 貝 재물·돈·조개 패 말(口)과 재물(貝)로 부처님을 찬양하니 찬불이라는 뜻의 글자랍니다.	·梵唄(범패): 부처님의 공덕을 찬양하는 노래.
沛 넉넉할·자빠질 패 (水-총7획)	氵 물수변, 市 시장·저자 시 시장(市)에는 물(氵)을 넉넉하게 준비를 해둔다는 뜻 의 글자랍니다. 시장에는 수많은 사람들이 먼 곳에서 오기 때문에 목이 말라 마시기도 하고, 식료품들을 씻 어 주기도 해야 하기 때문에 물을 넉넉하게 준비를 해 둔다는 뜻이랍니다. 또한 물을 마시고 남은 물을 길바 닥에 뿌리면 잘 자빠진다는 뜻에서 '자빠질 패'라고도 합니다.	·沛艾(패애): 예쁘고 여유 있는 모습. ·沛然(패연): 성대(盛大)한 모 양.

佩
패옥・찰 패
(人-총8획)

亻 사람인변, 几 제기・책상・안석 궤(장소), 帀 두를 잡

사람(亻)이 귀한 장소(几)에 참석할 때 몸에 두르고 (帀) 가는 것이니 패옥이라는 뜻의 글자랍니다. 패옥 은 몸에 차고 다니는 보석류를 말한답니다.

- **佩物**(패물): 몸에 차고 다니는 장식물.
- **佩玉**(패옥): 몸에 두르는 구슬.

悖
거스릴・어그러질 패
(心-총10획)

忄 마음심변, 孛 혜성 패・요사할 발

마음(忄)이 요사하면(孛) 하는 일이 거슬리고 어그러 진다는 뜻의 글자랍니다.

- **悖倫**(패륜): 윤리에 어그러짐.
- **淫談悖說**(음담패설): 음탕하 고 좋지 못한 말.

牌
문패・명패 패
(片-총12획)

片 조각 편(장수), 卑 낮을・천할・작을 비

작은(卑) 조각(片)에 이름을 적어 문 앞에 붙여 놓은 것은 문패라는 뜻의 글자랍니다.

- **門牌**(문패): 대문에 집주인의 이름을 적어 놓고 표시한 작은 조각.

稗
피・잘 패
(禾-총13획)

禾 벼 화(곡식), 卑 낮을・천할 비

벼(禾)보다 낮은(卑) 품질의 곡식이니 피라는 뜻의 글자랍니다. 피는 벼처럼 생겼으나 알맹이가 벼보다 작은 것으로 품질이 낮다는 뜻이랍니다. 또한 피는 잘 다고 해서 '잘 패'라고도 한답니다.

- **稗販**(패판): 작은 규모의 가게 상인
- **稗飯**(패반): 피밥.

澎
물소리 팽
(水-총15획)

氵 물수변, 彭 띵띵할 팽

물(氵)이 띵띵하게(彭) 차고 넘치니 물소리가 난다는 뜻의 글자랍니다.

- **澎湃**(팽배): 물결이 일고 부딪 치는 모양.

膨
배부를 · 불룩할 **팽**
(肉-총16획)

月 달 월(몸 · 세월), 彭 띵띵할 팽

몸(月)이 띵띵할(彭) 때는 배가 불러서 불룩하게 보인다는 뜻의 글자랍니다.

- 膨脹(팽창): 배가 부풀어 오름.
- 膨膨(팽팽): 속이 가득 차서 불룩함.

騙
속일 **편**
(馬-총19획)

馬 말 마, 扁 특별할 · 작을 · 거룻배(작은 배) 편

말(馬)을 타고 온 사람이 "거룻배(扁)를 타고 왔다."고 하는 말은 속이는 말이라는 뜻의 글자랍니다.

- 騙欺(편기): 속임.
- 騙取(편취): 속여서 남의 것을 가짐.

鞭
채찍 **편**
(革-총18획)

革 가죽 혁, 便 편리할 편

편리하게(便) 하기 위해 가죽(革)으로 채찍을 만든다는 뜻의 글자랍니다. 채찍은 소나 말이 일을 잘하도록 하기 위해 사용하는 것이니 편리하게 하는 것이랍니다.

- 鞭撻(편달): 채찍질을 함.
- 敎鞭(교편): 선생님이 가르치기 위해 사용하는 채찍, 회초리.

貶
떨어질 · 귀양보낼 **폄**
(貝-총12획)

貝 재물 · 돈 패, 乏 궁핍할 핍

궁핍하다고(乏) 재물(貝)을 탐하면 관직에서 떨어지고 귀양까지 보낸다는 글자랍니다.

- 貶降(폄강): 관직을 깎아 낮춤.
- 貶流(폄류): 관직에서 내리고 귀양 보냄.

萍
부평초 · 개구리밥 **평**
(艸-총12획)

艹 초두변, 氵 물수변, 平 평평할 평

물(氵) 위에 평평하게(平) 떠 있는 풀(艹)은 부평초인 개구리밥이라는 뜻의 글자랍니다.

- 浮萍草(부평초): 개구리밥.

陛
섬돌・폐하 **폐**
(阜-총10획)

阝 언덕 부(높다・막다), 坒 잇댈 비

언덕(阝) 위로 잇대어(坒) 있는 돌계단은 섬돌이라는 뜻의 글자랍니다. 섬돌은 주로 대궐에 있으며 폐하를 위해 만든 것이라는 뜻에서 '폐하 폐'라고도 한답니다.

・陛衛(폐위): 임금을 지키는 병사.
・陛見(폐현): 임금을 찾아뵙는 것.

斃
넘어질 **폐**
(攴-총18획)

敝 해질・깨어질 폐, 死 기운흩어질・죽을 사

기운이 흩어지고(死) 해지니(敝) 넘어진다는 뜻의 글자랍니다. 넘어져서 계속 일어나지 못하면 죽었다는 말이므로 '죽을 폐'라고도 합니다.

・斃死(폐사): 죽음.

泡
물거품 **포**
(水-총8획)

氵 물수변, 包 감쌀・포장 포

물(氵)이 공기를 감싸고(包) 있는 것이니 물거품이라는 뜻의 글자랍니다.

・泡沫(포말): 거품.
・水泡(수포): 물거품.

咆
고함지를・포효할 **포**
(口-총8획)

口 입 구(사람・말하다), 包 감쌀・포장 포

입(口)으로 감싸고(包) 있던 말소리가 한꺼번에 큰소리로 터져 나오니 고함소리라는 뜻의 글자랍니다. 또한 짐승의 고함소리는 포효하는 소리라는 뜻에서 '포효할 포'라고도 한답니다.

・咆哮(포효): 큰소리로 으르렁거림.

庖
부엌・푸줏간 **포**
(广-총8획)

广 집 엄, 包 감쌀 포

집(广)에서 쥐나 벌레의 침입을 막기 위해 음식을 감싸(包)두는 곳은 부엌이며, 부엌에서 귀히 여기는 고기를 파는 집은 푸줏간이라는 뜻에서 '푸줏간 포'라고도 합니다.

・庖稅(포세): 관청의 허가를 맡고 가축을 잡아 파는 푸줏간에 물리는 세금.
・庖丁(포정): 이름난 요리사. 주방장.

疱
천연두 · 마마 포
(疒-총10획)

疒 병 녁, 包 감쌀 포

피부에 생긴 물집처럼 발진(發疹)을 감싸고(包) 있는 병(疒)은 천연두인 마마라는 뜻의 글자랍니다.

· 水疱(수포): 천연두.

袍
도포 포
(衣-총10획)

衤 옷의변, 包 감쌀 포

복장 전체를 감싸는(包) 옷(衤)은 도포라는 뜻의 글자랍니다.

· 道袍(도포): 일반적으로 겉에 덮어 입는 긴 옷.

蒲
창포 · 부들풀 포
(艸-총14획)

艹 초두변, 浦 물가 포

물가(浦)에서 많이 자라는 풀(艹)은 부들풀인 창포라는 뜻의 글자랍니다.

· 菖蒲(창포): 창포 과의 여러해 살이풀. 잎은 창검같이 뾰족하고 길며 초여름에 황록색의 꽃이 피며, 단오에 창포물로 머리를 감음.

逋
달아날 포
(辶-총11획)

辶 갈 착, 甫 클 보

큰(甫) 걸음으로 갈(辶) 때는 달아날 때라는 뜻의 글자랍니다.

· 亡逋(망포): 달아남.
· 逋逃(포도): 죄를 짓고 도망감.

哺
먹을 포
(口-총10획)

口 입 구(사람 · 말하다), 甫 클 보

입(口)을 크게(甫) 벌리며 음식을 먹는다는 뜻의 글자랍니다.

· 哺食(포식): 음식을 먹음. 포식(飽食)은 배불리 먹는다는 뜻.

圃
채전・밭 포
(口-총10획)

口 에워싸다, 甫 클 보

크게(甫) 에워씨는(口) 곳이니 채소를 심은 밭인 채전이라는 뜻의 글자랍니다. 채소밭에는 짐승들이 들어오거나 도둑이 들어와서 밭을 망가뜨리지 않을까 해서 방비를 한다는 뜻이랍니다.

· 圃師(포사): 밭을 가구는 사람.
· 圃田(포전): 채소밭.

匍
기어갈 포
(勹-총9획)

勹 쌀 포(감싸다), 甫 클 보

큰(甫) 땅을 감싸듯이(勹) 엉금엉금 기어간다는 뜻의 글자랍니다.

· 匍腹(포복): 배를 땅에 대고 기어감.

脯
포・육포 포
(肉-총11획)

月 달 월(몸・고기・세월), 甫 클 보

몸(月)이 큰(甫) 고기는 포를 떠서 육포로 만들어 먹는다는 뜻의 글자랍니다.

· 肉脯(육포): 고기를 납작하게 포를 떠서 말린 것

褒
포장할・포상할 포
(衣-총15획)

衣 옷 의, 保 보호할 보

국가나 단체를 보호하고(保) 발전시킨 인물에게 옷(衣)으로 상을 주었으니 이를 포상이라고 한답니다. 옛날 옷이 귀한 시대에는 옷이 좋은 상으로 취급되었답니다.

· 褒賞(포상): 칭찬하고 권장하는 뜻으로 주는 상.
· 褒獎(포장): 칭찬하고 권장함.

瀑
폭포 폭
(水-총18획)

氵 물수변, 暴 사나울 폭

물(氵)이 사납게(暴) 보이니 폭포라는 뜻의 글자랍니다. 폭포는 물이 높은 곳에서 아래로 무섭게 떨어지므로 사납게 보인답니다.

· 瀑布(폭포): 흐르는 물이 높은 절벽에서 아래로 떨어지는 곳.

曝
볕쬘 폭
(日-총19획)

日 해 일, 暴 사나울 폭

해(日)가 사납게(暴) 비칠 때 볕을 쬔다는 뜻의 글자랍니다. 빨래한 옷을 말리려면 햇볕이 사나울 때에 쬔다는 뜻이랍니다.

- 曝書(폭서): 서책을 햇볕에 쪼임.
- 曝曬(폭쇄): 햇볕에 쪼임.

豹
표범 표
(豸-총10획)

豸 풀어헤칠 · 발없는벌레 치, 勺 구기 · 조금 작

가죽 무늬가 조그만(勺) 점들을 풀어헤쳐(豸) 놓은 것처럼 보이니 표범이라는 뜻의 글자랍니다.

- 豹尾(표미): 표범의 꼬리.
- 豹皮(표피): 표범가죽.

剽
빠를 · 표절할 표
(刀-총13획)

票 표시 · 표날 표, 刂 칼 도

칼(刂)은 표나게(票) 빠르다는 뜻의 글자랍니다. 글이나 시를 빠르게 만들기 위하여 남의 것을 베끼는 것을 표절이라고 해서 '표절할 표'라고도 한답니다.

- 剽輕(표경): 재빠름.
- 剽竊(표절): 남의 글을 자기 것인 양 사용하는 것

慓
날랠 · 급할 표
(心-총14획)

忄 마음심변, 票 문서 · 날랠 표

마음(忄)이 날래다(票)는 뜻의 글자랍니다. 마음은 시공을 초월한 것이므로 날래다는 뜻이랍니다.

- 慓毒(표독): 성질이 급하고 독함.

飄
회오리바람 표
(風-총20획)

票 표시 표, 風 바람 풍

바람(風)이 지나갈 때 돌풍을 일으켜 땅에 있는 물체들을 하늘로 날려 올리며 표시(票)를 내는 바람이니 회오리바람이라는 뜻의 글자랍니다.

- 飄風(표풍): 회오리바람.

稟
바탕 **품**
(禾-총13획)

卣 쌀창고 름, 禾 벼 화(곡식)

곡식(禾)을 보관하는 창고(卣)는 생활의 바탕이 된다는 뜻의 글자랍니다.

· 性稟(성품): 세상 만물과 인간 마음의 근본 바탕이 되는 성질.

諷
빗댈 · 풍자 **풍**
(言-총16획)

言 말씀 언, 風 바람 풍

바람(風)을 일으키는 말(言)은 빗대어 풍자하는 말이라는 뜻의 글자랍니다.

· 諷刺(풍자): 빗대어 비유하여 남의 결점을 찌르는 말.

披
펼 **피**
(手-총8획)

扌 손수변, 皮 가죽 피

손(扌)으로 가죽(皮)을 편다는 뜻의 글자랍니다.

· 披瀝(피력): 물방울이 떨어지듯이 생각을 차근차근 펴면서 말을 함.
· 披露宴(피로연): 기쁘게 베푸는 잔치.

疋
짝 필 · 바를 **아**
(疋-총5획)

下 아래 하, 人 사람 인

아래(下)에 바르게 누워 있는 사람(人)은 짝이라는 뜻의 글자랍니다.

· 配疋(배필): 짝, 배필(配匹).
· 疋緞(필단): 필과 비단 필은 베(布)를 뜻함.

乏
구차할 · 가난할 **핍**
(丿-총5획)

丿 뻗침 별, 之 갈 지

재산이 뻗쳐(丿) 나가기(之)만 하니 가난해진다는 뜻의 글자랍니다.

· 窮乏(궁핍): 곤궁하고 가난함.
· 缺乏(결핍): 부족하고 가난함.

逼

핍박할 **핍**
(辶-총13획)

辶 갈 착, 畐 찰 복

가득 찬(畐) 재물을 빼앗아 가니(辶) 핍박하는 것이라는 뜻의 글자랍니다.

· 逼迫(핍박): 빼앗고 못살게 굴음.

瑕

허물·티 **하**
(玉-총13획)

王 임금 왕(옥·구슬), 叚 빌릴·거짓 가

왕(王)이 거짓(叚)말을 하면 허물이 된다는 뜻의 글자랍니다.

· 瑕疵(하자): 흠, 결함.
· 瑕疵補修(하자보수): 공사를 해놓고 나서 잘못된 부분을 보수함.

遐

멀 **하**
(辶-총13획)

辶 갈 착, 叚 빌릴·거짓 가

빌리러(叚) 갈(辶) 때는 멀리도 간다는 뜻의 글자랍니다.

· 遐行(하행): 멀리 감.
· 遐距(하거): 멀리 떨어짐.

蝦

새우 **하**
(虫-총15획)

虫 벌레 충, 叚 빌릴·거짓 가

거짓(叚)말로 벌레(虫)라고 해도 믿을 만한 것은 새우라는 뜻의 글자랍니다. 새우는 벌레처럼 생겼기 때문이랍니다.

· 鯨戰蝦死(경전하사): 고래 싸움에 새우가 죽음. 큰 싸움이 나면 힘없는 사람들이 피해를 본다는 뜻.

霞

노을 **하**
(雨-총17획)

雨 비 우, 叚 빌릴·거짓 가

비(雨)가 빌려간(叚) 것은 노을이라는 뜻의 글자랍니다. 비가 오면 저녁에 서쪽하늘에 생기는 노을을 볼 수가 없다는 뜻이랍니다.

· 霞光(하광): 노을빛.
· 朝霞(조하): 아침노을.
· 夕霞(석하): 저녁노을.

瘧
학질 **학**
(疒-총15획)

疒 병 녁, 虐 사나울 학

사나운(虐) 병(疒) 중에 하나가 학질이라는 뜻의 글자랍니다. 옛날 치료약이 없었을 시대엔 학질에 걸린 사람들이 많이 죽었다는 뜻이랍니다.

· 瘧疾(학질): 학질모기가 매개하는 말라리아를 한의학적으로 말하는 전염성 열병. 일정한 사이를 두고 오한과 발열이 주기적으로 나타난다. 주로 무덥고 습한 여름과 초가을에 풀과 숲이 무성하고 습한 지대에서 잘 생김.

謔
웃길·해학 **학**
(言-총17획)

言 말씀 언, 虐 사나울 학

장난삼아 사나운(虐) 표정으로 말(言)을 하려니 웃기게 된다는 뜻의 글자랍니다. 또한 남을 웃기는 것을 해학이라고 하므로 '해학 학'이라고도 한답니다.

· 諧謔(해학): 웃기는 말로 남을 즐겁게 함.

壑
골짜기 **학**
(土-총17획)

叡 골짜기·구렁 학, 土 땅·흙 토

구렁(叡)처럼 생긴 땅(土)은 골짜기라는 뜻의 글자랍니다.

· 壑谷(학곡): 골짜기, 계곡.

罕
새그물·드물 **한**
(网-총7획)

罒 그물 망, 干 막을·방패 간

농작물의 피해를 막기(干) 위해 설치하는 그물(罒)은 새그물이며, 또한 새그물은 드물게 설치해도 된다는 뜻의 글자랍니다. 물고기를 잡는 그물은 드물게 설치하면 빈 공간으로 물고기들이 모두 다 빠져 나가지만 새그물은 한번 걸린 새는 절대 도망을 가지 못하니 공간이 드물어도 된다는 뜻이랍니다.

· 罕罔(한망): 새그물.
· 罕見(한견): 드물게 봄.

悍
사나울 **한**
(心-총10획)

忄 마음심변, 旱 가물 한

가뭄(旱)이 들면 마음(忄)이 사나와진다는 뜻의 글자랍니다.

· 悍虎(한호): 사나운 호랑이.

澣
빨래할 **한**
(水-총16획)

氵 물수변, 幹 일맡을・줄기・간부 간

물(氵)이 일을 맡을(幹) 때는 빨래를 할 때라는 뜻의 글자랍니다.

・澣衣(한의): 옷을 빨래함.

轄
다스릴・거느릴 **할**
(車-총17획)

車 수레 거(수레・군사), 害 해로울 해

군사(車)들이 해(害)를 입지 않도록 잘 다스려야 한다는 뜻의 글자랍니다.

・直轄(직할): 직접 다스림.
・管轄(관할): 다스림.

函
상자・함 **함**
(凵-총8획)

凵 입벌린그릇 감(그릇), 了 걸다・걸리다, 氺 물 수

물(氺)이 걸려(了) 있는 것처럼 흘러나오지 않는 그릇(凵)처럼 생긴 것은 상자라는 뜻의 글자랍니다.

・封緘(봉함): 상자를 봉함.
・書函(서함): 서류나 책상자.

涵
젖을・잠길・넓을 **함**
(水-총11획)

氵 물수변, 函 상자 함

상자(函) 속에 물(氵)을 부으면 그 속에 있는 물건은 물에 잠기며, 물에 젖을 때는 물건 속으로 물기가 넓게 퍼지는 것을 용납한다는 뜻에서 '용납할 함'이라고도 합니다.

・涵養(함양): 넓게 양성함.
・涵許(함허): 용납하여 허락함.

喊
큰소리칠・고함지를 **함**
(口-총12획)

口 입 구(사람・말하다), 咸 다 함

입(口)으로 있는 힘을 다(咸)하여 큰소리로 고함을 지른다는 뜻의 글자랍니다.

・喊聲(함성): 큰 고함소리.
・高喊(고함): 소리를 크게 지름.

緘 봉할 · 꿰맬 **함** (糸-총15획)	糸 실 사, 咸 다 함 실(糸)로써 모두 다(咸) 꿰매어 봉한다는 뜻의 글자랍니다.	·緘口(함구): 입을 닫고 말을 하지 않음. ·緘封(함봉): 봉투를 봉함.
鹹 짤 **함** (鹵-총20획)	鹵 염밭(소금밭) · 황무지 로, 咸 다 함 소금밭(鹵)의 소금은 모두 다(咸) 짜다는 뜻의 글자랍니다.	·鹹鹽(함염): 짠 소금.
銜 재갈 **함** (金-총14획)	行 다닐 · 갈 · 행할 행, 金 쇠 금 말을 타고 다닐(行) 때에 입에 물리는 쇠(金)는 재갈이라는 뜻의 글자랍니다.	·銜勒(함륵): 말을 타고 다닐 때 입에 물리는 쇠로 된 물건 ·銜枚(함매): 나무줄기로 된 재갈. 옛날 행군을 할 때 군사들이 떠들지 못하게 입에 물리는 나무.
檻 난간 · 우리 **함** (木-총18획)	木 나무 목, 監 살필 감 안전을 살펴주는(監) 나무(木)는 난간이나 우리라는 뜻의 글자랍니다.	·欄檻(난함): 우리, 난간
蛤 조개 **합** (虫-총12획)	虫 벌레 충(생물), 合 합할 합 양쪽에서 합하여진(合) 껍질로 된 생물(虫)은 조개라는 뜻의 글자랍니다.	·大蛤(대합): 큰 조개. ·紅蛤(홍합): 알맹이가 붉은 색의 조개.

盒
뚜껑·소반뚜껑 **합**
(皿-총11획)

合 합할 합, 皿 그릇 명

그릇(皿) 위에 합해지는(合) 것은 뚜껑이라는 뜻의 글자랍니다.

· 盒沙鉢(합사발): 뚜껑 달린 사발.
· 盒兒(합아): 뚜껑 달린 그릇.

肛
항문 **항**
(肉-총7획)

月 달 월(몸·세월), 工 장인 공(만들다)

몸(月)에서 만들어진(工) 대변은 항문으로 나온다는 뜻의 글자랍니다.

· 肛門(항문): 고등 포유동물의 직장(直腸)의 끝에 있는 배설용의 구멍.

缸
항아리 **항**
(缶-총9획)

缶 장군 부(그릇), 工 장인 공(만들다)

만들어진(工) 그릇 중에 장군(缶)같은 그릇은 항아리라는 뜻의 글자랍니다. 장군은 뚜껑 부분이 작은 큰 물통을 말한답니다.

· 缸胎(항태): 거칠고 두껍고 무거운 오지그릇의 일종.

懈
게으를 **해**
(心-총16획)

忄 마음심변, 解 풀·깨우쳐줄 해

마음(忄)이 풀어지면(解) 게을러진다는 뜻의 글자랍니다.

· 懈弛(해이): 게으르고 느림.
· 懈怠(해태): 게으름.

邂
만날 **해**
(辶-총17획)

辶 갈 착, 解 풀·깨우쳐줄 해

오해를 풀려고(解) 가서(辶) 만난다는 뜻의 글자랍니다.

· 邂逅(해후): 만남.

偕

함께 **해**
(人-총11획)

亻 사람인변, 皆 다 개

사람(亻)이 다(皆) 모여서 함께 한다는 뜻의 글자랍니다.

· **偕**老(해로): 함께 늙음.
· **偕**生(해생): 함께 살아감.

楷

해나무 · 본뜰 **해**
(木-총13획)

木 나무 목, 皆 다 · 모두 개

모든(皆) 나무(木) 중에서 본뜰 만한 나무는 해나무라는 뜻이랍니다.

· **楷**書(해서): 한자에 있어서 일종의 글씨체. 글자의 획을 정자로 바르게 쓴 글씨체.

諧

웃을 · 화할 · 해학 **해**
(言-총16획)

言 말씀 언, 皆 다 개

말(言)을 하여 모두 다(皆) 웃으며 화하게 하니 해학이라는 뜻의 글자랍니다.

· **諧**謔(해학): 웃기는 말로 남을 즐겁게 함.

咳

기침 **해**
(口-총9획)

口 입 구(사람 · 말하다), 亥 돼지 · 끝지지 해

하던 말(口)을 끝(亥)내게 하는 것이니 기침이라는 뜻의 글자랍니다.

· **咳**嗽(해수): 기침.
· **咳**痰(해담): 기침과 가래.

骸

뼈 · 해골 **해**
(骨-총16획)

骨 뼈 골, 亥 돼지 · 끝지지 해(끝)

끝(亥)까지 남는 뼈(骨)는 해골이라는 뜻의 글자랍니다. 머리뼈가 가장 오래도록 썩지 않고 남는다는 뜻입니다.

· **骸**骨(해골): 살은 썩고 남은 머리뼈.

駭

놀랄 · 해괴할 해
(馬－총16획)

馬 말 마, 亥 돼지 · 끝지지 해(끝)

말(馬)은 돼지(亥)를 보고 해괴함에 놀란다는 뜻의 글자랍니다.

· 駭怪(해괴): 놀랍게 기이함.

劾

캐물을 · 탄핵할 핵
(力－총8획)

亥 돼지 · 끝 해, 力 힘 력

끝(亥)까지 힘(力)을 다해 캐물을 때는 탄핵할 때라는 뜻의 글자랍니다.

· 彈劾(탄핵): 대통령과 같이 국가 고위관리가 책무에 결격함이 있을 시에 국회에서 그 책임을 물어서 헌법위원회에 소추를 하는 것으로, 헌법위원회의 결정에 따라 직위가 박탈되거나 계속 유지될 수가 있음.

嚮

향할 향
(口－총19획)

鄕 시골 · 고향 향, 向 향할 향

명절이 되면 고향(鄕)으로 향한다(向)는 뜻이랍니다.

· 嚮導(향도): 목적지로 인도함.

饗

잔치 향
(食－총22획)

鄕 시골 · 고향 향, 食 먹을 식

시골(鄕) 사람들이 모여서 먹을(食) 때는 잔치를 할 때라는 뜻의 글자랍니다.

· 饗宴(향연): 잔치.
· 饗應(향응): 특별한 대접.

噓

불 허
(口－총14획)

口 입 구, 虛 빌 · 허공 허

허공(虛)의 바람처럼 입(口)으로 분다는 뜻의 글자랍니다.

· 噓呵(허가): 숨을 내쉼.
· 虛風扇(허풍선): 숯불을 일으키는 손풀무의 한 가지.

墟
폐허 · 옛터 **허**
(土-총15획)

土 땅 · 흙 토, 虛 빌 허

빈(虛) 땅(土)은 폐허처럼 보이고, 폐허는 옛터를 뜻한답니다.

· 廢墟(폐허): 옛날의 건물들이 파괴되고 없는 땅.
· 墟落(허락): 황폐한 마을.

歇
값쌀 · 쉴 **헐**
(欠-총13획)

曷 그칠 갈, 欠 하품 흠(입벌리다)

입을 벌려서(欠) 그칠(曷) 새 없이 값싸게 판다고 외치다가 손님이 오면 소리를 쉬고 판매한다는 뜻의 글자랍니다.

· 歇價(헐가): 싼 가격.
· 歇脚(헐각): 다리를 쉼.
· 歇價放賣(헐가방매): 싼 가격으로 판매함.

眩
어지러울 · 아찔할 **현**
(目-총10획)

目 눈 목, 玄 가물거릴 현

눈(目)앞이 가물거리면(玄) 어지럽고, 어지러우면 아찔해진다는 뜻의 글자랍니다.

· 眩惑(현혹): 정신이 어지럽고 혼미함.
· 眩氣症(현기증): 기운이 어지러운 증세.

衒
자랑할 · 팔 **현**
(行-총11획)

行 다닐 · 갈 행, 玄 가물 · 검을 · 어두울 현

어두운(玄) 밤이 될 때까지 돌아다니면서(行) 물건을 파는 상인은 팔 물건을 자랑하면서 판다는 뜻의 글자랍니다.

· 衒氣(현기): 자만하는 마음.
· 衒耀(현요): 자기의 학식이나 기술을 자랑스럽게 나타냄.

絢
무늬 **현**
(糸-총12획)

糸 실 사, 旬 열흘 · 두루할 순

실(糸)을 두루하게(旬) 살펴가며 무늬를 놓는다는 뜻의 글자랍니다.

· 絢爛(현란): 윤이 나고 번쩍이며 아름다움.
· 絢飾(현식): 무늬를 장식함.

俠
의리 **협**
(人-총9획)

亻 사람인변, 夾 끼일 협

사람(亻) 사이에 끼어(夾) 있어야 하는 것은 의리라
는 뜻의 글자랍니다. 의리는 옳은 생각으로 인간관계
를 유지하는 것을 말하는 것이므로 사람 사이에 꼭 필
요한 것이랍니다.

· 俠客(협객): 의리 있게 사는 인
물.

挾
끼일 **협**
(手-총10획)

扌 손수변, 夾 끼일 협

손(扌)에 있는 손가락들이 사이에 끼어(夾) 있다는
뜻이랍니다.

· 挾攻(협공): 양쪽에서 적을 끼
워 놓고 공격함.
· 挾雜輩(협잡배): 여러 명이 함
께 한 사람을 사이에 끼워 놓고
사기를 치거나 잡된 짓을 함.

狹
좁을 **협**
(犬-총10획)

犭 큰개 견(짐승), 夾 끼일 협

짐승(犭)이 끼여(夾) 있을 정도면 좁은 곳이라는 뜻
의 글자랍니다.

· 狹小(협소): 좁고 작음.
· 狹義(협의): 좁은 의미.

頰
뺨 **협**
(頁-총16획)

夾 끼일 협, 頁 머리 혈

머리(頁)는 정면에서 보면 양쪽 뺨(볼) 사이에 끼어
(夾) 있는 것처럼 보인다는 뜻의 글자랍니다.

· 頰骨(협골): 볼의 뼈, 광대뼈.
· 頰筋(협근): 볼의 근육.

荊
가시 **형**
(艸-총10획)

艹 초두밑(풀·식물), 刑 형벌 형

식물(艹)에서 형벌(刑)을 느끼게 하는 부분은 가시라
는 뜻의 글자랍니다.

· 荊棘(형극): 가시.

彗

빗자루 · 살별 **혜**
(크-총11획)

丰 예쁠 봉(많다), 크 돼지머리 계(손 · 의미하다)

손(크)으로 많고(丰) 많은(丰) 쓰레기를 쓸어내어 청소하는 것이니 빗자루라는 뜻의 글자랍니다. 또한 빗자루 모양으로 별들이 은하를 이루고 운행하는 별은 살별이라는 뜻에서 '살별 혜'라고도 한답니다.

· **彗星**(혜성): 태양을 중심으로 밝게 빛나는 긴 꼬리의 별들을 끌며 타원형 궤도를 도는 살별.
· **彗掃**(혜소): 빗자루로 쓸며 청소함.

醯

초 · 식초 **혜**
(酉-총19획)

酉 닭 유(술 · 따스하다), 㐬 흐르다, 皿 그릇 명

술(酉)이 그릇(皿) 밖으로 흘러(㐬) 내리면 식초로 변한다는 뜻의 글자랍니다. 술은 공기 속에 오래두면 식초로 변하기 때문입니다.

· **醯醬**(혜장): 식초와 된장.
· **醯醢**(혜해): 식초와 젓갈.

琥

호박 **호**
(玉-총12획)

王 임금 왕(옥 · 구슬), 虎 범 호

범(虎)의 무늬처럼 생긴 옥(王)은 호박이라는 뜻의 글자랍니다.

· **琥珀**(호박): 지질시대의 나무의 진 따위가 땅속에 묻히어 굳어진 광물. 누런빛으로 투명하고 장식용으로 쓰임.

狐

여우 **호**
(犬-총8획)

犭 큰개 견(짐승), 瓜 오이 과

오이(瓜)처럼 야위게 생긴 짐승(犭)은 여우라는 뜻의 글자랍니다.

· **狐狸**(호리): 여우와 살쾡이.

弧

활 **호**
(弓-총8획)

弓 활 궁, 瓜 오이 과

오이(瓜)도 활(弓)처럼 생겼다는 뜻의 글자랍니다.

· **弧刺**(호랄): 정확하지 않은 활.
· **弧形**(호형): 활 모양.

瑚
산호 호
(玉-총13획)

王 임금 왕(옥 · 구슬), 胡 늙은이 · 오래살 호

오래(胡)될수록 좋은 옥(王)은 산호라는 뜻의 글자랍니다. 산호는 바닷물 속에서 자라는 것으로 오래된 것일수록 더 크고 단단하니 좋은 것이랍니다.

- 珊瑚(산호): 산호충의 군체 중의 중추골격. 무른 것은 긁어내고 단단한 속만을 장식용으로 이용함.

糊
죽 · 풀 · 바를 · 흐릴 호
(米-총15획)

米 쌀 미, 胡 늙은이 호

늙은이(胡)는 쌀(米)을 죽으로 만들어 먹기를 좋아하고 또한 죽같이 생긴 것은 풀이며, 풀은 바르는데 쓰는 것인데 흐리게 보인다는 뜻의 글자랍니다.

- 糊口之策(호구지책): 입에 풀칠하며 산다는 말로써, 빈궁한 생활을 뜻함.
- 糊塗(호도): 진흙을 바른다는 말로, 일을 대충해 버림을 뜻함.
- 模糊(모호): 법도를 흐리게 함.

渾
흐릴 · 섞일 혼
(水-총12획)

氵 물수변, 軍 군사 군

군사(軍)가 물(氵)속에 빠지면 정신이 흐려진다는 뜻의 글자랍니다. 또한 흐릴 때는 다른 것이 섞일 때라는 뜻에서 '섞일 혼'이라고도 한답니다.

- 渾沌(혼돈): 분명하지 않고 흐릿함. 혼돈(混沌)과 같은 뜻.
- 渾聲(혼성): 여러 가지(소프라노, 알토, 테너, 베이스)로 섞인 소리. 혼성(混聲)과 같은 뜻.

惚
황홀할 홀
(心-총11획)

忄 마음심변, 忽 문득 · 깜짝할 홀

마음(忄)속에 문득(忽) 생기는 느낌이니 황홀한 느낌이라는 뜻의 글자랍니다.

- 恍惚(황홀): 미묘하지만 즐거운 느낌.

笏
홀 홀
(竹-총10획)

竹 대 죽, 勿 말 · 없을 · 아닐 물

나무 중에서는 대나무(竹)가 아니면(勿) 만들 수 없는 것은 홀이라는 뜻의 글자랍니다. 홀(忽)은 사대부(士大夫)가 조현(朝見) 때 조복(朝服)의 띠에 부착하거나 손에 쥐던 패로써, 옥이나 대나무로 만들었답니다.

- 笏記(홀기): 의식의 순서를 적은 글.
- 笏室(홀실): 절의 주지가 거처하는 방.

哄 떠들썩할 **홍** (口-총9획)	口 입 구(사람·말하다), 共 함께 공 여러 사람(口)이 함께(共) 말하면 떠들썩하다는 뜻의 글자랍니다.	・哄笑(홍소): 소리 내어 크게 웃음.
虹 무지개 **홍** (虫-총9획)	虫 벌레 충, 工 장인 공(만들다) 벌레(虫)가 만들어(工) 낼 수 있는 것은 무지개라는 뜻이지요. 벌레 중에는 자신의 몸을 아름답게 보이도록 하기 위해 자신의 몸의 색깔을 무지개처럼 여러 색깔로 바꾸는 것도 있다는 뜻이랍니다.	・虹橋(홍교): 무지개처럼 둥글게 생긴 다리.
訌 무너질 **홍** (言-총10획)	言 말씀 언, 工 장인 공(만들다) 있는 사실이 아닌 거짓으로 만든(工) 말(言)은 결국은 무너진다는 뜻의 글자랍니다.	・內訌(내홍): 서로 같은 편끼리 싸움으로 인해 내부적으로 무너짐
宦 내관·환관 **환** (宀-총9획)	宀 집 면, 臣 신하 신 집(宀) 안에서만 생활하는 신하(臣)는 내관인 환관이라는 뜻의 글자랍니다.	・宦官(환관): 궁내에서 일하는 남자 신하.
喚 부를 **환** (口-총12획)	口 입 구(사람·말하다), 奐 클·빛날 환 말(口)을 크게(奐) 하여 부른다는 뜻의 글자랍니다.	・召喚(소환): 부름. 조사를 위해 경찰서에서 불러들임. ・喚呼(환호): 큰 소리로 부름.

鰥

환어・홀아비 **환**
(魚-총21획)

魚 고기 어, 罒 그물 망, 小 작을 소, 八 여덟 팔(높다・사방팔방)

작은(小) 그물(罒)이라도 높이(八) 던져야 큰 물고기(魚)인 환어를 잡을 수 있다는 뜻의 글자랍니다. 환어를 잡아도 반겨줄 가족이 없는 사람은 홀아비라는 뜻에서 '홀아비 환'이라고도 한답니다.

· 鰥魚(환어): 큰 물고기.
· 鰥寡(환과): 홀아비와 과부.

驩

기쁠 **환**
(馬-총28획)

馬 말 마, 雚 황새 관

말(馬)을 타고 황새(雚)처럼 날아다니면 기쁠 것이라는 뜻의 글자랍니다.

· 驩喜(환희): 기쁨. 환희(歡喜)와 같은 뜻.
· 驩然(환연): 기뻐하는 모습.

濶

넓을 **활**
(水-총17획)

氵 물수변, 闊 트일・넓을 활

물(氵)이 있는 트인(闊) 바다는 넓다는 뜻의 글자랍니다.

· 濶達(활달): 마음이 넓고 활발함.
· 濶葉樹(활엽수): 잎이 넓은 나무.

猾

교활할 **활**
(犬-총13획)

犭 큰개 견(짐승), 骨 뼈 골

뼈(骨)에 붙은 고기 살을 잘 발라 먹는 짐승(犭)의 모습은 교활하게 보인다는 뜻의 글자랍니다.

· 狡猾(교활): 간사한 꾀를 부림.
· 猾吏(활리): 교활한 관리.

凰

암봉황새 **황**
(几-총11획)

几 제기・안석 궤(자리), 皇 임금 황

임금(皇)의 자리(几)에 봉황새를 그려놓았다는 뜻이랍니다.

· 鳳凰(봉황): 상서로움을 상징하는 상상의 새. 수컷은 봉(鳳), 암컷은 황(凰)이라 하며, 몸체는 닭의 머리에 뱀의 목, 제비의 턱, 거북의 등, 물고기의 꼬리 모양을 하고, 5색의 깃털과 5음의 소리를 낸다고 함. 봉황새, 봉조, 봉이라고 함.

徨

방황할 **황**
(彳-총12획)

彳 걸을 척(여러사람 · 행하다), 皇 임금 황

임금(皇)이 정치를 잘못하면 여러 사람(彳)을 방황하게 만든다는 뜻의 글자랍니다.

· **彷徨**(방황): 정신이 없이 헤매고 다님.

惶

두려워할 **황**
(心-총12획)

忄 마음심변, 皇 임금 황

임금(皇)이 앞에 서니 마음(忄)이 두려워진다는 뜻의 글자랍니다.

· **惶悚**(황송): 죄송하여 두려움.
· **惶恐無地**(황공무지): 두려워서 몸 둘 곳을 모름.

煌

빛날 **황**
(火-총13획)

火 불 화, 皇 임금 황

임금(皇)의 장식품들이 불(火)빛에 반사되어 빛난다는 뜻의 글자랍니다.

· **輝煌**(휘황): 빛남.

遑

급할 **황**
(辶-총13획)

辶 갈 착, 皇 임금 황

임금(皇)이 직접 갈(辶) 때에는 급한 일이라는 뜻의 글자랍니다.

· **遑急**(황급): 급함.

恍

황홀할 **황**
(心-총9획)

忄 마음심변, 光 빛 광

마음(忄)이 빛(光)처럼 밝으니 황홀하다는 뜻의 글자랍니다.

· **恍惚**(황홀): 미묘하지만 즐거운 느낌.

慌
당황할 **황**
(心-총13획)

忄 마음심변, 荒 거칠 황

거칠게(荒) 행동할 때는 마음(忄)이 당황할 때라는 뜻의 글자랍니다. 정신이 온전한 사람은 거칠게 행동하지 않는다는 뜻이랍니다.

· 唐慌(당황): 어리둥절하여 정신이 없음.

恢
돌이킬 · 넓을 **회**
(心-총9획)

忄 마음심변, 灰 재 회

마음(忄)이 재(灰)처럼 타버리고 나면 넓은 마음으로 돌이켜 반성한다는 뜻의 글자랍니다.

· 恢復(회복): 돌이켜 뒤집음.

晦
그믐 · 어두울 **회**
(日-총11획)

日 날 · 해 일, 每 매양 · 항상 매

해(日)는 항상(每) 지게 되어 어두운 밤이 되고 어두운 밤은 그믐이라는 뜻의 글자랍니다.

· 晦朔(회삭): 그믐과 초하루. 음력 말일과 초하루.

誨
가르칠 · 깨우칠 **회**
(言-총14획)

言 말씀 언, 每 매양 · 항상 매

말(言)로써 항상(每) 가르쳐서 깨우치게 한다는 뜻의 글자랍니다.

· 誨諭(회유): 가르쳐서 깨우치게 함.
· 誨言(회언): 가르치는 말, 깨닫게 하는 말.

徊
배회할 **회**
(彳-총9획)

彳 조금걸을 척, 回 돌 회

목적지가 없이 걸으며(彳) 돌아다니는(回) 것은 배회한다는 뜻의 글자랍니다.

· 徘徊(배회): 목적지가 없이 아무렇게나 돌아다님.

蛔
회충 · 거위 **회**
(虫–총12획)

虫 벌레 충, 回 돌 회

뱃속을 돌아다니는(回) 벌레(虫)는 회충, 즉 거위라는 뜻의 글자랍니다.

- **蛔蟲**(회충): 뱃속의 기생충인 거위.
- **蛔腹痛**(회복통): 회충의 발작으로 일어나는 복통.

賄
뇌물 **회**
(貝–총13획)

貝 재물 패, 有 있을 유

합격자 명단에 이름이 적혀 있도록(有) 해달라고 재물(貝)을 주니 뇌물이라는 뜻의 글자랍니다.

- **賄賂**(회뢰): 뇌물.
- **贈賄**(증회): 뇌물을 줌.

膾
회 **회**
(肉–총17획)

月 달 월(몸 · 고기 · 세월), 會 모을 회

싱싱한 고기(月)만을 먹기 좋게 썰어 모은(會) 것은 회라는 뜻의 글자랍니다.

- **生鮮膾**(생선회): 살아 있는 물고기의 고기를 썰어 먹기 좋게 만든 것

繪
그림 **회**
(糸–총19획)

幺 작을 요, 小 작을 소, 會 모을 회

작고(幺) 작은(小) 크기로 한 장의 종이에 모아서(會) 그린 것은 그림이라는 뜻의 글자랍니다.

- **繪畫**(회화): 그림.

爻
본받을 · 사귈 **효**
(爻–총4획)

乂 좋다(五의 古字 힘(力)은 많을수록(二) 좋다는 뜻으로 乂은 力을 뜻함), 乂 다스릴 · 어질 예

좋게(乂) 다스리면(乂) 본받고 사귀려고 변한다는 뜻의 글자랍니다. '변할 · 육효 효'로도 쓰입니다.

- **爻象**(효상): 변하는 모양.

哮
울부짖을 · 포효할 **효**
(口−총10획)

口 입 구(말하다 · 사람), 孝 효도 효

효도(孝)를 하지 못한 사람(口)은 결국 울부짖으며 후회하게 된다는 뜻의 글자랍니다.

· 咆哮(포효): 짐승이 큰 소리로 으르렁거림.

酵
발효 **효**
(酉−총14획)

酉 닭 유(술 · 따스하다), 孝 효도 · 효할 효

술(酉)이 효도(孝)를 하니 발효를 하는 것이라는 뜻이랍니다. 술이 자식으로 의인화된 문장이랍니다.

· 醱酵(발효): 술이나 간장, 식초 등을 만들 때 효소가 분해 되어 생기는 거품 같은 것

嚆
부르짖을 **효**
(口−총17획)

口 입 구(말하다 · 사람), 蒿 쑥 · 고달플 호

입(口)으로 고달프다고(蒿) 부르짖는다는 뜻의 글자랍니다.

· 嚆矢(효시): 우는 화살. 모든 사물의 시초(始初)나 선례(先例)를 나타냄. 옛날 전쟁을 시작할 때의 신호로써 먼저 우는 화살을 적진을 향해 쏘았다는 고사성어.

朽
썩을 · 냄새 · 망할 **후**
(木−총6획)

木 나무 목, 丂 교묘할 교

나무(木)는 교묘하게도(丂) 냄새도 내지 않고 썩는다는 뜻의 글자랍니다.

· 朽壞(후괴): 썩고 무너짐.
· 老朽(노후): 오래되어 썩음.

逅
만날 **후**
(辶−총10획)

辶 갈 착, 后 임금 · 왕비 후

임금(后)이 갈(辶) 때는 누구를 만나기 위해서라는 뜻의 글자랍니다.

· 邂逅(해후): 오랜만에 만남.

吼
울 후
(口-총7획)

口 입 구(사람·말하다), 孔 구멍 공

입(口)이 구멍(孔)처럼 열려 있을 때는 울 때라는 뜻의 글자랍니다. 울 때는 주로 입이 열려 있으므로 구멍처럼 보인다는 뜻이랍니다.

· 怒吼(노후): 분노하며 울음.
· 獅子吼(사자후): 사자의 우는 소리. 큰 소리.

嗅
냄새맡을 후
(口-총13획)

口 입 구(사람·말하다), 自 스스로 자, 犬 개 견

개(犬)가 입(口)을 갖다댈 때는 스스로(自) 냄새를 맡을 때라는 뜻의 글자랍니다. 개는 입에 비해 너무 작은 코가 입 위에 붙어있는 관계로 마치 입으로 냄새를 맡는 것처럼 보인다는 뜻이랍니다.

· 嗅覺(후각): 냄새를 맡는 감각.

무리 훈(운)
(日-총13획)

日 해·날 일, 軍 군사·진칠 군

해(日)나 달의 주위에 진친(軍) 것처럼 보이는 것이니 무리라는 뜻의 글자랍니다.(해무리, 달무리)

· 暈色(훈색): 무지개 따위의 모양.
· 暈圍(후위): 해나 달이 언저리에 보이는 무리.

喧
지껄일·싸움할 훤
(口-총12획)

口 입 구(사람·말하다), 宣 펼칠·베풀 선

말(口)이 펼쳐지니(宣) 지껄이며 싸울 때라는 뜻의 글자랍니다.

· 喧爭(훤쟁): 싸움.
· 喧騷(훤소): 소란스럽게 떠들음.

卉
풀 훼
(十-총5획)

十 열 십(많다), 卄 스물 입(많다)

많고(十) 많은(卄) 것은 풀이라는 뜻의 글자랍니다.

· 花卉團地(화훼단지): 꽃을 가꾸는 농장.

喙 부리 훼 (口-총12획)	口 입 구, 彖 결단할 단 결단(彖)을 내는 입(口)이니 부리라는 뜻의 글자랍니다. 부리는 단단해서 쪼이면 크게 다친다는 뜻이랍니다.	·喙息(훼식): 부리로 숨을 쉼. (부리가 있는 새는 숨 쉬는 구멍인 코가 부리에 뚫려 있음.)
彙 모을 · 무리 휘 (크-총13획)	⻌ 고슴도치 계, ⼍ 덮을 멱, 果 열매 과 고슴도치(⻌)가 따 놓은 열매(果)를 보관하려고 덮을(⼍) 낙엽들을 모은다는 뜻의 글자랍니다. 모으면 무리가 된다는 뜻에서 '무리 휘'라고도 한답니다.	·語彙(어휘): 언어. ·彙類(휘류): 같은 종류의 무리.
麾 지휘할 · 대장기 휘 (麻-총15획)	麻 삼 마, 毛 털 모 삼(麻)으로 베를 짤 때에는 털(毛)이 일어나지 않도록 잘 지휘한다는 뜻의 글자랍니다. 또한 지휘하는 기는 대장기라는 뜻에서 '대장기 휘'라고도 한답니다.	·麾軍(휘군): 군대를 지휘함. ·麾旗(휘기): 대장기. 지휘기.
諱 꺼릴 · 높은조상 휘 (言-총16획)	言 말씀 언, 韋 군복 · 어길 · 틀릴 위 말(言)의 약속을 어기는(韋) 사람을 꺼린다는 뜻의 글자랍니다. 또한 꺼려서는 안 되는 일은 높은 조상을 받드는 일이라는 뜻에서 '높은조상 휘'라고도 한답니다.	·諱談(휘담): 하기를 꺼리게 되는 말. ·諱日(휘일): 조상님들의 제삿날.
恤 불쌍히여길 휼 (心-총9획)	忄 마음심변, 血 피 혈 피(血)를 흘리는 것을 보니 마음(忄)으로 불쌍히 여기게 된다는 뜻의 글자랍니다.	·矜恤(긍휼): 불쌍히 여김.

兇
흉악할 **흉**
(儿–총6획)

凶 흉할 흉, 儿 어진사람 인

어진 사람(儿)이 흉하게(凶) 보일 때는 흉악할 때라는 뜻입니다.

· 兇惡(흉악): 보기 싫을 정도로 악함.

洶
용솟을 **흉**
(水–총9획)

氵 물수변, 匈 흉할 흉

물(氵)이 흉하게(匈) 보일 때는 잔잔하지 않고 용솟을 때라는 뜻의 글자랍니다.

· 洶涌(흉용): 파도가 치솟음.
· 洶溶(흉용): 물이 끓어오름.

欣
기뻐할 **흔**
(欠–총8획)

斤 도끼 근, 欠 하품 흠(입벌리다)

도끼(斤)로 내려칠 때 입이 벌어지듯(欠) 나무가 벌어지니 기뻐한다는 뜻의 글자랍니다.

· 欣慕(흔모): 기뻐하며 사모함.
· 欣然(흔연): 기뻐하는 모습.

痕
흉터 · 흔적 **흔**
(疒–총11획)

疒 병 녁, 艮 산 · 그칠 간

병(疒)이 그치고(艮)나면 흉터가 남는다는 뜻의 글자랍니다.

· 痕迹(흔적): 흉터자국.
· 傷痕(상흔): 상처의 흔적.

欠
하품 **흠**
(欠–총4획)

勹 싸다, 人 사람 인

사람(人)이 이를 싸고(勹)있는 입을 벌리며 하품을 한다는 뜻이지요, 勹가 아래로 완전히 감싸지 않고 위에 끝이 머문 것은 입이 벌어진 것을 뜻한답니다.

· 欠缺(흠결): 일정한 수에서 부족함이 생김.
· 欠伸(흠신): 하품과 기지개.

歆
흠향할 · 먹을 **흠**
(欠-총13획)

音 소리 음, 欠 하품 흠(입벌리다)

제사지내는 소리(音)를 듣고 신명들이 음식의 냄새를 맡으며 입을 벌리며(欠) 그 음식의 기를 먹으니 흠향한다는 뜻의 글자랍니다.

· 歆饗(흠향): 신명(神明)이 제물을 받아먹음.

洽
흡족할 **흡**
(水-총9획)

氵 물수변, 合 합할 · 화합할 합

부족한 물(氵)이 합해지니(合) 흡족해진다는 뜻입니다.

· 洽足(흡족): 만족스러움.

恰
흡사할 **흡**
(心-총9획)

忄 마음심변, 合 합할 합

마음(忄)이 합해질(合) 때에는 서로가 흡사하기 때문이라는 뜻의 글자랍니다. 유유상종(類類相從)이라는 말처럼 서로 비슷한 사람끼리 어울린다는 뜻입니다.

· 恰似(흡사): 서로 비슷함.

犧
희생 **희**
(牛-총20획)

牛 소 우, 義 기운 희

소(牛)가 기운(義)있게 일하니 희생한다는 뜻의 글자랍니다. 소는 아무런 대가를 바라지 않고 사람들을 위해 온 힘을 다해 희생적으로 일하는 동물이랍니다.

· 犧牲(희생): 대가를 바라지 않고 남을 위해 몸과 마음을 바쳐 도와줌.

詰
꾸짖을 **힐**
(言-총13획)

言 말씀 언, 吉 좋을 · 길할 길

좋은(吉) 사람이 되라고 하는 말(言)은 꾸짖는 말이라는 뜻의 글자랍니다.

· 詰責(힐책): 꾸짖음.
· 詰難(힐난): 심하게 꾸짖음.

2급편

신습한자 538자(하위급수 한자 1,817자)

葛 칡 갈 (艸-총13획) ·葛根(갈근) ·葛藤(갈등)	菓 과자 과 (艸-총12획) ·菓子(과자) ·茶菓(다과)	僑 붙어살 교 (人-총14획) ·僑胞(교포)
憾 섭섭할 감 (心-총16획) ·遺憾(유감) ·憾情(감정)	戈 창 과 (戈-총4획) ·戈法(과법)	膠 굳을 · 아교 교 (肉-총15획) ·膠接(교접) ·膠着(교착)
坑 구덩이 갱 (土-총7획) ·坑道(갱도) ·坑口(갱구)	瓜 오이 과 (瓜-총5획) ·瓜年(과년)	歐 토할 · 구라파 구 (欠-총15획) ·歐吐(구토)
揭 높이걸 · 알릴 게 (手-총12획) ·揭示板(게시판) ·揭揚(게양)	款 정성 관 (欠-총12획) ·款待(관대) ·款誠(관성)	鷗 갈매기 구 (鳥-총22획) ·白鷗(백구) ·鷗鷺(구로)
憩 쉴 게 (心-총16획) ·休憩所(휴게소)	傀 허수아비 · 클 괴 (人-총12획) ·傀儡(괴뢰) ·傀然(괴연)	購 구입할 구 (貝-총17획) ·購入(구입) ·購買(구매)
雇 더부살이 고 (隹-총12획) ·雇用(고용)	絞 목맬 교 (糸-총12획) ·絞殺(교살) ·絞首刑(교수형)	窟 동굴 · 굴 굴 (穴-총13획) ·洞窟(동굴) ·石窟(석굴)

掘	팔·발굴할 굴 (手 – 총11획) ·掘土(굴토) ·發掘(발굴)	尿	오줌 뇨(요) (尸 – 총7획) ·糞尿(분뇨) ·尿道(요도)	坮	터·집터 대 (土 – 총8획) ·坮田(대전) ·坮地(대지)
圈	둘레·테두리 권 (口 – 총11획) ·生活圈(생활권)	尼	여승 니 (尸 – 총5획) ·比丘尼(비구니)	戴	머리에일 대 (戈 – 총18획) ·戴冠(대관) ·戴白(대백)
闕	대궐 궐 (門 – 총18획) ·大闕(대궐) ·入闕(입궐)	溺	빠질 닉(익) (水 – 총13획) ·溺死(익사)	悼	슬퍼할 도 (心 – 총11획) ·哀悼(애도) ·追悼(추도)
閨	안방·색시 규 (門 – 총14획) ·閨秀(규수) ·閨房(규방)	鍛	쇠불릴·단련할 단 (金 – 총17획) ·鍛鍊(단련)	桐	오동나무 동 (木 – 총10획) ·梧桐(오동) ·桐油(동유)
棋	바둑 기 (木 – 총12획) ·棋院(기원) ·棋士(기사)	膽	쓸개 담 (肉 – 총17획) ·肝膽(간담) ·熊膽(웅담)	棟	집·마룻대 동 (木 – 총12획) ·棟樑(동량) ·病棟(병동)
濃	무르익을 농 (水 – 총16획) ·濃厚(농후) ·濃度(농도)	潭	못·깊을 담 (水 – 총15획) ·潭水(담수) ·潭思(담사)	藤	넝쿨·등나무 등 (艸 – 총19획) ·藤木(등목) ·葛藤(갈등)

謄	베낄 **등** (言-총17획)	輛	수레 **량** (車-총15획)	魔	마귀·마술 **마** (鬼-총21획)
·謄寫(등사) ·謄本(등본)		·車輛(차량)		·魔鬼(마귀) ·魔術(마술)	

裸	벗을 **라(나)** (衣-총13획)	煉	쇠불릴·반죽할 **련** (火-총13획)	痲	마비 **마** (广-총13획)
·裸體(나체) ·裸木(나목)		·煉藥(연약) ·煉炭(연탄)		·痲痹(마비)	

洛	물방울·물 **락** (水-총9획)	籠	대바구니 **농(롱)** (竹-총22획)	膜	껍질 **막** (肉-총15획)
·洛東江(낙동강)		·籠球(농구)		·肋膜炎(늑막염)	

爛	빛날 **란** (火-총21획)	療	병고칠·치료 **료** (广-총17획)	灣	배대는곳 **만** (水-총25획)
·燦爛(찬란) ·絢爛(현란)		·治療(치료) ·診療(진료)		·港灣(항만)	

藍	쪽빛·남색 **람** (艸-총18획)	謬	잘못될 **류** (言-총18획)	蠻	오랑캐·야만 **만** (虫-총25획)
·藍靑色(남청색) ·藍碧(남벽)		·誤謬(오류) ·謬治(유치)		·野蠻(야만) ·蠻行(만행)	

拉	잡을 **랍**·끌고갈 **납** (手-총8획)	摩	문지를 **마** (手-총15획)	娩	해산할 **만** (女-총10획)
·拉致(납치) ·被拉(피납)		·摩擦(마찰) ·按摩(안마)		·分娩(분만)	

網	그물 망 (糸-총14획)	沐	목욕 목 (水-총7획)	賠	물어줄·배상할 배 (貝-총15획)
·網絲(망사) ·漁網(어망)		·沐浴湯(목욕탕) ·沐浴齋戒(목욕재계)		·賠償(배상)	

魅	매력·도깨비 매 (鬼-총15획)	紊	어지러울·뒤엉킬 문 (糸-총10획)	柏	잣나무 백 (木-총9획)
·魅力(매력)		·紊亂(문란)		·冬柏(동백) ·松柏(송백)	

枚	낱 매 (木-총8획)	舶	큰배 박 (舟-총11획)	閥	가문 벌 (門-총14획)
·枚數(매수)		·船舶(선박)		·門閥(문벌) ·財閥(재벌)	

蔑	업신여길 멸 (艸-총15획)	搬	옮길 반 (手-총13획)	汎	뜰·넘칠 범 (水-총6획)
·蔑視(멸시)		·運搬(운반) ·搬入(반입)		·汎濫(범람)	

帽	모자 모 (巾-총12획)	紡	길쌈 방 (糸-총10획)	僻	궁벽할 벽 (人-총15획)
·帽子(모자) ·脫帽(탈모)		·紡織(방직) ·紡毛(방모)		·窮僻(궁벽)	

矛	창 모 (矛-총5획)	俳	배우·광대 배 (人-총10획)	倂	함께·아우를 병 (人-총10획)
·矛盾(모순)		·俳優(배우)		·倂行(병행) ·倂進(병진)	

俸	봉급·녹 **봉** (人-총10획)
·俸給(봉급)　·本俸(본봉)	

飼	사료·기를 **사** (食-총14획)
·飼料(사료)　·放飼(방사)	

插	꽂을·끼울 **삽** (手-총12획)
·插入(삽입)　·插話(삽화)	

縫	꿰맬 **봉** (糸-총17획)
·縫製(봉제)　·縫帙(봉질)	

唆	부추길·꾀일 **사** (口-총10획)
·敎唆(교사)	

箱	상자 **상** (竹-총15획)
·箱子(상자)	

敷	펼 **부** (攴-총15획)
·敷設(부설)　·敷土(부토)	

赦	죄사할·용서할 **사** (赤-총11획)
·赦免(사면)　·赦罪(사죄)	

瑞	상서로울 **서** (玉-총13획)
·瑞光(서광)　·瑞氣(서기)	

膚	피부 **부** (肉-총15획)
·皮膚(피부)	

傘	우산·양산 **산** (人-총12획)
·雨傘(우산)　·陽傘(양산)	

碩	클 **석** (石-총14획)
·碩師(석사)　·碩士(석사)	

弗	돈·달러 **불** (弓-총5획)
·弗貨(불화)　·弗弗(불불)	

酸	신맛·초 **산** (酉-총14획)
·酸味(산미)	

繕	꿰맬·수선할 **선** (糸-총18획)
·修繕(수선)	

匪	대나무상자·악할 **비** (匚-총10획)
·匪賊(비적)	

蔘	인삼·더덕 **삼** (艸-총15획)
·蔘農(삼농)　·蔘鹿(삼녹)	

纖	가늘 **섬** (糸-총23획)
·纖細(섬세)	

貰	세낼·빌릴 **세** (貝-총12획)	腎	자지·콩팥 **신** (肉-총12획)	孃	아가씨 **양** (女-총20획)
·貰家(세가) ·傳貰(전세)		·腎臟(신장) ·腎膣交接(신질교접)		·金孃(김양)	

紹	소개할·이을 **소** (糸-총11획)	紳	띠·신사 **신** (糸-총11획)	硯	벼루 **연** (石-총12획)
·紹介人(소개인)		·紳士(신사)		·硯滴(연적) ·硯水(연수)	

盾	방패 **순** (目-총9획)	握	쥘 **악** (手-총12획)	厭	만족할·싫을 **염** (厂-총14획)
·矛盾(모순) ·防盾(방순)		·握手(악수) ·握力(악력)		·厭縱(염종) ·厭忌(염기)	

升	오를·되 **승** (十-총4획)	癌	암 **암** (疒-총17획)	預	미리 **예** (頁-총13획)
·升進(승진) ·一升(일승)		·胃癌(위암)		·預想(예상) ·預言(예언)	

屍	송장·주검 **시** (尸-총9획)	碍	장애·막을 **애** (石-총13획)	梧	오동나무 **오** (木-총11획)
·屍身(시신) ·屍臭(시취)		·障碍(장애)		·梧桐(오동) ·梧葉(오엽)	

殖	번성할·번식할 **식** (歹-총12획)	惹	이끌·야기할 **야** (心-총13획)	穩	평온할 **온** (禾-총19획)
·繁盛(번성) ·繁殖(번식)		·惹起(야기)		·平穩(평온) ·穩和(온화)	

歪	비뚤 왜 (止-총9획)	尉	벼슬·편안할 위 (寸-총11획)	妊	아이밸·임신할 임 (女-총7획)
·歪曲(왜곡)		·尉官(위관)		·妊娠(임신) ·避妊(피임)

妖	요사할·아리따울 요 (女-총7획)	硫	유황 류(유) (石-총12획)	諮	물을 자 (言-총16획)
·妖邪(요사) ·妖怪(요괴)		·硫黃(유황)		·諮問(자문)

傭	고용할·품팔이 용 (人-총13획)	融	융통할·화할 융 (虫-총16획)	磁	자석 자 (石-총14획)
·雇傭(고용) ·傭兵(용병)		·融和(융화) ·融資(융자)		·磁石(자석) ·磁力(자력)

熔	녹을 용 (火-총14획)	貳	두 이 (貝-총12획)	雌	암컷·약할 자 (隹-총13획)
·熔鑛爐(용광로)		·貳拾萬圓(이십만원)		·雌雄(자웅) ·雌伏(자복)

鬱	답답할 울 (鬯-총29획)	刃	칼날·벨 인 (刀-총3획)	蠶	누에 잠 (虫-총24획)
·鬱鬯(울창) ·鬱憤(울분)		·刃木(인목)		·蠶室(잠실) ·養蠶(양잠)

苑	동산·공원 원 (艸-총9획)	壹	한 일 (士-총12획)	沮	막을 저 (水-총8획)
·苑池(원지) ·苑沼(원소)		·壹番(일번)		·沮止(저지) ·沮害(저해)

艇	거룻배 **정** (舟-총13획)	彫	새길·조각 **조** (彡-총11획)	津	나루·진액 **진** (水-총9획)
·漕艇(조정)		·彫刻(조각)		·津液(진액) ·津船(진선)	

呈	드릴·드러낼 **정** (口-총7획)	綜	모을 **종** (糸-총14획)	塵	먼지·티끌 **진** (土-총14획)
·贈呈(증정) ·露呈(노정)		·綜合(종합)		·塵垢(진구) ·塵土(진토)	

偵	살필 **정** (人-총11획)	駐	머무를 **주** (馬-총15획)	診	진찰할 **진** (言-총12획)
·偵探(정탐)		·駐屯(주둔) ·駐車(주차)		·診療(진료) ·診察(진찰)	

劑	약지을 **제** (刀-총16획)	准	견줄·비준 **준** (冫-총10획)	窒	막힐·질소 **질** (穴-총11획)
·調劑(조제)		·批准(비준)		·窒息(질식) ·窒素(질소)	

釣	낚시 **조** (金-총11획)	旨	뜻·맛 **지** (日-총6획)	輯	모을 **집** (車-총16획)
·釣鉤(조구) ·釣魚(조어)		·要旨(요지) ·趣旨(취지)		·編輯(편집)	

措	정돈할·둘 **조** (手-총11획)	脂	기름·비계 **지** (肉-총10획)	遮	막힐·가릴 **차** (辶-총15획)
·措置(조치) ·措手足(조수족)		·脂肪(지방) ·樹脂(수지)		·遮斷(차단) ·遮陽(차양)	

餐	밥·반찬 **찬** (食-총16획)	悽	슬퍼할 **처** (心-총11획)	焦	구울·탈 **초** (火-총12획)
·朝餐(조찬) ·午餐(오찬)		·悽慘(처참) ·悽絶(처절)		·焦土(초토) ·焦燥(초조)	

刹	절 **찰** (刀-총8획)	隻	외짝 **척** (隹-총10획)	趨	달릴 **추** (走-총17획)
·寺刹(사찰)		·隻手(척수) ·隻愛(척애)		·趨勢(추세) ·趨行(추행)	

札	꼬리·편지 **찰** (木-총5획)	撤	거둘 **철** (手-총15획)	蹴	찰 **축** (足-총19획)
·札喪(찰상) ·札翰(찰한)		·撤軍(철군) ·撤市(철시)		·蹴球(축구)	

斬	벨 **참** (斤-총11획)	諜	염탐할 **첩** (言-총16획)	軸	굴대·속바퀴 **축** (車-총12획)
·斬刑(참형) ·斬殺(참살)		·間諜(간첩)		·車軸(차축)	

滄	큰바다·푸를 **창** (水-총13획)	締	맺을 **체** (糸-총15획)	衷	속옷·속마음 **충** (衣-총10획)
·滄海(창해) ·滄波(창파)		·締結(체결)		·衷心(충심) ·衷情(충정)	

彰	표창할 **창** (彡-총14획)	哨	보초 **초** (口-총10획)	炊	불불·불땔 **취** (火-총8획)
·表彰(표창)		·步哨(보초)		·炊事(취사) ·自炊(자취)	

託	부탁할 **탁** (言-총10획)	怖	두려워할 **포** (心-총8획)	弦	시위 · 활줄 **현** (弓-총8획)
	·付託(부탁) ·委託(위탁)		·恐怖(공포)		·弦月(현월) ·弦刃(현인)

琢	쪼을 **탁** (玉-총12획)	抛	던질 **포** · 버릴 **기** (手-총8획)	峽	골짜기 **협** (山-총10획)
	·琢磨(탁마) ·琢句(탁구)		·抛棄(포기)		·峽谷(협곡) ·海峽(해협)

胎	아이밸 **태** (肉-총9획)	鋪	점포 · 펼 **포** (金-총15획)	型	틀 **형** (土-총9획)
	·胎夢(태몽) ·胎兒(태아)		·店鋪(점포)		·鑄型(주형) ·金型(금형)

颱	태풍 **태** (風-총14획)	虐	사나울 **학** (虍-총9획)	濠	해자 **호** (水-총17획)
	·颱風(태풍)		·虐待(학대) ·虐政(학정)		·濠湟(호황)

覇	으뜸 **패** (襾-총19획)	翰	편지 · 글 **한** (羽-총16획)	酷	혹독할 **혹** (酉-총14획)
	·覇者(패자) ·覇權(패권)		·書翰(서한) ·翰林(한림)		·苛酷(가혹) ·酷寒(혹한)

坪	평수 **평** (土-총8획)	艦	싸움배 · 군함 **함** (舟-총20획)	靴	신 **화** (革-총13획)
	·建坪(건평)		·軍艦(군함)		·製靴(제화) ·長靴(장화)

幻	환상 **환** (幺–총4획)
·幻想(환상) ·幻滅(환멸)	

噫	탄식할·한숨쉴 **희** (口–총16획)
·噫噫(희희)	

滑	미끄러울 **활** (水–총13획)
·潤滑(윤활)	

熙	빛날·기쁠 **희** (火–총13획)
·正熙(정희)	

廻	돌 **회** (廴–총9획)
·回傳(회전) ·回轉(회전)	

喉	목구멍 **후** (口–총12획)
·咽喉(인후-) ·喉頭(후두)	

勳	공 **훈** (力–총16획)
·勳章(훈장) ·勳功(훈공)	

姬	아가씨 **희** (女–총9획)
·舞姬(무희) ·美姬(미희)	

伽	절 가 (人-총7획)	杆	몽둥이 간 (木-총7획)	岡	산등성이 강 (山-총8획)
·伽藍(가람)		·杆棒(간봉)		·岡岬(강갑) ·岡陵(강릉)	
迦	부처 가 (辶-총9획)	艮	산·그칠 간 (艮-총6획)	崗	산등성이·언덕 강 (山-총11획)
·釋迦牟尼(석가모니)		·艮卦(간괘)		·崗岬(강갑)	
賈	값·성씨 가 (貝-총13획)	鞨	말갈족 갈 (革-총18획)	姜	강할·성씨 강 (女-총9획)
·賈値(가치) ·賈人(고인)		·鞨鼓(갈고)		·姜被(강피) ·姜宏(강굉)	
柯	가지 가 (木-총9획)	邯	사람이름 감·나라 한 (邑-총8획)	彊	굳셀 강 (弓-총16획)
·柯葉(가엽) ·柯條(가조)		·邯鄲之夢(한단지몽)		·彊軍(강군)	
軻	굴대·맹자이름 가 (車-총12획)	岬	산허리·곶 갑 (山-총8획)	疆	경계·지경 강 (田-총19획)
·孟軻(맹가) ·丘軻(구가)		·岬寺(갑사) ·岬岫(갑수)		·疆界(강계) ·疆土(강토)	
珏	쌍옥 각 (玉-총9획)	鉀	갑옷 갑 (金-총13획)	价	착할·클 개 (人-총6획)
·珏珠(각주)		·鉀衣(갑의)		·价事(개사)	

塏	높은 땅 **개** (土-총13획)	
·塏木(개목)		

儆	경계할 **경** (人-총15획)
·儆戒(경계) · 儆備(경비)	

槐	느티나무 **괴** (木-총14획)
·槐松(괴송)	

鍵	열쇠 **건** (金-총17획)
·鍵盤(건반)	

炅	빛날 **경** (火-총8획)
·炅泰(경태)	

邱	언덕·땅이름 **구** (邑-총8획)
·大邱(대구)	

桀	빼어날 **걸** (木-총10획)
·傑桀(걸걸) · 桀惡(걸악)	

瓊	아름다운옥 **경** (玉-총19획)
·瓊玉(경옥) · 瓊杯(경배)	

玖	옥돌 **구** (玉-총7획)
·玖烝湯(구증탕)	

杰	호걸·뛰어날 **걸** (木-총8획)
·豪杰(호걸)	

皐	높을·언덕 **고** (白-총11획)
·皐山(고산)	

鞠	구부릴·성씨 **국** (革-총17획)
·鞠身(국신) · 鞠育(국육)	

甄	살필·질그릇 **견** (瓦-총14획)
·甄拔(견발) · 甄萱(견훤)	

串	땅곳·꿸 **관** (丨-총7획)
·虎尾串(호미곳)	

圭	홀 **규** (土-총6획)
·圭角(규각)	

璟	옥빛 **경** (玉-총16획)
·璟彩(경채)	

琯	옥피리 **관** (玉-총12획)
·琯聲(관성)	

奎	별 **규** (大-총9획)
·奎章(규장) · 奎文(규문)	

珪	서옥 규 (玉-총10획)	琪	아름다운옥 기 (玉-총12획)	琦	클·옥이름 기 (玉-총12획)
·珪幣(규폐)		·琪花(기화)		·琦賂(기뢰) ·琦行(기행)	

揆	헤아릴·법도 규 (手-총12획)	箕	키 기 (竹-총14획)	岐	갈림길·기로 기 (山-총7획)
·揆度(규탁)		·箕畚(기분) ·箕斂(기렴)		·岐路(기로)	

槿	무궁화나무 근 (木-총15획)	騏	준마 기 (馬-총18획)	璣	선기·구슬 기 (玉-총16획)
·槿花(근화) ·槿域(근역)		·駿馬(준마)		·璇璣(선기) ·璣衡(기형)	

瑾	아름다운옥 근 (玉-총15획)	麒	기린 기 (鹿-총19획)	沂	물이름 기 (水-총7획)
·瑾瑜(근유) ·瑾瑜匿瑕(근유익하)		·鹿麒(녹기)		·沂水(기수)	

兢	벌벌떨 긍 (儿-총14획)	冀	바랄·원할 기 (八-총16획)	耆	늙은이 기 (老-총10획)
·戰戰兢兢(전전긍긍)		·冀願(기원) ·冀圖(기도)		·耆年(기년) ·耆老(기로)	

淇	강물이름 기 (水-총11획)	驥	천리마 기 (馬-총27획)	湍	여울 단 (水-총12획)
·淇奧(기오)		·驥足(기족)		·湍決(단결)	

塘	못 당 (土-총13획)	乭	이름 돌 (乙-총6획)	樑	다리 · 들보 량 (木-총15획)
·塘池(당지)		·申乭石(신돌석)		·棟樑(동량) · 樑上君子(양상군자)	

悳	덕 덕 (心-총12획)	董	고물 · 골동품 동 (艸-총13획)	礪	숫돌 려 (石-총20획)
·道德(도덕)		·骨董品(골동품)		·礪石(여석)	

燾	비칠 도 (火-총18획)	杜	막을 두 (木-총7획)	呂	짝 · 풍류 · 성씨 려 (口-총7획)
·燾影(도영)		·杜絕(두절) · 杜門不出(두문불출)		·呂布(여포)	

惇	도타울 돈 (心-총11획)	鄧	등나라 등 (邑-총15획)	廬	오두막집 려 (广-총19획)
·敦篤(돈독) · 惇心(돈심)		·鄧國(등국)		·廬家(여가)	

燉	불빛 돈 (火-총16획)	萊	쑥 래 (艸-총12획)	驪	검은말 려 (馬-총29획)
·燉煌(돈황)		·萊妻(내처)		·驪駒(여구)	

頓	조아릴 · 정돈할 돈 (頁-총13획)	亮	밝을 · 알 량 (亠-총9획)	漣	잔물결 련 (水-총14획)
·頓智(돈지) · 整頓(정돈)		·亮察(양찰) · 諸葛亮(제갈량)		·漣落(연락)	

濂 경박할·성씨 **염** (水-총16획) ·濂溪學派(염계학파)	魯 어리석을·둔할 **로** (魚-총15획) ·魯鈍(노둔)	靺 말갈·버선 **말** (革-총14획) ·靺鞨(말갈)
玲 구슬(옥) 소리 **령** (玉-총9획) ·玲瓏(영롱)	遼 멀 **豆(요)** (辶-총16획) ·遼遠(요원)	貊 오랑캐 **맥** (豸-총13획) ·蠻貊(만맥)
醴 단술 **례** (酉-총20획) ·醴酒(예주)	劉 죽일·성씨 **류** (刀-총15획) ·劉備(유비)·劉卯(류묘)	覓 찾을·구할 **멱** (見-총11획) ·覓去(멱거)·覓事(멱사)
蘆 갈대 **로** (艸-총20획) ·蘆笠(노립)·蘆田(노전)	崙 곤륜산 **륜** (山-총11획) ·崑崙山(곤륜산)	俛 구부릴 **면** (人-총9획) ·俛首(면수)
盧 검을·성씨 **노** (皿-총16획) ·盧子(노자)	楞 네모질 **릉(능)** (木-총13획) ·楞伽經(능가경)	冕 면류관 **면** (冂-총11획) ·冕旒冠(면류관)
鷺 백로 **로** (鳥-총23획) ·白鷺(백로)	麟 기린 **린** (鹿-총23획) ·麒麟(기린)	沔 물크게흐를 **면** (水-총7획) ·沔江(면강)

謨	꾀 · 꾀할 **모** (言 -총18획)	彌	활부릴 · 미륵 **미** (弓 -총17획)	潘	쌀뜨물 **반** (水 -총15획)
·圖謨(도모)		·彌彌(미미) · 彌勒佛(미륵불)		·潘水(반수)	

牟	클 · 성씨 **모** (牛 -총6획)	旻	가을하늘 **민** (日 -총8획)	磻	돌화살촉 **파** (石 -총17획)
·釋迦牟尼(석가모니) · 牟食(모식)		·旻天(민천)		·磻溪(반계)	

茅	왕골 · 띠 **모** (艸 -총9획)	旼	화락할 **민** (日 -총8획)	渤	바다 · 발해 **발** (水 -총12획)
·茅屋(모옥) · 茅根(모근)		·旼心(민심)		·渤海(발해)	

穆	화목할 · 아름다 **목** (禾 -총16획)	玟	옥돌 **민** (玉 -총8획)	鉢	바리때 **발** (金 -총13획)
·和穆(화목)		·玟杯(민배)		·鉢盂(발우)	

昴	별이름 **묘** (日 -총9획)	閔	병 · 성씨 **민** (門 -총12획)	旁	클 · 넓을 **방** (方 -총10획)
·昴星(묘성)		·閔惜(민석) · 閔者(민자)		·旁天(방천)	

汶	더럽힐 **문** (水 -총7획)	珉	옥돌 **민** (玉 -총9획)	龐	높은집 · 방성씨 **방** (龍 -총19획)
·汶衣(문의)		·珉杯(민배)		·龐龐(농롱)	

襃	옷치렁치렁할 **배** (衣-총14획)	昺	밝을 **병** (日-총9획)	輔	도울 **보** (車-총14획)
·襃襃(배배)		·昺天(병천)		·輔佐(보좌) ·輔弼(보필)	

筏	뗏목 **벌** (竹-총12획)	柄	잡을·자루 **병** (木-총9획)	馥	향기 **복** (香-총18획)
·筏木(벌목)		·身柄(신병)		·花馥(화복)	

范	범풀 **범** (艸-총9획)	炳	밝을·빛날 **병** (火-총9획)	蓬	쑥 **봉** (艸-총15획)
·范草(범초)		·炳光(병광)		·蓬笠(봉립) ·蓬髮(봉발)	

卞	법·조급할·성씨 **변** (卜-총4획)	秉	잡을 **병** (禾-총8획)	傅	스승·베풀 **부** (人-총12획)
·卞急(변급)		·秉獸(병수)		·傅近(부근) ·傅母(부모)	

弁	즐거울·고깔 **변** (廾-총5획)	潽	물넓을 **보** (水-총15획)	釜	가마 **부** (金-총10획)
·弁韓(변한)		·普海(보해)		·釜煮(부자)	

昞	밝을 **병** (日-총9획)	甫	클·많을 **보** (用-총7획)	阜	언덕·클·막을 **부** (阜-총8획)
·昞日(병일)		·甫害(보해) ·甫甫(보보)		·阜成(부성) ·阜財(부재)	

芬 향기 **분** (艸-총8획)	**泗** 콧물·물이름 **사** (水-총8획)	**瑄** 도리옥 **선** (玉-총13획)
·芬香(분향)	·泗痰(사담) ·泗滋水(사지수)	·瑄玉(선옥)
鵬 붕새·큰새 **붕** (鳥-총19획)	**庠** 학교 **상** (广-총9획)	**璇** 선기 **선** (玉-총15획)
·鵬程(붕정) ·鵬翼(붕익)	·庠生(상생)	·璇璣(선기) ·璇室(선실)
丕 클 **비** (一-총5획)	**舒** 한가할·펼 **서** (舌-총12획)	**璿** 아름다운옥 **선** (玉-총18획)
·丕業(비업) ·丕訓(비훈)	·舒時(서시) ·舒想(서상)	·璿玉(선옥)
毖 삼갈·조심할 **비** (比-총9획)	**奭** 클 **석** (大-총15획)	**卨** 은나라시조성씨 **설** (卜-총11획)
·毖重(비중)	·奭山(석산) ·奭海(석해)	·卨山(설산)
毗 도울 **비** (比-총9획)	**晣** 밝을·분석할 **석** (日-총12획)	**薛** 설풀·성씨 **설** (艸-총17획)
·毗輔(비보)	·分晣(분석)	·薛炙(설적)
彬 잘갖추어질 **빈** (彡-총11획)	**錫** 주석 **석** (金-총16획)	**陝** 고을이름 **섬** (阜-총10획)
·彬彬(빈빈)	·朱錫(주석)	·夾路(협로) ·挾雜(협잡)

暹	나아갈 섬 (日-총16획)	巢	새집 소 (巛-총11획)	珣	옥그릇 순 (玉-총10획)
·暹進(섬진)		·巢窟(소굴)		·珣器(순기)	

蟾	달그림자 섬 (虫-총19획)	宋	송나라 송 (宀-총7획)	荀	풀이름·성 순 (艸-총10획)
·蟾光(섬광)		·宋學(송학)		·荀子(순자)	

燮	화할·불꽃 섭 (火-총17획)	洙	물가·강이름 수 (水-총9획)	淳	순박할 순 (水-총11획)
·燮同(섭동) ·燮和(섭화)		·泗洙(사수) ·洙涯(수애)		·淳朴(순박)	

晟	밝을 성 (日-총11획)	銖	저울눈 수 (金-총14획)	舜	순임금 순 (舛-총12획)
·晟月(성월) ·晟日(성일)		·銖分(수분)		·堯舜時代(요순시대)	

沼	늪·못 소 (水-총8획)	隋	떨어질·수나라 수 (阜-총12획)	瑟	거문고 슬·비파 실 (玉-총13획)
·沼澤(소택)		·隋落(타락) ·隋堤(수제)		·琴瑟(금슬) ·琴瑟(금실)	

邵	높을·성씨 소 (邑-총8획)	洵	믿을 순 (水-총9획)	繩	노끈·줄 승 (糸-총19획)
·邵天(소천)		·洵舊(순구)		·捕繩(포승) ·繩技(승기)	

柴	땔나무·막을 **시** (木-총9획)
	·柴糧(시량) ·柴油(시유)

埃	티끌 **애** (土-총10획)
	·埃塵(애진)

淵	못·깊을 **연** (水-총11획)
	·淵藪(연수) ·深淵(심연)

軾	수레앞턱가로나무 **식** (車-총13획)
	·伏軾(복식)

艾	쑥 **애** (艸-총6획)
	·艾餅(애병)

衍	넘칠·흐를 **연** (行-총9획)
	·盈衍(영연) ·衍溢(연일)

湜	물맑을 **식** (水-총12획)
	·湜川(식천)

倻	절 **야** (人-총11획)
	·倻剎(야찰)

閻	염라·저승 **염** (門-총16획)
	·閻羅大王(염라대왕)

瀋	즙낼 **심** (水-총18획)
	·果瀋(과심)

襄	이룰·높을 **양** (衣-총17획)
	·襄知(양지) ·襄地(양지)

燁	빛날 **엽** (火-총16획)
	·燁然(엽연) ·燁燁(엽엽)

閼	막을·그칠 **알** (門-총16획)
	·閼塞(알색)

彦	선비 **언** (彡-총9획)
	·彦士(언사)

暎	비칠·빛날 **영** (日-총13획)
	·暎畵(영화) ·上暎(상영)

鴨	오리 **압** (鳥-총16획)
	·鴨鷄(압계) ·鴨卵(압란)

姸	고울 **연** (女-총9획)
	·姸顔(연안)

瑛	수정·옥빛 **영** (玉-총13획)
	·瑛琚(영거) ·瑛瑤(영요)

瑩 밝을·옥돌 **영** (玉-총15획)	**壜** 방구들 **오** (土-총16획)	**莞** 왕골 **완** (艸-총11획)
·瑩鏡(영경)	·壜地利(오지리) ·改壜(개오)	·莞莚(완연) ·莞草(완초)
盈 가득찰 **영** (皿-총9획)	**沃** 물댈·기름질 **옥** (水-총7획)	**汪** 물깊고넓을 **왕** (水-총7획)
·盈滿(영만) ·盈月(영월)	·沃土(옥토) ·沃畓(옥답)	·汪汪(왕왕) ·汪海(왕해)
濊 흐릴·부족이름 **예** (水-총16획)	**鈺** 보배 **옥** (金-총13획)	**旺** 왕성할 **왕** (日-총8획)
·東濊(동예)	·寶鈺(보옥)	·旺盛(왕성) ·旺力(왕력)
芮 풀뾰족날 **예** (艸-총8획)	**甕** 독·옹기 **옹** (瓦-총18획)	**倭** 왜국 **왜** (人-총10획)
·芮草(예초)	·甕器(옹기)	·倭國(왜국) ·倭人(왜인)
睿 밝을·지혜 **예** (目-총14획)	**雍** 가릴·화목할 **옹** (隹-총13획)	**堯** 높을·요임금 **요** (土-총12획)
·睿理(예리) ·睿人(예인)	·雍蔽(옹폐) ·雍和(옹화)	·堯舜時代(요순시대)
吳 큰소리칠·성씨 **오** (口-총7획)	**邕** 화할 **옹** (邑-총10획)	**姚** 예쁠 **요** (女-총9획)
·吳越同舟(오월동주)	·邕合(옹합)	·姚冶(요야) ·姚姚(요요)

耀	빛날 요 (羽-총20획)	祐	도울·다행할 우 (示-총10획)	頊	머리굽실거릴 욱 (頁-총13획)
·耀耀(요요) ·耀德(요덕)		·天祐(천우) ·祐事(우사)		·頊頊(욱욱)	

鏞	종·쇠북 용 (金-총19획)	禹	느즈러질·성씨 우 (内-총9획)	芸	향풀·성씨 운 (艸-총8획)
·鏞聲(용성)		·禹步(우보)		·芸芸(운운)	

溶	물흐를·녹을 용 (水-총13획)	郁	문채날·성할 욱 (邑-총9획)	蔚	고을이름 울 (艸-총15획)
·溶解(용해) ·溶劑(용제)		·郁文(욱문)		·蔚山(울산)	

瑢	패옥소리 용 (玉-총14획)	旭	빛날·아침해 욱 (日-총6획)	熊	곰 웅 (火-총14획)
·瑢聲(용성)		·旭日(욱일) ·旭光(욱광)		·熊膽(웅담)	

鎔	녹일 용 (金-총18획)	昱	밝을·빛날 욱 (日-총9획)	袁	긴옷·성씨 원 (衣-총10획)
·鎔接(용접) ·鎔鑛爐(용광로)		·昱日(욱일) ·昱耀(욱요)		·袁衣(원의)	

佑	도울 우 (人-총7획)	煜	불꽃·빛날 욱 (火-총13획)	媛	예쁠 원 (女-총12획)
·保佑(보우)		·煜燿(욱요)		·媛女(원녀) ·才媛(재원)	

瑗 도리옥·이름 **원** (玉-총13획) ·瑗玉(원옥)	**踰** 넘을 **유** (足-총16획) ·踰年(유년) ·踰嶺(유령)	**垠** 언덕·지경 **은** (土-총9획) ·垠界(은계)
韋 군복·어길 **위** (韋-총9획) ·韋反(위반) ·韋裝(위장)	**庾** 노적·곳집 **유** (广-총12획) ·庾積(유적) ·庾廩(유름)	**殷** 많을·나라이름 **은** (殳-총10획) ·殷富(은부) ·殷助(은조)
魏 클·나라이름 **위** (鬼-총18획) ·魏闕(위궐) ·魏國(위국)	**允** 진실로 **윤** (儿-총4획) ·允人(윤인) ·允恭(윤공)	**誾** 온화할 **은** (言-총15획) ·誾誾(은화)
渭 속끓을·강이름 **위** (水-총12획) ·渭事(위사) ·經渭(경위)	**鈗** 병기 **윤** (金-총12획) ·鈗庫(윤고)	**鷹** 매 **응** (鳥-총24획) ·鷹視(응시) ·鷹爪(응조)
俞 자연스러울·성씨 **유** (入-총9획) ·俞允(유윤) ·俞然(유연)	**尹** 다스릴·성씨 **윤** (尸-총4획) ·尹理(윤리) ·尹人(윤인)	**伊** 어조사·오직 **이** (人-총6획) ·伊鬱(이울)
楡 느릅나무 **유** (木-총13획) ·楡松(유송)	**胤** 맏아들·이을 **윤** (肉-총9획) ·胤嗣(윤사) ·胤子(윤자)	**怡** 기쁠 **이** (心-총8획) ·怡和(이화) ·怡哀(이애)

珥 귀고리 **이** (玉-총10획)	**庄** 농막 **장** (广-총6획)	**禎** 상서로울 **정** (示-총14획)
·珥璫(이당)	·田庄(전장)	·禎祥(정상) ·禎氣(정기)
翊 날·도울 **익** (羽-총11획)	**獐** 노루 **장** (犬-총14획)	**珽** 옥홀 **정** (玉-총11획)
·翊成(익성) ·翊戴(익대)	·獐角(장각) ·獐茸(장용)	·珽參(정참)
佾 춤 **일** (人-총8획)	**璋** 반쪽홀 **장** (玉-총15획)	**鄭** 정중할·성씨 **정** (邑-총15획)
·舞佾(무일)	·珪璋(규장) ·璋瓚(장찬)	·鄭重(정중)
鎰 스물넉량중 **일** (金-총18획)	**甸** 경기 **전**·수레 **승** (田-총7획)	**旌** 표할·기 **정** (方-총11획)
·金貳鎰(금이일)	·甸役(전역) ·甸甸(전전)	·旌門(정문) ·旌表(정표)
滋 맛·불을 **자** (水-총12획)	**汀** 물가 **정** (水-총5획)	**晶** 맑을·수정 **정** (日-총12획)
·滋養(자양)	·汀岸(정안) ·汀波(정파)	·水晶(수정)
蔣 과장풀·성씨 **장** (艸-총15획)	**楨** 단단한나무 **정** (木-총13획)	**鼎** 세갈래 **정** (鼎-총13획)
·蔣蓆(장석)	·楨幹(정간)	·鼎談(정담)

曺 관청·성씨 **조** (日-총11획)	峻 높을 **준** (山-총10획)	址 터 **지** (土-총7획)
·法曺(법조) ·兵曺(병조)	·險峻(험준)	·田址(전지) ·寺址(사지)
祚 복 **조** (示-총10획)	浚 깊을·팔 **준** (水-총10획)	稙 일찍심은벼 **직** (禾-총13획)
·祚胤(조윤)	·浚渫(준설)	·稙禾(직화)
趙 찌를·성씨 **조** (走-총14획)	晙 밝을 **준** (日-총11획)	稷 피·기장·농관 **직** (禾-총15획)
·刀趙(도조)	·晙日(준일)	·稷神(직신) ·社稷(사직)
琮 옥홀 **종** (玉-총12획)	駿 준마 **준** (馬-총17획)	晋 나아갈 **진** (日-총10획)
·持琮(지종)	·駿馬(준마)	·晋秩(진질)
疇 밭·같을 **주** (田-총19획)	濬 깊을 **준** (水-총17획)	秦 벼·진나라 **진** (禾-총10획)
·疇壟(주롱)	·濬井(준정)	·秦始皇(진시황)
埈 높을·가파를 **준** (土-총10획)	芝 버섯 **지** (艸-총8획)	燦 빛날 **찬** (火-총17획)
·埈山(준산)	·靈芝(영지)	·燦爛(찬란) ·燦閃(찬섬)

璨 옥빛찬란할 찬 (玉-총17획)	采 캘 · 풍채 채 (采-총8획)	瞻 쳐다볼 첨 (目-총18획)
·璨瑳(찬차)	·風采(풍채)	·瞻星臺(첨성대)

瓚 옥그릇 찬 (玉-총23획)	蔡 법 · 성씨 채 (艸-총15획)	楚 높을 · 회초리 초 (木-총13획)
·美瓚(미찬)	·蔡倫(채륜)	·楚撻(초달) ·苦楚(고초)

鑽 뚫을 · 송곳 찬 (金-총27획)	陟 오를 척 (阜-총10획)	蜀 거미 · 나라이름 촉 (虫-총13획)
·鑽石(찬석) ·鑽硏(찬연)	·進陟(진척) ·陟降(척강)	·蜀葵花(촉규화)

敞 넓을 창 (攴-총12획)	釧 팔찌 천 (金-총11획)	崔 높을 · 성씨 최 (山-총11획)
·大敞(대창)	·金釧(금천)	·崔魏(최위) ·崔判官(최판관)

昶 밝을 창 (日-총9획)	喆 밝을 철 (口-총12획)	鄒 추나라 · 성씨 추 (邑-총13획)
·昶天(창천)	·喆心(철심)	·鄒魯(추로) ·鄒魯學(추로학)

埰 나라에서준땅 채 (土-총11획)	澈 물맑을 철 (水-총15획)	楸 가래나무 추 (木-총13획)
·埰土(채토)	·澈水(철수)	·楸木(추목) ·楸枰(추평)

302 부수로 한자 휘어잡기

椿	참죽나무 춘 (木-총13획)	耽	즐길 탐 (耳-총10획)	扁	특별할·넓을 편 (戶-총9획)
·待春(대춘) ·春府丈(춘부장)		·耽讀(탐독)		·扁舟(편주) ·扁平(편평)	

沖	깊을·화할 충 (水-총7획)	兌	기쁠·바꿀 태 (儿-총7획)	鮑	절인생선 포 (魚-총16획)
·沖年(충년) ·沖話(충화)		·兌卦(태괘) ·兌換(태환)		·魚鮑(어포)	

聚	모일 취 (耳-총14획)	台	클·별 태, 기쁠 이 (口-총5획)	葡	포도 포 (艸-총13획)
·聚合(취합) ·聚集(취집)		·台星(태성) ·國台民安(국태민안)		·葡萄酒(포도주)	

峙	우뚝솟을 치 (山-총9획)	坡	언덕·제방 파 (土-총8획)	杓	자루·묶을 작 (木-총7획)
·對峙(대치)		·坡岸(파안)		·杓線(작선)	

雉	꿩 치 (隹-총13획)	阪	비탈·언덕 판 (阜-총7획)	馮	탈 빙·성씨 풍 (馬-총12획)
·雉鷄(치계)		·阪神(한신)		·馮氣(빙기) ·馮怒(빙노)	

灘	물결·여울 탄 (水-총22획)	彭	옹기종기 방, ·성 팽 (彡-총12획)	弼	도울 필 (弓-총12획)
·漢灘江(한탄강)		·彭排(팽배)		·弼匡(필광) ·弼亮(필량)	

泌 셀 **필**·분비할 **비** (水-총8획) ·分泌(분비)	赫 빛날·밝을 **혁** (赤-총14획) ·赫曄(혁엽) ·赫焉(혁언)	炯 빛날 **형** (火-총9획) ·炯炯(형형)
陝 땅이름 **합**, ·좁을 **협** (阜-총10획) ·陝川(합천) ·陝小(협소)	峴 산고개·재 **현** (山-총10획) ·朴達峴(박달현)	馨 향기 **형** (香-총20획) ·馨香(형향)
亢 높을·겨룰 **항** (亠-총4획) ·亢顔(항안) ·亢爭(항쟁)	炫 빛날·밝을 **현** (火-총9획) ·炫燿(현요)	壕 참호·해자 **호** (土-총17획) ·塹壕(참호)
沆 넓을·이슬 **항** (水-총7획) ·沆海(항해) ·沆瀣(항해)	鉉 솥귀 **현** (金-총13획) ·鉉席(현석)	滈 넓을 **호** (水-총15획) ·滈大(호대)
杏 살구·은행 **행** (木-총7획) ·杏仁(행인) ·杏花(행화)	邢 형나라·성씨 **형** (邑-총7획) ·邢氏(형씨)	晧 밝을 **호** (日-총11획) ·泰晧(태호)
爀 불빛 **혁** (火-총18획) ·爀曄(혁엽) ·爀焉(혁언)	瀅 물맑을 **형** (水-총18획) ·瀅注(형주)	皓 흴·밝을 **호** (白-총12획) ·皓齒(호치) ·皓皓白髮(호호백발)

扈	넓을·성씨 호 (戶-총11획)	樺	자작나무 화 (木-총16획)	檜	전나무 회 (木-총17획)
·扈駕(호가)		·樺木(화목)		·檜木(회목) ·檜楫(회즙)	

昊	하늘·하나님 호 (日-총8획)	煥	빛날 환 (火-총13획)	后	임금·왕비 후 (口-총6획)
·昊天(호천)		·煥綺(환기) ·渙發(환발)		·王后(왕후) ·皇后(황후)	

祜	복 호 (示-총10획)	桓	굳셀·환인 환 (木-총10획)	壎	질나팔 훈 (土-총17획)
·祜休(호휴)		·桓因(환인)		·壎篪(훈지)	

鎬	쟁가비·호경 호 (金-총18획)	滉	물깊고넓을 황 (水-총13획)	熏	불길 훈 (火-총14획)
·鎬鎬(호호)		·滉瀁(황양)		·熏蒸(훈증)	

泓	깊을 홍 (水-총8획)	晃	밝을 황 (日-총10획)	薰	훈훈할·향풀 훈 (艸-총18획)
·泓池(홍지)		·晃然(황연)		·薰氣(훈기) ·薰風(훈풍)	

嬅	탐스러울 화 (女-총15획)	淮	회수·강이름 회 (水-총11획)	徽	아름다울 휘 (彳-총17획)
·嬅珠(화주)		·淮水(회수)		·徽章(휘장)	

烋	경사·아름다울 **휴** (火-총10획)	禧	복 **희** (示-총17획)
·烋日(휴일)		·禧年(희년)	

匈	흉할·떠들썩할 **흉** (勹-총6획)	羲	기운·복희 **희** (羊-총16획)
·匈匈(흉흉) ·匈奴族(흉노족)		·羲農(희농)	

欽	공경할 **흠** (欠-총12획)
·欽慕(흠모)	

嬉	즐길 **희** (女-총15획)
·嬉遊(희유)	

憙	기뻐할 **희** (心-총16획)
·憙獵(희렵) ·憙遊(희유)	

熹	빛날·성할 **희** (火-총16획)
·熹微(희미)	

3급편

신습한자 317자(하위급수 한자 1,500자)

却 물리칠 **각** (卩-총7획) ·退却(퇴각)	絹 비단·명주 **견** (糸-총13획) ·絹織物(견직물) ·絹絲(견사)	庚 일곱째천간 **경** (广-총 10획) ·庚新(경신)
姦 간사할 **간** (女-총9획) ·姦淫(간음) ·姦通(간통)	牽 이끌 **견** (牛-총11획) ·牽引(견인) ·牽制(견제)	繫 맬 **계** (糸-총19획) ·繫留(계류)
渴 목마를 **갈** (水-총12획) ·渴症(갈증) ·渴求(갈구)	肩 어깨 **견** (肉-총8획) ·肩臂(견비) ·肩章(견장)	癸 북방·월경 **계** (癶-총9획) ·癸方(계방) ·癸期(계기)
皆 다 **개** (白-총9획) ·皆勤(개근) ·皆兵(개병)	遣 파견·보낼 **견** (辶-총14획) ·派遣(파견)	枯 마를 **고** (木-총9획) ·枯木(고목) ·枯死(고사)
慨 분개할 **개** (心-총14획) ·憤慨(분개) ·慨嘆(개탄)	竟 마칠·다할 **경** (立-총11획) ·畢竟(필경)	顧 생각할 **고** (頁-총21획) ·顧客(고객) ·回顧(회고)
乞 구걸할 **걸** (乙-총3획) ·乞食(걸식) ·乞人(걸인)	卿 벼슬 **경** (卩-총12획) ·卿士大夫(경사대부)	坤 땅 **곤** (土-총8획) ·乾坤(건곤)

郭	성곽 **곽** (邑-총11획)

· 內郭(내곽) · 外郭(외곽)

狗	개 **구** (犬-총8획)

· 狗肉(구육)

軌	궤도·길 **궤** (車-총9획)

· 軌道(궤도)

掛	걸·달아놓을 **괘** (手-총11획)

· 掛鐘時計(괘종시계) · 掛圖(괘도)

苟	구차할 **구** (艸-총9획)

· 苟命(구명) · 苟且(구차)

龜	거북 **귀** (龜-총16획)

· 龜鑑(귀감) · 龜裂(균열)

塊	덩어리 **괴** (土-총13획)

· 金塊(금괴) · 塊石(괴석)

驅	몰·쫓을 **구** (馬-총21획)

· 驅步(구보) · 先驅者(선구자)

叫	부르짖을 **규** (口-총5획)

· 絶叫(절규)

愧	부끄러워할 **괴** (心-총13획)

· 愧心(괴심) · 愧汗(괴한)

懼	두려워할 **구** (心-총21획)

· 悚懼(송구)

糾	살필·모을 **규** (糸-총8획)

· 糾合(규합) · 糾明(규명)

矯	바로잡을 **교** (矢-총17획)

· 矯正(교정) · 矯導(교도)

俱	함께 **구** (人-총10획)

· 俱工(구공) · 俱空(구공)

僅	겨우·적을 **근** (人-총13획)

· 僅僅(근근) · 僅少(근소)

郊	시외·교외 **교** (邑-총9획)

· 郊外(교외) · 近郊(근교)

厥	그 **궐** (厂-총12획)

· 厥尾(궐미) · 厥女(궐녀)

斤	도끼 **근** (斤-총4획)

· 斤數(근수)

謹	삼갈 근 (言-총18획)	幾	몇 · 살필 기 (幺-총12획)	惱	번뇌할 뇌 (心-총12획)
	·謹賀新年(근하신년) ·謹拜(근배)		·幾百(기백)		·苦惱(고뇌) ·煩惱(번뇌)

肯	긍정할 긍 (肉-총8획)	棄	포기할 · 버릴 기 (木-총12획)	畓	논 답 (田-총9획)
	·肯定(긍정) ·首肯(수긍)		·棄權(기권) ·抛棄(포기)		·田畓(전답) ·畓穀(답곡)

忌	꺼릴 · 제사 기 (心-총7획)	豈	어찌 기 (豆-총10획)	跳	뛸 도 (足-총13획)
	·忌避(기피) ·忌日(기일)		·豈敢(기감) ·豈唯(기유)		·跳躍(도약) ·跳步(도보)

飢	주릴 기 (食-총11획)	那	어찌 · 편안할 나 (邑-총7획)	塗	진흙 · 바를 도 (土-총13획)
	·飢餓(기아)		·那邊(나변) ·刹那(찰나)		·塗褙(도배) ·塗炭(도탄)

旣	이미 기 (无-총11획)	奈	어찌 내 (大-총8획)	挑	집적거릴 도 (手-총9획)
	·旣決(기결) ·旣得權(기득권)		·奈何(내하) ·奈落(나락)		·挑戰(도전) ·挑發(도발)

欺	속일 · 기만할 기 (欠-총12획)	乃	이에 내 (丿-총2획)	稻	벼 도 (禾-총15획)
	·欺瞞(기만) ·詐欺(사기)		·乃至(내지)		·稻植(도식) ·稻熱病(도열병)

篤 도타울 독 (竹-총16획) ·敦篤(돈독)	濫 넘칠 람 (水-총17획) ·濫發(남발) ·氾濫(범람)	獵 사냥 렵 (犬-총18획) ·狩獵(수렵)
豚 돼지 돈 (豕-총11획) ·豚肉(돈육) ·養豚(양돈)	掠 뺏을 략 (手-총11획) ·掠奪(약탈)	零 떨어질 령 (雨-총13획) ·零下(영하) ·零落(영락)
敦 도타울 돈 (攵-총12획) ·敦篤(돈독) ·敦實(돈실)	諒 살필 량 (言-총15획) ·諒知(양지) ·諒解(양해)	隷 종 례 (隶-총16획) ·奴隷(노예) ·隷書(예서)
鈍 둔할·무딘 둔 (金-총12획) ·鈍感(둔감) ·愚鈍(우둔)	憐 가련할 련 (心-총15획) ·可憐(가련) ·憐憫(연민)	鹿 사슴 록 (鹿-총11획) ·鹿角(녹각) ·鹿茸(녹용)
屯 모을·진칠 둔 (屮-총4획) ·駐屯(주둔) ·屯防(둔방)	劣 악할 렬 (力-총6획) ·劣等(열등) ·劣勢(열세)	了 마칠 료 (亅-총2획) ·終了(종료) ·完了(완료)
騰 오를 등 (馬-총20획) ·騰落(등락) ·暴騰(폭등)	廉 청렴할·값쌀 렴 (广-총13획) ·廉價(염가) ·清廉(청렴)	僚 벗·동료 료 (人-총14획) ·同僚(동료)

涙	눈물 루 (水-총11획)	茫	아득할 망 (艸-총10획)	冒	가릴 · 무릅쓸 모 (冂-총9획)
	·血淚(혈루) ·漏水(누수)		·茫然(망연) ·茫茫大海(망망대해)		·冒日(모일)

屢	여러 루 (尸-총14획)	忙	바쁠 망 (心-총6획)	募	모을 모 (力-총13획)
	·屢屢(누누)이 ·屢次(누차)		·公私多忙(공사다망)		·募集(모집) ·募金(모금)

梨	배나무 리 (木-총11획)	罔	없을 망 (网-총8획)	某	아무 · 어떤 모 (木-총9획)
	·梨花(이화) ·烏飛梨落(오비이락)		·罔極(망극) ·罔測(망측)		·某氏(모씨) ·某處(모처)

鄰	이웃 린 (邑-총15획)	忘	잊을 망 (心-총7획)	侮	업신여길 모 (人-총9획)
	·隣近(인근) ※ 隣과 鄰은 동일		·忘覺(망각) ·忘年會(망년회)		·侮蔑(모멸) ·受侮(수모)

慢	게으를 만 (心-총14획)	埋	묻을 · 감출 매 (土-총10획)	暮	저물 모 (日-총15획)
	·怠慢(태만) ·自慢(자만)		·埋葬(매장) ·埋伏(매복)		·歲暮(세모) ·暮秋(모추)

漫	흩어질 만 (水-총14획)	冥	어두울 · 저승 명 (冖-총10획)	廟	사당 묘 (广-총15획)
	·漫談(만담) ·漫畵(만화)		·冥福(명복) ·冥想(명상)		·宗廟(종묘) ·廟堂(묘당)

苗 싹·모종 묘 (艸-총9획) ·苗木(묘목) ·苗板(묘판)	憫 근심할 민 (心-총15획) ·憫憫(민망) ·憐憫(연민)	伴 짝 반 (人-총7획) ·伴侶者(반려자) ·伴奏(반주)
卯 토끼 묘 (卩-총5획) ·卯年(묘년) ·卯時(묘시)	敏 민첩할 민 (攴-총11획) ·敏捷(민첩) ·敏感(민감)	傍 가까이할·곁 방 (人-총12획) ·傍觀(방관) ·傍聽客(방청객)
戊 천간 무 (戈-총5획) ·戊辰(무진)	蜜 꿀 밀 (虫-총14획) ·蜜蜂(밀봉) ·蜜月(밀월)	邦 나라 방 (邑-총7획) ·萬邦(만방) ·異邦人(이방인)
霧 안개 무 (雨-총19획) ·煙霧(연무)	泊 머무를 박 (水-총8획) ·宿泊(숙박) ·碇泊(정박)	倣 모방할 방 (人-총10획) ·模倣(모방)
眉 눈썹 미 (目-총9획) ·眉間(미간) ·眉目(미목)	返 돌이킬·돌아올 반 (辵-총8획) ·返納(반납) ·返還(반환)	杯 잔·대접 배 (木-총8획) ·乾杯(건배) ·祝杯(축배)
迷 헤맬·미혹할 미 (辵-총10획) ·迷路(미로) ·迷兒(미아)	叛 배반할 반 (又-총9획) ·背叛(배반) ·叛逆(반역)	煩 괴로울 번 (火-총13획) ·煩惱(번뇌) ·煩雜(번잡)

飜 펄럭일 **번** (飛-총21획) ·飜覆(번복) ·飜譯(번역)	**赴** 알릴·다다를 **부** (走-총9획) ·赴告(부고) ·赴任(부임)	**聘** 부를·장가들 **빙** (耳-총13획) ·招聘(초빙) ·聘父(빙부)
辨 분별할 **변** (辛-총16획) ·辨償(변상) ·辨濟(변제)	**墳** 무덤 **분** (土-총15획) ·墳墓(분묘) ·古墳(고분)	**似** 같을·비슷할 **사** (人-총7획) ·類似(유사) ·似而非(사이비)
屛 병풍 **병** (尸-총11획) ·屛帳(병장) ·屛風(병풍)	**崩** 무너질 **붕** (山-총11획) ·崩壞(붕괴)	**捨** 버릴·베풀 **사** (手-총11획) ·四捨五入(사사오입) ·喜捨(희사)
竝 함께·아우를 **병** (立-총10획) ·竝行(병행) ·竝列(병렬)	**朋** 벗·무리 **붕** (月-총8획) ·朋友(붕우) ·朋黨(붕당)	**巳** 뱀 **사** (己-총3획) ·巳足(사족) ·巳時(사시)
卜 점·알릴 **복** (卜-총2획) ·卜術(복술) ·卜債(복채)	**賓** 손님 **빈** (貝-총14획) ·貴賓(귀빈) ·來賓(내빈)	**詐** 속일 **사** (言-총12획) ·詐欺(사기) ·詐稱(사칭)
蜂 벌 **봉** (虫-총13획) ·雌蜂(자봉) ·養蜂(양봉)	**頻** 자주 **빈** (頁-총16획) ·頻度(빈도) ·頻發(빈발)	**斯** 이·쪼갤 **사** (斤-총12획) ·斯世(사세)

賜	하사할·줄 **사** (貝-총15획)	誓	맹세할 **서** (言-총14획)	攝	당길 **섭** (手-총21획)
·下賜(하사) ·賜藥(사약)		·盟誓(맹서) ·誓約(서약)		·攝心(섭심) ·攝取(섭취)	
朔	초하루·처음 **삭** (月-총10획)	庶	여러·뭇 **서** (广-총11획)	昭	밝을 **소** (日-총9획)
·朔日(삭일) ·朔望(삭망)		·庶務(서무) ·庶子(서자)		·昭詳(소상)	
嘗	맛볼·시험할 **상** (口-총14획)	敍	지을·베풀·펼 **서** (攴-총11획)	召	부를·요청할 **소** (口-총5획)
·臥薪嘗膽(와신상담) ·嘗試(상시)		·敍述(서술)		·召喚(소환) ·召集(소집)	
祥	상서로울 **상** (示-총11획)	昔	옛날 **서** (日-총8획)	騷	시끄러울 **소** (馬-총20획)
·祥瑞(상서) ·不祥事(불상사)		·今昔(금석) ·昔人(석인)		·騷亂(소란) ·騷動(소동)	
逝	갈·죽을 **서** (辵-총11획)	析	쪼갤 **석** (木-총8획)	蔬	채소·나물 **소** (艸-총15획)
·逝去(서거)		·分析(분석)		·菜蔬(채소) ·蔬飯(소반)	
暑	더위·더울 **서** (日-총13획)	涉	건널·교섭할 **섭** (水-총10획)	粟	좁쌀·조 **속** (米-총12획)
·避暑(피서) ·暴暑(폭서)		·交涉(교섭) ·涉外(섭외)		·粟米(속미) ·粟飯(속반)	

誦 외울 송 (言-총14획) ·暗誦(암송) ·諸誦(제송)	須 모름지기 수 (頁-총12획) ·必須(필수)	戌 개·때려부술 술 (戈-총6획) ·戌年(술년) ·戌時(술시)
囚 감옥·죄수 수 (口-총5획) ·囚人(수인) ·囚衣(수의)	搜 찾을 수 (手-총13획) ·搜査(수사) ·搜索(수색)	矢 화살 시 (矢-총5획) ·弓矢(궁시) ·矢向(시향)
誰 누구·무엇 수 (言-총15획) ·誰何(수하) ·誰某(수모)	孰 누구·무엇 숙 (子-총11획) ·孰視(숙시)	辛 매울 신 (辛-총7획) ·辛味(신미) ·辛苦(신고)
雖 비록 수 (隹-총17획) ·雖家難厭不淨(수가난염부정)	循 돌·좇을 순 (彳-총12획) ·循次(순차) ·循行(순행)	晨 새벽 신 (日-총11획) ·晨鐘(신종) ·晨起(신기)
遂 수행할·이룰 수 (辶-총13획) ·遂行(수행) ·完遂(완수)	殉 따라죽을 순 (歹-총10획) ·殉職(순직) ·殉國(순국)	伸 기지개켤 신 (人-총7획) ·伸張(신장) ·伸長(신장)
睡 잠잘 수 (目-총13획) ·睡眠(수면) ·昏睡(혼수)	脣 입술 순 (肉-총11획) ·紅脣(홍순) ·脣齒(순치)	尋 찾을 심 (寸-총12획) ·尋訪(심방) ·尋人(심인)

餓 굶을 **아** (食-총16획)	涯 물가·다할 **아** (水-총11획)	於 살 **어** (方-총8획)
·饑餓(기아) ·餓鬼(아귀)	·涯岸(애안) ·涯際(애제)	·於此彼(어차피) ·甚至於(심지어)

岳 큰산 **악** (山-총8획)	厄 재앙 **액** (厂-총4획)	焉 어찌·어디 **언** (火-총11획)
·山岳(산악) ·岳頭(악두)	·厄運(액운) ·橫厄(횡액)	·焉敢生心(언감생심)

雁 기러기 **안** (隹-총12획)	也 있다·어조사 **야** (乙-총3획)	予 나 **여** (亅-총4획)
·飛雁(비안)	·及其也(급기야)	·予汝(여여)

謁 아뢸·뵈올 **알** (言-총16획)	耶 아버지 **야** (耳-총9획)	余 나·남을 **여** (人-총7획)
·拜謁(배알) ·謁見(알현)	·耶孃(야양) ·老孃(노양)	·余汝(여여) ·余等(여등)

押 누를 **압** (手-총8획)	躍 뛸 **약** (足-총21획)	汝 너 **여** (水-총6획)
·押上(압상) ·押印(압인)	·跳躍(도약) ·躍進(약진)	·汝等(여등) ·汝家(여가)

殃 재앙 **앙** (歹-총9획)	楊 버들나무 **양** (木-총13획)	輿 수레·무리 **여** (車-총17획)
·災殃(재앙) ·殃禍(앙화)	·楊柳(양류) ·楊下(양하)	·輿論(여론) ·喪輿(상여)

閱	볼 **열** (門-총15획)
·檢閱(검열)	

汚	더러울 **오** (水-총6획)
·汚染(오염) ·汚水(오수)	

曰	말할·가로 **왈** (曰-총4획)
·曰可曰否(왈가왈부) ·師曰(사왈)	

泳	헤엄칠 **영** (水-총8획)
·水泳(수영) ·背泳(배영)	

娛	즐거워할 **오** (女-총10획)
·娛樂(오락)	

畏	두려워할 **외** (田-총9획)
·敬畏(경외) ·畏敵(외적)	

詠	읊을 **영** (言-총12획)
·詠歌(영가) ·詠誦(영송)	

嗚	탄식 **오** (口-총13획)
·嗚咽(오열) ·嗚呼(오호)	

遙	멀 **요** (辶-총14획)
·遙遠(요원) ·遙天(요천)	

銳	날카로울 **예** (金-총15획)
·銳利(예리) ·銳敏(예민)	

翁	늙은이 **옹** (羽-총10획)
·老翁(노옹) ·山翁(산옹)	

腰	허리 **요** (肉-총13획)
·腰痛(요통) ·腰椎(요추)	

傲	거만할 **오** (人-총13획)
·傲慢(오만) ·傲氣(오기)	

擁	안을·포옹할 **옹** (手-총16획)
·抱擁(포옹) ·擁護(옹호)	

搖	흔들 **요** (手-총13획)
·搖動(요동) ·搖籃(요람)	

吾	우리·나 **오** (口-총7획)
·吾等(오등) ·吾家(오가)	

臥	누울 **와** (臣-총8획)
·臥病(와병) ·行住坐臥(행주좌와)	

庸	떳떳할·쓸 **용** (广-총11획)
·登庸(등용) ·中庸(중용)	

于	갈·탄식할 **우** (二-총3획)	酉	닭·열째지지 **유** (酉-총7획)	泣	울 **읍** (水-총8획)
·于先(우선) ·于今(우금)		·酉時(유시) ·酉聲(유성)		·泣訴(읍소) ·泣哭(읍곡)	

尤	더욱·허물 **우** (尢-총4획)	唯	오직 **유** (口-총11획)	凝	엉길·물얼 **응** (冫-총16획)
·尤甚(우심) ·尤妙(우묘)		·唯一(유일) ·唯我獨尊(유아독존)		·凝固(응고) ·凝血(응혈)	

又	또·다시 **우** (又-총2획)	惟	오직·생각할 **유** (心-총11획)	矣	말그칠 **의** (矢-총7획)
·三又(삼우) ·多又(다우)		·惟獨(유독)		·甚矣(심의)	

云	말할·어조사 **운** (二 총4획)	愈	병나을·더욱 **유** (心-총13획)	宜	마땅할·옳을 **의** (宀-총8획)
·云云(운운) ·云謂(운위)		·快愈(쾌유) ·全愈(전유)		·宜當(의당) ·便宜(편의)	

緯	가로선·씨줄 **위** (糸-총15획)	閏	윤달 **윤** (門-총12획)	夷	오랑캐 **이** (大-총6획)
·緯度(위도) ·緯經(위경)		·閏年(윤년) ·閏月(윤월)		·東夷(동이) ·夷土(이토)	

違	어길·잘못 **위** (辶-총13획)	吟	울·신음할 **음** (口-총7획)	而	말이을 **이** (而-총6획)
·違法(위법) ·違反(위반)		·呻吟(신음) ·吟味(음미)		·黑而白(흑이백)	

姻 혼인 **인** (女-총9획)	爵 벼슬 **작** (爪-총18획)	蝶 나비 **접** (虫-총15획)
·婚姻(혼인) ·姻戚(인척)	·爵位(작위) ·爵土(작토)	·蜂蝶(봉접)

寅 범 **인** (宀-총11획)	墻 담 **장** (土-총16획)	訂 고칠 **정** (言-총9획)
·甲寅(갑인) ·寅時(인시)	·墻壁(장벽) ·墻外(장외)	·訂正(정정) ·訂訛(정와)

恣 방자할 **자** (心-총10획)	哉 비로소 **재** (口-총9획)	堤 둑·제방 **제** (土-총12획)
·放恣(방자) ·恣行(자행)	·快哉(쾌재)	·堤防(제방) ·防波堤(방파제)

玆 흐릴 **자** (玄-총10획)	宰 재상 **재** (宀-총10획)	弔 조상할 **조** (弓-총4획)
·玆山魚譜(자산어보) ·玆日(자일)	·宰相(재상)	·弔意(조의) ·弔問客(조문객)

茲 무성한·거듭 **자** (艸-총10획)	滴 스며들·물방울 **적** (水-총14획)	燥 말릴·마를 **조** (火-총17획)
·茲其(자기) ·茲茲(자자)	·滴水(적수) ·落滴(낙적)	·乾燥(건조) ·焦燥(초조)

酌 술따를 **작** (酉-총10획)	竊 훔칠·좀도둑 **절** (穴-총22획)	拙 옹졸할 **졸** (手-총8획)
·酌婦(작부) ·斟酌(짐작)	·竊盜(절도)	·拙劣(졸렬) ·拙筆(졸필)

佐	도울 **좌** (人-총7획)	遲	더딜·늦을 **지** (辶-총16획)	慙	부끄러울 **참** (心-총15획)
·補佐(보좌) ·佐命(좌명)		·遲刻(지각) ·遲延(지연)		·慙悔(참회)	
舟	배 **주** (舟-총6획)	姪	조카딸·조카 **질** (女-총9획)	暢	화창할·펼 **창** (日-총14획)
·舟家(주가) ·舟形(주형)		·姪女(질녀) ·姪婦(질부)		·和暢(화창) ·暢達(창달)	
俊	준걸·뛰어날 **준** (人-총9획)	懲	징계할·혼날 **징** (心-총19획)	斥	물리칠 **척** (斤-총5획)
·俊傑(준걸) ·俊秀(준수)		·懲戒(징계) ·膺懲(응징)		·排斥(배척) ·斥賣(척매)	
遵	지킬 **준** (辶-총16획)	且	또 **차** (一-총5획)	薦	천거할 **천** (艹-총17획)
·遵守(준수) ·遵法(준법)		·重且大(중차대)		·薦擧(천거) ·推薦(추천)	
贈	드릴·줄 **증** (貝-총19획)	捉	잡을 **착** (手-총10획)	尖	뾰족할 **첨** (小-총6획)
·寄贈(기증) ·贈呈(증정)		·捕捉(포착)		·尖端(첨단) ·尖銳(첨예)	
只	다만 **지** (口-총5획)	慘	비참할 **참** (心-총14획)	添	더할 **첨** (水-총11획)
·只今(지금) ·但只(단지)		·悲慘(비참) ·慘死(참사)		·添加(첨가) ·添附(첨부)	

妾	첩 첩 (女-총8획)	秒	분초 초 (禾-총9획)	逐	쫓을 축 (辶-총11획)
·愛妾(애첩) ·妾室(첩실)		·秒速(초속)		·逐出(축출) ·角逐(각축)	

晴	갤·날밝을 청 (日-총12획)	燭	촛불·불밝힐 촉 (火-총17획)	臭	냄새 취 (自-총10획)
·晴天(청천)		·華燭(화촉) ·燭臺(촉대)		·惡臭(악취) ·臭味(취미)	

替	바꿀 체 (日-총12획)	聰	귀밝을 총 (耳-총17획)	枕	베개 침 (木-총8획)
·交替(교체) ·代替(대체)		·聰明(총명) ·聰記(총기)		·木枕(목침)	

逮	잡을 체 (辶-총12획)	抽	뺄·당길 추 (手-총8획)	妥	타협할 타 (女-총7획)
·逮捕(체포)		·抽出(추출) ·抽籤(추인)		·妥協(타협) ·妥當(타당)	

遞	우편·우체 체 (辶-총14획)	醜	추할 추 (酉-총17획)	墮	떨어질 타 (土-총15획)
·郵遞夫(우체부)		·醜聞(추문) ·醜態(추태)		·墮落(타락) ·墮胎(타태)	

抄	베낄·훔칠 초 (手-총7획)	丑	소 축 (一-총4획)	托	맡길·내밀 탁 (手-총6획)
·抄本(초본) ·抄掠(초략)		·丑時(축시) ·丑初(축초)		·受託(수탁) ·托鉢(탁발)	

濁 흐릴 **탁** (水-총16획)	播 뿌릴 **파** (手-총15획)	幣 예물·돈 **폐** (巾-총15획)
·濁水(탁수) ·混濁(혼탁)	·播種(파종) ·播植(파식)	·貨幣(화폐) ·納幣(납폐)
濯 씻을 **탁** (水-총17획)	罷 파할·깨어질 **파** (罒-총15획)	蔽 덮을 **폐** (艹-총16획)
·洗濯(세탁) ·濯足(탁족)	·罷業(파업) ·罷職(파직)	·隱蔽(은폐)
誕 태어날 **탄** (言-총14획)	把 잡을 **파** (手-총7획)	抱 안을 **포** (手-총8획)
·誕生(탄생) ·誕辰(탄신)	·把握(파악)	·抱擁(포옹) ·抱負(포부)
貪 탐할 **탐** (貝-총11획)	販 팔 **판** (貝-총11획)	飽 배부를 **포** (食-총14획)
·貪慾(탐욕) ·貪官汚吏(탐관오리)	·販賣(판매) ·販路(판로)	·飽食(포식) ·飽滿(포만)
怠 게으를 **태** (心-총9획)	貝 조개·재물 **패** (貝-총7획)	幅 넓이 **폭** (巾-총12획)
·怠慢(태만) ·懶怠(나태)	·貝物(패물) ·貝石(패석)	·大幅(대폭) ·全幅(전폭)
頗 치우칠 **파** (頁-총14획)	遍 두루 **편** (辶-총13획)	漂 뜰 **표** (水-총14획)
·偏頗(편파) ·頗僻(파벽)	·遍在(편재) ·普遍(보편)	·漂流(표류) ·漂說(표설)

匹	짝 **필** (匚-총4획)

· 匹夫(필부) · 匹婦(필부)

該	해당될 · 갖출 **해** (言-총13획)

· 該當(해당) · 該校(해교)

亨	형통할 **형** (亠-총7획)

· 亨通(형통)

旱	가물 **한** (日-총7획)

· 旱害(한해) · 旱災(한재)

享	누릴 · 잔치 **향** (亠-총8획)

· 享宴(향연) · 享樂(향락)

螢	반딧불 **형** (虫-총16획)

· 螢光(형광) · 螢雪之功(형설지공)

咸	다 **함** (口-총9획)

· 咸告(함고)

軒	초헌 **헌** (車-총10획)

· 軒帆(헌범) · 軒然(헌연)

兮	어조사 **혜** (八-총4획)

· 兮呀(혜하)

巷	거리 **항** (己-총9획)

· 巷間(항간) · 巷說(항설)

絃	악기줄 **현** (糸-총11획)

· 絃樂器(현악기)

乎	탄식할 **호** (丿-총5획)

· 嗚乎(오호)라

亥	돼지 · 끝지지 **해** (亠-총6획)

· 亥豕之訛(해시지와)

縣	고을 · 매달 **현** (糸-총16획)

· 縣監(현감) · 縣鼓(현고)

互	서로 **호** (二-총4획)

· 相互(상호) · 互惠(호혜)

奚	어찌 · 어찌 **해** (大-총10획)

· 奚特(해특)

嫌	싫어할 **혐** (女-총13획)

· 嫌惡(혐오) · 嫌疑(혐의)

毫	붓 · 가는털 **호** (毛-총11획)

· 豪端(호단) · 揮毫(휘호)

昏 어두울 혼 (日-총8획)	丸 총알·알 환 (丶-총3획)
·黃昏(황혼) ·昏睡(혼수)	·彈丸(탄환) ·丸藥(환약)
弘 클·넓을 홍 (弓-총5획)	曉 밝을·새벽 효 (日-총16획)
·弘益人間(홍익인간) ·弘報(홍보)	·曉星(효성) ·曉得(효득)
鴻 기러기·클 홍 (鳥-총17획)	侯 과녁·제후 후 (人-총9획)
·鴻爪(홍조) ·鴻恩(홍은)	·侯鵠(후곡) ·후왕(侯王)
禾 벼 화 (禾-총5획)	毁 헐 훼 (殳-총13획)
·禾穀(화곡) ·禾苗(화묘)	·毁損(훼손) ·毁謗(훼방)
擴 넓힐 확 (手-총18획)	輝 빛날 휘 (車-총15획)
·擴大(확대) ·擴散(확산)	·光輝(광휘) ·輝煌(휘황)
穫 거둘 확 (禾-총19획)	携 가질·이끌 휴 (手-총13획)
·收穫(수확)	·携帶(휴대) ·製携(제휴)

3급 II 편

신습한자 500자(하위급수 한자 1,000자)

佳	아름다울 가 (人-총8획)	幹	간부·줄기 간 (干-총13획)	介	끼일 개 (人-총4획)
	·佳人(가인) ·佳作(가작)		·幹部(간부) ·幹線(간선)		·介入(개입) ·仲介(중개)

架	시렁·세울 가 (木-총9획)	懇	정성·간절할 간 (心-총17획)	槪	대개·대강 개 (木-총15획)
	·架設(가설) ·架橋(가교)		·懇切(간절) ·懇請(간청)		·槪念(개념) ·槪論(개론)

脚	다리 각 (肉-총11획)	鑑	거울 감 (金-총22획)	蓋	덮을 개 (皿-총11획)
	·脚線美(각선미) ·脚氣病(각기병)		·監察(감찰) ·監査(감사)		·覆蓋(복개) ·蓋瓦(개와)

閣	누각·내각 각 (門-총14획)	鋼	강철 강 (金-총16획)	距	뜀·거리 거 (足-총12획)
	·樓閣(누각) ·閣僚(각료)		·鋼鐵(강철) ·鋼版(강판)		·距離(거리) ·距速(거속)

刊	새길·책펴낼 간 (刂-총5획)	剛	굳셀 강 (刀-총10획)	乾	하늘·마를 건 (乙-총11획)
	·刊行(간행) ·新刊(신간)		·剛直(강직) ·剛健(강건)		·乾坤(건곤) ·乾杯(건배)

肝	간 간 (肉-총7획)	綱	벼리 강 (糸-총14획)	劍	칼 검 (刀-총15획)
	·肝膽(간담) ·肝臟(간장)		·綱領(강령) ·紀綱(기강)		·劍術(검술) ·長劍(장검)

隔 막을·사이 **격** (阜-총13획) ·隔日(격일)　·間隔(간격)	硬 단단할 **경** (石-총12획) ·硬度(경도)　·强硬(강경)	溪 시내 **계** (水-총13획) ·溪谷(계곡)　·溪水(계수)
訣 이별할 **결** (言-총11획) ·訣別(결별)	徑 지름길·빠를 **경** (彳-총10획) ·捷徑(첩경)　·直徑(직경)	姑 시어머니 **고** (女-총8획) ·姑婦(고부)　·姑舅(고구)
兼 겸할 **겸** (八-총10획) ·兼任(겸임)　·兼職(겸직)	契 계약할·맺을 **계** (大-총9획) ·契約(계약)　·契員(계원)	鼓 북·두드릴 **고** (鼓-총13획) ·鼓聲(고성)
謙 겸손할 **겸** (言-총17획) ·謙遜(겸손)　·謙虛(겸허)	啓 열·여쭐 **계** (口-총11획) ·啓蒙(계몽)　·啓發(계발)	稿 볏짚·원고 **고** (禾-총15획) ·原稿(원고)　·稿料(고료)
耕 밭갈 **경** (耒-총10획) ·耕地(경지)　·耕作(경작)	桂 계수나무 **계** (木-총10획) ·桂皮(계피)	谷 골짜기·계곡 **곡** (谷-총7획) ·溪谷(계곡)　·幽谷(유곡)
頃 가까울 **경** (頁-총11획) ·頃刻(경각)　·三頃(삼경)	械 기계·형틀 **계** (木-총11획) ·機械(기계)	哭 울 **곡** (口-총10획) ·痛哭(통곡)　·哭聲(곡성)

供 이바지할 **공** (人-총8획) ·提供(제공) ·供給(공급)	冠 갓 **관** (冖-총9획) ·衣冠(의관) ·冠服(관복)	怪 기이할 **괴** (心-총8획) ·怪異(괴이) ·怪談(괴담)
恭 공손할 **공** (心-총10획) ·恭敬(공경) ·恭遜(공손)	貫 꿸 **관** (貝-총11획) ·貫通(관통) ·一貫(일관)	壞 무너질 **괴** (土-총19획) ·破壞(파괴) ·崩壞(붕괴)
貢 바칠 **공** (貝-총10획) ·貢納(공납)	慣 버릇·습관 **관** (心-총14획) ·慣習(관습) ·慣行(관행)	巧 교묘할·재주 **교** (工-총5획) ·技巧(기교) ·巧妙(교묘)
恐 두려울 **공** (心-총10획) ·恐怖(공포) ·恐喝(공갈)	寬 넓을·너그러울 **관** (宀-총15획) ·寬容(관용) ·寬大(관대)	較 비교할 **교** (車-총13획) ·比較(비교)
誇 자랑할 **과** (言-총13획) ·誇示(과시) ·誇張(과장)	館 집·객사 **관** (食-총17획) ·館舍(관사) ·旅館(여관)	久 오랠 **구** (丿-총3획) ·久遠(구원) ·長久(장구)
寡 과부·적을 **과** (宀-총14획) ·寡婦(과부) ·寡人(과인)	狂 미칠 **광** (犬-총7획) ·狂信徒(광신도) ·狂奔(광분)	丘 언덕 **구** (一-총5획) ·丘陵(구릉) ·丘山(구산)

拘 잡을 구 (手-총8획)	克 이길 극 (儿-총7획)	其 그 · 그것 기 (八-총8획)
· 拘束(구속) · 拘禁(구금)	· 克己(극기) · 克復(극복)	· 其他(기타) · 其間(기간)

菊 국화 국 (艸-총12획)	琴 거문고 금 (玉-총12획)	祈 빌 · 기도할 기 (示-총9획)
· 菊花(국화)	· 琴曲(금곡) · 伽倻琴(가야금)	· 祈禱(기도) · 祈願(기원)

弓 활 궁 (弓-총3획)	禽 새(날짐승) 금 (内-총13획)	騎 말탈 기 (馬-총18획)
· 弓矢(궁시) · 弓術(궁술)	· 禽獸(금수)	· 騎馬(기마) · 騎手(기수)

拳 주먹 권 (手-총10획)	錦 이름나울 · 비난 금 (金-총16획)	畿 왕터 · 경기 기 (田-총15획)
· 拳鬪(권투) · 拳法(권법)	· 錦上添花(금상첨화)	· 京畿(경기)

鬼 귀신 귀 (鬼-총10획)	及 이를 · 미칠 급 (又-총4획)	緊 긴급할 긴 (糸-총14획)
· 鬼神(귀신) · 鬼火(귀화)	· 言及(언급) · 普及(보급)	· 緊急(긴급) · 緊要(긴요)

菌 세균 균 (艸-총12획)	企 계획할 · 바랄 기 (人-총6획)	諾 허락할 낙(락) (言-총16획)
· 殺菌(살균) · 細菌(세균)	· 企業(기업) · 企劃(기획)	· 許諾(허락) · 受諾(수락)

娘	아가씨 낭(랑)	茶	차 다(차)	唐	당나라 당
	(女-총10획)		(艸-총10획)		(口-총10획)
·娘子(낭자)		·茶菓(다과) ·茶道(다도)		·唐惶(당황) ·唐突(당돌)	

耐	견딜 내	丹	붉을 단	糖	엿 당·달 탕
	(而-총9획)		(丶-총4획)		(米-총16획)
·忍耐(인내) ·耐久(내구)		·丹粧(단장) ·丹楓(단풍)		·糖分(당분) ·糖尿病(당뇨병)	

寧	편안할 녕(영)	旦	아침·밝을 단	臺	집·관청 대
	(宀-총14획)		(日-총5획)		(至-총14획)
·安寧(안녕) ·健寧(건녕)		·旦暮(단모) ·元旦(원단)		·墩臺(돈대) ·土臺(토대)	

奴	종 노	但	다만·홀로 단	貸	빌려줄·빌릴 대
	(女-총5획)		(人-총7획)		(貝-총12획)
·奴隷(노예) ·奴婢(노비)		·但只(단지) ·但書(단서)		·賃貸(임대) ·貸出(대출)	

腦	뇌·정신 뇌	淡	맑을·깨끗할 담	刀	칼 도
	(肉-총13획)		(水-총11획)		(刀-총2획)
·頭腦(두뇌) ·腦炎(뇌염)		·淡水(담수) ·淡淡(담담)		·短刀(단도) ·長刀(장도)	

泥	진흙 니(이)	踏	밟을 답	途	길 도
	(水-총8획)		(足-총15획)		(辶-총11획)
·泥土(니토)		·踏步(답보) ·踏査(답사)		·前途(전도) ·中途(중도)	

渡	건널 도 (水-총12획)	絡	이을 · 연락 락 (糸-총12획)	凉	서늘할 · 맑을 량 (冫-총10획)
	·渡河(도하) · 渡江(도강)		·連絡(연락) · 脈絡(맥락)		·淸凉(청량) · 納凉(납량)
陶	질그릇 도 (阜-총11획)	蘭	난초 란(난) (艸-총21획)	梁	다리 · 대들보 량 (木-총11획)
	·陶器(도기) · 陶工(도공)		·蘭草(난초) · 蘭花(난화)		·橋梁(교량) · 棟梁(동량)
倒	넘어질 도 (人-총10획)	欄	난간 난(란) (木-총21획)	勵	장려할 · 힘쓸 려 (力-총17획)
	·倒産(도산) · 卒倒(졸도)		·欄干(난간)		·獎勵(장려) · 激勵(격려)
桃	복숭아나무 도 (木-총10획)	浪	물결 랑(낭) (水-총10획)	曆	책력 · 세월 력 (日-총16획)
	·桃花(도화) · 白桃(백도)		·波浪(파랑) · 放浪(방랑)		·曆書(역서) · 曆日(역일)
突	부딪힐 · 갑자기 돌 (穴-총9획)	郎	사나이 랑(낭) (邑-총10획)	聯	관계할 · 이을 련 (耳-총17획)
	·突發事態(돌발사태) · 衝突(충돌)		·郎君(낭군) · 郎子(낭자)		·關聯(관련) · 聯合(연합)
凍	얼 · 추울 동 (冫-총10획)	廊	사랑채 랑 (广-총13획)	鍊	단련할 련 (金-총17획)
	·凍土(동토) · 凍傷(동상)		·畵廊(화랑) · 行廊(행랑)		·修鍊(수련) · 鍊磨(연마)

蓮	연꽃 련 (艹-총15획)	爐	화로 로 (火-총20획)	樓	다락·누각 루 (木-총15획)
·蓮花(연화) ·蓮根(연근)		·煖爐(난로) ·香爐(향로)		·樓閣(누각) ·望樓(망루)	

戀	사모할 련 (心-총23획)	祿	복·봉급 록 (示-총13획)	漏	샐 루 (水-총14획)
·戀愛(연애) ·戀情(연정)		·天祿(천록) ·祿俸(녹봉)		·漏水(누수) ·漏出(누출)	

裂	찢어질 렬 (衣-총12획)	弄	희롱할 롱 (廾-총7획)	倫	인륜 륜 (人-총10획)
·分裂(분열) ·破裂(파열)		·戲弄(희롱) ·弄談(농담)		·倫理(윤리) ·悖倫(패륜)	

嶺	고개 령 (山-총17획)	雷	우레·천둥 뢰 (雨-총13획)	栗	밤 률 (木-총10획)
·峻嶺(준령) ·分水嶺(분수령)		·雷聲(뇌성) ·雷電(뇌전)		·栗木(율목) ·栗刺(율자)	

靈	신령 령 (雨-총24획)	賴	믿을·의지할 뢰 (貝-총16획)	隆	융성할 륭 (阜-총12획)
·靈魂(영혼)		·信賴(신뢰) ·依賴(의뢰)		·隆起(융기) ·隆化(융화)	

露	이슬 로 (雨-총20획)	累	자주·더러울 루 (糸-총11획)	陵	언덕 릉 (阜-총11획)
·草露(초로) ·甘露(감로)		·累累(누누)이 ·累積(누적)		·丘陵(구릉) ·王陵(왕릉)	

吏	관리 리 (口-총6획)	莫	없을 막 (艸-총11획)	媒	중매 매 (女-총12획)
·官吏(관리) ·貪官汚吏(탐관오리)		·莫上莫下(막상막하)		·媒婆(매파)	

履	행할·밟을 리 (尸-총15획)	幕	장막 막 (巾-총14획)	麥	보리 맥 (麥-총11획)
·履行(이행) ·履歷書(이력서)		·幕舍(막사) ·帳幕(장막)		·麥酒(맥주) ·麥飯(맥반)	

裏	속·안 리 (衣-총13획)	漠	사막·아득할 막 (水-총14획)	盲	장님 맹 (目-총8획)
·裏面(이면) ·表裏不同(표리부동)		·砂漠(사막) ·漠漠(막막)		·盲人(맹인) ·盲啞(맹아)	

臨	임할·다스릴 림 (臣-총17획)	晚	저물 만 (日-총11획)	孟	맏·맹자 맹 (子-총8획)
·臨床(임상) ·臨戰(임전)		·晩學(만학) ·晩婚(만혼)		·孟母三遷(맹모삼천) ·孟子(맹자)	

磨	갈 마 (石-총16획)	妄	망령될 망 (女-총6획)	猛	사나울 맹 (犬-총11획)
·鍊磨(연마) ·硏磨(연마)		·妄靈(망령)		·猛獸(맹수) ·猛犬(맹견)	

麻	삼 마 (麻-총11획)	梅	매화 매 (木-총11획)	盟	맹세할·믿을 맹 (皿-총13획)
·麻衣(마의) ·麻布(마포)		·梅實(매실) ·梅花(매화)		·盟誓(맹서) ·盟邦(맹방)	

免	면할 **면** (儿-총7획)
·免稅(면세) ·免除(면제)	

貌	모양·얼굴 **모** (豸-총14획)
·容貌(용모) ·貌樣(모양)	

茂	우거질 **무** (艹-총9획)
·茂盛(무성) ·茂林(무림)	

眠	잠잘 **면** (目-총10획)
·睡眠(수면) ·冬眠(동면)	

謀	꾀할·도모할 **모** (言-총16획)
·謀議(모의) ·陰謀(음모)	

貿	장사할·무역 **무** (貝-총12획)
·貿易(무역)	

綿	이어질 **면** (糸-총14획)
·綿密(면밀) ·綿絲(면사)	

睦	화목할 **목** (目-총13획)
·和睦(화목) ·親睦(친목)	

黙	침묵할 **묵** (黑-총16획)
·黙念(묵념) ·黙言(묵언)	

滅	멸망할 **멸** (水-총13획)
·滅亡(멸망) ·全滅(전멸)	

沒	빠질·없을 **몰** (水-총7획)
·沈沒(침몰) ·沒常識(몰상식)	

墨	먹·검을 **묵** (土-총15획)
·墨畵(묵화) ·墨色(묵색)	

銘	새길 **명** (金-총14획)
·銘心(명심) ·座右銘(좌우명)	

夢	꿈·희미할 **몽** (夕-총14획)
·夢中(몽중) ·夢遊(몽유)	

紋	무늬 **문** (糸-총10획)
·紋樣(문양) ·紋織(문직)	

慕	사모할 **모** (心-총15획)
·思慕(사모) ·追慕(추모)	

蒙	어질·어두울 **몽** (艹-총14획)
·蒙昧(몽매) ·蒙惠(몽혜)	

勿	없을·말 **물** (勹-총4획)
·勿論(물론) ·勿施(물시)	

尾	꼬리·끝 **미** (尸-총7획)	盤	쟁반·편안할 **반** (皿-총15획)	伯	맏 **백** (人-총7획)
·尾行(미행) ·交尾(교미)		·盤床(반상) ·盤石(반석)		·伯兄(백형) ·伯叔(백숙)	

<table>
<tr><td>微</td><td>작을 미
(彳-총13획)</td><td>拔</td><td>뽑을 발
(手-총8획)</td><td>繁</td><td>번성할 번
(糸-총17획)</td></tr>
<tr><td colspan="2">·微微(미미) ·微細(미세)</td><td colspan="2">·選拔(선발) ·拔萃(발췌)</td><td colspan="2">·繁盛(번성) ·繁華街(번화가)</td></tr>
</table>

<table>
<tr><td>迫</td><td>급박할 박
(辶-총9획)</td><td>芳</td><td>꽃다울·향기날 방
(艹-총8획)</td><td>凡</td><td>대개·평범할 범
(几-총3획)</td></tr>
<tr><td colspan="2">·急迫(급박) ·逼迫(핍박)</td><td colspan="2">·芳年(방년) ·芳名錄(방명록)</td><td colspan="2">·平凡(평범) ·非凡(비범)</td></tr>
</table>

<table>
<tr><td>薄</td><td>얇을·야박할 박
(艹-총17획)</td><td>培</td><td>북돋을 배
(土-총11획)</td><td>碧</td><td>푸를 벽
(石-총14획)</td></tr>
<tr><td colspan="2">·薄利(박리) ·薄福(박복)</td><td colspan="2">·培養(배양) ·栽培(재배)</td><td colspan="2">·碧溪(벽계) ·碧海(벽해)</td></tr>
</table>

<table>
<tr><td>飯</td><td>밥 반
(食-총13획)</td><td>排</td><td>물리칠 배
(手-총11획)</td><td>丙</td><td>남녘·밝을 병
(一-총5획)</td></tr>
<tr><td colspan="2">·飯店(반점) ·飯饌(반찬)</td><td colspan="2">·排斥(배척) ·排除(배제)</td><td colspan="2">·丙方(병방) ·丙子(병자)</td></tr>
</table>

<table>
<tr><td>般</td><td>가지·일반 반
(舟-총10획)</td><td>輩</td><td>무리 배
(車-총15획)</td><td>補</td><td>기울·보수할 보
(衣-총12획)</td></tr>
<tr><td colspan="2">·全般(전반) ·彼此一般(피차일반)</td><td colspan="2">·先輩(선배) ·後輩(후배)</td><td colspan="2">·補修(보수) ·補完(보완)</td></tr>
</table>

譜	족보·악보 **보** (言-총19획)
·族譜(족보) ·樂譜(악보)	

鳳	봉황새 **봉** (鳥-총14획)
·鳳凰(봉황)	

符	부적·부호 **부** (竹-총11획)
·符籍(부적) ·符合(부합)	

腹	배 **복** (肉-총13획)
·腹部(복부) ·空腹(공복)	

付	부탁할·부칠 **부** (人-총5획)
·送付(송부) ·付託(부탁)	

腐	썩을 **부** (肉-총14획)
·腐敗(부패) ·腐蝕(부식)	

覆	뒤집힐 **복** (襾-총18획)
·覆蓋(복개) ·覆面(복면)	

扶	도울 **부** (手-총7획)
·扶助(부조) ·扶養(부양)	

簿	문서·장부 **부** (竹-총19획)
·帳簿(장부) ·簿記(부기)	

封	봉할 **봉** (寸-총9획)
·封印(봉인) ·封套(봉투)	

附	덧붙일 **부** (阜-총8획)
·附加(부가) ·附近(부근)	

奔	분주할 **분** (大-총9획)
·奔走(분주)	

峯	봉우리 **봉** (山-총10획)
·高峰(고봉) ·峰頭(봉두)	

浮	뜰 **부** (水-총10획)
·浮上(부상) ·浮力(부력)	

紛	어지러울 **분** (糸-총10획)
·紛糾(분규) ·紛爭(분쟁)	

逢	만날 **봉** (辶-총11획)
·相逢(상봉) ·逢變(봉변)	

賦	부세 **부** (貝-총15획)
·月賦(월부) ·賦與(부여)	

奮	떨칠·성낼 **분** (大-총16획)
·奮擊(분격) ·奮然(분연)	

拂 떨어낼 **부** (手-총8획) ·支拂(지불) ·拂入(불입)	**沙** 모래 **사** (水-총7획) ·沙漠(사막) ·沙土(사토)	**削** 깎을 **삭** (刀-총9획) ·削髮(삭발) ·削減(삭감)
妃 왕비 **비** (女-총6획) ·王妃(왕비) ·大妃(대비)	**邪** 간사할 **사** (邑-총7획) ·奸邪(간사) ·邪敎(사교)	**森** 나무 · 빽빽할 **삼** (木-총12획) ·森林(삼림)
肥 살찔 **비** (肉-총8획) ·肥大(비대) ·肥滿(비만)	**祀** 제사 **사** (示-총8획) ·祭祀(제사)	**尙** 높을 · 오히려 **상** (小-총8획) ·尙今(상금) ·尙武(상무)
卑 낮을 **비** (十-총8획) ·卑賤(비천) ·卑劣(비열)	**詞** 글 · 말씀 **사** (言-총12획) ·歌詞(가사) ·臺詞(대사)	**喪** 죽을 · 잃을 **상** (口-총12획) ·喪家(상가) ·喪失(상실)
婢 여자종 **비** (女-총11획) ·奴婢(노비) ·婢妾(비첩)	**斜** 기울어질 **사** (斗-총11획) ·傾斜(경사) ·斜面(사면)	**詳** 자세할 **상** (言-총13획) ·詳細(상세) ·昭詳(소상)
司 벼슬 · 맡을 **사** (口-총5획) ·司會(사회) ·司令(사령)	**蛇** 긴뱀 **사** (虫-총11획) ·蛇酒(사주) ·長蛇陣(장사진)	**裳** 치마 · 의상 **상** (衣-총14획) ·衣裳(의상)

像	형상·모양 상 (人-총14획)	恕	용서할 서 (心-총10획)	旋	돌·돌아갈 선 (方-총11획)
·像型(상형) ·銅像(동상)		·容恕(용서)		·旋風(선풍) ·旋回(선회)	

償	갚을 상 (人-총17획)	徐	천천할 서 (彳-총10획)	禪	참선 선 (示-총17획)
·報償(보상) ·辨償(변상)		·徐行(서행) ·徐步(서보)		·參禪(참선) ·禪定(선정)	

霜	서리 상 (雨-총17획)	署	관청 서 (网-총14획)	訴	소송할·하소연할 소 (言-총12획)
·霜雪(상설) ·秋霜(추상)		·官署(관서)		·訴訟(소송) ·告訴(고소)	

桑	뽕나무 상 (木-총10획)	緒	실마리 서 (糸-총15획)	蘇	살아날 소 (艸-총20획)
·桑田(상전) ·桑田碧海(상전벽해)		·端緒(단서) ·情緒(정서)		·蘇生(소생) ·回蘇(회소)	

索	찾을 색 (糸-총10획)	惜	아낄·섭섭할 석 (心-총11획)	疏	뚫을·통할·멀 소 (疋-총11획)
·索引(색인) ·索莫(삭막)		·惜別(석별) ·哀惜(애석)		·疏通(소통) ·疏忽(소홀)	

塞	막을·변방 색 (土-총13획)	釋	부처님·풀 석 (釆-총20획)	燒	불탈 소 (火-총16획)
·塞源(색원)		·釋迦牟尼(석가모니) ·解釋(해석)		·燒却(소각) ·燃燒(연소)	

訟	송사할 **송** (言-총11획)	殊	죽을·다를 **수** (歹-총10획)	獸	짐승 **수** (犬-총19획)
·訴訟(소송) ·訟事(송사)		·特殊(특수) ·殊常(수상)		·禽獸(금수) ·猛獸(맹수)	
刷	인쇄·고칠 **쇄** (刀-총8획)	愁	근심·시름 **수** (心-총13획)	淑	맑을·착할 **숙** (水-총11획)
·印刷(인쇄) ·刷新(쇄신)		·哀愁(애수) ·愁心(수심)		·淑女(숙녀) ·靜淑(정숙)	
鎖	쇠사슬 **쇄** (金-총18획)	壽	목숨 **수** (士-총14획)	熟	익을 **숙** (火-총15획)
·鎖國(쇄국) ·連鎖(연쇄)		·壽命(수명) ·長壽(장수)		·能熟(능숙) ·熟成(숙성)	
衰	쇠약할 **쇠** (衣-총10획)	需	구할·쓸 **수** (雨-총14획)	旬	열흘 **순** (日-총6획)
·衰退(쇠퇴) ·老衰(노쇠)		·需要(수요) ·需用(수용)		·上旬(상순) ·中旬(중순)	
帥	장수 **수** (巾-총9획)	隨	따를 **수** (阜-총16획)	巡	돌 **순** (巛-총7획)
·將帥(장수) ·元帥(원수)		·隨伴(수반) ·隨行(수행)		·巡還(순환) ·巡察(순찰)	
垂	드리울 **수** (土-총8획)	輸	보낼 **수** (車-총16획)	瞬	눈깜짝할 **순** (目-총17획)
·垂直(수직) ·垂平(수평)		·輸出(수출) ·輸送(수송)		·瞬間(순간) ·瞬息間(순식간)	

述	지을·말할 술 (辶-총9획)	僧	중·승려 승 (人-총14획)	雙	쌍 쌍 (隹-총18획)
·著述(저술) ·口述(구술)		·僧服(승복) ·僧舞(승무)		·雙手(쌍수) ·雙童(쌍동)	
拾	열 십 (手-총9획)	侍	모실 시 (人-총8획)	牙	어금니·상아 아 (牙-총4획)
·拾得(습득) ·拾圓(십원)		·侍女(시녀)		·侍奉(시봉) ·侍女(시녀)	
濕	젖을 습 (水-총17획)	飾	꾸밀 식 (食-총14획)	芽	싹 아 (艹-총8획)
·濕氣(습기) ·濕疹(습진)		·裝飾(장식) ·假飾(가식)		·發芽(발아) ·新芽(신아)	
襲	엄습할 습 (衣-총22획)	愼	삼갈 신 (心-총13획)	我	나·우리 아 (戈-총7획)
·掩襲(엄습) ·世襲(세습)		·愼重(신중) ·謹愼(근신)		·我相(아상) ·我執(아집)	
昇	오를 승 (日-총8획)	甚	더욱·심할 심 (甘-총9획)	亞	다음·버금 아 (二-총8획)
·昇降(승강) ·昇天(승천)		·甚難(심난) ·甚言(심언)		·亞流(아류) ·亞洲(아주)	
乘	수레·탈 승 (丿-총10획)	審	살필·심문할 심 (宀-총15획)	阿	언덕·아부할 아 (阜-총8획)
·乘車(승차) ·乘馬(승마)		·審問(심문) ·審查(심사)		·阿附(아부)	

雅	우아할 · 맑을 **아** (隹-총12획)	**哀**	슬플 · 서러울 **애** (口-총9획)	**抑**	누를 **억** (手-총7획)
·雅談(아담) · 雅文(아문)		·哀乞(애걸) · 哀惜(애석)		·抑壓(억압) · 抑止(억지)	

岸	언덕 **안** (山-총8획)	**若**	같을 · 만약 **약** (艸-총9획)	**憶**	기억할 **억** (心-총16획)
·海岸(해안) · 沿岸(연안)		·萬若(만약) · 般若(반야)		·記憶(기억) · 追憶(추억)	

顔	얼굴 · 빛 **안** (頁-총18획)	**揚**	올릴 · 날릴 **양** (手-총12획)	**亦**	또 **역** (亠-총6획)
·顔色(안색) · 顔面(안면)		·揚水機(양수기) · 引揚(인양)		·亦是(역시)	

巖	바위 **암** (山-총23획)	**壤**	흙 **양** (土-총20획)	**役**	부릴 · 싸울 **역** (彳-총7획)
·巖壁(암벽) · 巖石(암석)		·土壤(토양) · 天壤之差(천양지차)		·役軍(역군) · 主役(주역)	

央	가운데 **앙** (大-총5획)	**讓**	사양할 **양** (言-총24획)	**疫**	전염병 **역** (疒-총9획)
·中央(중앙) · 央方(앙방)		·辭讓(사양) · 讓步(양보)		·疫病(역병) · 防疫(방역)	

仰	우러를 · 믿을 **앙** (人-총6획)	**御**	임금 · 어거할 **어** (彳-총11획)	**譯**	번역할 **역** (言-총20획)
·信仰(신앙) · 仰望(앙망)		·御殿(어전) · 御用(어용)		·飜譯(번역) · 通譯(통역)	

驛	역마 · 정거장 **역** (馬-총23획)	炎	불꽃 **염** (火-총8획)	悟	깨달을 **오** (心-총10획)
·驛前(역전) · 驛舍(역사)		·暴炎(폭염) · 炎症(염증)		·大悟(대오) · 悟性(오성)	

沿	물따라갈 **연** (水-총8획)	染	물들일 **염** (木-총9획)	獄	감옥 **옥** (犬-총14획)
·沿岸(연안) · 沿道(연도)		·染色(염색) · 汚染(오염)		·監獄(감옥) · 獄死(옥사)	

宴	잔치 **연** (宀-총10획)	鹽	소금 **염** (鹵-총24획)	瓦	기와 **와** (瓦-총5획)
·宴會(연회) · 宴歌(연가)		·鹽田(염전)		·瓦屋(와옥) · 靑瓦(청와)	

軟	부드러울 · 연할 **연** (車-총11획)	影	그림자 **영** (彡-총15획)	緩	느릴 · 늘어질 **완** (糸-총15획)
·軟弱(연약) · 柔軟(유연)		·影像(영상) · 撮影(촬영)		·緩和(완화) · 緩行列車(완행열차)	

燕	제비 **연** (火-총16획)	譽	명예 · 기릴 **예** (言-총21획)	辱	욕할 · 욕될 **욕** (辰-총10획)
·燕雀(연작)		·名譽(명예) · 榮譽(영예)		·恥辱(치욕) · 辱說(욕설)	

悅	기쁠 **열** (心-총10획)	烏	까마귀 **오** (火-총10획)	欲	하고자할 **욕** (欠-총11획)
·喜悅(희열) · 悅樂(열락)		·烏鵲(오작) · 烏雀(오작)		·欲求(욕구) · 欲望(욕망)	

慾	욕심 욕 (心-총15획)	韻	울릴·운치 운 (音-총19획)	柔	부드러울 유 (木-총9획)
·慾心(욕심) ·物慾(물욕)		·韻文(운문) ·韻律(운율)		·柔軟(유연) ·柔順(유순)	

宇	집·하늘 우 (宀-총6획)	越	넘을 월 (走-총12획)	幽	그윽할 유 (幺-총9획)
·宇宙(우주)		·越壁(월벽) ·越權(월권)		·幽景(유경) ·幽靈(유령)	

羽	날개·깃 우 (羽-총6획)	謂	말할 위 (言-총16획)	悠	아득할·멀 유 (心-총11획)
·羽毛(우모) ·雀羽(작우)		·所謂(소위)		·悠久(유구) ·悠悠(유유)	

偶	짝·배필 우 (人-총11획)	胃	밥통·위상 위 (肉-총9획)	猶	오히려·같은· 머뭇거릴 유 (犬-총12획)
·配偶者(배우자) ·偶然(우연)		·胃腸(위장) ·胃癌(위암)		·執行猶豫(집행유예)	

愚	어리석을 우 (心-총13획)	僞	거짓 위 (人-총14획)	裕	넉넉할 유 (衣-총12획)
·愚鈍(우둔) ·愚昧(우매)		·僞造(위조) ·僞善(위선)		·餘裕(여유) ·富裕(부유)	

憂	근심할 우 (心-총15획)	幼	어릴 유 (幺-총5획)	維	벼리·이을 유 (糸-총14획)
·憂患(우환) ·憂鬱(우울)		·幼兒(유아) ·幼年(유년)		·維新(유신) ·維持(유지)	

誘	꾈·이끌 유 (言-총14획)	翼	날개 익 (羽-총17획)	紫	지줏빛 자 (糸-총11획)
·誘引(유인) ·誘惑(유혹)		·羽翼(우익) ·鳥翼(조익)		·紫朱色(자주색) ·紫雲(자운)	

潤	불을 윤 (水-총15획)	忍	참을 인 (心-총7획)	慈	사랑 자 (心-총13획)
·潤氣(윤기) ·潤澤(윤택)		·忍耐心(인내심)		·慈悲(자비) ·慈愛(자애)	

率	거느릴 솔·비율 율 (玄-총11획)	逸	편안할 일 (辶-총12획)	暫	잠시 잠 (日-총15획)
·引率(인솔) ·比率(비율)		·逸走(일주) ·逸話(일화)		·暫時(잠시) ·暫定(잠정)	

乙	새·둘째천간 을 (乙-총1획)	壬	북방·클 임 (士-총4획)	潛	잠길·감출 잠 (水-총15획)
·乙種(을종) ·乙丑(을축)		·壬務(임무) ·壬人(임인)		·潛水(잠수) ·潛入(잠입)	

淫	음란할 음 (水-총11획)	賃	품삯·빌릴 임 (貝-총13획)	丈	어른 장 (一-총3획)
·淫亂(음란) ·姦淫(간음)		·賃金(임금) ·賃貸(임대)		·丈母(장모) ·丈夫(장부)	

已	이미·그칠 이 (己-총3획)	刺	찌를 자 (刀-총8획)	莊	엄할 장 (艹-총11획)
·已往之事(이왕지사)		·刺客(자객) ·亂刺(난자)		·莊嚴(장엄)	

掌 손바닥 **장** (手-총12획) ·合掌(합장) ·掌握(장악)	**裁** 옷자를 **재** (衣-총12획) ·裁斷(재단) ·裁判(재판)	**跡** 발자취 **적** (足-총13획) ·遺跡(유적) ·追跡(추적)
葬 장사지낼 **장** (艸-총13획) ·葬禮(장례) ·葬地(장지)	**載** 실을 **재** (車-총13획) ·積載(적재) ·記載(기재)	**摘** 딸·들추어낼 **적** (手-총14획) ·摘要(적요) ·摘發(적발)
粧 단장할 **장** (米-총12획) ·丹粧(단장) ·粧飾(장식)	**抵** 닿을·막을 **저** (手-총8획) ·抵抗(저항) ·抵觸(저촉)	**蹟** 자취·행적 **적** (足-총18획) ·遺蹟(유적) ·古蹟(고적)
藏 감출·곳집 **장** (艸-총18획) ·貯藏(저장) ·藏置(장치)	**著** 글지을·나타날 **저** (艸-총13획) ·著者(저자) ·著名(저명)	**殿** 큰집·전각 **전** (殳-총13획) ·宮殿(궁전) ·佛殿(불전)
臟 오장 **장** (肉-총22획) ·肝臟(간장) ·臟器(장기)	**寂** 고요할 **적** (宀-총11획) ·閑寂(한적) ·空寂(공적)	**漸** 물흐를·점점 **점** (水-총14획) ·漸漸(점점) ·漸進(점진)
栽 심을 **재** (木-총10획) ·栽培(재배) ·盆栽(분재)	**笛** 피리 **적** (竹-총11획) ·警笛(경적) ·汽笛(기적)	**井** 우물 **정** (二-총4획) ·井水(정수) ·井中蛙(정중와)

廷	조정·바를 **정** (廴-총7획)	齊	가지런할 **제** (齊-총14획)	坐	앉을 **좌** (土-총7획)
	·朝廷(조정) ·法廷(법정)		·齊家(제가) ·齊唱(제창)		·坐定(좌정) ·坐視(좌시)
征	칠 **정** (彳-총8획)	諸	모두 **제** (言-총16획)	宙	집 **주** (宀-총8획)
	·征服(정복) ·遠征(원정)		·諸位(제위) ·諸般(제반)		·宇宙(우주)
亭	정자 **정** (亠-총9획)	兆	조·억수 **조** (儿-총6획)	洲	섬·물가 **주** (水-총9획)
	·亭子(정자)		·一兆(일조) ·兆民(조민)		·三角洲(삼각주)
貞	곧을 **정** (貝-총9획)	照	비출 **조** (火-총13획)	柱	기둥 **주** (木-총9획)
	·貞操(정조) ·貞潔(정결)		·照明(조명) ·對照(대조)		·支柱(지주) ·石柱(석주)
頂	이마·정수리 **정** (頁-총11획)	租	세금 **조** (禾-총10획)	珠	구슬·진주 **주** (玉-총10획)
	·頂上(정상) ·絶頂(절정)		·租稅(조세) ·關稅(관세)		·眞珠(진주)
淨	맑을·깨끗할 **정** (水-총11획)	縱	세로·늘어질 **종** (糸-총17획)	株	뿌리·줄기 **주** (木-총10획)
	·淨化(정화) ·淨潔(정결)		·縱橫(종횡) ·放縱(방종)		·木一株(일주) ·株主(주주)

奏 풍류·연주 주 (大-총9획) ·奏樂(주악) ·演奏(연주)	蒸 김오를 증 (艸-총10획) ·蒸氣(증기)	振 떨칠·진동할 진 (手-총10획) ·振動(진동) ·振興(진흥)
鑄 주물 주 (金-총22획) ·鑄造(주조) ·鑄貨(주화)	憎 미워할 증 (心-총15획) ·憎惡(증오) ·愛憎(애증)	陳 베풀 진 (阜-총11획) ·陳述(진술) ·陳列(진열)
仲 끼일 중 (人-총6획) ·仲介人(중개인) ·仲媒(중매)	之 갈·어조사 지 (丿-총4획) ·之家(지가) ·識之力(식지력)	震 우뢰·벼락 진 (雨-총15획) ·地震(지진) ·震動(진동)
卽 곧·즉시 즉 (卩-총9획) ·卽時(즉시) ·卽興(즉흥)	枝 가지 지 (木-총8획) ·幹枝(간지) ·枝葉(지엽)	鎭 누를 진 (金-총18획) ·鎭壓(진압) ·鎭痛(진통)
症 증세 증 (疒-총10획) ·症勢(증세) ·痛症(통증)	池 못·저수지 지 (水-총6획) ·貯水池(저수지) ·蓮池(연지)	疾 병 질 (疒-총10획) ·疾病(질병) ·痼疾(고질)
曾 높을·일찍 증 (日-총12획) ·曾祖父(증조부) ·曾思(증사)	辰 별·용 진 (辰-총7획) ·辰座(진좌) ·誕辰(탄신)	秩 차례 질 (禾-총10획) ·秩序(질서)

執 잡을 집 (土-총11획) ·執權(집권) ·執着(집착)	昌 창성할 창 (日-총8획) ·昌盛(창성) ·隆昌(융창)	策 꾀·대쪽 책 (竹-총12획) ·妙策(묘책) ·策略(책략)
徵 거둘·부를 징 (彳-총15획) ·徵收(징수) ·徵用(징용)	倉 곳집·창고 창 (人-총10획) ·倉庫(창고) ·穀倉(곡창)	妻 아내 처 (女-총8획) ·良妻(양처) ·妻家(처가)
此 이 차 (止-총6획) ·此後(차후) ·彼此(피차)	蒼 푸를·무성할 창 (艸-총14획) ·蒼空(창공) ·蒼生(창생)	尺 자 척 (尸-총4획) ·尺度(척도) ·尺量(척량)
借 빌릴·도울 차 (人-총10획) ·借用(차용) ·借入(차입)	菜 채소·나물 채 (艸-총12획) ·菜蔬(채소) ·菜根(채근)	拓 주울·개척할 척 (手-총8획) ·開拓(개척) ·干拓(간척)
贊 도울 찬 (貝-총19획) ·贊同(찬동) ·贊助(찬조)	債 빚 채 (人-총13획) ·債務(채무) ·負債(부채)	戚 친척·겨레 척 (戈-총11획) ·親戚(친척) ·姻戚(인척)
錯 섞일 착 (金-총16획) ·錯覺(착각) ·錯誤(착오)	彩 채색·무늬 채 (彡-총11획) ·彩色(채색) ·色彩(색채)	淺 얕을 천 (水-총11획) ·淺薄(천박) ·淺深(천심)

遷	옮길·바뀔 **천** (辶-총16획)	肖	작을·닮을 **초** (肉-총7획)	追	따를 **추** (辶-총10획)
·遷都(천도) ·變遷(변천)		·肖像(초상) ·不肖(불초)		·追跡(추적) ·追放(추방)	

賤	천할 **천** (貝-총15획)	超	넘을 **초** (走-총12획)	畜	기를 **축** (田-총10획)
·賤民(천민) ·賤待(천대)		·超越(초월)		·畜産(축산) ·家畜(가축)	

踐	밟을 **천** (足-총15획)	礎	주춧돌 **초** (石-총18획)	衝	충돌할·찌를 **충** (行-총15획)
·實踐(실천) ·踐約(천약)		·礎石(초석) ·柱礎(주초)		·衝突(충돌) ·衝擊(충격)	

哲	밝을 **철** (口-총10획)	促	재촉할 **촉** (人-총9획)	吹	불·악기불 **취** (口-총7획)
·哲學(철학) ·哲理(철리)		·促進(촉진) ·督促(독촉)		·吹樂器(취악기) ·吹奏(취주)	

徹	통할·뚫을 **철** (彳-총15획)	觸	더듬을·닿을 **촉** (角-총20획)	醉	취할 **취** (酉-총15획)
·徹夜(철야) ·貫徹(관철)		·觸感(촉감) ·接觸(접촉)		·醉客(취객) ·醉中(취중)	

滯	막힐 **체** (水-총14획)	催	재촉할 **최** (人-총13획)	側	곁 **측** (人-총11획)
·滯症(체증) ·沈滯(침체)		·催告(최고) ·開催(개최)		·側近(측근) ·側面(측면)	

値	가치·값 **치** (人-총10획)	
·價値(가치) ·近似値(근사치)		

塔	탑 **탑** (土-총13획)	
·搭影(탑영) ·石塔(석탑)		

吐	토할 **토** (口-총6획)	
·嘔吐(구토) ·吐瀉(토사)		

恥	부끄러울 **치** (心-총10획)	
·恥辱(치욕) ·羞恥(수치)		

奪	빼앗을 **탈** (大-총14획)	
·掠奪(약탈) ·强奪(강탈)		

兎	토끼 **토** (儿-총7획)	
·兎皮(토피) ·兎耳(토이)		

稚	어릴 **치** (禾-총13획)	
·稚魚(치어) ·幼稚(유치)		

湯	끓을·씻을 **탕** (水-총12획)	
·湯藥(탕약) ·浴湯(욕탕)		

透	통할 **투** (辶-총11획)	
·透明(투명) ·透徹(투철)		

沈	잠길 **침** (水-총7획)	
·沈水(침수) ·沈沒(침몰)		

殆	가까이할 **태** (歹-총9획)	
·危殆(위태) ·殆半(태반)		

版	조각 **판** (片-총8획)	
·版面(판면)		

漆	옻나무 **칠** (水-총14획)	
·漆器(칠기) ·漆毒(칠독)		

泰	클·통할 **태** (水-총10획)	
·泰山(태산) ·泰安(태안)		

片	조각 **편** (片-총4획)	
·片刻(편각) ·片面(편면)		

浸	적실·빠질 **침** (水-총10획)	
·浸水(침수) ·浸沈(침침)		

澤	못·윤택할 **택** (水-총16획)	
·惠澤(혜택) ·光澤(광택)		

編	엮을 **편** (糸-총15획)	
·編輯(편집) ·編成(편성)		

偏 치우칠 **편** (人-총11획) ·偏愛(편애) ·偏狹(편협)	**楓** 단풍 **풍** (木-총13획) ·丹楓(단풍) ·楓葉(풍엽)	**荷** 짐 **하** (艹-총11획) ·荷重(하중) ·荷物(하물)
肺 허파 **폐** (肉-총8획) ·肺腸(폐장) ·肺結核(폐결핵)	**皮** 가죽·피부 **피** (皮-총5획) ·皮骨(피골) ·皮相(피상)	**賀** 하례·축하 **하** (貝-총12획) ·祝賀(축하) ·賀客(하객)
廢 폐할·버릴 **폐** (广-총15획) ·廢物(폐물) ·廢品(폐품)	**彼** 저 **피** (彳-총8획) ·彼此(피차) ·此日彼日(차일피일)	**鶴** 학·두루미 **학** (鳥-총21획) ·鶴首苦待(학수고대)
弊 폐단·나쁠 **폐** (廾-총15획) ·弊端(폐단) ·弊習(폐습)	**被** 입을 **피** (衣-총10획) ·被服(피복) ·被害(피해)	**汗** 땀 **한** (水-총6획) ·汗蒸幕(한증막) ·汗血(한혈)
浦 물가 **포** (水-총10획) ·浦口(포구) ·浦村(포촌)	**畢** 마칠 **필** (田-총11획) ·畢竟(필경) ·畢生(필생)	**割** 벨·나눌 **할** (刀-총12획) ·割當金(할당금) ·分割(분할)
捕 사로잡을 **포** (手-총10획) ·捕盜廳(포도청) ·捕虜(포로)	**何** 누구·어찌 **하** (人-총7획) ·何時(하시) ·何處(하처)	**陷** 빠질 **함** (阜-총11획) ·陷沒(함몰) ·陷穽(함정)

含	머금을 함 (口-총7획)	懸	매달·걸 현 (心-총20획)	胡	오랑캐 호 (肉-총9획)
·含蓄(함축) ·包含(포함)		·懸賞金(현상금) ·懸案(현안)		·胡虜(호로)	

恒	항상 항 (心-총9획)	穴	구멍·굴 혈 (穴-총5획)	浩	클·넓을 호 (水-총10획)
·恒心(항심) ·恒常(항상)		·穴居(혈거)		·浩歎(호탄)	

項	항목·조목 항 (頁-총12획)	脅	협박할 협 (肉-총10획)	豪	호걸 호 (豕-총14획)
·項目(항목) ·條目(조목)		·脅迫(협박) ·威脅(위협)		·豪傑(호걸) ·富豪(부호)	

響	울릴·악기 향 (音-총22획)	衡	저울대 형 (行-총16획)	惑	미혹할 혹 (心-총12획)
·交響樂(교향악) ·音響(음향)		·均衡(균형) ·衡平(형평)		·疑惑(의혹) ·誘惑(유혹)	

獻	드릴·바칠 헌 (犬-총20획)	慧	지혜 혜 (心-총15획)	魂	넋 혼 (鬼-총14획)
·獻納(헌납) ·獻金(헌금)		·智慧(지혜) ·慧眼(혜안)		·魂魄(혼백) ·魂飛魄散(혼비백산)	

玄	검을·가물 현 (玄-총5획)	虎	범 호 (虍-총8획)	忽	문득 홀 (心-총8획)
·玄圭(현규) ·玄德(현덕)		·虎口(호구) ·虎皮(호피)		·忽然(홀연) ·忽待(홀대)	

洪	큰물 · 넓을 **홍** (水-총9획)
·洪水(홍수)	

悔	뉘우칠 **회** (心-총10획)
·後悔(후회) · 懺悔(참회)	

稀	드물 **희** (禾-총12획)
·稀貴(희귀) ·稀微(희미)	

禍	재앙 **화** (示-총14획)
·禍根(화근) ·禍福(화복)	

懷	품을 · 생각 **회** (心-총19획)
·懷古(회고) · 懷抱(회포)	

胸	가슴 **흉** (肉-총10획)
·胸部(흉부) ·胸中(흉중)	

換	바꿀 **환** (手-총12획)
·交換(교환) ·換拂(환불)	

劃	그을 · 새길 **획** (刀-총14획)
·劃一(획일) ·企劃(기획)	

還	돌아올 **환** (辶-총17획)
·歸還(귀환) ·還俗(환속)	

獲	잡을 · 얻을 **획** (犬-총17획)
·獲得(획득) ·捕獲(포획)	

皇	임금 · 클 **황** (白-총9획)
·皇帝(황제) ·皇天(황천)	

橫	가로 **횡** (木-총16획)
·縱橫(종횡) ·橫書(횡서)	

荒	거칠 **황** (艸-총10획)
·荒野(황야) ·荒廢(황폐)	

戱	희롱할 · 놀릴 **희** (戈-총16획)
·戱弄(희롱) ·戱具(희구)	

4급편

신습한자 250자(하위급수 한자 750자)

暇	한가할 **가** (日-총13획)	甘	달 **감** (甘-총5획)	拒	물리칠 **거** (手-총8획)
·閑暇(한가) ·休暇(휴가)		·甘味(감미) ·甘酒(감주)		·拒絕(거절)	

覺	깨달을 **각** (見-총20획)	敢	용감 **감** (女-총12획)	居	살·있을 **거** (尸-총8획)
·覺性(각성) ·覺醒(각성)		·勇敢(용감) ·敢行(감행)		·別居(별거) ·居住(거주)	

刻	새길 **각** (刀-총8획)	甲	으뜸·갑옷 **갑** (田-총5획)	傑	호걸·뛰어날 **걸** (人-총12획)
·彫刻(조각) ·定刻(정각)		·甲富(갑부) ·甲論乙駁(갑론을박)		·豪傑(호걸) ·俊傑(준걸)	

看	볼 **간** (目-총9획)	降	항복할 **항** (阜-총9획)	儉	검소할 **검** (人-총15획)
·看守(간수) ·看護(간호)		·降等(강등) ·降伏(항복)		·儉素(검소) ·儉約(검약)	

簡	문서 **간** (竹-총18획)	巨	클 **거** (工-총5획)	擊	부딪힐 **격** (手-총17획)
·簡單(간단) ·簡素(간소)		·巨金(거금) ·巨人(거인)		·擊破(격파) ·攻擊(공격)	

干	간여할 **간** (干-총3획)	據	의지할 **거** (手-총16획)	激	심할 **격** (水-총16획)
·干涉(간섭) ·干拓(간척)		·根據(근거) ·證據(증거)		過激(과격) ·感激(감격)	

堅	굳을 **견** (土-총11획)	繼	이을 **계** (糸-총20획)	孤	외로울 **고** (子-총8획)
·堅固(견고) ·堅實(견실)		·繼續(계속) ·繼走(계주)		·孤獨(고독) ·孤立(고립)	
犬	개 **견** (犬-총4획)	階	계단 **계** (阜-총12획)	庫	창고 **고** (广-총10획)
·愛犬(애견) ·盲導犬(맹도견)		·階段(계단) ·階層(계층)		·倉庫(창고) ·文庫(문고)	
驚	놀랄 **경** (馬-총23획)	戒	삼가 **계** (戈-총7획)	穀	곡식 **곡** (禾-총15획)
·驚愕(경악) ·驚異(경이)		·警戒(경계) ·戒律(계율)		·穀物(곡물) ·雜穀(잡곡)	
傾	기울 **경** (人-총13획)	季	계절·끝 **계** (子-총8획)	困	곤란할 **곤** (口-총7획)
·傾斜(경사) ·傾向(경향)		·季節(계절) ·春季(춘계)		·困難(곤란) ·困惑(고혹)	
更	고칠 **경** (曰-총7획)	雞	닭 **계** (隹-총18획)	骨	뼈 **골** (骨-총10획)
·更生(갱생) ·更新(갱신)		·養鷄(양계) ·鷄卵(계란)		·骨格(골격) ·骨折(골절)	
鏡	거울 **경** (金-총19획)	系	이을 **계** (糸-총7획)	孔	구멍·공자 **공** (子-총4획)
·鏡臺(경대) ·顯微鏡(현미경)		·系統(계통) ·直系(직계)		·大孔(대공) ·孔孟(공맹)	

管	관리할 **관** (竹-총14획)	屈	굽힐 **굴** (尸-총8획)	勻	고를 **균** (勹-총4획)
·管理(관리) ·保管(보관)		·屈伏(굴복) ·卑屈(비굴)		·均衡(균형) ·平均(평균)	
鑛	광물 **광** (金-총23획)	窮	궁색할 **궁** (穴-총15획)	劇	심할 **극** (刀-총15획)
·鑛山(광산) ·鑛脈(광맥)		·窮塞(궁색) ·窮極(궁극)		·劇場(극장)	
構	구성할 **구** (木-총14획)	勸	권할 **권** (力-총20획)	筋	힘줄 **근** (竹-총12획)
·構造(구조) ·構想(구상)		·勸獎(권장) ·勸誘(권유)		·筋肉(근육) ·筋力(근력)	
君	임금·남편 **군** (口-총7획)	卷	책 **권** (卩-총8획)	勤	부지런할 **근** (力-총13획)
·聖君(성군) ·君子(군자)		·卷頭(권두) ·卷數(권수)		·勤勉(근면) ·勤務(근무)	
攻	칠 **공** (攴-총7획)	券	문서 **권** (刀-총8획)	奇	기이할 **기** (大-총8획)
·攻擊(공격) ·攻守(공수)		·入場券(입장권) ·債券(채권)		·奇蹟(기적) ·奇遇(기우)	
群	무리 **군** (羊-총13획)	歸	돌아올 **귀** (止-총18획)	機	베틀 **기** (木-총16획)
·群衆(군중) ·群集(군집)		·歸家(귀가) ·歸省(귀성)		·機械(기계) ·動機(동기)	

紀	다스릴 기 (糸-총9획)	盜	도둑 도 (皿-총12획)	慮	생각할 려 (心-총15획)
·紀元(기원) ·紀綱(기강)		·盜賊(도적) ·盜難(도난)		·憂慮(우려) ·配慮(배려)	
寄	붙어살 기 (宀-총11획)	亂	어지러울 란 (乙-총13획)	烈	세찰 렬 (火-총10획)
·寄與(기여) ·寄宿舍(기숙사)		·亂動(난동) ·亂雜(난잡)		·烈火(열화) ·熱烈(열렬)	
納	바칠 납 (糸-총10획)	卵	알·불알 란 (卩-총7획)	龍	용·임금 룡 (龍-총16획)
·納付(납부) ·納得(납득)		·鷄卵(계란) ·産卵(산란)		·龍頭蛇尾(용두사미) ·龍座(용좌)	
段	계단 단 (殳-총9획)	覽	볼 람 (見-총21획)	柳	버들 류(유) (木-총9획)
·階段(계단) ·手段(수단)		·觀覽(관람) ·展覽會(전람회)		·垂柳(수류) ·柳眉(유미)	
徒	무리 도 (彳-총10획)	略	대략 략 (田-총11획)	輪	바퀴 륜 (車-총15획)
·徒黨(도당) ·徒步(도보)		·大略(대략) ·略歷(약력)		·車輪(거륜) ·輪郭(윤곽)	
逃	달아날 도 (辶-총10획)	糧	양식 량(양) (米-총18획)	離	이별 리 (隹-총19획)
·逃走(도주) ·逃亡(도망)		·糧食(양식) ·糧穀(양곡)		·離散(이산) ·離脫(이탈)	

妹 손아래누이 **매** (女-총8획)	**舞** 춤출 **무** (舛-총14획)	**辯** 판별할 **변** (辛-총21획)
·姉妹(자매) ·男妹(남매)	·舞踊(무용) ·舞臺(무대)	·辯論(변론) ·辯護(변호)
勉 힘쓸 **면** (力-총9획)	**拍** 손뼉칠 **박** (手-총8획)	**普** 두루 **보** (日-총12획)
·勉學(면학) ·勉勵(면려)	·拍手(박수) ·拍子(박자)	·普通(보통) ·普遍(보편)
鳴 울 **명** (鳥-총14획)	**髮** 터럭 **발** (髟-총15획)	**伏** 엎드릴 **복** (人-총6획)
·鳴鐘(명종) ·悲鳴(비명)	·長髮(장발) ·斷髮(단발)	·伏從(복종) ·潛伏(잠복)
模 모범·법 **모** (木-총15획)	**妨** 방해 **방** (女-총7획)	**複** 겹칠 **복** (衣-총14획)
·模範(모범) ·模倣(모방)	·妨害(방해) ·無妨(무방)	·複利(복리) ·複數(복수)
妙 묘할 **묘** (女-총7획)	**範** 모범·법 **범** (竹-총15획)	**否** 부인할 **부** (口-총7획)
·奧妙(오묘) ·妙手(묘수)	·模範(모범) ·範圍(범위)	·否認(부인) ·眞否(진부)
墓 무덤 **묘** (土-총14획)	**犯** 죄·범할 **범** (犬-총5획)	**負** 짐질 **부** (貝-총9획)
·墓所(묘소) ·墳墓(분묘)	·犯罪(범죄) ·侵犯(침범)	·負債(부채) ·抱負(포부)

憤 분격할 분 (心-총15획)	絲 실 사 (糸-총12획)	宣 베풀 선 (宀-총9획)
·憤怒(분노) ·憤慨(분개)	·綿絲(면사) ·絲桐(사동)	·宣德(선덕) ·宣言(선언)
粉 가루 분 (米-총10획)	私 개인·나 사 (禾-총7획)	舌 혀 설 (舌-총6획)
·粉碎(분쇄) ·粉乳(분유)	·私宅(사택) ·私設(사설)	·舌戰(설전) ·舌禍(설화)
秘 숨길 비 (禾-총10획)	射 쏠 사 (寸-총10획)	屬 붙을 속 (尸-총21획)
·秘密(비밀) ·神秘(신비)	·射手(사수) ·注射(주사)	·附屬物(부속물) ·屬性(속성)
批 비평할 비 (手-총7획)	散 흩을 산 (攴-총12획)	損 감할 손 (手-총13획)
·批評(비평) ·批判(비판)	·分散(분산) ·散亂(산란)	·損害(손해) ·損失(손실)
碑 비석 비 (石-총13획)	象 코끼리 상 (豕-총12획)	松 소나무 송 (木-총8획)
·墓碑(묘비) ·記念碑(기념비)	·象牙(상아) ·象徵(상징)	·松竹(송죽) ·松葉(송엽)
辭 말씀 사 (辛-총19획)	傷 상처 상 (人-총13획)	頌 칭송할 송 (頁-총13획)
·辭讓(사양) ·辭退(사퇴)	·傷處(상처) ·傷心(상심)	·稱頌(칭송) ·頌歌(송가)

秀	빼어날 **수** (禾-총7획)	樣	모양 **양** (木-총15획)	緣	인연 **연** (糸-총15획)
·秀才(수재) ·優秀(우수)		·模樣(모양) ·樣式(양식)		·因緣(인연) ·緣由(연유)	

肅	엄숙 **숙** (聿-총12획)	嚴	엄할 **엄** (口-총20획)	鉛	납·분 **연** (金-총13획)
·肅然(숙연) ·嚴肅(엄숙)		·嚴肅(엄숙) ·嚴禁(엄금)		·鉛筆(연필) ·亞鉛(아연)	

叔	삼촌 **숙** (又-총8획)	與	참여할 **여** (臼-총14획)	燃	불탈 **연** (火-총16획)
·叔父(숙부) ·叔母(숙모)		·參與(참여) ·與否(여부)		·燃燒(연소) ·燃料(연료)	

崇	높을 **숭** (山-총11획)	易	바꿀 **역** (日-총8획)	營	경영할 **영** (火-총17획)
·崇尙(숭상) ·崇拜(숭배)		·容易(용이) ·易經(역경)		·經營(경영) ·營業(영업)	

氏	성씨 **씨** (氏-총4획)	域	경계 **역** (土-총11획)	迎	맞이할 **영** (辶-총8획)
·姓氏(성씨) ·氏族(씨족)		·地域(지역) ·區域(구역)		·歡迎(환영) ·迎賓(영빈)	

額	돈·이마 **액** (頁-총18획)	延	뻗칠·끌 **연** (廴-총7획)	映	빛날 **영** (日-총9획)
·額數(액수) ·金額(금액)		·延長(연장) ·延期(연기)		·映畵(영화) ·上映(상영)	

豫	미리 예 (豕-총16획)	源	근원 원 (水-총13획)	遺	남길 유 (辶-총16획)
·豫感(예감) ·猶豫(유예)		·根源(근원) ·資源(자원)		·遺産(유산) ·遺傳(유전)	

遇	대우할 우 (辶-총13획)	圍	에워쌀 위 (口-총12획)	乳	젖 유 (乙-총8획)
·待遇(대우) ·遭遇(조우)		·護圍(호위) ·包圍(포위)		·母乳(모유) ·粉乳(분유)	

優	넉넉할 우 (人-총17획)	危	위태할 위 (卩-총6획)	遊	놀 유 (辶-총13획)
·優秀(우수) ·優雅(우아)		·危險(위험) ·危機(위기)		·遊覽(유람) ·遊興(유흥)	

郵	우편 우 (邑-총11획)	委	맡을 위 (女-총8획)	儒	선비 유 (人-총16획)
·郵便物(우편물) ·郵遞筒(우체통)		·委任(위임) ·委託(위탁)		·儒生(유생) ·儒教(유교)	

怨	원망할 원 (心-총9획)	威	위엄 위 (女-총9획)	隱	숨길 은 (阜-총17획)
·怨恨(원한) ·怨靈(원령)		·威力(위력) ·威容(위용)		·隱蔽(은폐) ·隱然(은연)	

援	도울 원 (手-총12획)	慰	위로 위 (心-총15획)	依	의지할 의 (人-총8획)
·救援(구원) ·援助(원조)		·慰問(위문) ·弔慰(조위)		·依支(의지) ·依存(의존)	

疑 의심할 의 (疋-총14획)	**資** 자본 자 (貝-총13획)	**獎** 권장할 장 (犬-총15획)
·疑問(의문) ·容疑(용의)	·資金(자금) ·資質(자질)	·勸奬(권장) ·勸勉(권면)
儀 법도 의 (人-총15획)	**殘** 잔인할 잔 (歹-총12획)	**帳** 장막 장 (巾-총11획)
·儀式(의식) ·儀禮(의례)	·殘骸(잔해) ·殘額(잔액)	·帳幕(장막) ·通帳(통장)
異 다를 이 (田-총12획)	**雜** 섞일 잡 (隹-총18획)	**張** 벌릴 장 (弓-총11획)
·異國(이국) ·異見(이견)	·雜草(잡초) ·混雜(혼잡)	·伸張(신장) ·擴張(확장)
仁 어질 인 (人-총4획)	**壯** 장할 장 (士-총7획)	**底** 밑·기초 저 (广-총8획)
·仁慈(인자) ·仁義(인의)	·壯士(장사) ·壯觀(장관)	·底力(저력) ·徹底(철저)
姿 태도 자 (女-총9획)	**腸** 창자 장 (肉-총13획)	**適** 적당할 적 (辶-총15획)
·姿態(자태) ·容姿(용자)	·大腸(대장) ·小腸(소장)	·適當(적당) ·適役(적역)
姉 윗누이 자 (女-총8획)	**裝** 꾸밀 장 (衣-총13획)	**籍** 호적 적 (竹-총20획)
·姉妹(자매) ·姉兄(자형)	·裝飾(장식) ·裝備(장비)	·戶籍(호적) ·除籍(제적)

賊 도적 적 (貝-총13획)	折 끊을 절 (手-총7획)	帝 임금 제 (巾-총9획)
·山賊(산적) ·海賊(해적)	·斷折(단절) ·挫折(좌절)	·帝王(제왕) ·皇帝(황제)
績 짤·길쌈 적 (糸-총17획)	占 점할 점 (卜-총5획)	條 가지 조 (木-총11획)
·紡績(방적) ·功績(공적)	·占領(점령) ·獨占(독점)	·條約(조약) ·條目(조목)
積 쌓을 적 (禾-총16획)	點 점·검을 점 (黑-총17획)	潮 조수 조 (水-총15획)
·積金(적금) ·堆積(퇴적)	·點檢(점검) ·得點(득점)	·潮水(조수) ·思潮(사조)
錢 돈 전 (金-총16획)	整 정돈 정 (攴-총16획)	組 끈·짤 조 (糸-총11획)
·葉錢(엽전) ·銅錢(동전)	·整理(정리) ·整頓(정돈)	·組閣(조각) ·組織(조직)
專 오로지 전 (寸-총11획)	靜 고요할 정 (青-총16획)	存 있을 존 (子-총6획)
·專一(전일) ·專攻(전공)	·靜肅(정숙) ·靜寂(정적)	·存在(존재) ·保存(보존)
轉 구를 전 (車-총18획)	丁 장정 정 (一-총2획)	鍾 종 종 (金-총17획)
·轉業(전업) ·轉學(전학)	·壯丁(장정) ·丁寧(정녕)	·鐘閣(종각) ·鐘聲(종성)

從	쫓을 종 (彳-총11획)	誌	기록할 지 (言-총14획)	陣	진칠 진 (阜-총10획)
·從軍(종군) ·從兄(종형)		·日誌(일지) ·雜誌(잡지)		·陣地(진지) ·陣形(진형)	

座	자리 좌 (广-총10획)	持	가질 지 (手-총9획)	差	어긋날 차 (工-총10획)
·座席(좌석) ·座談(좌담)		·持參(지참) ·持續(지속)		·偏差(편차) ·差異(차이)	

周	두루 주 (口-총8획)	智	지혜 지 (日-총12획)	讚	기릴 찬 (言-총26획)
·周圍(주위) ·周邊(주변)		·智慧(지혜) ·智術(지술)		·稱讚(칭찬) ·讚美(찬미)	

朱	붉을 주 (木-총6획)	織	짤 직 (糸-총18획)	採	캘 채 (手-총11획)
·紫朱色(자주색) ·朱丹(주단)		·織造(직조) ·紡織(방직)		·風采(풍채) ·採集(채집)	

酒	술 주 (酉-총10획)	盡	다할 진 (皿-총14획)	冊	책 책 (冂-총5획)
·按酒(안주) ·酒癖(주벽)		·氣盡(기진) ·賣盡(매진)		·冊房(책방) ·分冊(분책)	

證	증명할 증 (言-총19획)	珍	보배 진 (玉-총9획)	泉	샘 천 (水-총9획)
·證人(증인) ·證據(증거)		·珍味(진미) ·珍奇(진기)		·溫泉(온천) ·黃泉(황천)	

聽 들을 청 (耳-총22획)	就 나아갈 취 (尢-총12획)	歎 감탄 탄 (欠-총15획)
·聽覺(청각) ·視聽(시청)	·成就(성취) ·就職(취직)	·歎息(탄식) ·感歎(감탄)
廳 관청 청 (广-총25획)	層 층 층 (尸-총15획)	脫 벗을 탈 (肉-총11획)
·官廳(관청) ·廳舍(청사)	·高層(고층) ·層雲(층운)	·脫皮(탈피) ·剝脫(박탈)
招 부를 초 (手-총8획)	寢 잠잘 침 (宀-총14획)	探 찾을 탐 (手-총11획)
·招聘(초빙) ·招待(초대)	·寢具(침구) ·就寢(취침)	·探究(탐구) ·探訪(탐방)
推 추천할 추 (手-총11획)	針 바늘 침 (金-총10획)	擇 뽑을 택 (手-총11획)
·推薦(추천) ·推定(추정)	·毒針(독침) ·指針(지침)	·選擇(선택) ·採擇(채택)
縮 줄어들 축 (糸-총17획)	稱 부를 칭 (禾-총14획)	討 토의할 토 (手-총16획)
·縮小(축소) ·濃縮(농축)	·呼稱(호칭) ·稱讚(칭찬)	·討論(토론) ·討伐(토벌)
趣 취미 취 (走-총15획)	彈 탄알 탄 (弓-총15획)	痛 아플 통 (广-총12획)
·趣味(취미) ·趣旨(취지)	·銃彈(총탄) ·失彈(실탄)	·痛症(통증) ·痛快(통쾌)

投	던질 투 (手-총7획)	閉	닫을 폐 (門-총11획)	閑	한가할 한 (門-총12획)
·投槍(투창) ·投合(투합)		·評論(평론) ·評點(평점)		·閑暇(한가) ·閑寂(한적)	

鬪	싸울 투 (鬥-총20획)	胞	세포 포 (肉-총9획)	恨	한탄할 한 (心-총9획)
·鬪爭(투쟁) ·鬪牛(투우)		·同胞(동포) ·細胞(세포)		·恨歎(한탄) ·怨恨(원한)	

派	물갈래 파 (水-총9획)	爆	터질 폭 (火-총19획)	抗	항거할 항 (手-총7획)
·派閥(파벌)		·爆彈(폭탄) ·爆笑(폭소)		·對抗(대항) ·反抗(반항)	

判	판단할 판 (刀-총7획)	標	표시 표 (木-총15획)	核	씨 핵 (木-총10획)
·判別(판별) ·裁判(재판)		·目標(목표) ·標榜(표방)		·核武器(핵무기)	

篇	책 편 (竹-총15획)	疲	피곤할 피 (疒-총10획)	憲	밝힐 헌 (心-총16획)
·篇次(편차) ·篇篇(편편)		·疲勞(피로) ·疲弊(피폐)		·憲法(헌법) ·憲兵(헌병)	

評	평가 평 (言-총12획)	避	피할 피 (辶-총17획)	險	위험할 험 (阜-총16획)
·評論(평론) ·評點(평점)		·避身(피신) ·不可避(불가피)		·危險(위험) ·險路(험로)	

革 고칠 혁 (革-총9획)	紅 붉을 홍 (糸-총9획)	候 살필 후 (人-총10획)
·革命(혁명) ·變革(변혁)	·紅色(홍색) ·紅潮(홍조)	·氣候(기후) ·徵候(징후)
顯 나타날 현 (頁-총23획)	華 빛날 화 (艹-총12획)	厚 두터울 후 (厂-총9획)
·隱顯(은현) ·顯現(현현)	·華麗(화려) ·榮華(영화)	·厚德(후덕) ·重厚(중후)
刑 형벌 형 (刀-총6획)	環 고리 환 (玉-총17획)	揮 휘두를 휘 (手-총12획)
·處刑(처형) ·求刑(구형)	·環境(환경) ·花環(화환)	·指揮(지휘)
或 혹시 혹 (戈-총8획)	歡 기뻐할 환 (欠-총22획)	喜 기쁠 희 (口-총12획)
·或是(혹시) ·或者(혹자)	·歡呼(환호) ·歡喜(환희)	·喜悅(희열) ·喜劇(희극)
婚 혼인할 혼 (女-총11획)	況 모양 황 (水-총8획)	
·結婚(결혼) ·婚事(혼사)	·狀況(상황) ·現況(현황)	
混 섞을 혼 (水-총11획)	灰 재 회 (火-총6획)	
·混合(혼합) ·混同(혼동)	·灰色(회색) ·灰心(회심)	

4급 II 편

신습한자 250자(하위급수 한자 500자)

假	거짓 가 (人-총11획)	個	개성·낱 개 (亻-총10획)	慶	경사 경 (心-총15획)
	·假名(가명) ·假想(가상)		·個人(개인) ·個性(개성)		·慶事(경사) ·慶祝(경축)

街	거리 가 (行- 6획)	檢	검사할 검 (木-총17획)	警	살필 경 (言-총20획)
	·街路樹(가로수) ·市街(시가)		·檢索(검색) ·檢査(검사)		·警戒(경계) ·警告(경고)

監	살필 감 (皿-총14획)	潔	깨끗할 결 (水-총15획)	係	맬 계 (人-총9획)
	·監督(감독) ·監視(감시)		·純潔(순결) ·潔白(결백)		·係員(계원) ·係爭(계쟁)

減	줄어들 감 (水-총12획)	缺	이지러질 결 (缶-총10획)	故	고향 고 (攵-총9획)
	·減員(감원) ·減稅(감세)		·缺席(결석) ·缺點(결점)		·故鄕(고향) ·故事(고사)

康	편안할 강 (广-총11획)	經	경서 경 (糸-총13획)	官	관청 관 (宀-총8획)
	·健康(건강) ·康寧(강녕)		·經驗(경험) ·經口(경구)		·官吏(관리) ·敎官(교관)

講	강론할 강 (言-총17획)	境	경계 경 (土-총14획)	求	구할 구 (水-총7획)
	·講義(강의) ·講座(강좌)		·國境(국경) ·環境(환경)		·求職(구직) ·欲求(욕구)

究	연구 구 (穴-총7획)	器	그릇 기 (口-총16획)	檀	박달나무 단 (木-총17획)
·研究(연구) ·探究(탐구)		·食器(식기) ·消火器(소화기)		·檀君(단군) ·檀木(단목)	
句	글귀 구 (口-총5획)	起	일어날 기 (走-총10획)	斷	끊을 단 (斤-총18획)
·文句(문구) ·名句(명구)		·起立(기립) ·喚起(환기)		·斷念(단념) ·斷片(단편)	
宮	대궐 궁 (宀-총10획)	暖	따뜻할 난 (日-총13획)	端	실마리 단 (立-총14획)
·宮闕(궁궐) ·龍宮(용궁)		·暖房(난방) ·溫暖(온난)		·端午(단오) ·端緒(단서)	
權	권세 권 (木-총22획)	難	어려울 난 (隹-총19획)	單	하나 단 (口-총12획)
·權勢(권세) ·權利(권리)		·難色(난색) ·難解(난해)		·單獨(단독) ·單純(단순)	
極	지극할 극 (木-총13획)	努	힘쓸 노 (力-총7획)	達	도달할 달 (辶-총13획)
·極忌(극기) ·積極(적극)		·努力(노력) ·努肉(노육)		·到達(도달) ·達成(달성)	
禁	금할 금 (示-총13획)	怒	성낼 노 (心-총9획)	擔	맡을 담 (手-총16획)
·禁止(금지) ·監禁(감금)		·忿怒(분노) ·喜怒哀樂(희로애락)		·擔任(담임) ·擔保(담보)	

黨 무리 당 (黑-총20획)	銅 구리 동 (金-총14획)	兩 두 량(양) (入-총8획)
·黨員(당원) ·黨派(당파)	·銅錢(동전) ·銅像(동상)	·兩分(양분) ·兩親(양친)
隊 군대 대 (阜-총12획)	豆 콩 두 (豆-총7획)	麗 고울 려 (鹿-총19획)
·軍隊(군대) ·樂隊(악대)	·豆油(두유) ·豆腐(두부)	·華麗(화려) ·秀麗(수려)
帶 띠·찰 대 (巾-총11획)	斗 말 두 (斗-총4획)	連 이을 련 (辶-총11획)
·携帶(휴대) ·帶同(대동)	·北斗七星(북두칠성) ·斗量(두량)	·連續(연속) ·關連(관련)
導 인도할 도 (寸-총16획)	得 얻을 득 (彳-총11획)	列 줄·벌릴 렬 (刀-총6획)
·引導(인도) ·導入(도입)	·得失(득실) ·獲得(획득)	·分列(분열) ·列擧(열거)
毒 독할 독 (毋-총8획)	燈 등잔 등 (火-총16획)	錄 기록할 록 (金-총16획)
·毒藥(독약) ·消毒(소독)	·燈火(등화) ·點燈(점등)	·記錄(기록) ·收錄(수록)
督 살펴볼 독 (目-총13획)	羅 벌릴 라 (罒-총19획)	論 말할 론 (言-총15획)
·監督(감독) ·督促(독촉)	·羅針盤(나침반) ·網羅(망라)	·論評(논평) ·結論(결론)

留	머무를 류 (田-총10획)	武	무사 무 (止-총8획)	房	방 방 (戶-총8획)
·留學(유학) ·停留場(정류장)		·武器(무기) ·武陵桃源(무릉도원)		·茶房(다방) ·冷房(냉방)	
律	법률 률 (彳-총9획)	務	힘쓸·일 무 (力-총11획)	防	막을·둑 방 (阜-총7획)
·法律(법률) ·律動(율동)		·任務(임무) ·勤務(근무)		·防備(방비) ·豫防(예방)	
滿	찰 만 (水-총14획)	味	맛 미 (口-총8획)	訪	찾을 방 (言-총11획)
·滿水(만수) ·充滿(충만)		·味覺(미각) ·吟味(음미)		·訪問(방문) ·探訪(탐방)	
脈	맥 맥 (肉-총10획)	未	아닐 미 (木-총5획)	配	짝 배 (酉-총10획)
·脈搏(맥박) ·脈絡(맥락)		·未熟(미숙) ·未練(미련)		·配匹(배필) ·配布(배포)	
毛	털 모 (毛-총4획)	密	빽빽할 밀 (宀-총11획)	背	등 배 (肉-총9획)
·毛絲(모사) ·毛髮(모발)		·密集(밀집) ·密告(밀고)		·背叛(배반) ·背囊(배낭)	
牧	기를 목 (牛-총8획)	博	넓을 박 (十-총12획)	拜	절 배 (手-총9획)
·牧場(목장) ·遊牧(유목)		·博覽(박람) ·博學(박학)		·歲拜(세배) ·拜伏(배복)	

罰	죄·벌줄 **벌** (罒-총14획)
·罰則(벌칙) ·處罰(처벌)	

保	보호할 **보** (人-총9획)
·保全(보전) ·保養(보양)	

府	관청 **부** (广-총8획)
·府君(부군) ·府廳(부청)	

伐	칠 **벌** (人-총6획)
·伐草(벌초) ·伐木(벌목)	

步	걸음 **보** (止-총7획)
·步行(보행) ·進步(진보)	

佛	부처 **불** (人-총7획)
·佛像(불상) ·佛堂(불당)	

壁	담·벽 **벽** (土-총16획)
·壁畵(벽화) ·岩壁(암벽)	

婦	며느리 **부** (女-총11획)
·夫婦(부부) ·主婦(주부)	

備	준비 **비** (人-총12획)
·準備(준비) ·警備(경비)	

邊	변방·옆 **변** (辶-총19획)
·邊方(변방) ·邊將(변장)	

富	부자 **부** (宀-총12획)
·富裕(부유) ·貧富(빈부)	

悲	슬플 **비** (心-총12획)
·悲劇(비극) ·悲戀(비련)	

報	갚을 **보** (土-총12획)
·報恩(보은) ·報復(보복)	

復	다시 **부(복)** (彳-총12획)
·回復(회복) ·復元(복원)	

非	아닐 **비** (非-총8획)
·非賣品(비매품) ·非情(비정)	

寶	보배 **보** (宀-총20획)
·寶物(보물) ·寶庫(보고)	

副	다음 **부** (刀-총11획)
·副長(부장) ·副官(부관)	

飛	날 **비** (飛-총9획)
·飛上(비상) ·飛報(비보)	

貧	가난할 **빈** (貝-총11획)	狀	모양 **상** (犬-총8획)	聖	성인 **성** (耳-총13획)
·貧村(빈촌) ·貧困(빈곤)		·狀態(상태) ·狀況(상황)		·聖者(성자) ·聖堂(성당)	

謝	사과 **사** (言-총17획)	床	평상 **상** (广-총7획)	城	도읍 **성** (土-총10획)
·謝過(사과) ·感謝(감사)		·平床(평상) ·起床(기상)		·城壁(성벽) ·落城(낙성)	

師	스승 **사** (巾-총10획)	常	항상 **상** (巾-총11획)	聲	소리 **성** (耳-총17획)
·師弟(사제) ·師恩(사은)		·常時(상시) ·常識(상식)		·音聲(음성) ·聲量(성량)	

舍	집 **사** (舌-총8획)	想	생각할 **상** (心-총13획)	星	별 **성** (日-총9획)
·舍宅(사택) ·寄宿舍(기숙사)		·想像(상상) ·想起(상기)		·星群(성군) ·星座(성좌)	

寺	절 **사** (寸-총6획)	設	세울 **설** (言-총11획)	盛	풍성할 **성** (皿-총12획)
·寺刹(사찰) ·寺塔(사탑)		·設立(설립) ·設計(설계)		·豊盛(풍성) ·盛衰(성쇠)	

殺	죽일 **살** (殳-총11획)	誠	정성 **성** (言-총14획)	勢	세력 **세** (力-총13획)
·殺害(살해) ·黙殺(묵살)		·誠實(성실) ·至誠(지성)		·勢力(세력) ·權勢(권세)	

稅	세금 세 (禾-총12획)
·稅金(세금) · 關稅(관세)	

續	이을 속 (糸-총21획)
·繼續(계속) · 續開(속개)	

守	지킬 수 (宀-총6획)
·守備(수비) · 守衛(수위)	

細	가늘 세 (糸-총11획)
·細密(세밀) · 纖細(섬세)	

送	보낼 송 (辶-총10획)
·送別(송별) · 送金(송금)	

純	순수할 순 (糸-총10획)
·純粹(순수) · 純潔(순결)	

掃	쓸 소 (手-총12획)
·淸掃(청소) · 掃除(소제)	

收	거둘 수 (攵-총6획)
·收金(수금) · 收入(수입)	

承	이을 승 (手-총8획)
·承繼(승계) · 承認(승인)	

笑	웃을 소 (竹-총10획)
·拍掌大笑(박장대소) · 談笑(담소)	

授	줄 수 (手-총11획)
·授與(수여) · 授業(수업)	

視	볼 시 (見-총12획)
·視聽(시청) · 視線(시선)	

素	본디 소 (糸-총10획)
·素朴(소박) · 素質(소질)	

受	받을 수 (又-총8획)
·授受(수수) · 受取(수취)	

試	시험할 시 (言-총13획)
·考試(고시) · 試圖(시도)	

俗	풍속 속 (人-총9획)
·風俗(풍속) · 俗談(속담)	

修	닦을 수 (人-총10획)
·修道(수도) · 修養(수양)	

詩	글귀 시 (言-총13획)
·詩集(시집) · 詩人(시인)	

施	베풀 시 (方-총9획)	暗	어두울 암 (日-총13획)	逆	거스릴 역 (辶-총10획)
·施賞(시상) ·施行(시행)		·暗黑(암흑) ·明暗(명암)		·逆賊(역적) ·逆風(역풍)	

是	이·옳을 시 (日-총9획)	壓	누를 압 (土-총17획)	煙	연기 연 (火-총13획)
·是認(시인) ·是非(시비)		·壓力(압력) ·壓縮(압축)		·煙草(연초) ·禁煙(금연)	

息	숨쉴 식 (心-총10획)	液	진 액 (水-총11획)	演	연습할 연 (水-총14획)
·休息(휴식) ·息警(식경)		·液體(액체)		·演習(연습) ·演劇(연극)	

申	펼 신 (田-총5획)	羊	양 양 (羊-총6획)	研	갈 연 (石-총11획)
·申請(신청) ·申告(신고)		·牧羊(목양) ·羊水(양수)		·研究(연구) ·研修(연수)	

深	깊을 심 (水-총11획)	餘	남을 여 (食-총16획)	榮	무성할 영 (木-총14획)
·深海(심해) ·深思(심사)		·餘裕(여유) ·餘談(여담)		·榮光(영광) ·榮華(영화)	

眼	눈·볼 안 (目-총11획)	如	같을 여 (女-총6획)	藝	재주 예 (艸-총19획)
·眼球(안구) ·眼鏡(안경)		·如前(여전) ·如意(여의)		·藝術(예술) ·園藝(원예)	

誤	그릇할 오 (言-총14획)	圓	둥글 원 (口-총13)	應	응할 응 (心-총17획)
·誤報(오보) ·誤算(오산)		·圓滿(원만) ·圓滑(원활)		·應對(응대) ·呼應(호응)	

玉	옥 옥 (玉-총5획)	爲	위할 위 (爪-총12획)	義	옳을 의 (羊-총13획)
·玉石(옥석) ·玉座(옥좌)		·無爲(무위) ·有爲(유위)		·義理(의리) ·義務(의무)	

往	갈 왕 (彳-총8획)	衛	지킬 위 (行-총16획)	議	의논할 의 (言-총20획)
·往來(왕래) ·往復(왕복)		·防衛(방위) ·衛星(위성)		·會議(회의) ·議員(의원)	

謠	노래 요 (言-총17획)	肉	고기 육 (肉-총6획)	移	옮길 이 (禾-총11획)
·童謠(동요) ·歌謠(가요)		·肉類(육류) ·肉體美(육체미)		·移徙(이사) ·移動(이동)	

容	모양 용 (宀-총10획)	恩	은혜 은 (心-총10획)	益	넘칠 익 (皿-총10획)
·容貌(용모) ·容恕(용서)		·恩人(은인) ·謝恩(사은)		·利益(이익) ·有益(유익)	

員	사람 원 (口-총10획)	陰	그늘 음 (阜-총11획)	認	인정할 인 (言-총14획)
·人員(인원) ·社員(사원)		·陰地(음지) ·光陰(광음)		·認識(인식) ·確認(확인)	

印	도장 인 (卩-총6획)	田	밭 전 (田-총5획)	祭	제사 제 (示-총11획)
·印章(인장) ·檢印(검인)		·田畓(전답) ·田作(전작)		·祭物(제물) ·祭床(제상)	

引	끌 인 (弓-총4획)	絶	끊을 절 (糸-총12획)	濟	구제할 제 (水-총17획)
·引上(인상) ·引導(인도)		·絶望(절망) ·絶景(절경)		·經濟(경제) ·救濟(구제)	

將	장수 장 (寸-총11획)	接	사귈 접 (手-총11획)	製	만들 제 (衣-총14획)
·將軍(장군) ·將來(장래)		·接待(접대) ·接觸(접촉)		·製品(제품) ·製菓(제과)	

障	막힐 장 (阜-총14획)	程	법 정 (禾-총12획)	際	사귈 제 (阜-총14획)
·障碍(장애) ·支障(지장)		·程度(정도) ·程式(정식)		·國際(국제) ·交際(교제)	

低	낮을 저 (人-총7획)	精	정밀할 정 (米-총14획)	制	법 제 (刀-총8획)
·低質(저질) ·低溫(저온)		·精力(정력) ·精誠(정성)		·制度(제도) ·制憲(제헌)	

敵	대적할 적 (攴-총15획)	政	정사 정 (米-총14획)	提	끌 제 (手-총12획)
·敵軍(적군) ·敵手(적수)		·政事(정사) ·政權(정권)		·提供(제공) ·前提(전제)	

除	나눌 제 (阜-총10획)	宗	종가 종 (宀-총8획)	至	지극할 지 (至-총6획)
·除去(제거) ·除隊(제대)		·宗教(종교) ·宗家(종가)		·至極(지극) ·至誠(지성)	

助	도울 조 (力-총7획)	走	달릴 주 (走-총7획)	志	뜻 지 (心-총7획)
·助力(조력) ·救助(구조)		·走行(주행) ·逃走(도주)		·志望(지망) ·立志(입지)	

鳥	새 조 (鳥-총11획)	竹	대 죽 (竹 총6획)	支	지탱할 지 (支-총4획)
·鳥類(조류) ·白鳥(백조)		·竹馬故友(죽마고우)		·支店(지점) ·支署(지서)	

造	지을 조 (辶-총11획)	準	평평할 준 (水-13획)	指	손가락 지 (手-총9획)
·造成(조성) ·造作(조작)		·基準(기준) ·水準(수준)		·指示(지시) ·指名(지명)	

早	새벽 조 (日-총6획)	衆	무리 중 (血-총12획)	職	벼슬 직 (耳-총18획)
·早起(조기) ·早期(조기)		·觀衆(관중) ·衆生(중생)		·職責(직책) ·就職(취직)	

尊	높을 존 (寸-총12획)	增	더할 증 (土-총15획)	進	나아갈 진 (辶-총12획)
·尊重(존중) ·尊稱(존칭)		·增加(증가) ·增大(증대)		·進行(진행) ·進級(진급)	

眞 참 진 (目-총10획)	銃 총 총 (金-총14획)	取 가질 취 (又-총8획)
·眞實(진실) ·眞意(진의)	·拳銃(권총) ·長銃(장총)	·取得(취득) ·爭取(쟁취)
次 다음 차 (欠-총6획)	總 합할 총 (糸-총17획)	測 측량할 측 (水-총12획)
·次席(차석) ·次期(차기)	·總合(총합) ·總會(총회)	·測程(측정) ·測量(측량)
察 살필 찰 (宀-총14획)	築 건축 축 (竹-총16획)	置 조치할 치 (罒-총13획)
·觀察(관찰) ·巡察(순찰)	·建築(건축) ·增築(증축)	·置重(치중) ·措置(조치)
創 창조할 창 (刀-총12획)	蓄 쌓을 축 (艹-총14획)	齒 이 치 (齒-총15획)
·創業(창업) ·創造(창조)	·貯蓄(저축) ·蓄積(축적)	·齒牙(치아) ·齒痛(치통)
處 살·곳 처 (虍-총11획)	忠 충성 충 (心-총8획)	治 다스릴 치 (水-총8획)
·處女(처녀) ·處理(처리)	·忠誠(충성) ·忠實(충실)	·統治(통치) ·治療(치료)
請 청할 청 (言-총15획)	蟲 벌레 충 (虫-총18획)	侵 침입할 침 (人-총9획)
·要請(요청) ·請求(청구)	·害蟲(해충) ·蛔蟲(회충)	·侵犯(침범) ·侵害(침해)

快	유쾌할 쾌 (心-총7획)	包	쌀 포 (勹-총5획)	港	뱃길 항 (水-총12획)

· 快感(쾌감) · 快晴(쾌청)   · 包縛(포박) · 包含(포함)   · 港口(항구) · 港灣(항만)

態	모양 태 (心-총14획)	布	베·베풀 포 (巾-총5획)	航	건널 항 (舟-총10획)

· 態度(태도) · 狀態(상태)   · 布施(보시) · 布袋(포대)   · 航海(항해) · 航空(항공)

退	물러날 퇴 (辶-총10획)	暴	사나울 포 (日-총15획)	解	해부할 해 (角-총13획)

· 退院(퇴원) · 辭退(사퇴)   · 暴力(폭력) · 暴騰(폭등)   · 解析(해석) · 解答(해답)

波	물결 파 (水-총8획)	票	표·쪽지 표 (示-총11획)	香	향기 향 (香-총9획)

· 波濤(파도) · 波紋(파문)   · 賣票所(매표소) · 投票(투표)   · 香水(향수) · 香辛料(향신료)

破	찢어질 파 (石-총10획)	豊	풍년 풍 (豆-총13획)	鄕	고향 향 (邑-총13획)

· 破滅(파멸) · 擊破(격파)   · 豊富(풍부) · 豊滿(풍만)   · 鄕愁(향수) · 歸鄕(귀향)

砲	대포 포 (石-총10획)	限	막힐 한 (阝-총9획)	虛	빌 허 (虍-총12획)

· 砲擊(포격) · 空砲(공포)   · 限定(한정) · 制限(제한)   · 虛空(허공) · 虛弱(허약)

驗	시험 **험** (馬-총23획)	戶	집·지게 **호** (戶-총4획)	吸	마실 **흡** (口-총7획)
·試驗(시험) ·經驗(경험)		·戶主(호주) ·戶口(호구)		·吸入(흡입) ·呼吸(호흡)	

賢	현명할 **현** (貝-총15획)	護	보호할 **호** (言-총21획)	興	흥할 **흥** (白-총16획)
·賢人(현인) ·聖賢(성현)		·保護(보호) ·護送(호송)		·復興(부흥) ·興味(흥미)	

血	피 **혈** (血-총6획)	好	좋아할 **호** (女-총6획)	希	바랄 **희** (巾-총7획)
·血液(혈액) ·血管(혈관)		·好意(호의) ·友好(우호)		·希望(희망) ·希求(희구)	

協	도울 **협** (十-총8획)	貨	돈 **화** (貝-총11획)
·協力(협력) ·協贊(협찬)		·貨物(화물) ·貨幣(화폐)	

惠	은혜 **혜** (心-총12획)	確	확실할 **확** (石-총15획)
·惠澤(혜택)		·確信(확신) ·確證(확증)	

呼	부를 **호** (口-총8획)	回	돌 **회** (口-총6획)
·呼名(호명) ·歡呼(환호)		·回轉(회전) ·回避(회피)	

5급편

신습한자 200자(하위급수 한자 300자)

價	값 가 (人-총15획)
·價格(가격) · 原價(원가)	

去	과거 거 (厶-총5획)
·去來(거래) · 過去(과거)	

決	결단날 결 (水-총7획)
·決斷(결단) · 多數決(다수결)	

可	옳을 가 (口-2획)
·可決(가결) · 可否(가부)	

建	세울 건 (廴-총9획)
·建國(건국) · 建設(건설)	

結	맺을 결 (糸-총12획)
·結果(결과) · 結成(결성)	

加	더할 가 (力-총5획)
·加勢(가세) · 加重(가중)	

件	조건 건 (人-총6획)
·條件(조건) · 用件(용건)	

敬	공경할 경 (攴-총13획)
·恭敬(공경) · 尊敬(존경)	

改	고칠 개 (攵-총7획)
·改良(개량) · 改憲(개헌)	

健	건강할 건 (人-총11획)
·健康(건강) · 健兒(건아)	

景	밝을 경 (日-총12획)
·景致(경치) · 絶景(절경)	

客	손 객 (宀-총9획)
·主客(주객) · 客地(객지)	

格	격식 격 (木-총10획)
·格式(격식) · 規格(규격)	

輕	가벼울 경 (車-총14획)
·輕視(경시) · 輕率(경솔)	

擧	들 거 (手-총18획)
·擧手(거수) · 擧行(거행)	

見	볼 견 (見-총7획)
·見學(견학) · 見本(견본)	

競	겨룰 경 (立-총20획)
·競爭(경쟁) · 競技(경기)	

告	알릴 고 (口-총7획)	關	통할 관 (門-총19획)	救	구원할 구 (攵-총11획)
·告白(고백) ·公告(공고)		·關係(관계) ·關契(관계)		·救助(구조) ·救命(구명)	

考	생각할 고 (老-총6획)	觀	볼 관 (見-총25획)	局	판·관청 국 (尸-총7획)
·參考(참고) ·考慮(고려)		·觀察(관찰) ·觀覽(관람)		·局限(국한) ·局部(국부)	

固	굳을 고 (口-총8획)	廣	넓을 광 (广-총15획)	貴	귀할 귀 (貝-총12획)
·固定(고정) ·固有(고유)		·廣大(광대) ·廣告(광고)		·貴賤(귀천) ·貴重(귀중)	

曲	굽을 곡 (曰-총6획)	橋	다리 교 (木-총16획)	規	법 규 (見-총11획)
·曲線(곡선) ·曲藝(곡예)		·陸橋(육교) ·石橋(석교)		·規則(규칙) ·規誨(규회)	

課	시험 과 (言-총15획)	舊	옛 구 (白-총18획)	給	넉넉할 급 (糸-총12획)
·課外工夫(과외공부) ·課程(과정)		·親舊(친구) ·舊面(구면)		·給食(급식) ·給與(급여)	

過	허물 과 (辶-총13획)	具	갖출 구 (八-총8획)	己	몸 기 (己-총3획)
·過去(과거) ·通過(통과)		·具備(구비) ·家具(가구)		·己物(기물) ·克己(극기)	

基	바탕 기 (土-총11획)	能	능할 능 (肉-총10획)	到	도달할 도 (刀-총8획)
·基礎(기초) ·基準(기준)		·能力(능력) ·能動(능동)		·到達(도달) ·到着(도착)	
技	재주 기 (手-총7획)	團	둥글 단 (口-총14획)	島	섬 도 (山-총10획)
·技術(기술) ·長技(장기)		·團結(단결) ·團束(단속)		·孤島(고도) ·半島(반도)	
汽	증기 기 (水-총7획)	壇	제단 단 (土-총16획)	都	도읍 도 (邑-총12획)
·汽車(기차) ·汽壓(기압)		·壇上(단상) ·祭壇(제단)		·都邑(도읍) ·都會(도회)	
期	기간 기 (月-총12획)	談	이야기 담 (言-총15획)	獨	홀로 독 (犬-총16획)
·期待(기대) ·期約(기약)		·相談(상담) ·談笑(담소)		·獨房(독방) ·獨立(독립)	
吉	좋을 길 (口-총6획)	當	당연할 당 (田-총13획)	落	떨어질 락 (艹-총13획)
·大吉(대길) ·吉凶(길흉)		·當然(당연) ·當初(당초)		·落下(낙하) ·落馬(낙마)	
念	생각 념 (心-총8획)	德	덕·큰 덕 (彳-총15획)	朗	명랑할 랑 (月-총11획)
·念願(염원) ·念慮(염려)		·德性(덕성) ·德談(덕담)		·明朗(명랑) ·朗讀(낭독)	

冷 찰 **랭** (冫-총7획) ·冷凍(냉동) ·冷藏庫(냉장고)	**領** 우두머리 **령** (頁-총14획) ·大統領(대통령) ·領收(영수)	**陸** 뭍 **륙** (阜-총11획) ·陸地(육지) ·陸橋(육교)
良 어질 **량** (艮-총7획) ·良民(양민) ·良好(양호)	**令** 하여금 **령** (人-총5획) ·命令(명령) ·令達(영달)	**馬** 말 **마** (馬-총10획) ·馬夫(마부) ·馬車(마차)
量 헤아릴 **량** (里-총12획) ·測量(측량) ·重量(중량)	**勞** 힘쓸 **로** (力-총12획) ·勞力(노력) ·努力(노력)	**末** 끝 **말** (木-총5획) ·末期(말기) ·末端(말단)
旅 나그네 **려** (方-총10획) ·旅館(여관) ·旅行(여행)	**料** 요금 **료** (斗-총10획) ·料理(요리) ·料量(요량)	**望** 바랄 **망** (月-총11획) ·望鄕(망향) ·責望(책망)
歷 지낼 **력** (止-총16획) ·歷史(역사) ·歷任(역임)	**類** 종류 **류** (頁-총19획) ·種類(종류) ·類推(유추)	**亡** 망할 **망** (亠-총3획) ·亡身(망신) ·亡德(망덕)
練 익힐 **련** (糸-총15획) ·練習(연습) ·敎練(교련)	**流** 흐를 **류** (水-총9획) ·流失(유실) ·流行(유행)	**賣** 팔 **매** (貝-총15획) ·賣買(매매) ·販賣(판매)

買	살 매 (貝-총12획)	福	복 복 (示-총14획)	仕	벼슬 사 (人-총5획)
·買收(매수) ·買上(매상)		·幸福(행복) ·祝福(축복)		·奉仕(봉사) ·仕宦(사환)	
無	없을 무 (火-총12획)	奉	받들 봉 (大-총8획)	士	선비 사 (士-총3획)
·無料(무료) ·無慘(무참)		·奉仕(봉사) ·奉養(봉양)		·軍士(군사) ·博士(박사)	
倍	곱 배 (人-총10획)	比	비교할 비 (比-총4획)	史	역사 사 (口-총5획)
·倍數(배수) ·倍率(배율)		·比較(비교) ·比例(비례)		·歷史(역사) ·史學(사학)	
法	법 법 (水-총8획)	費	허비할 비 (貝-총12획)	思	생각할 사 (心-총9획)
·法律(법률) ·法官(법관)		·消費(소비) ·浪費(낭비)		·思想(사상) ·思春期(사춘기)	
變	변할 변 (言-총23획)	鼻	코 비 (鼻-총14획)	寫	베낄 사 (宀-총15획)
·變貌(변모) ·變故(변고)		·鼻炎(비염) ·鼻音(비음)		·寫眞(사진) ·寫本(사본)	
兵	군사 병 (八-총7획)	氷	얼음 빙 (水-총5획)	査	살필 사 (木-총9획)
·兵士(병사) ·兵力(병력)		·氷水(빙수) ·結氷(결빙)		·査察(사찰) ·檢査(검사)	

産	생산할 **산** (生-총11획)	鮮	신선할 **선** (魚-총17획)	歲	나이 **세** (止-총13획)
·産業(산업) ·産地(산지)		·生鮮(생선) ·鮮明(선명)		·歲月(세월) ·歲出(세출)	
相	서로 **상** (目-총9획)	善	착할 **선** (口-총12획)	洗	씻을 **세** (水-총9획)
·相互(상호) ·相續(상속)		·善行(선행) ·慈善(자선)		·洗手(세수) ·洗濯(세탁)	
商	장사 **상** (口-총11획)	船	배 **선** (舟-총11획)	束	묶을 **속** (木-총7획)
·商品(상품) ·商標(상표)		·船舶(선박) ·乘船(승선)		·속박(束縛) ·구속(拘束)	
賞	상줄 **상** (貝-총15획)	選	뽑을 **선** (辶-총16획)	首	머리 **수** (首-총9획)
·賞狀(상장) ·賞與(상여)		·選出(선출) ·選別(선별)		·수장(首長) ·원수(元首)	
序	차례 **서** (广-총7획)	說	말씀 **설** (言-총14획)	宿	잠잘 **숙** (宀-총11획)
·秩序(질서) ·順序(순서)		·說敎(설교) ·說明(설명)		·숙소(宿所) ·숙박(宿泊)	
仙	신선 **선** (人-총5획)	性	성품 **성** (心-총8획)	順	순할 **순** (頁-총12획)
·神仙(신선) ·仙女(선녀)		·性品(성품) ·性格(성격)		·순리(順理) ·순서(順序)	

示	보일 시 (示-총5획)
·示範(시범) ·示唆(시사)	

案	책상 안 (木-총10획)
·案內(안내) ·考案(고안)	

熱	더울 열 (火-총15획)
·熱氣(열기) ·熱心(열심)	

識	알 식 (言-총19획)
·認識(인식) ·識見(식견)	

約	묶을 약 (糸-총9획)
·約束(약속) ·約婚(약혼)	

葉	잎 엽 (艸-총13획)
·落葉(낙엽) ·葉茶(엽차)	

臣	신하 신 (臣-총6획)
·臣下(신하) ·忠臣(충신)	

養	기를 양 (食-총15획)
·養育(양육) ·養殖(양식)	

屋	집 옥 (尸-총9획)
·家屋(가옥) ·屋外(옥외)	

實	열매 실 (宀-총14획)
·과실(果實) ·眞實(진실)	

漁	고기잡을 어 (水-총14획)
·漁民(어민) ·漁船(어선)	

完	완전할 완 (宀-총7획)
·完全(완전) ·完成(완성)	

兒	아이 아 (儿-총8획)
·兒童(아동) ·小兒科(소아과)	

魚	물고기 어 (魚-총11획)
·魚類(어류) ·魚鮮(어선)	

要	중요할 요 (襾-총9획)
·要地(요지) ·要求(요구)	

惡	악할 악 (心-총12획)
·惡心(악심) ·惡行(악행)	

億	억·많을 억 (人-총15획)
·億數(억수) ·億萬長者(억만장자)	

曜	비칠 요 (日-총18획)
·曜日(요일) ·日曜日(일요일)	

浴 목욕할 욕 (水-총10획)	元 으뜸 원 (儿-총4획)	以 써·까닭 이 (人-총5획)

浴 목욕할 욕 (水-총10획)
·沐浴(목욕) ·浴室(욕실)

元 으뜸 원 (儿-총4획)
·元首(원수) ·元氣(원기)

以 써·까닭 이 (人-총5획)
·以上(이상) ·以內(이내)

雨 비 우 (雨-총8획)
·雨衣(우의) ·雨期(우기)

願 원할 원 (頁-총19획)
·所願(소원) ·念願(염원)

耳 귀 이 (耳-총6획)
·耳順(이순) ·耳科(이과)

友 벗 우 (又-총4획)
·友情(우정) ·友愛(우애)

原 근원 원 (厂-총10획)
·原因(원인) ·原始(원시)

因 원인 인 (口-총6획)
·因緣(인연) ·因果應報(인과응보)

牛 소 우 (牛-총4획)
·牛馬(우마) ·牛角(우각)

院 집 원 (阜-총10획)
·學院(학원) ·院長(원장)

任 맡길 임 (人-총6획)
·任務(임무) ·任官(임관)

雲 구름 운 (雨-총12획)
·風雲(풍운) ·雲集(운집)

偉 훌륭할 위 (人-총11획)
·偉人(위인) ·偉容(위용)

財 재물 재 (貝-총10획)
·財物(재물) ·財數(재수)

雄 수컷 웅 (隹-총12획)
·雌雄(자웅) ·雄壯(웅장)

位 자리 위 (人-총7획)
·職位(직위) ·位置(위치)

材 재료·재목 재 (木-총7획)
·材料(재료) ·人材(인재)

災	재앙 재 (火-총7획)	典	법 전 (八-총8획)	情	정 정 (心-총11획)
·災害(재해) ·災難(재난)		·典書(전서) ·典型(전형)		·情感(정감) ·情熱(정열)	

再	다시 재 (冂-총6획)	傳	전할 전 (人-총13획)	停	머무를 정 (人-총11획)
·再起(재기) ·再會(재회)		·傳染(전염) ·傳統(전통)		·停止(정지) ·停電(정전)	

爭	다툴·싸울 쟁 (爪-총8획)	展	펼·살필 전 (尸-총10획)	調	조사할 조 (言-총15획)
·鬪爭(투쟁) ·爭取(쟁취)		·展示(전시) ·展望(전망)		·調整(조정) ·調書(조서)	

貯	쌓을 저 (貝-총12획)	節	마디 절 (竹-총15획)	操	잡을 조 (手-총16획)
·貯金(저금) ·貯藏(저장)		·貞節(정절) ·節約(절약)		·操作(조작) ·操業(조업)	

的	과녁 적 (白-총8획)	切	자를 절 (刀-총4획)	卒	군사 졸 (十-총8획)
·標的(표적) ·的中(적중)		·切斷(절단) ·一切(일체)		·卒兵(졸병) ·卒業(졸업)	

赤	붉을 적 (赤-총7획)	店	가게 점 (广-총8획)	種	종자·씨 종 (禾-총14획)
·赤色(적색) ·赤裸裸(적나라)		·店鋪(점포) ·店員(점원)		·種子(종자) ·種類(종류)	

終	마칠 종 (糸-총11획)	質	근본 질 (貝-총15획)	初	처음 초 (刀-총7획)
·終了(종료) ·終結(종결)		·品質(품질) ·質量(질량)		·最初(최초) ·初志(초지)	
罪	죄 죄 (罒-총13획)	着	붙을 착 (目-총11획)	最	가장 최 (日-총12획)
·罪人(죄인) ·罪囚(죄수)		·到着(도착) ·着服(착복)		·最上(최상) ·最高(최고)	
週	돌 주 (辶-총12획)	參	참여할 참 (厶-총11획)	祝	빌 축 (示-총10획)
·週期(주기) ·週末(주말)		·參加(참가) ·參與(참여)		·祝賀(축하) ·祝歌(축가)	
州	고을 주 (巛-총6획)	唱	노래부를 창 (口-총11획)	充	찰 충 (儿-총5획)
·慶州(경주) ·光州(광주)		·唱歌(창가) ·合唱(합창)		·充滿(충만) ·充當(충당)	
知	알 지 (矢-총8획)	責	맡을 책 (貝-총11획)	致	이를 치 (至-총10획)
·知覺(지각) ·知識(지식)		·責任(책임) ·責望(책망)		·極致(극치) ·一致(일치)	
止	머무를 지 (止-총4획)	鐵	쇠 철 (金-총21획)	則	법칙 칙 (刀-총9획)
·止息(지식) ·禁止(금지)		·鐵工所(철공소) ·製鐵(제철)		·規則(규칙) ·會則(회칙)	

打　칠 타
(手-총5획)

·打力(타력)　·強打(강타)

他　다를 타
(亻-총5획)

·他人(타인)　·他國(타국)

卓　뛰어날 탁
(十-총8획)

·卓越(탁월)　·卓上空論(탁상공론)

炭　숯·석탄 탄
(火-총9획)

·炭鑛(탄광)　·木炭(목탄)

宅　집 택(대)
(宀-총6획)

·住宅(주택)　·宅配(택배)

板　판자 판
(木-총8획)

·合板(합판)　·板子(판자)

敗　패할 패
(攵-총11획)

·敗戰(패전)　·敗家(패가)

品　물건 품
(口-총9획)

·品質(품질)　·品格(품격)

必　반드시 필
(心-총5획)

·必須(필수)　·必勝(필승)

筆　붓 필
(竹-총12획)

·筆記(필기)　·筆體(필체)

河　물·강 하
(水-총8획)

·河川(하천)　·河梁(하량)

寒　찰 한
(宀-총12획)

·寒波(한파)　·寒氣(한기)

害　해로울 해
(宀-총10획)

·妨害(방해)　·害蟲(해충)

許　허락할 허
(言-총11획)

·許用(허용)　·許可(허가)

湖　호수 호
(水-총12획)

·江湖(강호)　·湖畔(호반)

化　변할 화
(匕-총4획)

·變化(변화)　·化合(화합)

患　근심·병 환
(心-총11획)

·憂患(우환)　·患者(환자)

效　본받을 효
(攵-총10획)

·效果(효과)　·效能(효능)

흉할 흉
(ㄴ-총4획)

· 凶作(흉작) · 凶惡(흉악)

 검을 흑
(黑-총12획)

· 黑色(흑색) · 黑心(흑심)

6급편

신습한자 150자(하위급수 한자 150자)

角	뿔 각 (角-총7획)	界	경계 계 (田-총9획)	共	함께 공 (八-총6획)
·角逐(각축) ·角度(각도)		·限界(한계) ·境界(경계)		·共同(공동) ·共用(공용)	

各	제각기 각 (口-총6획)	計	계획 계 (言-총9획)	功	공로 공 (力-총5획)
·各國(각국) ·各自(각자)		·計算(계산) ·計劃(계획)		·功勞(공로) ·成功(성공)	

感	느낄 감 (心-총13획)	高	높을 고 (高-총10획)	科	과목 과 (禾-총9획)
·感覺(감각) ·感想(감상)		·高低(고저) ·高價(고가)		·科目(과목) ·前科(전과)	

強	강할 강 (弓-총12획)	苦	쓸 고 (艸-총9획)	果	열매 과 (木-총8획)
·強國(강국) ·強風(강풍)		·苦痛(고통) ·勞苦(노고)		·果實(과실) ·果樹(과수)	

開	열 개 (門-총12획)	古	옛 고 (口-총5획)	光	빛 광 (儿-총6획)
·開業(개업) ·開放(개방)		·古今(고금) ·古物(고물)		·光明(광명) ·光澤(광택)	

京	서울·클 경 (亠-총8획)	公	공평할 공 (八-총4획)	交	사귈 교 (亠-총6획)
·京城(경성) ·上京(상경)		·公益(공익) ·公明(공명)		·交際(교제) ·交流(교류)	

球	둥글 구 (玉-총11획)	急	급할 급 (心-총9획)	對	대할 대 (寸-총14획)
·蹴球(축구) ·球技(구기)		·急行(급행) ·應急(응급)		·相對(상대) ·對決(대결)	

區	구역 구 (匚-총11획)	級	등급 급 (糸-총10획)	待	기다릴 대 (彳-총9획)
·區域(구역) ·區別(구별)		·特級(특급) ·級友(급우)		·待接(대접) ·期待(기대)	

郡	고을 군 (邑-총10획)	多	많을 다 (夕-총6획)	圖	그림 도 (口-총14획)
·郡廳(군청) ·郡守(군수)		·多數(다수) ·多彩(다채)		·圖畵(도화) ·圖形(도형)	

根	뿌리 근 (木-총10획)	短	짧을 단 (矢-총12획)	度	법도 도 (广-총9획)
·根本(근본) ·根源(근원)		·短刀(단도) ·短縮(단축)		·程度(정도) ·限度(한도)	

近	가까울 근 (辶-총8획)	堂	집 당 (土-총11획)	讀	읽을 독 (言-총22획)
·近視(근시) ·近來(근래)		·食堂(식당) ·講堂(강당)		·讀書(독서) ·速讀(속독)	

今	곧·이제 금 (人-총4획)	代	대신할 대 (人-총5획)	童	아이 동 (立-총12획)
·今年(금년) ·今時(금시)		·代身(대신) ·代表(대표)		·童心(동심) ·兒童(아동)	

頭	머리 두 (頁-총16획)	綠	푸를 록 (糸-총14획)	聞	들을 문 (耳-총14획)
·頭腦(두뇌) ·頭角(두각)		·綠色(녹색) ·綠陰(녹음)		·聽聞(청문) ·仄聞(측문)	

等	무리 등 (竹-총12획)	理	이치 리 (玉-총11획)	米	쌀 미 (米-총6획)
·等級(등급) ·劣等(열등)		·理論(이론) ·理解(이해)		·米穀(미곡) ·玄米(현미)	

樂	즐길 락 (木-총15획)	利	편리할 리 (刀-총7획)	美	아름다울 미 (羊-총9획)
·樂器(악기) ·娛樂(오락)		·利益(이익) ·利用(이용)		·美貌(미모) ·美德(미덕)	

例	법식 례 (人-총8획)	李	성 이(리) (木-총7획)	朴	순박할 박 (木-총6획)
·例文(예문) ·慣例(관례)		·李朝(이조) ·行李(행리)		·淳朴(순박) ·素朴(소박)	

禮	예도 례 (示-총18획)	明	밝을 명 (日-총8획)	反	반대 반 (又-총4획)
·禮儀(예의) ·敬禮(경례)		·明暗(명암) ·明明白白(명명백백)		·反對(반대) ·背反(배반)	

路	길 로 (足-총13획)	目	눈 목 (目-총5획)	半	절반 반 (十-총5획)
·大路(대로) ·路線(노선)		·目前(목전) ·目標(목표)		·半個(반개) ·過半(과반)	

班	나눌 **반** (玉-총10획)
·班長(반장) ·斑白(반백)	

服	옷·복종할 **복** (月-총8획)
·衣服(의복) ·服從(복종)	

死	죽을 **사** (歹-총6획)
·死地(사지) ·死境(사경)	

發	필·떠날 **발** (癶-총12획)
·出發(출발) ·發覺(발각)	

本	근본 **본** (木-총5획)
·本質(본질) ·本能(본능)	

書	글·책 **서** (日-총10획)
·書店(서점) ·書類(서류)	

放	추방할 **방** (攴-총8획)
·放出(방출) ·奔放(분방)	

部	무리 **부** (邑-총11획)
·部隊(부대) ·部類(부류)	

石	돌 **석** (石-총5획)
·石塔(석탑) ·石手(석수)	

番	차례 **번** (田-총12획)
·番號(번호) ·順番(순번)	

分	나눌 **분** (刀-총4획)
·分娩(분만)	

席	방석 **석** (巾-총10획)
·座席(좌석) ·席捲(석권)	

別	나눌 **별** (刀-총7획)
·離別(이별) ·送別(송별)	

社	사회 **사** (示-총8획)
·社會(사회) ·社說(사설)	

線	줄 **선** (糸-총15획)
·直線(직선) ·線路(선로)	

病	병들 **병** (疒-총10획)
·病院(병원) ·疾病(질병)	

使	부릴 **사** (人-총8획)
·使用(사용) ·使命(사명)	

雪	눈 **설** (雨-총11획)
·雪景(설경) ·雪辱(설욕)	

成 이룰 성 (戈-총7획)	**術** 재주 술 (行-총11획)	**身** 몸 신 (身-총7획)
·成功(성공) ·成果(성과)	·技術(기술) ·話術(화술)	·身體(신체) ·心身(심신)
省 살필 성 (目-총9획)	**習** 익힐 습 (羽-총11획)	**新** 새 신 (斤-총13획)
·省察(성찰) ·省墓(성묘)	·習慣(습관) ·習性(습성)	·新學期(신학기) ·新出(신출)
消 사라질 소 (水-총10획)	**勝** 이길 승 (力-총12획)	**神** 귀신 신 (示-총10획)
·消滅(소멸) ·消費(소비)	·勝利(승리) ·勝訴(승소)	·神氣(신기) ·神童(신동)
速 빠를 속 (辶-총11획)	**始** 비로소 시 (女-총8획)	**失** 잃을 실 (大-총5획)
·速力(속력) ·速成(속성)	·始初(시초) ·始終(시종)	·失足(실족) ·紛失(분실)
孫 손자 손 (子-총10획)	**式** 법식 식 (弋-총6획)	**愛** 사랑 애 (心-총13획)
·子孫(자손) ·孫女(손녀)	·式場(식장) ·式順(식순)	·愛人(애인) ·愛國(애국)
樹 심을 수 (木-총16획)	**信** 믿을 신 (人-총9획)	**野** 들 야 (里-총11획)
·樹木(수목) ·樹立(수립)	·信賴(신뢰) ·信用(신용)	·野山(야산) ·野望(야망)

夜	밤 야 (夕-총8획)	業	일 업 (木-총13획)	運	옮길 운 (辶-총13획)
·夜間(야간) ·夜勤(야근)		·業障(업장) ·業務(업무)		·運送(운송) ·運轉(운전)	

弱	약할 약 (弓-총10획)	英	꽃부리 영 (艹-총9획)	園	동산 원 (囗-총13획)
·弱者(약자) ·弱小(약소)		·英材(영재) ·英雄(영웅)		·公園(공원) ·樂園(낙원)	

藥	약 약 (艹-총19획)	永	영원할 영 (水-총5획)	遠	멀 원 (辶-총14획)
·藥草(약초) ·藥房(약방)		·永遠(영원) ·永生(영생)		·遠近(원근) ·遠景(원경)	

洋	큰바다 양 (水-총9획)	溫	따뜻할 온 (水-총13획)	由	말미암을 유 (田-총5획)
·大洋(대양) ·洋服(양복)		·溫水(온수) ·溫順(온순)		·由來(유래) ·經由(경유)	

陽	볕 양 (阜-총12획)	勇	용기 용 (力-총9획)	油	기름 유 (水-총8획)
·太陽(태양) ·陽地(양지)		·勇猛(용맹) ·勇敢(용감)		·油田(유전) ·食用油(식용유)	

言	말씀 언 (言-총7획)	用	쓸 용 (用-총5획)	銀	은 은 (金-총14획)
·言行(언행) ·言語(언어)		·用度(용도) ·使用(사용)		·銀錢(은전) ·銀幕(은막)	

飲	마실 음 (食-총13획)	作	지을 · 만들 작 (人-총7획)	庭	뜰 정 (广-총10획)
·飲料水(음료수) · 飲酒(음주)		·作品(작품) · 製作(제작)		·庭園(정원) · 家庭(가정)	
音	소리 음 (音-총9획)	昨	어제 작 (日-총9획)	定	안정할 정 (宀-총8획)
·音樂(음악) · 音聲(음성)		·昨今(작금) · 昨年(작년)		·安定(안정) · 定價(정가)	
意	생각 · 뜻 의 (心-총13획)	章	글 장 (立-총11획)	第	과거 제 (竹-총11획)
·意志(의지) · 意向(의향)		·文章(문장) · 章節(장절)		·第宅(제택) · 第一(제일)	
醫	의원 의 (酉-총18획)	才	재주 재 (手-총3획)	題	제목 제 (頁-총18획)
·醫院(의원) · 醫師(의사)		·才能(재능) · 才德(재덕)		·宿題(숙제) · 主題(주제)	
衣	옷 의 (衣-총6획)	在	살필 재 (土-총6획)	朝	아침 조 (月-총12획)
·衣服(의복) · 衣制(의제)		·存在(존재) · 健在(건재)		·朝會(조회) · 朝夕(조석)	
者	사람 자 (耂-총9획)	戰	싸울 전 (戈-총16획)	族	겨레 족 (方-총11획)
·業者(업자) · 患者(환자)		·戰爭(전쟁) · 戰慄(전율)		·同族(동족) · 族屬(족속)	

注	물댈 주 (水-총8획)	親	친할 친 (見-총16획)	合	합할 합 (口-총6획)
·注油(주유) ·注文書(주문서)		·母親(모친) ·親舊(친구)		·聯合(연합) ·合同(합동)	

晝	낮 주 (日-총11획)	太	클 태 (大-총4획)	幸	다행 행 (干-총8획)
·晝間(주간) ·晝夜(주야)		·太陽(태양) ·太古(태고)		·多幸(다행) ·幸運(행운)	

集	모일 집 (隹-총12획)	通	통할 통 (辶-총11획)	行	갈·행할 행 (行-총6획)
·集合(집합) ·集約(집약)		·通行(통행) ·通勤(통근)		·行動(행동) ·巡行(순행)	

窓	창문 창 (穴-총11획)	特	특별 특 (牛-총10획)	向	나아갈 향 (口-총6획)
·窓門(창문) ·同窓(동창)		·特秀(특수) ·特許(특허)		·方向(방향) ·向上(향상)	

清	맑을 청 (水-총11획)	表	겉·밝힐 표 (衣-총8획)	現	나타날 현 (玉-총11획)
·清淨(청정) ·清凉(청량)		·表示(표시) ·表明(표명)		·現在(현재) ·現像(현상)	

體	몸 체 (骨-총23획)	風	바람 풍 (風-총9획)	形	형상 형 (彡-총7획)
·體育(체육) ·體操(체조)		·風速(풍속) ·東南風(동남풍)		·形體(형체) ·形便(형편)	

號	부를 **호** (虍-총13획)
·番號(번호) ·號令(호령)	

和	화할 **화** (口-총8획)
·和合(화합) ·和諧(화해)	

畫	그림 **화** (田-총13획)
·畫幅(화폭) ·畫室(화실)	

黃	누를 **황** (黃-총12획)
·黃色(황색) ·黃昏(황혼)	

會	회의 **회** (日-총13획)
·會則(회칙) ·會長(회장)	

訓	가르칠 **훈** (言-총10획)
·訓戒(훈계) ·家訓(가훈)	

7급편

신습한자 100자(하위급수 한자 50자)

家	집 가 (宀-총10획)	空	빌 공 (穴-총8획)	內	안 내 (入-총4획)
·家訓(가훈) ·가족(家族)		·空間(공간) ·空虛(공허)		·內部(내부) ·內幕(내막)	
歌	노래 가 (欠-총14획)	口	입 구 (口-총3획)	農	농사 농 (辰-총13획)
·歌手(가수) ·歌舞(가무)		·口腔(구강) ·口舌(구설)		·農夫(농부) ·農業(농업)	
間	사이 간 (門-총12획)	氣	기운 기 (气-총10획)	答	대답 답 (竹-총12획)
·間諜(간첩) ·間隔(간격)		·氣力(기력) ·勇氣(용기)		·答辯(답변) ·答禮(답례)	
江	강 강 (水-총6획)	記	기록할 기 (言-총10획)	道	길 도 (辶-총13획)
·江邊(강변) ·江湖(강호)		·記錄(기록) ·記者(기자)		·道路(도로) ·道德(도덕)	
車	수레 거 (車-총7획)	旗	깃발 기 (方-총14획)	同	한가지 동 (口-총6획)
·車庫(차고) ·車主(차주)		·國旗(국기) ·旗手(기수)		·同時(동시) ·同好(동호)	
工	장인 공 (工-총3획)	男	사내 남 (田-총7획)	冬	겨울 동 (冫-총5획)
·工場(공장) ·工巧(공교)		·男女老少(남녀노소) ·男兒(남아)		·冬季(동계) ·越冬(월동)	

洞	마을 동 (水-총9획)	里	마을 리 (里-총7획)	命	목숨 명 (口-총8획)
·洞里(동리) · 洞窟(동굴)		·里長(이장) · 里數(이수)		·命令(명령) · 命中(명중)	

動	움직일 동 (力-총11획)	林	수풀 림 (木-총8획)	文	글월 문 (文-총4획)
·動力(동력) · 動物(동물)		·山林(산림) · 林野(임야)		·文字(문자) · 作文(작문)	

登	오를 등 (癶-총12획)	立	설 립 (立-총5획)	問	물을 문 (口-총11획)
·登山(등산) · 登錄(등록)		·建立(건립) · 立志(입지)		·問題(문제) · 問責(문책)	

來	올 래 (人-총8획)	每	매양 매 (母-총7획)	物	만물 물 (牛-총8획)
·來日(내일) · 將來(장래)		·每日(매일) · 每事(매사)		·萬物(만물) · 物質(물질)	

力	힘 력 (力-총2획)	面	얼굴 면 (面-총9획)	方	사방 방 (方-총4획)
·動力(동력) · 力說(역설)		·面談(면담) · 面接(면접)		·方向(방향) · 方法(방법)	

老	늙은이 로 (老-총6획)	名	이름 명 (口-총6획)	百	일백 백 (白-총6획)
·老人(노인) · 老鍊(노련)		·呼名(호명) · 名曲(명곡)		·百歲(백세) · 百姓(백성)	

夫 사내 **부** (大-총4획) ·夫婦(부부) ·大丈夫(대장부)	夕 저녁 **석** (夕-총3획) ·夕陽(석양) ·秋夕(추석)	數 셈 **수** (攵-총15획) ·數量(수량) ·數次(수차)
不 아닐·아니 **부** (一-총4획) ·不信(불신) ·不動(부동)	姓 성씨 **성** (女-총8획) ·姓名(성명) ·姓銜(성함)	市 시장 **시** (巾-총5획) ·市場(시장) ·市長(시장)
事 일 **사** (丨-총8획) ·事業(사업) ·事務(사무)	世 세상 **세** (一-총5획) ·世上(세상) ·世代(세대)	時 때 **시** (日-총10획) ·時間(시간) ·時速(시속)
算 계산 **산** (竹-총14획) ·算數(산수) ·算出(산출)	少 적을 **소** (小-총4획) ·少女(소녀) ·少心(소심)	食 밥 **식** (食-총9획) ·食事(식사) ·食器(식기)
上 위 **상** (一-총3획) ·上流(상류) ·上策(상책)	所 장소 **소** (戶-총8획) ·賣票所(매표소) ·所得(소득)	植 심을 **식** (木-총12획) ·植物(식물) ·移植(이식)
色 빛·빛깔 **색** (色-총6획) ·色相(색상) ·色彩(색채)	手 손 **수** (手-총4획) ·手足(수족) ·手記(수기)	心 마음 **심** (心-총4획) ·心友(심우) ·心身(심신)

安 편안할 **안** (宀-총6획)	**育** 기를 **육** (肉-총8획)	**場** 마당 **장** (土-총12획)
·安心(안심) ·安全(안전)	·育成(육성) ·育兒(육아)	·場所(장소) ·場面(장면)
語 말씀 **어** (言-총14획)	**邑** 고을 **읍** (邑-총7획)	**電** 번개 **전** (雨-총13획)
·國語(국어) ·語學(어학)	·邑里(읍리) ·邑內(읍내)	·電氣(전기) ·充電(충전)
然 자연 **연** (火-총12획)	**入** 들 **입** (入-총2획)	**全** 온전할 **전** (入-총6획)
·自然(자연) ·當然(당연)	·入場(입장) ·入學(입학)	·完全(완전) ·全部(전부)
午 낮·말 **오** (十-총4획)	**自** 스스로 **자** (自-총6획)	**前** 앞 **전** (刀-총9획)
·正午(정오) ·午睡(오수)	·自力(자력) ·自白(자백)	·前方(전방) ·以前(이전)
右 오른 **우** (口-총5획)	**子** 아들 **자** (子-총3획)	**正** 바를 **정** (止-총5획)
·右側(우측) ·右往左往(우왕좌왕)	·子孫(자손) ·子宮(자궁)	·正道(정도) ·訂正(정정)
有 있을 **유** (月-총6획)	**字** 글자 **자** (子-총6획)	**祖** 조상 **조** (示-총10획)
·有無(유무) ·有限(유한)	·漢字(한자) ·字解(자해)	·先祖(선조) ·祖國(조국)

足	발 족 (足-총7획)	紙	종이 지 (糸-총10획)	村	마을 촌 (木-총7획)
·手足(수족) ·充足(충족)		·紙面(지면) ·片紙(편지)		·村夫(촌부) ·村婦(촌부)	
左	왼 좌 (工-총5획)	直	곧을 직 (目-총8획)	秋	가을 추 (禾-총9획)
·左側(좌측) ·左遷(좌천)		·正直(정직) ·剛直(강직)		·秋風(추풍) ·秋穀(추곡)	
主	주인 주 (丶-총5획)	川	내 천 (巛-총3획)	春	봄 춘 (日-총9획)
·主客(주객) ·主導(주도)		·河川(하천) ·川獵(천렵)		·春風(춘풍) ·春歌(춘가)	
住	머무를 주 (人-총7획)	千	일천 천 (十-총3획)	出	날·나아갈 출 (凵-총5획)
·住民(주민) ·住宅(주택)		·千辛萬苦(천신만고)		·出生(출생) ·出家(출가)	
重	무거울 중 (里-총9획)	天	하늘 천 (大-총4획)	便	편할 편 (人-총9획)
·重量(중량) ·重點(중점)		·天地(천지) ·晴天(청천)		·便利(편리) ·方便(방편)	
地	땅 지 (土-총6획)	草	풀 초 (艹-총10획)	平	평평할 평 (干-총5획)
·地球(지구) ·地帶(지대)		·草木(초목) ·草野(초야)		·平衡(평형) ·平面(평면)	

下 아래 **하** (一-총3획) ·下位(하위) ·部下(부하)	**活** 살 **활** (水-총9획) ·生活(생활) ·活動(활동)
夏 여름 **하** (夂-총10획) ·夏至(하지) ·盛夏(성하)	**孝** 효도 **효** (子-총7획) ·孝子(효자) ·孝道(효도)
漢 한강 **한** (氵-총13획) ·漢江(한강) ·門外漢(문외한)	**後** 뒤 **후** (彳-총9획) ·後進(후진) ·後繼(후계)
海 바다 **해** (水-총10획) ·海岸(해안) ·海洋(해양)	**休** 쉴 **휴** (人-총6획) ·休息(휴식) ·休暇(휴가)
話 말씀 **화** (言-총13획) ·對話(대화) ·話術(화술)	
花 꽃 **화** (艸-총8획) ·花草(화초) ·花粉(화분)	

8급편

신습한자 50자

校	학교 교 (木-총10획)	南	남녘 남 (十-총9획)	萬	일만 만 (艸-총13획)
·校舍(교사) ·校長(교장)		·南向(남향) ·南極(남극)		·萬人(만인) ·億萬長者(억만장자)	
教	가르칠 교 (攴-총11획)	女	여자 녀 (女-총3획)	母	어머니 모 (母-총5획)
·教育(교육) ·教訓(교훈)		·男尊女卑(남존여비) ·女士(여사)		·母性(모성) ·母乳(모유)	
九	아홉 구 (乙-총2획)	年	해·나이 년 (干-총6획)	木	나무 목 (木-총4획)
·九曲肝腸(구곡간장) ·九天(구천)		·年代(연대) ·年老(연로)		·木材(목재) ·巨木(거목)	
國	나라 국 (口-총11획)	大	큰 대 (大-총3획)	門	문 문 (門-총8획)
·國民(국민) ·國政(국정)		·大同小異(대동소이) ·大略(대략)		·門前(문전) ·門下生(문하생)	
軍	군사 군 (車-총9획)	東	동녘 동 (木-총8획)	民	백성 민 (氏-총5획)
·軍氣(군기) ·軍備(군비)		·東海(동해) ·東西南北(동서남북)		·民草(민초) ·民衆(민중)	
金	쇠 금·성 김 (金-총8획)	六	여섯 륙 (八-총4획)	白	흰·밝을 백 (白-총5획)
·金庫(금고) ·料金(요금)		·六旬(육순) ·六爻(육효)		·白色(백색) ·潔白(결백)	

父 아버지 **부** (父-총4획)	**西** 서녘 **서** (襾-총6획)	**五** 다섯 **오** (二-총4획)
·父母(부모) ·神父(신부)	·西歐(서구) ·西曆紀元(서력기원)	·五行(오행) ·五穀(오곡)
北 북녘 **북** (匕-총5획)	**先** 먼저 **선** (儿-총6획)	**王** 임금 **왕** (玉-총4획)
·北方(북방) ·北極(북극)	·先行(선행) ·先見(선견)	·國王(국왕) ·王妃(왕비)
四 넉·사방 **사** (口-총5획)	**小** 작을 **소** (小-총3획)	**外** 밖 **외** (夕-총5획)
·四方(사방) ·四寸(사촌)	·小兒(소아) ·小康(소강)	·外部(외부) ·海外(해외)
山 메 **산** (山-총3획)	**水** 물 **수** (水-총4획)	**月** 달 **월** (月-총4획)
·山林(산림) ·山勢(산세)	·水氣(수기) ·水力(수력)	·正月(정월) ·月刊(월간)
三 석 **삼** (一-총3획)	**室** 방·집 **실** (宀-총9획)	**二** 두 **이** (二-총2획)
·三權(삼권) ·三一節(삼일절)	·居室(거실) ·病室(병실)	·二重(이중) ·二輪(이륜)
生 날 **생** (生-총5획)	**十** 열 **십** (十-총2획)	**人** 사람 **인** (人-총2획)
·生日(생일) ·生存(생존)	·十中八九(십중팔구)	·人類(인류) ·人品(인품)

一	하나 일 (一-총1획)
·一流(일류) ·一理(일리)	

寸	마디 촌 (寸-총3획)
·寸數(촌수) ·寸志(촌지)	

兄	맏 형 (儿-총5획)
·兄弟(형제) ·兄嫂(형수)	

日	해·날 일 (日-총4획)
·日月(일월) ·日常(일상)	

七	일곱 칠 (一-총2획)
·七旬(칠순) ·七夕(칠석)	

火	불 화 (火-총4획)
·火災(화재) ·火口(화구)	

長	길 장 (長-총8획)
·長壽(장수) ·長考(장고)	

土	땅·흙 토 (土-총3획)
·土地(토지) ·土俗(토속)	

弟	공경할 제 (弓-총7획)
·兄弟(형제) ·弟子(제자)	

八	여덟 팔 (八-총2획)
·八方(팔방) ·八字(팔자)	

中	가운데 중 (丨-총4획)
·中心(중심) ·中繼(중계)	

學	배울 학 (子-총16획)
·學教(학교) ·學習(학습)	

青	젊을 청 (靑-총8획)
·青年(청년) ·青信號(청신호)	

韓	한국·성 한 (韋-총17획)
·韓國(한국) ·韓服(한복)	

부수로 한자 휘어잡기

IV. 유형별 한자 익히기

[ㄱ]

001 呵呵大笑(가가대소): 너무 우스워서 크게 웃음.

002 家給人足(가급인족): 집집마다 생활 형편이 부족함이 없이 넉넉함.

003 街談巷說(가담항설): 길거리에 떠도는 소문.

004 街童走卒(가동주졸): 거리에서 노는 철없는 아이. 주견 없이 떠돌아다니는 무리.

005 苛斂誅求(가렴주구): 세금을 가혹하게 거두어들이고 재물을 무리하게 빼앗음.

006 迦陵頻伽(가릉빈가): 아름다운 목소리로 울며, 춤을 잘 춘다는 상상의 새.

007 家貧思良妻(가빈사양처): 살림살이가 가난해지면 어진 아내를 생각한다는 말로, 궁한 처지가 되면 진실한 사람을 알게 됨.

008 嘉言善行(가언선행): 좋은 말과 착한 행실.

009 佳人薄命(가인박명): 용모가 아름다운 여자는 운명이 기구함.

010 苛政猛於虎(가정맹어호): 가혹한 정치는 호랑이보다 무섭다는 말로 포악한 정치를 말함.

011 家和萬事成(가화만사성): 집안이 화목하면 모든 일이 잘됨.

012 刻骨難忘(각골난망): 은혜를 잊지 못함.

013 刻骨痛恨(각골통한): 뼈에 사무치도록 마음 속 깊이 맺힌 원한.

014 角者無齒(각자무치): 뿔이 있으면 이빨이 없다.

015 刻舟求劍(각주구검): 미련하고 융통성이 없어 어리석음.

016 艱難辛苦(간난신고): 어려움을 겪으며 고생함.

017 肝膽相照(간담상조): 간과 쓸개를 보일 정도로 속마음을 터놓고 친하게 지냄.

018 竿頭之勢(간두지세): 댓가지 꼭대기에 서게 된 현상으로 어려움이 극에 달해 아주 위태로운 형세.

019 干城之材(간성지재): 나라를 지키는 믿음직한 인재.

020 間世之材(간세지재): 아주 뛰어난 인재.

021 奸臣賊子(간신적자): 간사한 신하와 거역하는 자식.

022 渴而穿井(갈이천정): 목이 말라야 우물을 팜.

023 敢不生心(감불생심): 감히 생각도 못함.

024 甘言利說(감언이설): 듣기 좋은 말.

025 感之德之(감지덕지): 몹시 고맙게 여김.

026	甘呑苦吐(감탄고토):	제 비위에 맞으면 좋아하고 틀리면 싫어함.
027	甲男乙女(갑남을녀):	일반적인 남자와 여자.
028	甲論乙駁(갑론을박):	서로 자기의 주장을 내세우고 남의 주장을 반박함.
029	康衢煙月(강구연월):	태평한 시대의 평화로운 풍경.
030	江湖煙波(강호연파):	강과 호수 위의 안개와 물결.
031	改過遷善(개과천선):	허물을 고치고 착하게 됨.
032	改善匡正(개선광정):	잘못을 고치고 바로잡음.
033	蓋世之才(개세지재):	세상을 덮을 만한 재주.
034	去頭截尾(거두절미):	앞뒤는 이야기하지 않고 일의 요점만을 말함.
035	擧案齊眉(거안제미):	밥상을 들어 눈썹까지 바친다. 남편을 깍듯이 공경함.
036	去益深造(거익심조):	갈수록 더욱 심함.
037	乾坤一擲(건곤일척):	운명을 걸고 승패를 겨룸.
038	格物致知(격물치지):	사물의 이치를 구명하여 자기의 지식을 확고하게 함.
039	隔世之感(격세지감):	너무 많이 변하여 다른 세상처럼 느껴짐.
040	隔靴搔癢(격화소양):	신을 신은 채 가려운 데를 긁는다는 뜻으로 하는 일이 시원치 않음.
041	牽强附會(견강부회):	불합리한 방법으로 일을 하려 함.
042	見利思義(견리사의):	이로움이 있으면 옳은 것인지 생각함.
043	犬馬之勞(견마지로):	개나 말의 수고로움에 비유.
044	見蚊拔劍(견문발검):	모기 보고 칼을 뺌. 사소한 일에 크게 성을 냄.
045	見物生心(견물생심):	물건을 보고 욕심이 남.
046	犬猿之間(견원지간):	개와 원숭이 관계처럼 서로 사이가 나쁜 두 사람의 관계.
047	見危致命(견위치명):	나라가 위급할 때 목숨을 바침.
048	堅忍不拔(견인불발):	굳은 인내심을 발휘함.
049	結者解之(결자해지):	묶은 사람이 푼다는 말로, 문제를 만든 사람이 직접 해결함.
050	結草報恩(결초보은):	풀로 엮은 줄을 이용해 적장을 잡아 은혜를 갚았다는 뜻.
051	謙讓之德(겸양지덕):	겸손하고 사양하는 미덕.
052	兼人之勇(겸인지용):	여러 사람을 물리칠 만한 용기.
053	輕擧妄動(경거망동):	몸과 마음이 중심을 잃고 아무렇게나 행동함.
054	經國濟世(경국제세):	나라를 잘 다스려 세상을 구함.
055	傾國之色(경국지색):	나라를 위태롭게 할 정도의 빼어난 미녀.

056	經世濟民(경세제민):	세상을 다스리고 백성을 구제함.
057	敬而遠之(경이원지):	겉으로는 공경하는 체하면서 가까이하지는 않음.
058	敬天勤民(경천근민):	하늘을 공경하고 백성을 부지런히 보살핌.
059	驚天動地(경천동지):	하늘이 놀라고 땅이 흔들릴 정도로 세상을 크게 놀라게 함.
060	鷄卵有骨(계란유골):	달걀 속에도 뼈가 있다. 뜻밖에 장애물이 생김을 이르는 말.
061	鷄肋(계륵):	닭의 갈비. 큰 소용은 못 되나 버리기는 아까운 사물.
062	鷄鳴狗盜(계명구도):	닭소리, 개소리를 내는 도둑이란 말. 즉 속임수에 능하다는 뜻으로 아무리 미천해도 한 가지의 기술은 있다는 뜻.
063	季布一諾(계포일낙):	초나라 사람 계포가 자신의 약속을 꼭 지켰다는 뜻.
064	呱呱之聲(고고지성):	아기가 세상에 처음 나오면서 내는 울음소리.
065	股肱之臣(고굉지신):	임금이 가장 믿고 중히 여기는 신하.
066	孤軍奮鬪(고군분투):	남의 도움을 받지 아니하고 힘에 벅찬 일을 잘 해냄.
067	高臺廣室(고대광실):	규모가 굉장히 크고 잘 지은 집.
068	膏粱珍味(고량진미):	살찐 고기와 좋은 곡식으로 만든 맛있는 음식.
069	孤立無援(고립무원):	고립되어 구원받기가 어려움.
070	姑息之計(고식지계):	근본적인 해결책이 아닌 임시변통의 계책.
071	孤臣寃淚(고신원루):	외로운 신하의 원통한 눈물.
072	苦肉之計(고육지계):	괴로운 나머지 어쩔 수 없이 쓰는 계책.
073	苦肉之策(고육지책):	적을 속이기 위해 스스로 고통을 감내함.
074	孤掌難鳴(고장난명):	한 손으로는 소리가 나지 않고, 두 손이 마주쳐야 소리가 난다는 뜻으로 함께 해야 한다는 말.
075	苦盡甘來(고진감래):	어려운 상황을 극복하면 좋은 상황이 오게 된다는 뜻.
076	高枕安眠(고침안면):	높은 베개로 편안히 잠, 즉 편안한 생활을 뜻함.
077	曲學阿世(곡학아세):	잘못된 학문으로 세상을 혼란케 함.
078	骨肉相殘(골육상잔):	혈육끼리 죽도록 싸움.
079	空言無施(공언무시):	빈말만 하고 실천하지 아니함.
080	空前絶後(공전절후):	전에도 없고 후에도 없을 것이란 말로 유일하다는 뜻.
081	空中樓閣(공중누각):	근거나 현실적 토대가 없는 가공의 사물.
082	誇大妄想(과대망상):	자신을 너무 과대하게 믿는 망상.
083	過猶不及(과유불급):	지나친 것은 부족한 것보다 못하다는 뜻. 모르면서 아는 척 한다든지, 없으면서 있는 척 하는 것은 모르거나 없는 것보다 못하다는 말.

084	瓜田李下(과전이하):	일과는 상관없이 오이 밭이나 자두나무 아래서는 몸을 숙이거나 손을 뻗치지 말라는 말로 남에게 의심받을 행동은 하지 말라는 뜻.
085	管鮑之交(관포지교):	매우 친한 친구의 사귐.
086	刮目相對(괄목상대):	학문이나 덕행이 크게 진보함.
087	矯角殺牛(교각살우):	뿔을 바로 잡으려다 소를 죽인다는 말로, 상황을 잘 모르면 함부로 남의 일에 간섭하지 말라는 뜻.
088	巧言令色(교언영색):	교묘한 말과 표정으로 사람을 상대함.
089	敎外別傳(교외별전):	마음에서 마음으로 전함.
090	九曲肝腸(구곡간장):	아주 깊은 곳의 간장이란 말로, 사람의 마음은 헤아리기 어렵다는 뜻.
091	口蜜腹劍(구밀복검):	말은 친밀하게 하지만 마음속은 나쁜 뜻을 가지고 있음.
092	九死一生(구사일생):	아홉 번의 죽을 고비를 넘기고 살아났다는 뜻으로, 위험에서 다행히 살아났다는 말.
093	口尙乳臭(구상유취):	입에서 젖 냄새가 날 정도로 어리다는 뜻.
094	救世濟民(구세제민):	어지러운 세상을 바로잡고 고통 받는 민중을 구제함.
095	九牛一毛(구우일모):	아홉 마리 소 중에 하나의 털이란 말로, 아주 적고 드물다는 뜻.
096	九折羊腸(구절양장):	양의 창자처럼 험하고 꼬불꼬불한 산길.
097	久旱甘雨(구한감우):	오랜 가뭄 끝에 내리는 단비.
098	群鷄一鶴(군계일학):	많은 닭 속에 한 마리의 학으로, 좋은 뜻으로 눈에 띄는 것을 의미함.
099	群盲撫象(군맹무상):	여러 맹인이 코끼리를 더듬는다. 자기의 좁은 소견과 주관으로 사물을 그릇 판단함.
100	君子不器(군자불기):	군자는 생각이 원대하고 마음이 커야 한다는 뜻.
101	君子三樂(군자삼락):	군자의 세 가지 즐거움이란 부모와 가족이 건강하고, 양심적으로 사는 것과 훌륭한 제자를 키우는 것을 말함.
102	掘墓鞭屍(굴묘편시):	묘를 파헤쳐 시체에 매질을 한다는 뜻으로, 통쾌한 복수나 지나친 행동을 일컫는 말.
103	窮餘之策(궁여지책):	힘든 상황에서의 대책.
104	權謀術數(권모술수):	권세와 모략을 이용하여 사는 재주.
105	權不十年(권불십년):	권력은 십 년을 가지 않는다는 말로, 권력의 무상함을 의미함.

106	勸善懲惡(권선징악): 선을 권장하고 악을 징벌함.
107	捲土重來(권토중래): 실패한 사람도 다시 분발하면 성공을 이룰 수 있다는 뜻.
108	橘化爲枳(귤화위지): 귤이 회수를 건너면 탱자가 된다. 환경에 따라 사물의 성질이 달라짐.
109	近墨者黑(근묵자흑): 먹물을 가까이하면 검은 물이 옷에 묻는다는 말로, 사람을 사귈 때 가려서 사귀어야 한다는 뜻.
110	金科玉條(금과옥조): 금이나 옥같이 귀중한 법칙이나 규정.
111	金蘭之契(금란지계): 친구 사이의 매우 두터운 우정.
112	錦上添花(금상첨화): 비단 위에 꽃이란 말로, 좋은 일이 겹치는 것을 뜻함.
113	金石盟約(금석맹약): 쇠와 돌같이 굳게 맹세해 맺은 약속.
114	今昔之感(금석지감): 옛날과 현재의 차이에서 느끼는 감정.
115	琴瑟相和(금슬상화): 거문고와 비파의 소리가 잘 어울린다는 말로, 의좋은 부부 사이를 비유.
116	錦衣夜行(금의야행): 비단옷을 입고 밤에 다닌다는 말로, 필요 없이 세월을 낭비함을 뜻함.
117	錦衣還鄕(금의환향): 출세를 하여 고향에 돌아옴.
118	機變之巧(기변지교): 그때그때 상황에 따라 쓰는 교묘한 수단.
119	起死回生(기사회생): 죽을 고비에서 다시 살아남.
120	奇想天外(기상천외): 세상 사람들이 감히 상상할 수 없는 기발한 생각.
121	杞憂(기우): 쓸데없는 걱정.
122	騎虎之勢(기호지세): 호랑이를 타고 가다가 도중에 내리면 잡아먹히게 된다는 말로, 한번 시작한 일을 그만둘 수 없는 절박한 상황을 뜻함.
123	奇貨可居(기화가거): 기화는 기이한 보화. 진기한 것을 사서 잘 보관해 두면 언젠가는 큰 이익을 가져올 수 있다는 말로 기회를 잘 잡으라는 의미.
124	金蘭之交(금란지교): 아주 좋은 친구사이를 말함.
125	金枝玉葉(금지옥엽): 금으로 된 가지에 구슬로 된 잎이 매달렸다는 말로, 아주 귀하게 보살핌을 뜻함.

[ㄴ]

126	落膽喪魂(낙담상혼): 몹시 놀라 정신이 없음.

127	洛陽紙價貴(낙양지가귀): 낙양의 종이 값이 오름. 저서가 호평을 받아 매우 잘 팔리는 경우와 문장의 뛰어남을 칭송하는 말.
128	落穽下石(낙정하석): 남이 어려운 처지에 있을 때 오히려 더 괴롭힌다는 뜻.
129	落花流水(낙화유수): 떨어지는 꽃과 흐르는 물. 남녀간에 서로 그리워하는 정.
130	難攻不落(난공불락): 공격이 어려워 함락시키기 힘들다는 의미.
131	難得之物(난득지물): 매우 얻기 어려운 물건.
132	爛商公論(난상공론): 여러 사람들이 잘 의논함.
133	爛商討議(난상토의): 낱낱이 들어 잘 토의함.
134	亂臣賊子(난신적자): 혼란스럽게 하는 신하와 도적 같은 자식.
135	難中之難(난중지난): 어려운 일 가운데서도 가장 어려운 일.
136	難兄難弟(난형난제): 우열을 가리기가 어렵다는 뜻.
137	南柯一夢(남가일몽): 남쪽으로 뻗은 나뭇가지 아래서 꾼 꿈. 인생의 덧없음을 비유함.
138	南橘北枳(남귤북지): 강남(江南)의 귤을 강북(江北)에 옮겨 심으면 탱자나무로 변한다는 뜻.
139	男負女戴(남부여대): 남자는 짐을 지고, 여자는 머리에 이고 감.
140	南田北畓(남전북답): 소유한 논밭이 여기저기 흩어져 있다는 뜻.
141	囊中之錐(낭중지추): 주머니 속의 송곳은 결국 주머니를 뚫고 나오듯이, 실력이 있으면 눈에 드러난다는 뜻.
142	囊中取物(낭중취물): 주머니 속의 물건을 꺼내는 것처럼 매우 쉬운 일.
143	內潤外朗(내윤외랑): 옥(玉)의 광택이 안에 함축된 것과 밖으로 나타난 것이라는 뜻으로, 인물의 재덕을 형용해서 이르는 말.
144	內淸外濁(내청외탁): 어지러운 세상 속에 어울려 살아감.
145	怒甲移乙(노갑이을): 어떠한 사람에게서 당한 노여움을 애꿎게 다른 사람에게 화풀이 함.
146	路柳墻花(노류장화): 누구든지 꺾을 수 있는 길가의 버들과 담 밑의 꽃, 창녀를 이름.
147	老馬之智(노마지지): 늙은 말의 지혜라는 뜻으로, 아무리 하찮은 것이라도 나름대로의 장점은 있다는 말.
148	怒發大發(노발대발): 노여움이 아주 심함.
149	路不拾遺(노불습유): 길에 떨어져 있는 남의 물건을 줍지 않을 정도로 나라가 잘 다스려져 모든 백성이 풍족하게 산다는 말.
150	勞心焦思(노심초사): 몹시 마음을 졸이는 것.
151	綠水靑山(녹수청산): 푸른 물과 푸른 산.
152	綠陰芳草(녹음방초): 우거진 나무 그늘과 아름다운 풀. 여름철의 자연 경관을 가리키는 말.

153	論功行賞(논공행상): 세운 공에 의하여 알맞은 상을 내림.
154	弄瓦之慶(농와지경): 딸을 낳은 즐거움.
155	籠鳥戀雲(농조연운): 속박을 당한 몸이 자유를 그리워하는 마음.
156	雷聲霹靂(뇌성벽력): 천둥소리와 벼락.
157	累卵之危(누란지위): 둥그런 알을 쌓아 올렸으니 곧 무너질 것처럼 위태롭다는 뜻.
158	訥言敏行(눌언민행): 말은 느려도 실제 행동은 민첩함.
159	陵谷之變(능곡지변): 언덕과 골짜기가 서로 뒤바뀐다는 뜻. 세상일의 극심한 변화.
160	能小能大(능소능대): 모든 일을 임기응변으로 잘 처리함.

[ㄷ]

161	多岐亡羊(다기망양): 길이 여러 갈래라 달아난 양을 잃었다는 뜻으로 학문의 길이 다 방면으로 갈려 진리를 얻기 어려움.
162	多多益善(다다익선): 많으면 많을수록 좋다는 말.
163	多事多端(다사다단): 여러 가지 일이 많고 이유도 많아 복잡함.
164	斷機之戒(단기지계): 학업을 중도에 그만두면 짜던 베를 끊어 버리는 것과 같다는 말. 맹자가 어머니를 그리워하여 집에 오니, 어머니가 짜던 베를 칼로 잘라 버리며 한 말이다.
165	斷金之交(단금지교): 정의로운 사귐.
166	單刀直入(단도직입): 한 자루의 칼을 들고 곧바로 들어간다는 뜻으로, 처음부터 요점으로 들어갈 때를 비유.
167	簞食瓢飮(단사표음): 도시락의 밥과 표주박의 물. 청빈하고 소박한 생활.
168	丹脣皓齒(단순호치): 붉은 입술과 하얀 이란 뜻에서 여자의 아름다운 얼굴을 이르는 말.
169	簞瓢陋巷(단표누항): 소박한 시골 살림을 비유하여 이르는 말.
170	膽大心小(담대심소): 문장을 지을 때 담력은 크게 가지되 주의는 세심해야 한다.
171	踏靑(답청): 봄에 파릇파릇한 풀을 밟으면서 거니는 것.
172	堂狗風月(당구풍월): 서당 개도 풍월을 한다는 말로, 무식한 사람도 유식한 사람과 지내면 닮아 간다는 뜻.
173	螳螂拒轍(당랑거철): 제 분수도 모르고 강자에게 대항함.

174	大義滅親(대의멸친): 대의를 위해서는 사사로운 정을 버림.
175	大人君子(대인군자): 말과 행실이 바르고 점잖으며, 덕이 높은 사람.
176	大智如愚(대지여우): 슬기가 많은 사람은 함부로 드러내지 않아 도리어 어리석게 보임.
177	德不孤(덕불고): 덕이 있는 사람은 외롭지 않다는 뜻.
178	徒勞無功(도로무공): 헛되이 애만 쓰고 보람이 없음.
179	道不拾遺(도불습유): 길에 떨어진 것을 줍지 않는다는 말로 나라가 잘 다스려지고 세상이 아름답다는 뜻.
180	桃園結義(도원결의): 삼국지에 나오는 유비가 집 뜰에 있는 복숭아나무 아래서 장비, 관우와 뜻을 합쳐 나라를 일으키기로 약속한 데서 유래된 말로, 서로 다른 사람들이 힘을 합침을 의미함.
181	道聽塗說(도청도설): 길에서 들은 말을 그 자리에서 또 남에게 한다는 말로, 경박한 언행을 비유.
182	塗炭之苦(도탄지고): 진흙과 숯에서의 고통으로, 힘든 삶을 뜻함.
183	獨不將軍(독불장군): 혼자서는 장군이 될 수 없다는 말로, 힘을 합쳐야 된다는 교훈.
184	讀書亡羊(독서망양): 일에는 뜻이 없고, 딴 생각을 하다가 낭패를 본다는 말.
185	讀書三昧(독서삼매): 잡념이 없이 오직 책을 읽는 데에만 골몰한 경지.
186	獨淸獨醒(독청독성): 혼탁한 세상에서 혼자만이 깨끗하고 정신이 맑음.
187	同價紅裳(동가홍상): 같은 값이면 붉은 옷이란 말로, 이왕이면 눈에 띄는 좋은 것을 택한다는 뜻.
188	同苦同樂(동고동락): 괴로움과 즐거움도 함께 함.
189	同工異曲(동공이곡): 솜씨는 같으나 표현된 형식이나 맛은 서로 다름.
190	棟梁之材(동량지재): 기둥이나 들보가 될만한 훌륭한 인재.
191	東問西答(동문서답): 동쪽에 대해 묻는데 서쪽에 대해 답한다는 말로, 질문에 엉뚱한 대답을 한다는 뜻.
192	同病相憐(동병상련): 같은 처지에 있는 사람이 서로의 입장을 잘 이해함.
193	東奔西走(동분서주): 동과 서로 뛰고 달리며 바쁘다는 뜻.
194	同床異夢(동상이몽): 같은 잠자리에서 서로 다른 생각을 함.
195	同心之言(동심지언): 절친한 친구 사이.
196	凍足放尿(동족방뇨): 얼어 있는 발을 오줌으로 녹인다는 말로, 근본적인 문제해결이 아니면 일을 더욱 곤란하게 만든다는 말.
197	杜門不出(두문불출): 세상과 인연을 끊고 출입을 하지 않음.

198	得隴望蜀(득롱망촉):	농을 얻고도 촉을 탐낸다는 말로, 인간의 욕심을 끝이 없음을 비유.
199	得魚忘筌(득어망전):	목적이 달성되면 그 동안의 도움을 까맣게 잊고 그 은혜에 보답하는 일조차 잊음.
200	得意滿面(득의만면):	뜻한 바를 이루어 얼굴에 기쁜 표정이 가득함.
201	登高自卑(등고자비):	높은 곳을 올라가려면 스스로 낮은 곳부터 시작해야 한다는 말.
202	燈下不明(등하불명):	등잔 밑이 어둡다는 말로, 자신에 대해서 잘 알지 못하거나 가까운 곳에 답이 있음을 비유.
203	燈火可親(등화가친):	등불을 가까이 하여 독서함을 비유.

[ㅁ]

204	麻姑搔痒(마고소양):	일이 뜻대로 잘 됨.
205	磨斧爲針(마부위침):	아무리 이루기 힘든 일도 끊임없는 노력과 끈기 있는 인내로 성공하고야 만다는 뜻.
206	馬耳東風(마이동풍):	말귀에 부는 동쪽의 바람소리라는 말로, 남의 말에 귀 기울이지 않는다는 뜻.
207	麻中之蓬(마중지봉):	착한 사람과 사귀면 그 감화를 받아 자연히 선량한 사람이 된다는 뜻.
208	莫逆之友(막역지우):	아주 친한 사이의 친구.
209	萬頃蒼波(만경창파):	끝없이 넓고 푸른 바다.
210	萬古千秋(만고천추):	한없이 오랜 세월.
211	萬古風霜(만고풍상):	사는 동안에 겪는 많은 고생.
212	萬端愁心(만단수심):	여러 가지 근심과 걱정.
213	萬端情懷(만단정회):	온갖 정과 회포.
214	萬事休矣(만사휴의):	도무지 가망이 없음.
215	晚時之歎(만시지탄):	때를 놓쳐 한탄함.
216	滿身瘡痍(만신창이):	온몸이 상처투성이가 됨.
217	亡國之音(망국지음):	은나라 왕이 음악에 도취하여 나라를 망쳤다는 고사에서 유래된 말로, 쓸데없는 일에 신경을 몰두함을 비유.
218	亡羊之歎(망양지탄):	학문의 길이 여러 갈래여서 못 미침을 탄식함.
219	望雲之情(망운지정):	자식이 객지에서 부모를 그리워하는 마음.

220	忙中閑(망중한):	바쁜 가운데 한가한 틈.
221	芒知所措(망지소조):	어찌할 바를 모르고 허둥지둥함.
222	麥秀之嘆(맥수지탄):	나라가 망한 것을 탄식함.
223	孟母三遷(맹모삼천):	맹자의 어머니가 자식의 교육을 위해 묘지 근처, 시장, 서당으로 세 번 이사했다는 말.
224	面從腹背(면종복배):	겉으로는 복종하면서 속으로는 배신함.
225	滅門之禍(멸문지화):	한 집안이 다 죽음을 당하는 끔찍한 재화(災禍).
226	滅私奉公(멸사봉공):	사를 버리고 공을 위하여 힘써 일함.
227	明鏡止水(명경지수):	밝은 거울과 고요한 물처럼 밝고 고요한 마음을 비유.
228	明若觀火(명약관화):	불을 보는 듯 분명함.
229	明月淸風(명월청풍):	밝은 달과 시원한 바람. 밝은 달밤에 부는 시원한 바람.
230	命在頃刻(명재경각):	거의 죽게 되어서 숨이 곧 넘어갈 지경.
231	名存實無(명존실무):	이름뿐이고 실상은 없음.
232	明哲保身(명철보신):	생각이 밝고 법도 있게 생활하여 몸을 온전히 지킴을 비유.
233	毛遂自薦(모수자천):	모수가 자기 스스로를 추천했다는 말로 염치없는 것을 비유.
234	目不識丁(목불식정):	낫 놓고 'ㄱ'자도 모른다는 말로 배우지 못해 아는 것이 없음을 비유.
235	目不忍見(목불인견):	눈뜨고는 볼 수 없는 비참한 모습을 비유.
236	沐 而冠(목후이관):	옷은 훌륭하나 마음은 사람답지 못함을 이르는 말.
237	猫頭縣鈴(묘두현령):	고양이 목에 방울 달기라는 뜻으로 실행할 수 없는 이론.
238	無可無不可(무가무불가):	옳을 것도 없고, 옳지 않을 것도 없음.
239	無量無邊(무량무변):	그지없이 크고 넓음. 또는 헤아릴 수 없이 많음
240	武陵桃源(무릉도원):	아름다운 곳을 비유.
241	無不通知(무불통지):	무슨 일이든 모르는 것이 없음.
242	巫山之夢(무산지몽):	무산에서 꾼 꿈으로, 남녀의 밀회를 비유.
243	無想無念(무상무념):	일체의 상념을 떠남.
244	無訴忌憚(무소기탄):	아무것도 꺼릴 것이 없음.
245	無所不爲(무소불위):	못할 것이 없음.
246	無爲徒食(무위도식):	아무 하는 일도 없이 먹고 놀기만 함.
247	無爲而化(무위이화):	우주의 자연스런 변화.
248	無依無托(무의무탁):	의지할 곳이 없는 매우 가난하고 고독한 형편.

249	無障無(무장무애): 아무 거리낌이 없음.
250	無主空山(무주공산): 임자 없는 빈 산.
251	刎頸之交(문경지교): 생사를 같이 할 정도로 친한 친구.
252	文房四友(문방사우): 글을 쓰는 방에 있는 붓, 종이, 먹, 벼루를 말함.
253	門外漢(문외한): 어떤 분야에 대해 전문적 지식이 없는 사람.
254	門前成市(문전성시): 문 앞의 시장에 많은 사람이 있다는 말로, 권세 있는 자에게 많은 사람이 몰림을 비유.
255	門前沃畓(문전옥답): 집 가까이 있는 기름진 논.
256	物外閒人(물외한인): 세상의 번잡을 피하여 한가롭게 지내는 사람.
257	彌縫策(미봉책): 일시적인 눈가림으로 꾸며대는 계책.
258	未嘗不(미상불): 아닌 게 아니라.
259	尾生之信(미생지신): 노나라의 미생이란 자의 믿음이란 말로, 너무 고지식하여 하나만 알고 둘은 모름을 비유.

[ㅂ]

260	博文約禮(박문약례): 널리 학문을 닦고 예절을 지킴.
261	博物君子(박물군자): 온갖 사물을 널리 잘 아는 사람.
262	博而不精(박이부정): 널리 알기는 하되 자세하지 못함.
263	博學多識(박학다식): 넓게 배우고 많이 앎.
264	盤溪曲徑(반계곡경): 정당하고 평탄한 방법으로 하지 않고 그릇되고 억지스럽게 한다는 뜻.
265	盤根錯節(반근착절): 구부러진 뿌리로 마디가 많이 얽혀 있다는 말로, 당파의 세력이 뿌리깊이 박혀 뽑기가 쉽지 않음을 비유.
266	半面之分(반면지분): 교제가 아직 두텁지 못한 사이.
267	反哺之孝(반포지효): 자식이 자라서 어버이 은혜에 보답함.
268	拔本塞源(발본색원): 잘못의 근본을 아주 뽑아 버려 원인부터 막음.
269	拔山蓋世(발산개세): 산을 뽑고 세상을 덮을 만함.
270	傍若無人(방약무인): 방자하게 아무렇게나 말하거나 행동함.
271	背水之陣(배수지진): 물을 등지고 진을 친다는 말로, 목숨을 걸고 싸움에 임함.

272	百家爭鳴(백가쟁명): 수많은 학자들의 논쟁.
273	百計無策(백계무책): 대책이 없음을 비유.
274	百年河淸(백년하청): 황하의 물이 맑아지지 않듯이, 아무리 오래되어도 이루어지지 않음.
275	白日靑天(백일청천): 해가 비치고 맑게 갠 푸른 하늘.
276	百折不屈(백절불굴): 아무리 꺾여도 다시 일어남.
277	百足之蟲(백족지충): 친척이나 아는 이들이 많은 사람.
278	栢舟之操(백주지조): 편벽나무의 지조라는 뜻으로, 과부의 굳은 정조를 뜻함.
279	伯仲之間(백중지간): 1등과 2등의 차이라는 말로 거의 대등하다는 뜻.
280	百尺竿頭(백척간두): 몹시 위태롭고 어려운 지경에 이름.
281	伐齊爲名(벌제위명): 겉으로는 하는 체하고 속으로 딴 짓을 함.
282	碧昌牛(벽창우): 벽창호의 원말. 미련하고 고집이 센 사람.
283	病入膏肓(병입고황): 고는 심장 밑에 있는 얇은 뼈, 황은 횡격막으로 가슴에서 가장 깊은 부분을 말하는데 이곳에 병이 들면 치료가 어렵다는 뜻으로 사람의 사상이나 습관이 고치기가 힘든 상태가 되어 버린 경우를 비유.
284	輔國安民(보국안민): 나라 일을 돕고 백성을 편안하게 함.
285	福過災生(복과재생): 복이 너무 지나치면 도리어 재앙이 생김.
286	福盃之水(복배지수): 엎지른 물이라는 뜻. 다시 수습하기 어려운 일의 비유.
287	覆車之戒(복차지계): 이전 사람들이 실패한 일은 뒷사람들이 보고 거울삼아 경계한다는 뜻.
288	本末顚倒(본말전도): 일의 원줄기를 잊고 사소한 부분에만 사로잡힘. 다시 말해 순서나 위치 또는 이치가 뒤바뀌어 거꾸로 된 것을 이르는 말.
289	本第入納(본제입납): 자기 집에 편지를 써서 붙일 때, 봉투에서 자기 이름 밑에 쓰는 말을 이름.
290	鳳麟芝蘭(봉린지란): 봉황, 기린처럼 잘난 남자와 지초, 난초처럼 예쁜 여자를 일컫는 말.
291	富貴在天(부귀재천): 부귀는 하늘의 뜻에 달렸기 때문에 사람의 힘으로는 어쩔 수 없다는 말.
292	釜中生魚(부중생어): 솥 안에서 헤엄치는 물고기라는 뜻으로 오래 계속되지 못할 일을 비유함.

293	夫唱婦隨(부창부수):	남편의 뜻대로 아내가 잘 따르는 것이 부부 사이의 도리라는 뜻으로 부부의 화합하는 도리를 말함.
294	附和雷同(부화뇌동):	우레 소리에 천지만물이 함께 울린다는 뜻으로 자기 주관이 없이 남이 하자는 대로 움직이는 것을 이름.
295	北窓三友(북창삼우):	거문고, 시, 술을 말함.
296	粉骨碎身(분골쇄신):	목숨을 걸고 최선을 다함.
297	憤氣沖天(분기충천):	분한 마음이 하늘을 찌를 듯 격렬하게 북받쳐 오름.
298	焚書坑儒(분서갱유):	법가사상으로 통일하려는 진시황에게 옛 책만이 옳다고 주장하니 의약(醫藥), 복서(卜筮), 농사(農事) 이외의 책들은 모조리 태우게 하고, 다음 해에 진시황을 비난하는 신하를 모조리 잡아 땅에 생매장을 시켰다. 현대에서는 이를 언론을 탄압하고 독재를 뜻하는 데에 비유.
299	不共戴天之(불공대천지수):	세상을 같이 살 수 없는 원수.
300	不立文字(불립문자):	문자나 말이 아니라 마음에서 마음으로 전해짐.
301	不眠不休(불면불휴):	쉬지 않고 힘써 일하는 모습.
302	不搖不屈(불요불굴):	흔들리지 않고 굽히지 아니함.
303	不知其數(부지기수):	헤아릴 수 없이 많다는 뜻.
304	不肖之父(불초지부):	어리석은 아버지.
305	不恥下問(불치하문):	아래 사람에게 묻는 것을 부끄러워하지 아니함.
306	朋黨(붕당):	뜻을 같이한 사람끼리 모인 단체.
307	鵬程萬里(붕정만리):	붕정이란 아주 먼 곳을 나는 상상 속의 큰 새로써, 아주 큰 생각의 사업이나 계획을 비유.
308	悲憤慷慨(비분강개):	슬프고 분한 느낌이 마음속에 가득 참.
309	比比有之(비비유지):	드물지 않고 흔함.
310	髀肉之嘆(비육지탄):	장수가 전장에 나갈 기회가 없어서 허벅지에 살만 찌는 것을 한탄한다.
311	牝鷄之晨(빈계지신):	암탉이 새벽에 운다는 말로, 수탉이 울지 않고 암탉이 우는 것은 자연의 이치에 맞지 않은 것을 의미함.
312	貧者一燈(빈자일등):	가난한 자의 정성어린 등불 하나.
313	貧賤之交(빈천지교):	가난하고 어려울 때의 사귐.

314	四顧無親(사고무친): 의지할 만한 친척이나 사람이 전혀 없음.
315	四面楚歌(사면초가): 사방에서 초나라 군사의 노랫소리가 들린다는 말로, 적에게 포위된 위기의 상황을 뜻함.
316	四面春風(사면춘풍): 항상 좋은 얼굴로 남을 대하여 누구에게나 호감을 삼.
317	思無邪(사무사): 마음에 전혀 사악함이 없음.
318	四分五裂(사분오열): 여러 갈래로 찢어지거나 흩어짐.
319	駟不及舌(사불급설): 소문이 빨리 퍼지는 것을 비유.
320	砂上樓閣(사상누각): 모래 위에 지은 집이라는 뜻으로 기초가 약하여 오래가지 못하는 것.
321	死生決斷(사생결단): 죽기 아니면 살기.
322	捨生取義(사생취의): 삶을 버리고 의를 취함.
323	辭讓之心(사양지심): 사양할 줄 아는 마음.
324	死而後已(사이후이): 죽은 뒤에야 그만둔다는 뜻. 살아있는 한 끝까지 힘씀.
325	蛇足(사족): 쓸데없는 군일.
326	死中求活(사중구활): 죽을 고비에서 한 가닥 살길을 찾음.
327	事之曲直(사지곡직): 일의 옳고 그름.
328	四通五達(사통오달): 이리저리 사방으로 통함.
329	事必歸正(사필귀정): 일은 반드시 옳게 이루어진다는 말.
330	四海兄弟(사해형제): 온 세상의 사람은 모두 한 형제와 같다는 말.
331	山紫水明(산자수명): 산은 붉게 단풍이 들고 물은 맑으니 아름다운 자연을 뜻함.
332	山戰水戰(산전수전): 산과 물에서의 싸움을 다 겪었다는 뜻으로 세상일의 온갖 고난을 다 겪음을 비유.
333	山海珍味(산해진미): 산과 바다의 산물을 다 갖추어 썩 잘 차린 진귀한 음식.
334	殺身成仁(살신성인): 진리를 위해 몸을 바침.
335	三顧草廬(삼고초려): 인재를 맞아들이기 위하여 참을성 있게 마음을 씀.
336	森羅萬象(삼라만상): 우주 속에 존재하는 온갖 사물과 모든 현상.
337	三旬九食(삼순구식): 한 달에 아홉 끼를 먹을 정도로 가난함.
338	三益友(삼익우): 매화, 대나무, 돌. 정직하고 성실하며 견문이 넓은 벗을 이름.
339	三人成虎(삼인성호): 세 사람이 똑같이 호랑이가 나타났다고 하니 믿게 된다는 말로, 거짓말도 여러 사람이 하면 믿게 된다는 뜻.

340	三從之道(삼종지도):	여자가 어려서는 아버지를, 시집가서는 남편을, 남편이 죽은 후에는 아들을 따라야 했던 도리.
341	桑田碧海(상전벽해):	뽕밭이 푸른 바다처럼 변했다는 말로, 아주 많이 변한 세월을 뜻함.
342	塞翁之馬(새옹지마):	인생의 길흉화복의 변화를 예측하기 불가능하다는 뜻.
343	生而知之(생이지지):	태어나면서부터 알고 태어남.
344	先見之明(선견지명):	미래를 아는 밝은 지혜.
345	先公後私(선공후사):	공적인 일을 먼저하고 사적인 일을 뒤로 미룸.
346	先憂後樂(선우후락):	남보다 먼저 근심하고 남보다 나중에 즐거워함. 나라를 위한 충신의 곧은 마음.
347	仙姿玉質(선자옥질):	용모가 아름답고 재주와 기질도 뛰어남.
348	仙風道骨(선풍도골):	세속을 초월한 신선 같은 풍모.
349	雪膚花容(설부화용):	눈처럼 흰 살결과 꽃같이 예쁜 얼굴로 여인의 아름다운 모습.
350	雪上加霜(설상가상):	눈 위에 서리가 내린다는 말로, 더욱 일이 어렵게 꼬인다는 뜻.
351	說往說來(설왕설래):	말이 오고 가며 옥신각신함.
352	雪中松柏(설중송백):	눈 속의 소나무와 잣나무라는 뜻. 높고 굳은 절개를 이름.
353	纖纖玉手(섬섬옥수):	가냘프고 고운 여자의 손.
354	盛年不重來(성년부중래):	젊은 시절은 거듭 오지 않는다는 말.
355	成德君子(성덕군자):	덕이 매우 높은 사람.
356	盛衰之理(성쇠지리):	성하고 쇠퇴함이 끊임없이 바뀌는 이치.
357	盛者必衰(성자필쇠):	융성하던 것도 결국 쇠퇴해짐.
358	歲寒三友(세한삼우):	날씨가 추운 때의 세 친구로 소나무, 대나무, 매화를 말함.
359	燒眉之急(소미지급):	불길이 눈썹을 태울 지경이라는 뜻으로, 매우 위급한 지경을 뜻함.
360	疏不間親(소불간친):	친하지 않은 사람이 친하게 사귀는 사람들의 사이를 떼어 놓지 못한다는 말.
361	小貪大失(소탐대실):	작은 것을 탐내다가 오히려 큰 것을 잃음.
362	束手無策(속수무책):	어찌할 도리가 없어 꼼짝 못함.
363	首邱初心(수구초심):	여우는 언덕에 굴을 파고 사는데 죽을 때도 그쪽을 향해 머리를 둔다는 말로, 근본이나 고향을 생각한다는 뜻.
384	壽福康寧(수복강녕):	오래 살고 복되며, 몸이 건강하고 편안함.

365	手不釋卷(수불석권): 손에서 책을 놓지 않는다는 뜻으로, 열심히 공부하는 것을 비유하는 말.
366	首鼠兩端(수서양단): 쥐가 구멍에서 나갈까 말까를 망설인다는 말로, 정세를 살피거나 애매한 태도를 일컬음.
367	袖手傍觀(수수방관): 팔짱을 끼고 보고만 있다는 뜻으로 간섭하거나 거들지 않음.
368	水魚之交(수어지교): 물과 물고기의 관계처럼 아주 친한 사이를 뜻함.
369	羞惡之心(수오지심): 자기의 옳지 못함을 부끄러워하고, 남의 옳지 못함을 미워함.
370	誰怨誰咎(수원수구): 남을 원망하거나 탓하지 아니함.
371	守株待兔(수주대토): 나무 그루터기에서 토끼가 오기를 기다린다는 말로, 머리를 써서 실행하지 않고 저절로 되기만을 기다린다는 뜻.
372	壽則多辱(수즉다욕): 오래 살면 욕되는 일이 많다는 말로, 권력에 지나치게 집착하면 비난받는다는 말.
373	脣亡齒寒(순망치한): 입술이 없으면 이가 시리다는 말로, 보호해 주는 사람이 없으니 몸이 고달프다는 뜻.
374	是是非非(시시비비): 옳은 것과 그른 것을 말함.
375	視若不見(시약불견): 보고도 보지 못한 체함.
376	始終如一(시종여일): 처음이나 나중이 한결같아서 변함없음.
377	食少事煩(식소사번): 먹을 것은 적고 할 일은 많음.
378	識字憂患(식자우환): 글을 아는 것이 오히려 근심을 사게 된다는 말로, 서투른 지식은 오히려 일을 그르친다는 뜻.
379	辛苦(신고): 어려운 일을 당하여 몹시 애쓰는 것.
380	信賞必罰(신상필벌): 상과 벌을 공정하게 집행한다는 말.
381	信心直行(신심직행): 옳다고 믿는 바대로 곧장 행함.
382	身言書判(신언서판): 신수(身手), 말씨, 글씨, 판단력으로 인물을 평가함.
383	薪盡火滅(신진화멸): 機緣(기연)이 다하여 사물이 멸망함.
384	晨虎之勢(신호지세): 굶주린 새벽 호랑이와 같은 기세라는 뜻으로 매우 맹렬한 기세를 말함.
385	實事求是(실사구시): 형식이 아니라 사실적인 것을 중요시 함.
386	心機一轉(심기일전): 어떤 계기로 그 전까지의 생각을 뒤집듯이 바꿈.
387	心腹之疾(심복지질): 가슴앓이나 배앓이와 같이 쉽게 고치지 못하는 고질.
388	深山幽谷(심산유곡): 깊은 산의 으슥한 골짜기.

389	心心相印(심심상인): 마음에서 마음으로 전함.
390	十年之計(십년지계): 십년을 내다보는 원대한 계획.
391	十伐之木(십벌지목): 열 번 찍어 안 넘어가는 나무가 없다는 뜻.
392	十生九死(십생구사): 여러 차례 죽을 고비를 넘기고 겨우 살아남.
393	十日之菊(십일지국): 이미 때가 늦음.

[ㅇ]

394	我歌査唱(아가사창): 내가 부를 노래를 사돈이 부름. 내가 할 말을 상대방이 함.
395	兒童走卒(아동주졸): 철없는 아이들과 어리석은 사람들.
396	阿鼻叫喚(아비규환): 지옥 같은 고통에 못 견디어 구원을 부르짖는 소리. 심한 참상.
397	阿諛苟容(아유구용): 남에게 아첨을 하며 구차스러운 짓을 하는 일.
398	我田引水(아전인수): 나의 밭에 물을 끌어들인다는 말로, 자기만 유리하게 일을 한다는 뜻.
399	安居危思(안거위사): 편할 때 위기를 대비함.
400	顔面不知(안면부지): 만난 일이 없어 모르는 사람.
401	安分知足(안분지족): 분수를 알고 만족하면 편안함.
402	安貧樂道(안빈낙도): 가난해도 욕심내지 않으니 도를 즐길 수 있음.
403	安心立命(안심입명): 편안한 마음으로 주어진 일을 운명으로 받아들임.
401	眼下無人(안하무인): 교만하여 모든 사람을 업신여김.
406	暗中摸索(암중모색): 어둠 속에서 손으로 더듬어 찾는다는 말로, 어림짐작하여 맞힌다는 뜻.
406	暗香浮動(암향부동): 그윽한 향기가 감돈다는 뜻.
407	殃及池魚(앙급지어): 이유 없이 화를 당하는 것.
408	弱肉强食(약육강식): 약한 자는 강한 자의 먹이가 됨.
409	羊頭狗肉(양두구육): 양의 머리를 걸어 놓고 개고기를 판다는 말로, 겉은 좋으나 실제로는 그렇지 못하다는 뜻.
410	梁上君子(양상군자): 들보 위에 군자라는 뜻으로 도둑을 미화해서 부른 말.
411	養虎遺患(양호유환): 호랑이를 길러 근심을 남김. 스스로 화를 자초함을 이르는 말.
412	漁父之利(어부지리): 서로 싸우는 중에 다른 사람이 이득을 얻는다는 말.
413	語不成說(어불성설): 말이 이치에 맞지 않음.

414	抑强扶弱(억강부약):	강한 자를 누르고 약한 자를 돕는다는 말.
415	憶兆蒼生(억조창생):	수많은 백성.
416	言去言來(언거언래):	여러 말을 서로 주고받음.
417	言語道斷(언어도단):	말로는 표현하기 어렵다는 말로, 기가 막혀 말이 나오지를 않는다는 뜻.
418	言中有骨(언중유골):	예사로운 말 속에 깊은 뜻이 있음.
419	如履薄氷(여리박빙):	엷은 얼음을 밟는 듯 매우 위험함.
420	如世推移(여세추이):	세상이 변하는 대로 따라 변함.
421	女必從夫(여필종부):	아내는 반드시 남편을 따라야 함.
422	易地思之(역지사지):	다른 사람의 입장이 되어 생각함.
423	緣木求魚(연목구어):	나무에서 물고기를 구한다는 말로, 불가능한 일을 억지로 한다는 뜻.
424	煙霞痼疾(연하고질):	자연을 사랑하는 마음.
425	炎凉世態(염량세태):	권세가 있을 때는 아부하고, 몰락하면 푸대접하는 세상인심.
426	五里霧中(오리무중):	5리까지 안개 속이라는 말로, 어딘지 분간하기가 어렵다는 뜻으로 도대체 종적을 알 수 없는 상황에서 쓰임.
427	寤寐不忘(오매불망):	자나 깨나 잊지 못함.
428	烏飛梨落(오비이락):	까마귀 날자 배 떨어진다는 말로, 우연의 일치로 의심을 받게 되는 경우를 뜻함.
429	吾鼻三尺(오비삼척):	내 코가 석자라는 말로, 자신의 일에 신경 쓰느라 바쁘다는 말.
430	傲霜孤節(오상고절):	국화를 비유함.
431	五十步百步(오십보백보):	본질적으로 큰 차이가 없음.
432	吳越同舟(오월동주):	오나라와 월나라가 한 배를 탄다는 말로, 사이가 안 좋아도 자신의 이익을 위해서 함께 한다는 뜻.
433	烏合之卒(오합지졸):	까마귀 떼처럼 질서 없이 움직이는 병사들을 뜻함.
434	玉石俱焚(옥석구분):	선한 사람이나 악한 사람이 함께 망하는 것.
435	溫故知新(온고지신):	옛 것을 바탕으로 새로운 것을 익힘.
436	臥薪嘗膽(와신상담):	섶에 누워서 쓸개를 맛본다는 말로, 복수를 위해 인내한다는 뜻.
437	外柔內剛(외유내강):	밖으로는 부드럽고 안으로는 엄격함.
438	樂山樂水(요산요수):	산과 물을 좋아함. 산에서는 덕을 배우고, 물에서는 지혜를 배운다.
439	燎原之火(요원지화):	맹렬한 기세로 번져가는 들판의 불길. 무서운 기세로 퍼져가는 세력.

440	窈窕淑女(요조숙녀): 마음씨가 얌전하고 자태가 아름다운 여인.
441	搖之不動(요지부동): 흔들어도 꼼짝하지 않음.
442	欲速不達(욕속부달): 너무 서두르면 오히려 일을 망침.
443	龍蛇飛騰(용사비등): 용과 뱀이 나는 것과 같이 글씨가 힘참.
444	龍虎相搏(용호상박): 용과 호랑이가 서로 싸움. 두 강자가 서로 싸움.
445	愚公移山(우공이산): 어리석게 보이는 일도 꾸준히 한다면 아무리 큰일이라도 할 수 있음.
446	愚問賢答(우문현답): 어리석은 질문에 현명한 대답.
447	牛耳讀經(우이독경): 소의 귀에 경을 읽는다는 말로, 소용이 없는 일을 한다는 뜻.
448	雨後竹筍(우후죽순): 비 온 뒤에 죽순이 나듯, 무슨 일이 한꺼번에 많이 일어남.
449	雲泥之差(운니지차): 서로의 차이가 심함.
450	遠交近攻(원교근공): 멀리 있는 적과는 친교를 맺고 가까운 적은 공격한다는 뜻으로, 가까운 적부터 처리하고 서서히 멀리까지 진출한다는 말.
451	遠禍召福(원화소복): 화를 멀리하고 복을 불러들임.
452	月態花容(월태화용): 달 같은 자태와 꽃 같은 얼굴.
453	月下氷人(월하빙인): 결혼을 중매하는 사람을 뜻함.
454	韋編三絶(위편삼절): 공자가 읽던 책 끈이 세 번이나 끊어졌다는 것에서 유래함. 독서에 매우 저녁함.
455	類萬不同(유만부동): 모든 것이 서로 같지 아니함.
456	流芳百世(유방백세): 꽃다운 이름을 후세에 길이 전함.
457	有備無患(유비무환): 미리 준비를 하면 근심이 없다는 말.
458	唯我獨尊(유아독존): 이 세상에는 내가 제일이라고 자만함.
459	有耶無耶(유야무야): 어느 쪽도 아님. 흐지부지함.
460	類類相從(유유상종): 비슷한 생각을 가진 사람끼리 어울린다는 말.
461	悠悠自適(유유자적): 아주 먼 길을 혼자서 간다는 말로, 여유 있는 모습을 뜻함.
462	隱忍自重(은인자중): 마음속으로 참으며 신중하게 대처함.
463	乙丑甲子(을축갑자): 무슨 일이 제대로 안되고 순서가 바뀜.
464	吟風弄月(음풍농월): 맑은 바람과 밝은 달을 노래함. 풍류를 즐김.
465	依門之望(의문지망): 자식이 돌아오기를 기다리는 어머니의 마음.
466	意中之人(의중지인): 마음속에 새겨져 잊을 수 없는 사람.
467	以管窺天(이관규천): 우물 안 개구리.
468	異口同聲(이구동성): 입은 다르나 소리는 같다는 말로 여러 사람이 같은 말을 한다는 뜻.
469	以心傳心(이심전심): 서로의 마음이 전하여 하나가 됨.

470	易如反掌(이여반장):	손바닥 뒤집는 것처럼 쉬움.
471	二律背反(이율배반):	서로 모순되는 두 명제, 또는 그 관계.
472	二人同心(이인동심):	절친한 친구사이.
473	李下不整冠(이하부정관):	자두나무 아래서는 갓을 고쳐 쓰지 말라. 남에게 의심 받을 일을 하지 말라.
474	以蝦牛鯉(이하조리):	새우로 잉어 낚기. 적은 밑천을 들여 큰 이익을 얻는다는 뜻.
475	異鄉異客(이향이객):	異鄉(이향)은 他鄉(타향)과 같은 뜻으로 여행 중의 몸이란 뜻.
476	耳懸鈴鼻懸鈴(이현령비현령):	귀에 걸면 귀걸이, 코에 걸면 코걸이.
477	益者三友(익자삼우):	사귀어 보탬이 되는 세 벗.(정직한 사람·신의 있는 사람·학식 있는 사람)
478	人苦不知足(인고부지족):	사람은 물질에 만족치 못하는 것을 괴롭게 여긴다는 뜻.
479	因果應報(인과응보):	좋은 원인에는 좋은 결과가 나오고, 나쁜 원인에는 나쁜 결과가 나옴.
480	人面獸心(인면수심):	사람의 얼굴을 한 짐승의 마음을 가진 사람.
481	人謀難測(인모난측):	사람의 마음은 간사함을 헤아리기 어려움.
482	人死留名(인사유명):	사람은 죽어서 이름을 남김.
483	人之常情(인지상정):	사람이면 누구나 갖는 보통의 마음.
484	一刻千金(일각천금):	한순간의 시각도 천금과 같다는 뜻으로, 시간의 중요함을 이르는 말.
485	一擧兩得(일거양득):	한 가지 일을 하여 두 가지의 이득을 봄.
486	一刀兩斷(일도양단):	하나의 칼로 두 동강을 낸다는 말로. 분명하게 일을 처리한다는 뜻.
487	一簞食一瓢飲(일단사일표음):	한 그릇의 밥과 한 표주박의 음료수란 뜻으로 누추한 생활, 혹은 청빈한 생활을 표현하는 말.
488	一望無際(일망무제):	아득하게 멀고 넓어서 끝이 없음.
489	一網打盡(일망타진):	하나의 그물로 고기를 모두 다 잡는다는 뜻으로, 일을 한번에 처리함.
490	一面如舊(일면여구):	서로 모르는 사람이 처음 만나되 옛 벗처럼 친밀함.
491	日暮途遠(일모도원):	해는 저무는데 길은 멀다는 뜻으로, 일이 바쁘다는 뜻.
492	一飯三吐哺(일반삼토포):	어진 사람을 맞아들임에 열심임.
493	一罰百戒(일벌백계):	하나의 죄를 벌하여 백 가지의 죄를 경계하게 함.

494	一瀉千里(일사천리): 물이 단번에 흐르는 것처럼 일의 처리가 매우 빠름.
495	一石二鳥(일석이조): 한 번의 돌팔매로 두 마리의 새를 잡는다. 즉 하나의 일로 두 가 지 이상의 이익을 보는 것.
496	日新又日新(일신우일신): 날로 새로워짐.
497	一魚濁水(일어탁수): 한 마리의 고기가 물 전체를 흐리게 함.
598	一言以蔽之(일언이폐지): 한 마디로 말하자면.
599	一葉知秋(일엽지추): 하나의 낙엽으로 가을이 왔음을 알리는 말로, 단풍이 들었다는 뜻.
500	一牛鳴地(일우명지): 소의 울음소리가 들릴 정도의 거리라는 뜻으로 매우 가까운 거리.
501	一以貫之(일이관지): 하나의 이치로서 모든 것을 꿰뚫는다.
502	一日三秋(일일삼추): 하루가 삼 년 같다는 말로, 시간이 지루하다는 뜻.
503	一字千金(일자천금): 글자 한 자에 천금의 가치가 있다는 말로, 뛰어난 문장을 이름.
504	一長一短(일장일단): 하나가 좋으면 하나는 나쁘다는 뜻으로, 좋고 나쁨이 함께 있다는 뜻.
505	一場春夢(일장춘몽): 한바탕 봄의 꿈처럼 인생이 무상하다는 뜻.
506	一朝之忿(일조지분): 일시적인 감정에 격하여 노의에 벗어난 분노를 이름.
507	一進一退(일진일퇴): 서로 공방을 주고받음.
508	一觸卽發(일촉즉발): 막 일이 일어날 듯한 위험한 지경.
509	日就月將(일취월장): 낮에 나아가 밤에 장수가 된다는 말로, 사람이 크게 발전하여 진 급됨을 뜻함.
510	一波萬波(일파만파): 무슨 일의 파급 효과가 끝없이 번져 나감.
511	一敗塗地(일패도지): 한 번 패하면 진흙땅에 들어간다는 말로, 실패하면 재기하기가 어 려움을 뜻함.
512	一片丹心(일편단심): 한 조각의 붉은 마음, 즉 하나로 뭉쳐진 정열의 마음을 뜻함.
513	一筆揮之(일필휘지): 글씨나 그림을 단숨에 써 버림.
514	臨渴掘井(임갈굴정): 목마른 뒤에 우물 판다. 준비 없이 갑자기 일을 당하여 허둥지둥 하는 태도.
515	入室操戈(입실조과): 그 사람의 학설을 가지고 그 사람을 공격함.
516	入鄕循俗(입향순속): 다른 지방에 들어가서는 그 지방의 풍속을 따름.

517	自家撞着(자가당착): 자기가 한 말이 앞뒤가 모순되는 경우.
518	自强不息(자강불식): 스스로 힘써 쉬지 아니함.
519	刺客奸人(자객간인): 마음씨가 몹시 모질고 독기가 있는 사람.
520	自激之心(자격지심): 스스로의 잘못이나 부족함에 대해 열등의식을 가짐.
521	自過不知(자과부지): 제 허물을 제가 모름.
522	自愧之心(자괴지심): 스스로 부끄러워하는 마음.
523	自繩自縛(자승자박): 자기의 줄로 제 몸을 묶는다는 말. 자기가 한 언행으로 자기를 구속함.
524	自勝之癖(자승지벽): 제 스스로가 남보다 낫다고 여기는 버릇.
525	自業自得(자업자득): 스스로 지은 일은 스스로가 받음.
526	自中之亂(자중지란): 자기들끼리 싸워서 혼란에 빠짐.
527	自取其禍(자취기화): 자기가 제 손으로 만든 재앙.
528	自暴自棄(자포자기): 자기 자신을 학대하여 내던진다는 말로, 자신을 함부로 하고 아무렇게나 하며 살아가는 것.
529	自下達上(자하달상): 일의 영향이 아래로부터 위까지 미침.
530	自畫自讚(자화자찬): 자기가 그린 그림을 자기가 칭찬한다는 말로, 겸손하지 못함을 비유.
531	酌水成禮(작수성례): 가난한 집안의 혼인 예식.
532	莊周之夢(장주지몽): 사물과 자신이 한 몸이 된 경지.
533	長進之望(장진지망): 장차 잘 되어 갈 희망. 진출할 희망.
534	爭魚者濡(쟁어자유): 이익을 얻으려고 다투는 사람은 언제나 고생을 면치 못한다는 것.
535	賊反荷杖(적반하장): 잘못한 사람이 도리어 상대를 나무람.
536	赤手空拳(적수공권): 맨손과 맨주먹. 즉 아무것도 가진 것이 없음.
537	積塵成山(적진성산): 티끌 모아 태산.
538	積土成山(적토성산): 흙을 쌓아 산을 이룬다는 말로, 조금씩 모이면 크게 된다는 뜻.
539	戰國七雄(전국칠웅): 춘추전국시대에 중국의 패권을 놓고 대립한 7대 강국.
540	電光石火(전광석화): 번개나 돌 마찰로 생기는 불의 시간처럼 아주 짧은 시간을 이르는 말.
541	前代未聞(전대미문): 지금까지 들어본 일이 없음.
542	前途洋洋(전도양양): 장래가 매우 밝음.

543	前途有望(전도유망):	앞으로 잘 되어 나갈 희망이 있음.
544	前無後無(전무후무):	옛날에도 없고 미래에도 없음.
545	戰戰兢兢(전전긍긍):	위기의 상황에서 절박한 심정.
546	輾轉反側(전전반측):	밤새도록 잠을 이루지 못하고 이리저리 뒤척인다는 말로, 어떤 생각에 밤잠을 이루지 못함을 뜻함.
547	轉禍爲福(전화위복):	재앙이 바뀌어 복이 됨.
548	絕代佳人(절대가인):	비할 데 없이 아름다운 여자.
549	折枝之易(절지지이):	나무를 꺾는 것과 같이 쉬운 일.
550	切磋琢磨(절차탁마):	학문과 덕행을 부지런히 닦음.
551	切齒腐心(절치부심):	분하여 이를 갈고 속이 썩음.
552	折檻(절함):	난간을 부러뜨린다는 말로, 간곡하게 충간(忠諫)하는 것을 말함.
553	絕海孤島(절해고도):	아주 멀리 떨어져 있는 바다 가운데 외떨어진 섬.
554	漸入佳境(점입가경):	점점 아름다운 경치나 문장의 내용에 들어간다.
555	頂門一鍼(정문일침):	정수리에 침을 준다는 말로 따끔한 충고를 이름.
556	精神一到何事不成(정신일도하사불성):	열성만 있으면 어떠한 어려운 일이라도 성취함.
557	井中之蛙(정중지와):	우물 안의 개구리. 소견이 좁아 하나만 알고 그 이상은 모른다는 뜻.
558	糟糠之妻(조강지처):	지게미와 쌀겨로 끼니를 이어가며 함께 고생하며 살아온 본처.
559	朝東暮西(조동모서):	정착된 주소가 없이 여기저기 옮아 다님.
560	朝得暮失(조득모실):	아침에 얻어 저녁에 잃음. 얻은 지 얼마 안 되어서 곧 잃어버림.
561	朝令暮改(조령모개):	법령을 자주 바꿔서 종잡을 수 없음.
562	朝變夕改(조변석개):	일을 자꾸 뜯어 고침.
563	朝不及夕(조불급석):	형세가 급박하여 아침에 저녁 일이 어떻게 될지 알지 못함.
564	朝三暮四(조삼모사):	아침에는 3이라 했다가 저녁에는 4라고 하니, 거짓말로 세상을 우롱하며 사는 사람을 뜻함.
565	鳥足之血(조족지혈):	새의 발에 묻은 피처럼 아주 작은 것을 비유.
566	左雇右眄(좌고우면):	좌우를 자주 둘러본다는 뜻으로 무슨 일을 빨리 결정하지 못함.
567	坐不安席(좌불안석):	마음이 안정되지 못함.
568	坐井觀天(좌정관천):	우물 안 개구리.
569	左之右之(좌지우지):	제 마음대로 다루거나 휘두름.
570	左衝右突(좌충우돌):	좌우로 부딪히며 충돌함.
571	主客顚倒(주객전도):	사물의 경중, 완급, 차례가 뒤바뀜.
572	晝耕夜讀(주경야독):	낮에는 밭일을 하고 밤에는 공부를 함.

573	走狗(주구):	사냥 때에 부리는 개. 남의 앞잡이 노릇하는 사람.
574	走馬加鞭(주마가편):	달리는 말에 채찍을 함. 열심히 하는 데도 자꾸 더 하라고 격려함.
575	走馬看山(주마간산):	달리는 말 위에서 산을 본다는 말로, 제대로 알 수 없는 처지라는 뜻.
576	走馬燈(주마등):	돌리는 대로 그림의 장면이 다르게 보이는 돌림등. 사물이 빨리 변하는 것.
577	晝思夜度(주사야탁):	밤낮으로 깊이 생각함.
578	晝夜不息(주야불식):	밤낮으로 쉬지 않음.
579	晝夜長川(주야장천):	밤낮으로 쉬지 않고 놈.
580	酒池肉林(주지육림):	술로 못을 만들고 고기로 숲을 이룬다는 말로, 사치와 음탕함을 비유.
581	竹馬故友(죽마고우):	죽마를 타고 놀던 시절의 고향 친구.
582	竹杖芒鞋(죽장망혜):	대지팡이와 짚신. 간단한 여행 차림.
583	衆寡不敵(중과부적):	적은 수로 많은 수를 이길 수 없다는 뜻.
584	衆口難防(중구난방):	많은 사람이 하는 말은 막기가 어렵다는 말.
585	中道而廢(중도이폐):	어떤 일을 중도에서 그만둠.
586	重言復言(중언부언):	같은 말을 자꾸 되풀이 함.
587	中庸(중용):	지나침이나 모자람이 없이 알맞은 정도.
588	中原逐鹿(중원축록):	중원은 천하를, 축록은 서로 경쟁한다는 말로 영웅들이 천하를 얻고자 다투는 것을 비유.
589	知己之友(지기지우):	서로마음이 통하는 벗.
590	之東之西(지동지서):	어떤 일에 주견이 없어 갈팡질팡함.
591	指鹿爲馬(지록위마):	사슴을 가리켜 말이라고 함, 즉 남을 우롱한다는 뜻.
592	支離滅裂(지리멸렬):	이리저리 흩어져 갈피를 잡을 수 없음.
593	池魚之殃(지어지앙):	뜻밖에 당하는 재난과 화재.
594	指呼之間(지호지간):	매우 가까운 거리.
595	盡善盡美(진선진미):	완전무결함.
596	盡人事待天命(진인사대천명):	노력을 다하고 천명을 기다림.
597	塵積爲山(진적위산):	티끌 모아 태산.
598	秦之求無已(진지구무이):	진시황의 폭음과 같다는 뜻에서 욕심이 한없음.
599	陳陳相因(진진상인):	오래된 쌀이 겹겹이 쌓이는 것. 세상이 잘 다스려져 물건이 풍부함.
600	震天動地(진천동지):	세력이나 위엄이 천하에 떨침.
601	進寸退尺(진촌퇴척):	나아간 것은 적고 물러선 것은 많음. 소득은 적고 손실은 많음.
602	盡忠報國(진충보국):	충성을 다하여 나라에 보답함.

부수로 한자 휘어잡기 1급

603	進退兩難(진퇴양난): 나아갈 수도 없고 물러설 수도 없는 처지.
604	塵合泰山(진합태산): 티끌 모아 태산. 작은 것도 많이 모이면 나중에는 크게 이루어짐.
605	質而不俚(질이불리): 소박하면서도 촌스럽지 않음.
606	嫉逐排斥(질축배척): 시기하고 미워하여 물리침.
607	疾風甚雨(질풍심우): 센 바람과 몹시 쏟아지는 비.
608	疾風知勁草(질풍지경초): 어려운 일에 부닥쳤을 때 비로소 그 지조의 굳음을 앎.

[ㅊ]

609	借刀殺人(차도살인): 남의 칼을 빌어 사람을 죽임. 남을 이용하여 사람을 해칠 때.
610	車載斗量(차재두량): 수레에 싣고 말로 잰다. 아주 흔하거나 쓸모없는 평범한 것이 많음.
611	滄浪自取(창랑자취): 좋은 말이나 나쁜 말을 들음은 다 자기의 행동에 달려 있음.
612	創業易守成難(창업이수성난): 이루기는 쉽고 지키기는 어려움.
613	滄海一粟(창해일속): 넓은 바다에서 좁쌀 한 알이란 말로, 아주 작은 분량을 뜻함.
614	天高馬肥(천고마비): 하늘은 높고 말은 살찐다는 뜻으로 맑고 풍요로운 가을을 말함.
615	千慮一得(천려일득): 어리석은 자도 많은 생각 중에 하나는 옳은 것일 수 있다는 말.
016	千慮一失(천려일실): 지혜로운 자도 많은 생각 중에 한 번은 실수를 할 수 있다는 말.
617	天方地軸(천방지축): 지축이 사방으로 흔들린다는 말로, 마음에 중심이 없이 경거망동함을 비유.
618	天涯地角(천애지각): 아주 먼 곳을 이름.
619	天壤之差(천양지차): 하늘과 땅 사이처럼 큰 차이.
620	天佑神助(천우신조): 하늘과 신령의 도움.
621	天衣無縫(천의무봉): 천사의 옷처럼 꿰맨 곳이 없이 곱고 깨끗함.
622	天人共怒(천인공노): 누구나 분노를 참을 수 없을 만큼 도저히 용납될 수 없음.
623	千載一遇(천재일우): 천년을 수레에 짐을 싣고 다녀야 한 번 만나는 기회란 말로, 좀처럼 얻기 어려운 좋은 기회를 뜻함.
624	天眞爛漫(천진난만): 꾸밈이나 거짓 없이 하늘에서 타고난 순진한 성질 그대로가 말이나 행동에 나타남.
625	千篇一律(천편일률): 많은 책 속의 글들이 똑같은 내용이나 형식을 가졌다는 말로, 변화가 보이지 않고 단조롭다는 뜻.
626	徹頭徹尾(철두철미): 처음부터 끝까지.

627	鐵面皮(철면피): 뻔뻔하고 염치없는 사람.
628	轍鮒之急(철부지급): 수레바퀴 자국 안의 붕어의 위급함이니 매우 긴박한 결핍과 위급함.
629	鐵石肝腸(철석간장): 매우 단단한 지조를 가리키는 말.
630	鐵甕山城(철옹산성): 튼튼하고 굳은 물건을 가리키는 말.
631	徹底澄淸(철저징청): 물이 밑바닥까지 맑음을 이름. 지극히 청렴결백함.
632	徹天之寃(철천지원): 하늘에 사무치도록 크나큰 원한.
633	晴耕雨讀(청경우독): 맑은 날에는 나가 농사 일 하고 비 오는 날에는 책을 읽음.
634	靑山流水(청산유수): 말을 거침없이 잘하는 것의 비유.
635	靑孀寡婦(청상과부): 나이가 젊었을 때 남편을 여읜 여자.
636	靑雲之士(청운지사): 출세하고자 하는 뜻.
637	靑天霹靂(청천벽력): 뜻밖에 생긴 변고를 이르는 뜻.
638	靑出於藍(청출어람): 쪽에서 뽑아낸 푸른 물감이 쪽보다 더 푸르다는 말로, 열심히 노력하면 제자가 스승보다 더 나을 수 있다는 뜻.
639	樵童汲婦(초동급부): 보통사람.
640	草露人生(초로인생): 풀잎에 맺힌 이슬처럼 인생의 덧없음.
641	草綠同色(초록동색): 풀과 녹색은 같은 색이라는 말로, 말만 다르지 뜻은 같음을 비유.
642	焦眉之急(초미지급): 매우 다급한 지경.
643	寸鐵殺人(촌철살인): 짧은 철 조각을 이용해 사람을 죽인다는 말로, 간단한 말이나 글로 사람을 감동하게 만드는 것을 비유.
644	推敲(퇴고): 시문(詩文)의 자구(字句)를 여러 번 고침.
645	秋霜(추상): 가을의 찬 서리. 두려운 위엄이나 엄한 형벌.
646	追友江南(추우강남): 벗을 따라 멀리 감을 가리키는 말.
647	追遠報本(추원보본): 조상의 덕을 추모하여 제사를 지내고, 자기의 태어난 근본을 잊지 않고 은혜를 갚음.
648	秋風落葉(추풍낙엽): 가을바람에 낙엽이 떨어진다는 말로, 진리는 때가 되면 자연적으로 다 해결을 한다는 말.
649	春秋鼎盛(춘추정성): 혈기 왕성한 연령.
650	春雉自鳴(춘치자명): 봄철의 꿩이 스스로 운다는 뜻. 남이 시키거나 요구하지 아니하여도 자발적으로 함.
651	春風秋雨(춘풍추우): 봄철에 부는 바람과 가을 들어서 내리는 비. 지나간 세월을 가리킴.
652	春寒老健(춘한노건): 봄추위와 늙은이의 건강처럼 모든 사물이 오래가지 않음을 가리킴.
653	出藍(출람): 제자가 스승보다 뛰어남.

654	出爾反爾(출이반이):	자신에게서 나온 것은 자신에게 돌아감.
655	出將入相(출장입상):	나가면 장군, 들어오면 재상이란 말로, 지혜와 용기를 갖춘 인물.
656	出天之孝(출천지효):	하늘로부터 타고난 지극한 효성.
657	衝目之杖(충목지장):	눈을 찌를 막대라는 뜻으로 남에게 해를 끼치는 고약한 마음.
658	忠言逆耳(충언역이):	어리석은 상관에게 충성스런 말은 귀에 거슬린다는 말.
659	醉生夢死(취생몽사):	술에 취해 살며 죽을 때까지 꿈속을 헤맨다는 말로, 아무 뜻 없이 한 세상을 헛되이 보냄을 의미.
660	惻隱之心(측은지심):	불쌍히 여기는 마음.
661	置之度外(치지도외):	관심을 갖지 않고 팽개침.
662	七寶丹粧(칠보단장):	많은 패물로써 몸단장을 함.
663	七顚八起(칠전팔기):	여러 번의 실패에도 굽히지 않고 분투함.
664	七顚八倒(칠전팔도):	어려운 고비를 많이 겪음.
665	七縱七擒(칠종칠금):	제갈공명의 전술로 일곱 번 놓아주고 일곱 번 잡는다는 뜻으로 상대편을 마음대로 요리함을 비유.
666	枕流漱石(침류수석):	시냇물로 베개 삼고 돌로 양치질함. 곧 억지를 부림.
667	針小棒大(침소봉대):	바늘을 몽둥이라고 말하듯 작은 일을 크게 과장해서 말함.
668	沈魚落雁(침어낙안):	미인을 보고 고기가 숨고 기러기가 떨어짐. 미인을 형용하여 이름.

[ㅋ]

669	快刀亂麻(쾌도난마):	어지럽게 엉켜 있는 삼실을 칼로 상쾌하게 자른다는 말로, 일을 깨끗하게 처리함을 비유.

[ㅌ]

670	他山之石(타산지석):	다른 산의 돌로 옥을 간다는 말로, 나의 발전에 남의 지나가는 말 한마디도 도움이 될 수 있다는 뜻.
671	他尙何說(타상하설):	한 가지 일을 보면 다른 일도 알 수 있음.
672	唾手可決(타수가결):	쉽게 승부를 낼 수 있음.
673	打艸驚巳(타초경사):	풀을 두들겨 뱀을 놀라게 한다는 말.
674	卓上空論(탁상공론):	현실과 거리가 먼 이론이나 주장.

675	貪官汚吏(탐관오리):	탐욕에 오염된 벼슬아치.
676	太剛則折(태강즉절):	너무 강하면 꺾어지기 쉬움.
677	泰然自若(태연자약):	태연하고 천연스러움.
678	太平無像(태평무상):	천하 태평함은 이를 지적하여 말할 만한 형상이 없음.
679	吐佳言如屑(토가언여설):	말이 술술 나오는 것을 톱으로 나무를 켤 때 톱밥이 나오는 것에 비유한 말.
680	兎角龜毛(토각귀모):	토끼에 뿔이 나고 거북에 털이 났다는 뜻으로 세상에 있을 수 없는 일.
681	土崩瓦解(토붕와해):	어느 모임이나 단체 같은 것이 무너져 손댈 수 없게 됨.
682	兎死狗烹(토사구팽):	필요할 때는 사용하고 필요 없을 때에는 버린다는 뜻.
683	兎死狐悲(토사호비):	토끼가 죽으면 여우가 슬퍼한다는 말로 남의 처지를 보고 자기 신세를 헤아려 同類(동류)의 슬픔을 서러워한다는 뜻.
684	兎營三窟(토영삼굴):	토끼가 위난을 피하려고 구멍 셋을 만든다는 말로 자신의 안전을 위하여 미리 몇 가지의 계책을 마련한다는 뜻.
685	土積成山(토적성산):	작은 것이 쌓여 큰 것이 된다는 뜻.
686	吐盡肝膽(토진간담):	거짓 없는 실정을 숨김없이 모두 말함.
687	吐哺握髮(토포악발):	먹던 것을 토하고 머리를 쥔다. 즉 밥을 먹거나 머리를 감을 때에 손님이 오면 먹던 밥은 뱉고, 감던 머리는 쥔 채 나가 마중한다는 뜻.
688	推敲(퇴고):	詩文(시문)의 字句(자구)를 여러 번 고침.
689	堆金積玉(퇴금적옥):	금과 옥을 산과 같이 쌓아 모음.
690	偸鷄摸狗(투계모구):	손버릇이 나쁜 것. 살금살금 나쁜 짓만 함.
691	投鞭斷流(투편단류):	물을 건너는 군사의 수가 극히 많음을 이름.

[ㅍ]

692	破鏡(파경):	깨어진 거울. 부부 사이가 깨어져 이혼하는 것.
693	破瓜之年(파과지년):	여자의 16세. 남자의 64세를 이름.
694	波瀾萬丈(파란만장):	일의 진행에 있어서 변화가 몹시 심함.
695	破廉恥(파렴치):	염치가 없어 도무지 부끄러움을 모름.
696	破邪顯正(파사현정):	사악한 것을 버리고 正道(정도)를 드러냄.
697	破顔大笑(파안대소):	굳은 인상을 풀고 크게 웃음.
698	破竹之勢(파죽지세):	대나무가 세로로 갈라지듯이 쉽게 일을 진행함.

699	破天荒(파천황): 아무도하지 않은 일을 행함.
700	八面不知(팔면부지): 어느 모로 보나 아는 사람이 전혀 없음
701	八方美人(팔방미인): 모든 면에서 능력이 있는 사람.
702	烹頭耳熟(팽두이숙): 중요한 것만 해결하면 나머지는 따라서 해결됨.
703	片片沃土(편편옥토): 기름진 땅.
704	平地風波(평지풍파): 고요한 지상에 바람과 파도를 일으킨다는 말로, 시끄럽고 혼란스럽게 한다는 뜻.
705	肺腑之言(폐부지언): 마음속을 찌르는 참된 말.
706	弊袍破笠(폐포파립): 너절하고 구차한 차림새.
707	蒲柳之質(포류지질): 갯버들과 같은 성질이란 말로, 연약하다는 뜻.
708	抱腹絶倒(포복절도): 배를 잡고 크게 웃다가 그만 넘어진다는 말로, 몹시 웃음을 형용함.
709	飽食暖衣(포식난의): 배불리 먹고 따뜻하게 입음. 편안하게 지냄.
710	布衣之士(포의지사): 벼슬이 없는 가난한 선비.
711	咆虎馮河(포호빙하): 맨주먹으로 호랑이를 잡고 말을 타고 강을 건넌다는 말로, 대책 없이 만용을 부림.
712	表裏不同(표리부동): 겉과 속이 다름.
713	剽竊(표절): 남의 시가, 문장, 학설 따위를 자기 것으로 발표하는 일.
714	風聲鶴唳(풍성학려): 바람소리와 학의 울음소리. 별것도 아닌 것에 놀람을 뜻함.
715	風樹之嘆(풍수지탄): 부모가 돌아가시어 효도하고 싶어도 할 수 없음을 한탄함.
716	風前燈火(풍전등화): 바람 앞의 등불처럼 위기상황을 뜻함.
717	風餐露宿(풍찬노숙): 바람과 이슬을 맞으며 한데서 먹고 잠. 모진 고생.
718	避獐逢虎(피장봉호): 적은 해를 피하려다가 큰 화를 당함.
719	匹夫之勇(필부지용): 소인배의 날뛰는 용기.
720	匹夫匹婦(필부필부): 평범한 사람.
721	必有曲折(필유곡절): 반드시 어떠한 까닭이 있음.
722	筆之於書(필지어서): 다음의 증빙을 위하여 글을 써 두는 일.

[ㅎ]

723	何見之晩(하견지만): 깨달음이 늦음.
724	夏爐冬扇(하로동선): 여름의 화로와 겨울의 부채. 쓸모없는 재능.
725	下石上臺(하석상대): 아랫돌 빼서 윗돌 괴기. 임시변통으로 이리 저리 둘러맞춤.

726	鶴首苦待(학수고대): 몹시 기다림.
727	學如不及(학여불급): 학업은 못 미친 것처럼 쉬지 않고 노력해야 함.
728	漢江投石(한강투석): 한강에 돌 던지기. 아무리 도와 주어도 소용이 없음.
729	邯鄲之夢(한단지몽): 인생의 부귀영화는 허무함.
730	邯鄲之步(한단지보): 자기 본분을 잊고 함부로 남의 흉내를 내면 두 가지를 다 잃음.
731	汗牛充棟(한우충동): 책이 많음을 이름.
732	含憤蓄怨(함분축원): 분함을 품고 원한을 쌓음.
733	含哺鼓腹(함포고복): 배불리 먹고 즐겁게 지냄.
734	偕老同穴(해로동혈): 살아서는 함께 늙고 죽어서도 같은 무덤에 묻힌다는 뜻으로, 사이가 좋은 부부를 뜻함.
735	行路之人(행로지인): 아무 상관이 없는 사람.
736	虛張聲勢(허장성세): 실속은 없이 허세를 부림.
737	懸河之辯(현하지변): 거침없이 말을 잘함.
738	孑孑單身(혈혈단신): 의지할 곳 없는 외로운 홀몸.
739	螢雪之功(형설지공): 반딧불과 눈빛으로 공부하여 성과를 이루었다는 말로, 어려운 역경을 딛고 일어섬을 뜻함.
740	兄弟之國(형제지국): 사이가 친밀하고 가깝게 지내는 나라.
741	狐假虎威(호가호위): 남의 세력을 빌어 위세를 부림.
742	糊口之策(호구지책): 겨우 먹고 살아갈 방책.
743	好事多魔(호사다마): 좋은 일에는 흔히 탈이 끼어들기 쉬움.
744	虎死留皮(호사유피): 범은 죽어서 가죽을 남긴다는 말.
745	浩然之氣(호연지기): 대자연의 기운.
746	胡蝶之夢(호접지몽): 사물과 자신이 한 몸이 된 경지.
747	惑世誣民(혹세무민): 세상을 어지럽히고 백성을 속임.
748	昏定晨省(혼정신성): 부모님의 잠자리를 편안히 돌보아 드리고 아침에 문안인사를 올림.
749	忽顯忽沒(홀현홀몰): 문득 나타났다가 홀연 없어짐.
750	鴻鵠之志(홍곡지지): 원대한 포부.
751	紅爐點雪(홍로점설): 벌겋게 달구어진 화로에 한 송이 눈이 내린다는 말로, 아무 효과 없다는 뜻.
752	哄然大笑(홍연대소): 큰 소리로 껄껄 웃음.
753	和光同塵(화광동진): 조화로운 빛을 밝히며 세상에 함께 어울린다는 말로, 성인(聖人)이 세상을 구원하고자 표시나지 않게 사람들과 함께 어울려 산다는 뜻.

754	畫龍點睛(화룡점정):	용을 그릴 때 눈동자는 마지막에 점으로 찍는다는 말로써, 가장 요긴한 부분을 마치어 일을 끝낸다는 뜻.
755	畫蛇添足(화사첨족):	쓸데없는 일을 하다가 도리어 일을 그르침.
756	花容月態(화용월태):	아름다운 여인의 자태.
757	畫中之餅(화중지병):	그림 속의 떡이란 말로, 실제로는 전혀 도움이 안 된다는 뜻.
758	換骨奪胎(환골탈태):	완전히 새로운 모습을 보임.
759	換腐作新(환부작신):	낡은 것을 바꾸어 새 것으로 만듦.
760	惶恐無地(황공무지):	크게 두려워 몸 둘 바를 모름.
761	荒唐無稽(황당무계):	거칠고 무례하여 함께 있을 수가 없다는 말로, 어처구니가 없고 기가 막힌다는 뜻.
762	膾炙人口(회자인구):	널리 사람들의 입에 오르내림.
763	會者定離(회자정리):	만나면 반드시 헤어지게 된다는 뜻.
764	橫說竪說(횡설수설):	무슨 말인지 도무지 알 수가 없는 말.
765	嚆矢(효시):	사물의 맨 처음.
766	後生可畏(후생가외):	후진들은 장차 큰 역량을 나타낼 존재이므로 그들을 존중하며 소중히 다루어야 함.
767	諱之秘之(휘지비지):	결과를 분명하게 맺지 않음.
768	胸中生塵(흉중생진):	오랫동안 남을 그리워하면서 만나지 못하고 있는 것.
769	興亡盛衰(흥망성쇠):	흥하고 망하고 성하고 쇠하는 자연의 이치.
770	興盡悲來(흥진비래):	즐거운 일이 지나가면 슬픈 일이 생김.

1. 모양이 비슷한 자

旦 (아침 단)
且 (또 차)

雨 (비 우)
兩 (두 량)

客 (손님 객)
容 (얼굴 용)

哀 (슬플 애)
衷 (정성 충)

名 (이름 명)
各 (제각기 각)

土 (흙 토)
士 (선비 사)

絡 (이을 락)
給 (줄 급)

官 (벼슬 관)
宮 (집 궁)

延 (끌 연)
廷 (조정 정)

日 (해 일)
曰 (말할 왈)

損 (손해 손)
捐 (버릴 연)

緣 (인연 연)
綠 (푸를 록)

貝 (조개 패)
具 (갖출 구)

怒 (성낼 노)
恕 (용서 서)

徙 (이사 사)
徒 (무리 도)

看 (볼 간)
着 (입을 착)

代 (대신 대)
伐 (칠 벌)

未 (아닐 미)
末 (끝 말)

材 (재목 재)
村 (마을 촌)

明 (밝을 명)
朋 (벗 붕)

午 (말 오)
牛 (소 우)

今 (이제 금)
令 (명령 령)

貧 (가난 빈)
貪 (탐할 탐)

眼 (눈 안)
眠 (잠잘 면)

巨 (클 거)
臣 (신하 신)

甲 (으뜸 갑)
申 (펼 신)

宜 (마땅할 의)
宣 (베풀 선)

由 (말미암을 유)
田 (밭 전)

天 (하늘 천)
夭 (일찍죽을 요)

友 (벗 우)
反 (반대 반)

重 (무거울 중)
童 (아이 동)

瑞 (상서로울 서)
端 (끝 단)

失 (잃을 실)
矢 (화살 시)

冶 (쇠불릴 야)
治 (다스릴 치)

侮 (업신여길 모)
悔 (참회할 회)

若 (같을 약)
苦 (쓸 고)

雲 (구름 운)
雪 (눈 설)

借 (빌릴 차)
惜 (애석할 석)

旅 (나그네 려)
族 (겨레 족)

飯 (밥 반)
飲 (마실 음)

桂 (계수나무 계)
柱 (기둥 주)

逐 (쫓을 축)
遂 (이을 수)

活 (살 활)
浩 (넓을 호)

睦 (화목할 목)
陸 (육지 육)

互 (서로 호)
瓦 (기와 와)

恩 (은혜 은)
思 (생각 사)

衰 (노쇠할 쇠)
哀 (슬플 애)

季 (계절 계)
秀 (빼어날 수)
委 (맡길 위)

微 (작을 미)
徵 (부를 징)
徽 (아름다울 휘)

閑 (한가할 한)
閉 (닫을 폐)

祀 (제사 사)
祝 (빌 축)

亦 (또 역)
赤 (붉을 적)

切 (끊을 절)
功 (공 공)

太 (클 태)
犬 (개 견)

鳥 (새 조)
烏 (까마귀 오)

住 (살 주)
往 (갈 왕)

己 (몸 기)
已 (이미 이)
巳 (뱀 사)

句 (글 구)
旬 (열흘 순)

深 (깊을 심)
探 (찾을 탐)

因 (원인 인)
困 (피곤할 곤)

老 (늙을 노)
考 (생각할 고)

比 (견줄 비)
北 (북녘 북)

晝 (낮 주)
畫 (그림 화)

問 (물을 문)
間 (사이 간)

干 (방패 간)
于 (어조사 우)
千 (일천 천)

侍 (모실 시)
待 (기다릴 대)

場 (마당 장)
揚 (날릴 양)

胃 (밥통 위)
冑 (투구 주)

幹 (줄기 간)
斡 (주선할 알)

枝 (가지 지)
技 (재주 기)

項 (항목 항)
頃 (잠깐 경)

俗 (세속 속)
裕 (넉넉할 유)

濁 (흐릴 탁)
燭 (촛불 촉)
獨 (홀로 독)

喝 (꾸짖을 갈)
渴 (목마를 갈)

揭 (주울 군)
裙 (클 군)

署 (관청 서)
暑 (더울 서)

償 (갚을 상)
賞 (상줄 상)

限 (한정 한)
恨 (한 한)

慢 (게으를 만)
漫 (흩어질 만)

撞 (칠 당)
憧 (동경할 동)

密 (빽빽할 밀)
蜜 (꿀 밀)

候 (기후 후)
侯 (제후 후)

紛 (어지러울 분)
粉 (가루 분)

材 (재목 재)
財 (재물 재)

橋 (다리 교)
矯 (바로잡을 교)

兢 (조심할 긍)
競 (다툴 경)

復 (회복 복)
複 (겹칠 복)

栽 (심을 재)
裁 (헤아릴 재)

恣 (방자할 자)
姿 (태도 자)

賭 (도박 도)
睹 (볼 도)

提 (내놓을 제)
堤 (둑 제)

郞 (사내 랑)
朗 (밝을 랑)

澤 (연못 택)
擇 (가릴 택)

撥 (퉁길 발)
潑 (활발할 발)

標 (표할 표)
漂 (뜰 표)

班 (나눌 반)
斑 (얼룩질 반)

槪 (대개 개)
摡 (씻을 개)

杖 (지팡이 장)
仗 (의지할 장)

復 (회복할 복)
腹 (배 복)

綠 (초록빛 록)
錄 (새길 록)

藍 (쪽 람)
籃 (바구니 람)

形 (형상 형)
刑 (형벌 형)

坉 (막힐 둔)
吨 (어리석을 둔)

博 (넓을 박)
搏 (손뼉칠 박)

姑 (시어머니 고)
枯 (마를 고)

弟 (아우 제)
苐 (제풀 제)
第 (차례 제)

脾 (지라 비)
碑 (비석 비)
婢 (여종 비)

3. 모양과 뜻이 비슷한 자

帥 (장수 수)
師 (스승 사)

墜 (떨어질 추)
墮 (떨어질 타)

析 (쪼갤 석)
折 (꺾을 절)

綱 (벼리 강)
網 (그물 망)

減 (덜 감)
滅 (멸할 멸)

灸 (뜸들일 구)
炙 (구울 자)

戴 (일 대)
載 (실을 재)

哲 (밝을 철)
晳 (밝을 석)

蹈 (춤출 도)
踏 (밟을 답)

墨 (먹 묵)
黑 (검을 흑)

4. 음과 뜻이 비슷한 자

詞 (말씀 사)
辭 (말씀 사)

原 (근원 원)
源 (근원 원)

現 (나타날 현)
顯 (나타날 현)

古 (옛 고)
故 (연고 고)

5. 모양과 음과 뜻이 비슷한 자

卷 (책 권)
券 (문서 권)

迷 (혼미할 미)
謎 (수수께끼 미)

象 (모양 상)
像 (모양 상)

低 (낮을 저)
底 (밑 저)

植 (심을 식)
殖 (번식할 식)

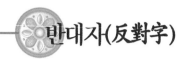

可 (옳을 가)	↔	否 (아닐 부)		古 (옛 고)	↔	今 (이제 금)
加 (더할 가)	↔	減 (감할 감)		功 (공 공)	↔	過 (허물 과)
甘 (달 감)	↔	苦 (쓸 고)		公 (함께 공)	↔	私 (개인 사)
强 (강할 강)	↔	弱 (약할 약)		吉 (좋을 길)	↔	凶 (흉할 흉)
開 (열 개)	↔	閉 (닫을 폐)		溫 (따뜻할 온)	↔	冷 (찰 냉)
去 (갈 거)	↔	來 (올 래)		難 (어려울 난)	↔	易 (쉬울 이)
乾 (하늘 건)	↔	坤 (땅 곤)		內 (안 내)	↔	外 (바깥 외)
輕 (가벼울 경)	↔	重 (무거울 중)		老 (늙을 노)	↔	靑 (젊을 청)
苦 (괴로울 고)	↔	樂 (즐거울 락)		多 (많을 다)	↔	少 (적을 소)
高 (높을 고)	↔	低 (낮을 저)		大 (큰 대)	↔	小 (작을 소)
出 (날 출)	↔	入 (들 입)		學 (배울 학)	↔	敎 (가르칠 교)
同 (같을 동)	↔	異 (다를 이)		問 (물을 문)	↔	答 (대답 답)
頭 (머리 두)	↔	尾 (꼬리 미)		得 (얻을 득)	↔	失 (잃을 실)
賣 (팔 매)	↔	買 (살 매)		利 (이로울 이)	↔	害 (해로울 해)
發 (출발할 발)	↔	着 (도착할 착)		明 (밝을 명)	↔	暗 (어두울 암)
富 (부유할 부)	↔	貧 (가난할 빈)		新 (새 신)	↔	舊 (옛 구)
本 (근본 본)	↔	末 (끝 말)		送 (보낼 송)	↔	迎 (맞이할 영)
上 (위 상)	↔	下 (아래 하)		受 (받을 수)	↔	授 (줄 수)
生 (날 생)	↔	死 (죽을 사)		勝 (이길 승)	↔	敗 (패할 패)
先 (먼저 선)	↔	後 (뒤 후)		始 (처음 시)	↔	終 (마칠 종)
善 (착할 선)	↔	惡 (악할 악)		是 (옳을 시)	↔	非 (아닐 비)
豊 (풍부할 풍)	↔	凶 (흉할 흉)		彼 (저 피)	↔	此 (이 차)
來 (올 래)	↔	往 (갈 왕)		遠 (멀 원)	↔	近 (가까울 근)
有 (있을 유)	↔	無 (없을 무)		陰 (그늘 음)	↔	陽 (볕 양)
因 (원인 인)	↔	果 (결과 과)		自 (스스로 자)	↔	他 (다를 타)
長 (길 장)	↔	短 (짧을 단)		前 (앞 전)	↔	後 (뒤 후)
正 (바를 정)	↔	誤 (그릇될 오)		早 (일찍 조)	↔	晩 (저물 만)

朝 (아침 조) ↔ 夕 (저녁 석)

靜 (고요할 정) ↔ 動 (움직일 동)

晝 (낮 주) ↔ 夜 (밤 야)

主 (주인 주) ↔ 客 (손님 객)

直 (곧을 직) ↔ 曲 (굽을 곡)

許 (허락할 허) ↔ 禁 (금할 금)

黑 (검을 흑) ↔ 白 (흰 백)

左 (왼 좌) ↔ 右 (오른 우)

眞 (참 진) ↔ 僞 (거짓 위)

進 (나아갈 진) ↔ 退 (물러날 퇴)

集 (모일 집) ↔ 散 (흩어질 산)

天 (하늘 천) ↔ 地 (땅 지)

興 (흥할 흥) ↔ 亡 (망할 망)

喜 (기쁠 희) ↔ 悲 (슬플 비)

更	다시 갱 고칠 경	率	비율 율 거느릴 솔	殺	감할 쇄 죽일 살	省	덜 생 살필 성
車	수레 거 차 차	布	베풀 보 펼 포	狀	형상 상 문서 장	宿	잘 숙 별 수
見	볼 견 나타날 현	復	회복할 복 다시 부	塞	변방 새 막을 색	拾	주울 습 열 십
句	글귀 구 구절 귀	否	아닐 부 막힐 비	索	찾을 색 쓸쓸할 삭	食	밥 사 먹을 식
龜	거북 귀 터질 균	北	북녘 북 달아날 배	參	석 삼 참여할 참	惡	싫어할 오 악할 악
茶	차 다 차 차	不	아닐 불 아닐 부	設	말씀 설 달랠 세	易	쉬울 이 바꿀 역
糖	엿 당 엿 탕	炙	구울 자 구이 적	提	끌 제 보리수 리	咽	목구멍 인 목멜 열
宅	집 댁 집 택	刺	찌를 자 찌를 척	識	기록할 지 알 식	辰	별 진 날 신
度	법도 도 헤아릴 탁	切	모두 체 끊을 절	拓	개척할 척 밑질 탁	推	밀 추 밀 퇴
讀	읽을 독 구절 두	則	법 칙 곧 즉	便	오줌 변 편할 편	暴	사나울 폭 사나울 포
降	항복할 항 내릴 강	樂	풍류 악 즐길 락 좋아할 요	行	갈 행 항렬 항	金	성 김 쇠 금 금 금

孝 藥 流 才
參 然 萬 攻
休 後 門 民 木 修 便
六 炭 畫 物 農 紙 立
數 班 浴 節 康

부수로 한자 휘어잡기

부록(확인 학습)

嘉	喝	愒	憬	袴
袈	竭	漑	鯨	股
駕	褐	羹	勁	梏
訶	勘	倨	莖	鵠
哥	堪	渠	痙	昆
苛	瞰	醵	脛	棍
嫁	柑	腱	頸	袞
稼	疳	巾	梗	汩
恪	紺	虔	罄	拱
殼	匣	劫	悸	鞏
奸	閘	怯	痼	顆
竿	慷	偈	辜	廓
墾	糠	橄	錮	槨
艱	薑	膈	叩	藿
揀	腔	覡	呱	棺
諫	芥	譴	拷	灌
澗	箇	鵑	敲	刮
癎	凱	繭	膏	括

胱 ___	攪 ___	鳩 ___	隙 ___	譏 ___
匡 ___	柩 ___	窘 ___	戟 ___	羈 ___
壙 ___	灸 ___	穹 ___	棘 ___	肌 ___
曠 ___	仇 ___	躬 ___	覲 ___	拮 ___
卦 ___	嘔 ___	倦 ___	饉 ___	喫 ___
罫 ___	嶇 ___	捲 ___	衾 ___	儺 ___
乖 ___	毆 ___	眷 ___	擒 ___	懦 ___
魁 ___	謳 ___	顴 ___	襟 ___	拏 ___
拐 ___	軀 ___	蹶 ___	扱 ___	拿 ___
宏 ___	廏 ___	几 ___	汲 ___	煖 ___
肱 ___	枸 ___	机 ___	亘 ___	捏 ___
轟 ___	鉤 ___	潰 ___	矜 ___	捼 ___
咬 ___	駒 ___	櫃 ___	伎 ___	衲 ___
狡 ___	垢 ___	詭 ___	妓 ___	囊 ___
皎 ___	寇 ___	硅 ___	碁 ___	撚 ___
蛟 ___	衢 ___	葵 ___	嗜 ___	涅 ___
喬 ___	溝 ___	逵 ___	崎 ___	弩 ___
嬌 ___	矩 ___	窺 ___	畸 ___	駑 ___
轎 ___	臼 ___	橘 ___	綺 ___	膿 ___
驕 ___	舅 ___	剋 ___	杞 ___	訥 ___

紐　　　　睹　　　　遁　　　　侶　　　　龔
匿　　　　賭　　　　臀　　　　閭　　　　瓏
簞　　　　搗　　　　橙　　　　濾　　　　聾
緞　　　　鍍　　　　懶　　　　戾　　　　儷
蛋　　　　掉　　　　癩　　　　黎　　　　牢
撻　　　　淘　　　　邐　　　　瀝　　　　磊
疸　　　　萄　　　　螺　　　　礫　　　　賂
憺　　　　滔　　　　烙　　　　輦　　　　寮
澹　　　　蹈　　　　酪　　　　簾　　　　燎
痰　　　　濤　　　　駱　　　　斂　　　　瞭
譚　　　　禱　　　　瀾　　　　殮　　　　寥
曇　　　　瀆　　　　鸞　　　　囹　　　　聊
遄　　　　禿　　　　刺　　　　鈴　　　　壘
螳　　　　沌　　　　辣　　　　齡　　　　陋
棠　　　　疼　　　　籃　　　　逞　　　　琉
撞　　　　胴　　　　臘　　　　撈　　　　溜
袋　　　　憧　　　　蠟　　　　擄　　　　瘤
撻　　　　瞳　　　　狼　　　　虜　　　　戮
堵　　　　兜　　　　倆　　　　碌　　　　淪
屠　　　　痘　　　　梁　　　　麓　　　　綸

慄 ___	笠 ___	邁 ___	猫 ___	撲 ___
勒 ___	粒 ___	罵 ___	杳 ___	樸 ___
肋 ___	竇 ___	萌 ___	巫 ___	珀 ___
凜 ___	卍 ___	眄 ___	誣 ___	箔 ___
凌 ___	挽 ___	棉 ___	憮 ___	粕 ___
菱 ___	鞔 ___	緬 ___	撫 ___	駁 ___
稜 ___	彎 ___	麵 ___	蕪 ___	拌 ___
綾 ___	蔓 ___	溟 ___	拇 ___	畔 ___
俚 ___	饅 ___	暝 ___	毋 ___	絆 ___
厘 ___	鰻 ___	螟 ___	畝 ___	槃 ___
裡 ___	瞞 ___	酩 ___	蚊 ___	蟠 ___
悧 ___	抹 ___	皿 ___	媚 ___	攀 ___
痢 ___	沫 ___	袂 ___	薇 ___	礬 ___
籬 ___	襪 ___	摸 ___	靡 ___	斑 ___
罹 ___	惘 ___	模 ___	悶 ___	頒 ___
咯 ___	芒 ___	耗 ___	謐 ___	勃 ___
燐 ___	呆 ___	牡 ___	剝 ___	跋 ___
鱗 ___	寐 ___	歿 ___	搏 ___	魃 ___
躪 ___	昧 ___	渺 ___	縛 ___	撥 ___
淋 ___	煤 ___	描 ___	膊 ___	潑 ___

醱＿＿	梵＿＿	棒＿＿	焚＿＿	秕＿＿
坊＿＿	氾＿＿	烽＿＿	糞＿＿	沸＿＿
彷＿＿	泛＿＿	鋒＿＿	彿＿＿	鄙＿＿
昉＿＿	劈＿＿	俯＿＿	棚＿＿	臂＿＿
枋＿＿	擘＿＿	咐＿＿	硼＿＿	譬＿＿
肪＿＿	璧＿＿	腑＿＿	繃＿＿	嚬＿＿
榜＿＿	癖＿＿	駙＿＿	憊＿＿	瀕＿＿
膀＿＿	闢＿＿	賻＿＿	匕＿＿	嬪＿＿
謗＿＿	瞥＿＿	剖＿＿	扉＿＿	濱＿＿
尨＿＿	鱉＿＿	埠＿＿	緋＿＿	殯＿＿
幇＿＿	瓶＿＿	芙＿＿	翡＿＿	憑＿＿
陪＿＿	餅＿＿	孵＿＿	蜚＿＿	些＿＿
徘＿＿	堡＿＿	斧＿＿	誹＿＿	嗣＿＿
湃＿＿	狀＿＿	訃＿＿	痺＿＿	祠＿＿
胚＿＿	菩＿＿	吩＿＿	禪＿＿	奢＿＿
帛＿＿	僕＿＿	扮＿＿	脾＿＿	娑＿＿
魄＿＿	匍＿＿	忿＿＿	姒＿＿	紗＿＿
蕃＿＿	輻＿＿	盆＿＿	庇＿＿	瀉＿＿
藩＿＿	鰒＿＿	雰＿＿	琵＿＿	麝＿＿
帆＿＿	捧＿＿	噴＿＿	砒＿＿	獅＿＿

徙＿＿＿＿　　嶼＿＿＿＿　　閃＿＿＿＿　　狩＿＿＿＿　　匙＿＿＿＿

裒＿＿＿＿　　抒＿＿＿＿　　醒＿＿＿＿　　髓＿＿＿＿　　媤＿＿＿＿

刪＿＿＿＿　　曙＿＿＿＿　　塑＿＿＿＿　　戍＿＿＿＿　　枾＿＿＿＿

珊＿＿＿＿　　薯＿＿＿＿　　宵＿＿＿＿　　蒐＿＿＿＿　　弑＿＿＿＿

疝＿＿＿＿　　棲＿＿＿＿　　逍＿＿＿＿　　穗＿＿＿＿　　猜＿＿＿＿

撒＿＿＿＿　　犀＿＿＿＿　　搔＿＿＿＿　　竪＿＿＿＿　　諡＿＿＿＿

煞＿＿＿＿　　黍＿＿＿＿　　瘙＿＿＿＿　　袖＿＿＿＿　　豺＿＿＿＿

薩＿＿＿＿　　鼠＿＿＿＿　　梳＿＿＿＿　　粹＿＿＿＿　　拭＿＿＿＿

滲＿＿＿＿　　潟＿＿＿＿　　疎＿＿＿＿　　繡＿＿＿＿　　熄＿＿＿＿

澁＿＿＿＿　　銑＿＿＿＿　　蕭＿＿＿＿　　羞＿＿＿＿　　蝕＿＿＿＿

觴＿＿＿＿　　羨＿＿＿＿　　簫＿＿＿＿　　讐＿＿＿＿　　呻＿＿＿＿

孀＿＿＿＿　　膳＿＿＿＿　　遡＿＿＿＿　　酬＿＿＿＿　　娠＿＿＿＿

翔＿＿＿＿　　扇＿＿＿＿　　甦＿＿＿＿　　菽＿＿＿＿　　宸＿＿＿＿

爽＿＿＿＿　　煽＿＿＿＿　　贖＿＿＿＿　　塾＿＿＿＿　　蜃＿＿＿＿

璽＿＿＿＿　　腺＿＿＿＿　　遜＿＿＿＿　　夙＿＿＿＿　　薪＿＿＿＿

璽＿＿＿＿　　屑＿＿＿＿　　悚＿＿＿＿　　筍＿＿＿＿　　爐＿＿＿＿

牲＿＿＿＿　　泄＿＿＿＿　　灑＿＿＿＿　　醇＿＿＿＿　　迅＿＿＿＿

甥＿＿＿＿　　渫＿＿＿＿　　碎＿＿＿＿　　馴＿＿＿＿　　訊＿＿＿＿

婿＿＿＿＿　　洩＿＿＿＿　　嫂＿＿＿＿　　膝＿＿＿＿　　悉＿＿＿＿

胥＿＿＿＿　　殲＿＿＿＿　　瘦＿＿＿＿　　丞＿＿＿＿　　啞＿＿＿＿

俄	曖	諺	蘊	拗
訝	扼	俺	甕	窈
衙	腋	奄	渦	擾
埜	縊	儼	蝸	邀
愕	櫻	繹	訛	窯
顎	鶯	筵	婉	湧
按	揶	捐	宛	踊
晏	爺	椽	腕	蓉
鞍	冶	鳶	琓	茸
幹	藥	焰	阮	聳
軋	攘	艶	頑	迂
庵	釀	嬰	枉	寓
闇	瘍	穢	矮	嵎
昂	恙	曳	巍	隅
快	癢	裔	猥	虞
秧	圄	詣	僥	耘
鳶	禦	伍	撓	隕
靄	瘀	寤	饒	殞
崖	臆	奧	凹	猿
隘	堰	懊	夭	寃

鴛＿＿	椅＿＿	蔗＿＿	漿＿＿	煎＿＿
萎＿＿	毅＿＿	藉＿＿	醬＿＿	箭＿＿
喩＿＿	姨＿＿	疵＿＿	滓＿＿	塡＿＿
愉＿＿	痍＿＿	炸＿＿	齋＿＿	奠＿＿
揄＿＿	弛＿＿	勺＿＿	錚＿＿	輾＿＿
癒＿＿	爾＿＿	灼＿＿	邸＿＿	廛＿＿
諭＿＿	餌＿＿	芍＿＿	舐＿＿	纏＿＿
鍮＿＿	翌＿＿	嚼＿＿	咀＿＿	悛＿＿
宥＿＿	靭＿＿	綽＿＿	狙＿＿	澱＿＿
柚＿＿	咽＿＿	雀＿＿	詛＿＿	氈＿＿
游＿＿	蚓＿＿	鵲＿＿	猪＿＿	顚＿＿
踩＿＿	湮＿＿	棧＿＿	箸＿＿	癲＿＿
諛＿＿	佚＿＿	盞＿＿	躇＿＿	顛＿＿
戎＿＿	溢＿＿	簪＿＿	嫡＿＿	箋＿＿
絨＿＿	剩＿＿	箴＿＿	謫＿＿	餞＿＿
蔭＿＿	孕＿＿	仗＿＿	狄＿＿	篆＿＿
揖＿＿	仔＿＿	杖＿＿	迹＿＿	截＿＿
臀＿＿	瓷＿＿	匠＿＿	栓＿＿	粘＿＿
誼＿＿	炙＿＿	檣＿＿	銓＿＿	霑＿＿
擬＿＿	煮＿＿	薔＿＿	剪＿＿	町＿＿

酊_____ 躁_____ 胄_____ 嗔_____ 饌_____

釘_____ 繰_____ 紬_____ 疹_____ 簒_____

穽_____ 漕_____ 呪_____ 叱_____ 篡_____

幀_____ 曹_____ 嗾_____ 桎_____ 擦_____

碇_____ 槽_____ 輳_____ 膣_____ 站_____

錠_____ 遭_____ 廚_____ 嫉_____ 塹_____

挺_____ 糟_____ 誅_____ 帙_____ 僭_____

睛_____ 棗_____ 躊_____ 迭_____ 懺_____

靖_____ 詔_____ 紂_____ 跌_____ 讖_____

啼_____ 爪_____ 樽_____ 斟_____ 讒_____

蹄_____ 肇_____ 蠧_____ 朕_____ 倡_____

悌_____ 簇_____ 竣_____ 什_____ 娼_____

梯_____ 猝_____ 櫛_____ 澄_____ 猖_____

眺_____ 踪_____ 汁_____ 叉_____ 菖_____

凋_____ 慫_____ 葺_____ 嗟_____ 愴_____

稠_____ 腫_____ 咫_____ 蹉_____ 槍_____

阻_____ 踵_____ 枳_____ 搾_____ 瘡_____

粗_____ 挫_____ 祉_____ 窄_____ 艙_____

嘲_____ 註_____ 摯_____ 鑿_____ 廠_____

藻_____ 做_____ 肢_____ 撰_____ 脹_____

漲	捷	撮	嘗	呑
寨	牒	鰍	痔	坦
柵	疊	酋	綴	綻
凄	涕	鎚	痴	憚
脊	諦	芻	馳	眈
瘠	貂	椎	幟	搭
滌	梢	錐	熾	宕
擲	稍	錘	勅	蕩
穿	硝	樞	砧	汰
喘	炒	墜	鍼	苔
擅	憔	黜	蟄	答
闡	樵	悴	秤	跆
凸	蕉	萃	陀	撐
綴	礁	膵	舵	據
輟	醋	贅	駝	桶
僉	囑	娶	唾	筒
謟	忖	脆	惰	慟
籤	塚	翠	楕	腿
帖	叢	惻	擢	褪
貼	寵	侈	鐸	堆

槌	膨	曝	澣	駭
頹	騙	豹	轄	劾
妁	鞭	剽	函	嚮
套	貶	慓	涵	饗
靨	萍	飄	喊	噓
巴	陛	稟	緘	墟
芭	斃	諷	鹹	歇
爬	泡	披	銜	眩
琶	咆	疋	檻	衒
婆	庖	乏	蛤	絢
跛	疱	逼	盒	俠
愎	袍	瑕	肛	挾
辨	蒲	褪	缸	狹
唄	逋	蝦	懈	頰
沛	哺	霞	邂	荊
佩	圃	瘧	偕	彗
悖	匍	謔	楷	醯
牌	脯	鑿	諧	琥
稗	褒	罕	咳	狐
澎	瀑	悍	骸	弧

瑚_____ 驊_____ 晦_____ 朽_____ 恤_____

糊_____ 潤_____ 誨_____ 迀_____ 兇_____

渾_____ 猾_____ 徊_____ 吼_____ 洵_____

惚_____ 凰_____ 蛔_____ 嗅_____ 欣_____

笏_____ 徨_____ 賄_____ 暈_____ 痕_____

哄_____ 惶_____ 膾_____ 喧_____ 欠_____

虹_____ 煌_____ 繪_____ 卉_____ 歆_____

訌_____ 逞_____ 爻_____ 喙_____ 洽_____

宦_____ 恍_____ 哮_____ 彙_____ 恰_____

喚_____ 慌_____ 酵_____ 麾_____ 犧_____

鰥_____ 恢_____ 嚆_____ 諱_____ 詰_____

▶ 답안은 46쪽부터 시작하는 각 급수별 한자를 참조하시면 됩니다.

嘉祥＿＿	瞰臨＿＿	敬虔＿＿	辜榷＿＿	入棺＿＿
袈裟＿＿	柑果＿＿	劫奪＿＿	禁錮＿＿	刮摩＿＿
訶詰＿＿	紺病＿＿	怯劣＿＿	叩門＿＿	括弧＿＿
哥哥＿＿	紺色＿＿	偈頌＿＿	呱呱＿＿	膀胱＿＿
苛酷＿＿	匣匳＿＿	檄文＿＿	拷問＿＿	匡正＿＿
出嫁＿＿	閘門＿＿	膈痰＿＿	敲鼓＿＿	曠野＿＿
稼樹＿＿	慷慨＿＿	覡巫＿＿	膏藥＿＿	曠日＿＿
殼果＿＿	糠粥＿＿	譴罰＿＿	袴衣＿＿	占卦＿＿
奸計＿＿	薑汁＿＿	鵑鳥＿＿	股肱＿＿	罫線＿＿
竿頭＿＿	口腔＿＿	繭絲＿＿	梏亡＿＿	乖僻＿＿
開墾＿＿	芥屑＿＿	憧憬＿＿	鵠髮＿＿	魁首＿＿
艱辛＿＿	箇箇＿＿	捕鯨＿＿	昆蟲＿＿	誘拐＿＿
揀擇＿＿	凱旋＿＿	勁力＿＿	棍杖＿＿	宏大＿＿
諫言＿＿	憤憤＿＿	莖根＿＿	袞龍袍＿	肱股＿＿
澗谷＿＿	漑灌＿＿	痙攣＿＿	汨沒＿＿	轟音＿＿
癎疾病＿	羹汁＿＿	脛衣＿＿	拱木＿＿	咬裂＿＿
恐喝＿＿	倨慢＿＿	脛骨＿＿	阿膠＿＿	狡猾＿＿
竭力＿＿	渠水＿＿	梗槪＿＿	顆粒＿＿	蛟龍＿＿
褐衣＿＿	醵出＿＿	磬鐘＿＿	廓地＿＿	喬山＿＿
磨勘＿＿	腱反射＿	悸病＿＿	槨柩＿＿	愛嬌＿＿
堪耐＿＿	頭巾＿＿	痼疾＿＿	藿羹＿＿	轎夫＿＿

驕慢＿＿	倦怠＿＿	汲水＿＿	弩隊＿＿	搗精＿＿
攪亂＿＿	捲簾＿＿	亙未來＿＿	駑馬＿＿	鍍金＿＿
運樞＿＿	眷屬＿＿	矜持＿＿	膿液＿＿	掉頭＿＿
鍼灸＿＿	顴骨＿＿	伎倆＿＿	訥辯＿＿	淘淸＿＿
嘔吐＿＿	蹶起＿＿	妓生＿＿	紐帶＿＿	葡萄酒＿＿
崛路＿＿	几席＿＿	暮祭祀＿＿	隱匿＿＿	滔滔＿＿
毆打＿＿	机案＿＿	嗜好品＿＿	簞瓢＿＿	舞蹈＿＿
謳歌＿＿	潰滅＿＿	崎嶇＿＿	緋緞＿＿	波濤＿＿
體軀＿＿	櫃櫝＿＿	畸人＿＿	蛋殼＿＿	胴體＿＿
廐舍＿＿	詭辯＿＿	綺羅星＿＿	鞭撻＿＿	憧憬心＿＿
枸杞子＿＿	硅素＿＿	枸杞＿＿	黃疸＿＿	瞳子＿＿
鉤引＿＿	葵花＿＿	譏評＿＿	澹憺＿＿	兜鍪＿＿
駒馬＿＿	達路＿＿	羈束＿＿	澹泊＿＿	牛痘＿＿
垢衣＿＿	窺見＿＿	肌膏＿＿	咳痰＿＿	遁甲＿＿
寇賊＿＿	橘柚＿＿	拮事＿＿	曇天＿＿	臀部＿＿
衢街＿＿	下剋上＿＿	滿喫＿＿	遝至＿＿	橙色＿＿
溝渠＿＿	刺戟＿＿	懦弱＿＿	螳螂＿＿	懶怠＿＿
矩尺＿＿	荊棘＿＿	拏捕＿＿	棠棣＿＿	癩病＿＿
白齒＿＿	覬見＿＿	拿獲＿＿	撞球＿＿	巡邏＿＿
舅父＿＿	饑饉＿＿	煖房＿＿	負袋＿＿	螺線＿＿
鳩舍＿＿	衾枕＿＿	捏造＿＿	撻頭＿＿	烙刑＿＿
窨塞＿＿	擒生＿＿	衲子＿＿	屠者＿＿	酪農＿＿
穹谷＿＿	胸襟＿＿	囊中＿＿	睹聞＿＿	駱駝＿＿
躬犯＿＿	取扱＿＿	涅墨＿＿	賭博＿＿	波瀾＿＿

鸞鏡＿＿	勞力＿＿	戰慄＿＿	彎曲＿＿	器皿＿＿
潑剌＿＿	捕虜＿＿	勒買＿＿	蔓延＿＿	袂別＿＿
辛辣＿＿	磽地＿＿	肋骨＿＿	饅頭＿＿	摸索＿＿
搖籃＿＿	山麓＿＿	凜凜＿＿	鰻炙＿＿	糢糊＿＿
臘梅＿＿	壟斷＿＿	凌駕＿＿	欺瞞＿＿	消耗＿＿
蠟淚＿＿	瓏玲＿＿	綾紗＿＿	抹消＿＿	牡牛＿＿
狼狽＿＿	聾啞＿＿	俚言＿＿	泡沫＿＿	沒死＿＿
技倆＿＿	傀儡＿＿	厘毛＿＿	襪線＿＿	渺漫＿＿
粱米＿＿	牢固＿＿	表裡＿＿	芒角＿＿	描寫＿＿
伴侶者＿＿	磊磊＿＿	怜悧＿＿	呆者＿＿	杳冥夜＿＿
閭閻＿＿	賂物＿＿	痢疾＿＿	夢寐＿＿	巫堂＿＿
濾過＿＿	官僚＿＿	籬壁＿＿	愚昧＿＿	誣告＿＿
戾犬＿＿	燎原＿＿	罹病＿＿	煤煙＿＿	憮然＿＿
黎明＿＿	明瞭＿＿	吝嗇＿＿	邁進＿＿	愛撫＿＿
披瀝＿＿	寥寥＿＿	燐火＿＿	罵倒＿＿	蕪雜＿＿
礫石＿＿	聊浪＿＿	鱗甲＿＿	萌動＿＿	拇指＿＿
輦道＿＿	壘壁＿＿	躪轢＿＿	眄眼＿＿	毋害＿＿
簾鉤＿＿	陋醜＿＿	淋汗＿＿	棉作＿＿	蚊帳＿＿
收斂＿＿	琉璃＿＿	笠纓＿＿	緬想＿＿	媚笑＿＿
殞襲＿＿	溜水＿＿	粒狀＿＿	冷麪＿＿	薇花＿＿
囹圄＿＿	瘤腫＿＿	寂寞＿＿	溟洲＿＿	靡爛＿＿
搖鈴＿＿	戮屍＿＿	卍字旗＿＿	暝暝＿＿	煩悶＿＿
年齡＿＿	淪落＿＿	挽留＿＿	蟆蟲＿＿	謐然＿＿
逞態＿＿	綸巾＿＿	輓詞＿＿	酩酊＿＿	剝奪＿＿

搏手 ____	昉日 ____	瞥見 ____	訃告 ____	沸騰 ____
束縛 ____	檀枋 ____	龜鱉 ____	吩咐 ____	鄙賤 ____
脯膊 ____	脂肪 ____	酒瓶 ____	扮裝 ____	臂力 ____
撲滅 ____	榜文 ____	餅商 ____	忿怒 ____	譬喩 ____
淳樸 ____	誹謗 ____	堡壘 ____	雰雨 ____	顰蹙 ____
琥珀 ____	尨犬 ____	洑垌 ____	噴水 ____	瀕海 ____
竹箔 ____	幇助 ____	菩提樹 ____	焚身 ____	嬪宮 ____
粕味 ____	陪席 ____	奴僕 ____	糞尿 ____	濱海 ____
反駁 ____	徘徊 ____	匐枝 ____	彷彿 ____	殯所 ____
畔界 ____	湃湃 ____	全鰒 ____	木棚 ____	信憑 ____
絆拘 ____	胚孕 ____	捧納 ____	硼砂 ____	些少 ____
槃旋 ____	帛書 ____	棒術 ____	繃帶 ____	後嗣 ____
蟠虯 ____	魂魄 ____	烽火 ____	憊臥 ____	祠堂 ____
攀登 ____	蕃盛 ____	先鋒 ____	匕首 ____	奢侈 ____
明礬 ____	藩臣 ____	俯伏 ____	扉門 ____	娑女 ____
斑點 ____	帆船 ____	咐囑 ____	翡翠 ____	甲紗 ____
頒布 ____	梵宇 ____	臟腑 ____	蜚蠊 ____	泄瀉 ____
勃發 ____	氾濫 ____	駙馬 ____	痲痺 ____	麝香 ____
跋扈 ____	泛舟 ____	賻儀 ____	裨補 ____	獅子 ____
旱魃 ____	劈開 ____	解剖 ____	脾胃 ____	移徙 ____
活潑 ____	擘指 ____	埠頭 ____	庇護 ____	簑笠 ____
醱酵 ____	璧門 ____	芙蓉 ____	琵琶 ____	刪補 ____
坊門 ____	酒癖 ____	孵化 ____	砒素 ____	珊瑚 ____
彷徨 ____	開闢 ____	斧斤 ____	秕糠 ____	疝症 ____

撒布＿＿	羨望＿＿	謙遜＿＿	柔馴＿＿	堊土＿＿
相衝煞＿＿	飯饌＿＿	罪悚＿＿	膝下＿＿	驚愕＿＿
菩薩＿＿	扇風機＿＿	灑掃＿＿	丞助＿＿	顎骨＿＿
滲透壓＿＿	煽動＿＿	灑塵＿＿	匙箸＿＿	按摩＿＿
澁味＿＿	腺毛＿＿	粉碎＿＿	媤宅＿＿	晏起＿＿
觴詠＿＿	屑塵＿＿	兄嫂＿＿	紅柿＿＿	鞍裝＿＿
青孀＿＿	漏泄＿＿	瘦瘠＿＿	弑害＿＿	幹旋＿＿
翔空＿＿	浚渫＿＿	狩獵＿＿	猜忌心＿＿	軋轢＿＿
爽快＿＿	漏洩＿＿	骨髓＿＿	謚號＿＿	庵子＿＿
玉璽＿＿	殲滅＿＿	戍兵＿＿	豺狼＿＿	暗鬱＿＿
犧牲＿＿	閃見＿＿	蒐集＿＿	拂拭＿＿	昂貴＿＿
甥姪＿＿	覺醒＿＿	落穗＿＿	終熄＿＿	快心＿＿
同壻＿＿	塑工＿＿	豎童＿＿	腐蝕＿＿	移秧＿＿
胥謨＿＿	宵夜＿＿	袖裏＿＿	呻吟＿＿	鴛鴦＿＿
島嶼＿＿	逍風＿＿	純粹＿＿	姙娠＿＿	發曖＿＿
抒力＿＿	搔首＿＿	刺繡＿＿	宸闕＿＿	崖壁＿＿
曙光＿＿	瘟腫＿＿	羞恥＿＿	蜃蛤＿＿	隘路＿＿
薯蕷＿＿	梳帚＿＿	怨讐＿＿	餘燼＿＿	曖昧＿＿
同棲＿＿	疎外＿＿	報酬＿＿	迅速＿＿	扼賊＿＿
犀角＿＿	蕭冷＿＿	菽麥＿＿	訊問＿＿	腋臭＿＿
黍麥＿＿	簫笛＿＿	塾生＿＿	知悉＿＿	縊殺＿＿
鼠輩＿＿	遡及＿＿	夙成＿＿	俄頃＿＿	櫻桃＿＿
潟鹵＿＿	甦生＿＿	竹筍＿＿	訝賓＿＿	鸚舌＿＿
銑鐵＿＿	贖罪＿＿	醇朴＿＿	官衙＿＿	揶揄＿＿

老爺＿＿	曳引＿＿	拗强＿＿	鍮器＿＿	剩餘＿＿
冶金＿＿	後裔＿＿	窈窕＿＿	宥和＿＿	孕胎＿＿
葯胞＿＿	造詣＿＿	擾亂＿＿	柚子＿＿	仔細＿＿
攘伐＿＿	落伍＿＿	邀招＿＿	游泳＿＿	陶瓷器＿＿
釀造＿＿	深奧＿＿	窯業＿＿	蹂躪＿＿	炙背＿＿
腫瘍＿＿	懊嘆＿＿	湧泉＿＿	諛言＿＿	煮沸＿＿
恙憂＿＿	蘊合＿＿	舞踊＿＿	戎器＿＿	蔗糖＿＿
防禦＿＿	甕壁＿＿	美蓉＿＿	蔭德＿＿	慰藉＿＿
瘀血＿＿	渦中＿＿	鹿茸＿＿	揖禮＿＿	瑕疵＿＿
臆說＿＿	蝸角＿＿	聳立＿＿	膺懲＿＿	炸裂＿＿
堰畓＿＿	訛傳＿＿	迂廻＿＿	情誼＿＿	勺水＿＿
俗諺＿＿	柔婉＿＿	寓生＿＿	擬似＿＿	灼灼＿＿
俺設＿＿	宛處＿＿	崛崛＿＿	椅子＿＿	芍藥花＿＿
奄大＿＿	腕力＿＿	迂曲＿＿	毅容＿＿	嚼肉＿＿
謹嚴＿＿	阮國＿＿	虞慮＿＿	姨母＿＿	綽楔＿＿
繹絲＿＿	頑强＿＿	耕耘機＿＿	爾汝＿＿	雀雉＿＿
筵席＿＿	枉臨＿＿	隕石＿＿	食餌＿＿	鵲語＿＿
義捐金＿＿	矮人＿＿	殞命＿＿	翌日＿＿	棧木＿＿
椽木＿＿	猥濫＿＿	類人猿＿＿	靮帶＿＿	盞臺＿＿
鳶鱗＿＿	僥倖＿＿	冤痛＿＿	咽喉＿＿	玉簪＿＿
發焰＿＿	撓手＿＿	萎縮＿＿	蚓餌＿＿	箴針＿＿
艶聞＿＿	豊饒＿＿	愉快＿＿	湮滅＿＿	儀仗＿＿
嬰兒＿＿	凹凸＿＿	治癒＿＿	扶樂＿＿	匠人＿＿
穢心＿＿	夭折＿＿	諭示＿＿	海溢＿＿	帆檣＿＿

僭濫 ____	闡究 ____	忖度 ____	緻密 ____	苔木 ____
懺悔 ____	綴文 ____	將軍塚 ____	白痴 ____	笞刑 ____
讖書 ____	輟事 ____	叢書 ____	馳馬 ____	跆拳道 ____
讒言 ____	僉員 ____	寵愛 ____	旗幟 ____	支撐 ____
倡家 ____	阿諂 ____	撮影 ____	熾熱 ____	擴布 ____
娼女 ____	抽籤 ____	鰍魚湯 ____	勅令 ____	水桶 ____
猖狂 ____	手帖 ____	酋長 ____	砥石 ____	筒狀幹 ____
菖蒲 ____	貼付 ____	鎚鍛 ____	驚蟄 ____	慟忿 ____
愴心 ____	敏捷 ____	芻狗 ____	稱量 ____	腿却 ____
竹槍 ____	請牒 ____	椎擊 ____	它頃 ____	褪色 ____
痘瘡 ____	疊疊 ____	錐針 ____	舵部 ____	堆肥 ____
船艙 ____	涕淚 ____	秤錘 ____	唾液 ____	鐵槌 ____
廠庫 ____	諦念 ____	中樞 ____	惰性 ____	頹廢 ____
膨脹 ____	貂瑭 ____	墜落 ____	楕圓 ____	外套 ____
漲溢 ____	末梢 ____	放黜 ____	拔擢 ____	愿者 ____
木寨 ____	稍舍 ____	拔萃 ____	木鐸 ____	巴結 ____
柵門 ____	硝石 ____	膵癌 ____	坦率 ____	芭蕉 ____
凄凉 ____	炒豆 ____	贅文 ____	破綻 ____	爬蟲類 ____
脊椎 ____	憔悴 ____	娶嫁 ____	忌憚 ____	老婆 ____
洗滌 ____	樵童 ____	脆弱 ____	眈視 ____	跛于 ____
投擲 ____	芭蕉扇 ____	翠空 ____	搭乘 ____	乖愎 ____
穿孔 ____	暗礁 ____	惻隱 ____	宕子 ____	辦公 ____
喘息 ____	醋醬 ____	嗤侮 ____	放蕩 ____	梵唄 ____
擅權 ____	囑託 ____	痔疾 ____	沙汰 ____	沛艾 ____

부수로 한자 휘어잡기 1급

佩物 _____	慓毒 _____	肛門 _____	狐狸 _____	繪畫 _____
悖倫 _____	飄風 _____	缸胎 _____	弧刺 _____	爻象 _____
門牌 _____	性稟 _____	懈弛 _____	渾沌 _____	嚆矢 _____
稗販 _____	諷刺 _____	邂逅 _____	恍惚 _____	朽壞 _____
澎湃 _____	配疋 _____	偕老 _____	箚記 _____	怒吼 _____
騙欺 _____	窮乏 _____	楷書 _____	哄笑 _____	嗅覺 _____
貶降 _____	逼迫 _____	咳嗽 _____	虹橋 _____	暈色 _____
浮萍草 _____	遝行 _____	骸骨 _____	內訌 _____	暄爭 _____
陛衛 _____	霞光 _____	駭怪 _____	宦官 _____	喙息 _____
斃死 _____	瘧疾 _____	彈劾 _____	召喚 _____	語彙 _____
咆哮 _____	諧謔 _____	嚮導 _____	鰥魚 _____	麾軍 _____
庖稅 _____	壑谷 _____	饗宴 _____	驩喜 _____	諱談 _____
水疱 _____	罕罔 _____	噓呵 _____	潤達 _____	矜恤 _____
道袍 _____	悍虎 _____	廢墟 _____	鳳凰 _____	洶涌 _____
亡逋 _____	直轄 _____	歇價 _____	惶悚 _____	欣慕 _____
哺食 _____	封緘 _____	眩惑 _____	輝煌 _____	痕迹 _____
圉師 _____	涵養 _____	衒氣 _____	遑急 _____	欠缺 _____
匍腹 _____	喊聲 _____	絢爛 _____	唐慌 _____	歆饗 _____
肉脯 _____	緘口 _____	俠客 _____	恢復 _____	洽足 _____
褒賞 _____	鹹鹽 _____	挾攻 _____	晦朔 _____	恰似 _____
瀑布 _____	銜勒 _____	狹小 _____	誨諭 _____	詰責 _____
曝書 _____	欄檻 _____	頰骨 _____	蛔蟲 _____	
豹尾 _____	大蛤 _____	彗星 _____	賄賂 _____	
剽輕 _____	盒沙鉢 _____	醯醬 _____	生鮮膾 _____	

▼ 답안

479쪽

가상	감림	경건	고각	입관
가사	감과	겁탈	금고	괄마
가힐	감병	겁렬	고문	괄호
가가	감색	게송	고고	방광
가혹	갑렴	격문	고문	광정
출가	갑문	격담	고고	광야
가수	강개	격무	고약	광일
각과	강죽	견벌	고의	점괘
간계	강즙	견조	고굉	패신
간두	구강	건사	곡망	괴벽
개간	개설	동경	곡발	괴수
간신	개개	포경	곤충	유괴
간택	개선	경력	곤장	굉대
간언	개분	경근	곤룡포	굉고
간곡	개관	경련	골몰	굉음
간질병	갱즙	경의	공목	교열
공갈	거만	경골	아교	교활
갈력	거수	경개	과립	교룡
갈의	거출	경종	곽지	교산
마감	건반사	계병	곽구	애교
감내	두건	고질	곽갱	교부

480쪽

교만	권태	급수	노대	도정
교란	권렴	긍미래	노마	도금
운구	권속	긍지	농액	도두
침구	권골	기량	눌변	도청
구토	궐기	기생	유대	포도주
구로	궤석	기제사	은닉	도도
구타	궤안	기호품	단표	무도
구가	궤멸	기구	비단	파도
체구	궤독	기인	단각	동체
구사	궤변	기라성	편달	동경심
구기자	규소	구기	황달	동자
구인	규화	기평	담담	두갑
구마	규로	기속	담박	우두
구의	규견	기고	해담	둔갑
구적	굴유	길사	담천	둔부

구가	하극상	만끽	답지	등색
구거	자극	나약	당랑	나태
구척	형극	나포	당체	나병
구치	근현	나획	당구	순라
구부	기근	난방	부대	나선
구사	금침	날조	대두	낙형
군색	금생	납자	도자	낙농
궁곡	흉금	낭중	도문	낙타
궁범	취급	열묵	도박	파란

481쪽

난경	노력	전률	만곡	기명
발랄	포로	능매	만연	메별
신랄	녹지	능골	만두	모색
요람	산록	늠름	만적	모호
납매	농단	능가	기만	소모
납루	농령	능사	말소	모우
낭패	농아	이언	포말	몰사
기량	괴뢰	이모	말선	묘만
양미	뇌고	표리	망각	묘사
반려자	뇌뢰	영리	매자	묘명야
여염	뇌물	이질	몽매	무당
여과	관료	이벽	우매	무고
여견	요원	이병	매연	무연
여명	명료	인색	매진	애무
피력	요요	인화	매도	무잡
역석	요랑	인갑	맹동	무지
연도	누벽	인력	면안	무해
염구	누추	임한	면작	문장
수렴	유리	입영	면상	미소
염습	유수	입상	냉면	미화
영어	유종	적막	명주	미란
요령	육시	만자기	명명	번민
년령	윤락	만류	명충	밀연
영태	윤건	만사	명정	박탈

482쪽

박수	방일	별견	부고	비등
속박	단방	귀별	분부	비천
포박	지방	주병	분장	비력

박멸	방문	병상	분노	비유
순박	비방	보루	분우	빈축
호박	방견	보동	분수	빈해
죽박	방조	보리수	분신	빈궁
박미	배석	노복	분뇨	빈해
반박	배회	복지	방불	빈소
반계	배배	전복	목붕	신빙
반구	배잉	봉납	봉사	사소
반선	백서	봉술	봉대	후사
반규	혼백	봉화	비와	사당
반등	번성	선봉	비수	사치
명반	번신	부복	비문	사녀
반점	범선	부촉	비취	갑사
반포	범우	장부	비림	설사
발발	범람	부마	마비	사향
발호	범주	부의	비보	사자
한발	벽개	해부	비위	이사
활발	벽지	부두	비호	사립
발효	벽문	부용	비파	산보
방문	주벽	부화	비소	산호
방황	개벽	부근	비강	산증

483쪽

살포	선망	겸손	유순	악토
상충살	반찬	죄송	슬하	경악
보살	선풍기	쇄소	승조	악골
삼투압	선동	쇄진	시저	안마
삽미	선모	분쇄	시댁	안기
상영	설진	형수	홍시	안장
청상	누설	수척	시해	알선
상공	준설	수렵	시기심	알력
상쾌	누설	골수	시호	암자
옥새	섬멸	수병	시랑	암울
희생	섬견	수집	불식	앙귀
생질	각성	낙수	종식	앙심
동서	소공	수동	부식	이앙
서모	소야	수리	신음	원앙
도서	소풍	순수	임신	발애
서력	소수	자수	신궐	애벽

서광	소종	수치	신합	애로
서시	소추	원수	여신	애매
동서	소외	보수	신속	액적
서각	소랭	숙맥	신문	액취
서맥	소적	숙생	지실	액살
서배	소급	숙성	아경	앵도
석로	소생	죽순	아빈	앵설
선철	속죄	순박	관아	야유

484쪽

노야	예인	요강	유기	잉여
야금	후예	요조	유화	잉태
약포	조예	요란	유자	자세
양벌	낙오	요초	유영	도자기
양조	심오	요업	유린	적배
종양	오탄	용천	유언	자비
양우	온합	무용	융기	자당
방어	옹벽	미용	음덕	위사
어혈	와중	녹용	읍례	하자
억설	외각	용립	응징	작렬
언답	와전	우회	정의	작수
속언	유완	우생	의사	작작
엄섬	완처	우우	외지	각삭화
엄대	완력	우곡	의용	작육
근엄	원국	우려	이모	작설
역사	완강	경운기	이여	작치
연석	왕림	운석	식이	작어
의연금	왜인	운명	익일	잔목
연목	외람	유인원	인대	잔대
연분	요행	원통	인후	옥잠
발염	요수	위축	인이	잠침
염문	풍요	유쾌	인멸	의장
영아	요철	치유	일락	장인
예심	요절	유시	해일	범장

485쪽

장미	전거	제안	종용	홍진
장과	전전	제형	종기	질책
장유	전방	제우	종문	질곡
장육	전면	제형	좌절	질구
재탁	개전	조람	주해	질투
재계	전분	조고	간주	질책

쟁반	모전	조밀	갑주	경질
저택	전성	조해	주단	차질
저배	전구	조악	주문	짐작
저초	전실	조롱	주축	조짐
저주	전주	조류	주대	십장
저돌적	전별	조급	주방	징수
저통	절단	소견	주구	교차
주저	점액	조정	마주	차탄
적자	점우	법조	준작	차질
적객	정휴	조력	준동	착취
적인	주정	조우	즐목	착간
행적	정두	조강	과즙	굴착
소화전	함정	조서	외즙	찬록
전형	영정	조각	지각	찬탈
전도	정박	조동	복지	편찬
전다	정제	족자	지구	마찰
전서	정발	졸부	사지	역참
전보	정국	종적	진언	참호

486쪽

참람	천구	촌탁	치밀	태목
참회	철문	장군총	백치	태형
잠서	철사	종서	치마	태권도
참언	첨원	총애	기치	지탱
창가	아첨	촬영	치열	터포
창녀	추첨	추어탕	칙령	수통
창광	수첩	추장	침석	통상간
창포	첩부	추단	경칩	통분
창심	민첩	추구	칭량	퇴각
죽창	청첩	추격	타경	퇴색
두창	첩첩	추침	타부	퇴비
선창	체루	칭추	타액	철퇴
창고	체념	중추	타성	퇴폐
팽창	초당	추락	타원	외투
창일	말초	방출	발탁	특자
목채	초사	발췌	목탁	파결
책문	초석	췌암	탄솔	파초
처량	초두	췌문	파탄	파충류
척추	초췌	취가	기탄	노파
세척	초동	취약	탐시	파우
투척	파초선	취공	탑승	괴곽

천공	암초	측은	탕자	판공
천식	초장	치모	방탕	범패
천권	촉탁	치질	사태	패애

487쪽

패물	표독	항문	호리	회화
패륜	표풍	항태	호랄	효상
문패	성품	해이	혼돈	효시
패판	풍자	해후	황홀	후괴
팽배	배필	해로	홀기	노후
편기	궁핍	해서	홍소	후각
폄강	핍박	해수	홍교	훈색
부평초	하행	해골	내홍	훤쟁
폐위	하광	해괴	환관	훼식
폐사	학질	탄핵	소환	어휘
포효	해학	향도	환어	휘군
포세	학곡	향연	환희	휘담
수포	한망	허가	활달	긍휼
도포	한호	폐허	봉황	흉용
망포	직할	헐가	황송	흔모
포식	봉함	현혹	휘황	흔적
포사	함양	현기	황급	흠결
포복	함성	현란	당황	흠향
육포	함구	협객	회복	흡족
포상	함염	협공	회삭	흡사
폭포	함름	협소	회유	힐책
폭서	난함	협골	회충	
표미	대합	혜성	회뢰	
표경	합사발	혜장	생선회	

孝 藥 流 才
參 然 萬 攻
休 後 門 民 木 修 便
六 炭 晝 物 農 紙 立
數 班 浴 節 康

부수로 한자 휘어잡기
자음 색인

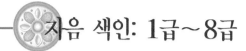

ㄱ			脚	다리 각	3II	竭	다할 갈	1	鋼	강철 강	3	坑	구덩이 갱	2인
可	옳을 가	5	閣	누각·내각 각	3II	褐	굵은베옷 갈	1	講	강론할 강	4II	羹	국·미음 갱	1
加	더할 가	5	覺	깨달을 각	4	鞨	말갈족 갈	2	岡	산등성이 강	2	去	갈·과거 거	5
佳	아름다울 가	3II	恪	삼갈 각	1	甘	달 감	4	姜	강할·성씨 강	2	巨	클 거	4
架	시렁·세울 가	3	殼	껍질 각	1	減	줄어들 감	4II	崗	언덕 강	2	車	수레 거	7
家	집 가	7	珏	쌍옥 각	2	敢	용감할 감	4	彊	군셀 강	2	居	살·있을 거	4
假	거짓 가	4II	干	간여할 간	4II	感	느낄 감	6	慷	강개할 강	1	拒	물리칠 거	4
街	거리 가	4II	刊	책펴낼 간	3II	監	볼·살필 감	4II	疆	경계·지경 강	2	距	뗄·거리 거	3II
暇	한가할 가	4	肝	간 간	3II	憾	섭섭할 감	2인	糠	겨 강	1	據	의지할 거	4
歌	노래 가	7	看	볼 간	4	鑑	거울 감	3II	腔	속빌 강	1	擧	들 거	5
價	값 가	5	姦	간사할 간	3	勘	감당할 감	1	薑	생강 강	1	渠	도랑·개천 거	1
伽	절 가	2	間	사이 간	7	堪	견딜 감	1	介	끼일 개	3II	倨	거만할 거	1
哥	노래·언니 가	1	幹	간부·줄기 간	3II	柑	귤·감자 감	1	改	고칠 개	5	醵	거둘·술추렴 거	1
嘉	기쁠 가	1	懇	정성·간절할 간	3II	疳	감질 감	1	皆	다 개	3	件	조건 건	5
嫁	시집갈 가	1	簡	문서 간	4	邯	이름 감·나라 한	2	個	개성·낱 개	4II	建	세울 건	5
柯	가지 가	2	艮	머무를·그칠 간	2	瞰	내려다볼 감	1	開	열 개	6	健	건강할 건	5
訶	꾸짖을 가	1	墾	개간할 간	1	紺	감색 감	1	蓋	덮을 개	3	乾	하늘·마를 건	3II
稼	심을 가	1	奸	간사할 간	1	甲	갑옷 갑	4	慨	분개할 개	3	巾	수건 건	1
苛	가혹할 가	1	揀	선택할·가릴 간	1	匣	상자 갑	1	概	대개·대강 개	3II	腱	힘줄 건	1
袈	가사 가	1	杆	몽둥이 간	2	岬	산허리·곶 갑	2	价	착할·클 개	1	虔	경건할·정성 건	1
賈	값·성씨 가	2	澗	산골짜기물 간	1	鉀	갑옷 갑	1	箇	낱 개	1	鍵	열쇠 건	2
軻	맹자이름 가	2	癎	간질 간	1	閘	수문·물문 갑	1	凱	즐길·이길 개	1	乞	구걸할 걸	3
迦	부처 가	2	竿	장대·낚시대 간	1	江	강 강	7	愾	성낼 개	1	傑	호걸 걸	5
駕	멍에 가	1	艱	어려울 간	1	降	내릴 강	4	塏	높은땅 개	2	桀	빼어날 걸	2
各	제각기 각	6	諫	충고할·간할 간	1	剛	굳셀 강	3II	漑	물댈 개	1	杰	호걸·뛰어날 걸	2
角	뿔 각	6	渴	목마를 갈	3	康	편안할 강	4II	芥	겨자·티끌 개	1	儉	검소할 검	4
却	물리칠 각	3	葛	칡 갈	2인	强	강할 강	6	客	손 객	5	劍	칼 검	3II
刻	새길 각	4	喝	성난소리 갈	1	綱	벼리 강	3II	更	다시 갱(경)	4	檢	검사할 검	4

劫	위협할·겁 겁	1	京	서울·클 경	6	勁	군셀 경	1	雇	더부살이 고	2인	孔	공자 공	4
怯	겁낼 겁	1	庚	일곱째천간 경	3	鯨	고래 경	1	鼓	북·두드릴 고	3II	功	공로 공	6
揭	높이걸·알릴 게	2인	徑	지름길·빠를 경	3	系	이을 계	4	稿	볏짚·원고 고	3II	共	함께 공	6
憩	쉴 게	2인	耕	밭갈 경	3II	戒	삼가 계	4	顧	생각할 고	3	攻	칠 공	4
偈	쉴·글귀 게	1	竟	마칠·다할 경	3	季	계절 계	4	皐	높을·언덕 고	2	空	빌 공	7
格	격식 격	5	頃	가까울 경	3II	界	경계 계	6	呱	울 고	1	供	이바지할 공	3II
隔	막을·사이 격	3	景	볕·경치 경	5	癸	북방·월경 계	3	拷	고문할 고	1	恭	공손할 공	3II
激	과격할 격	4	卿	벼슬 경	3	契	계약할 계	3II	敲	두드릴 고	1	貢	바칠 공	3II
擊	부딪힐 격	4	硬	단단할 경	3	係	맬 계	4II	辜	죄·반드시 고	1	恐	두려울 공	3II
覡	박수 격	1	敬	공경할 경	5	計	계획 계	6	叩	두드릴 고	1	拱	이름·팔장낄 공	1
檄	격문·격서 격	1	傾	기울 경	4	桂	계수나무 계	3	痼	고질 고	1	鞏	묶을·굳을 공	1
膈	명치 격	1	經	경영할 경	4II	啓	열·여쭐 계	3II	股	다리 고	1	串	땅곳·꿸 관	2
犬	개 견	4	境	경계 경	4II	械	기계·형틀 계	3II	膏	기름·고약 고	1	戈	창 과	2인
見	볼 견	5	輕	가벼울 경	5	階	계단 계	4	袴	바지 고(과)	1	瓜	오이 과	2인
肩	어깨 견	3	慶	경사 경	4II	溪	시내 계	3II	錮	땜질할 고	1	果	열매 과	6
牽	이끌 견	3	警	살필 경	4II	繫	맬 계	3	曲	굽을 곡	5	科	과목 과	6
堅	굳을 견	4	鏡	거울 경	4	繼	이을 계	4	谷	골짜기 곡	3II	過	허물 과	5
遣	파견·보낼 견	3	競	다툴 경	5	鷄	닭 계	4	哭	울 곡	3II	誇	자랑할 과	3II
絹	비단·명주 견	3	驚	놀랄 경	4	悸	두려울 계	1	穀	곡식 곡	4	寡	과부·적을 과	3II
甄	살필·질그릇 견	2	儆	경계할 경	2	古	옛 고	6	鵠	고니 곡	1	課	공부할 과	5
繭	고치 견	1	憬	동경할 경	1	考	생각할 고	5	梏	수갑 곡	1	菓	과자 과	2인
譴	꾸짖을 견	1	梗	대개·곧을 경	1	告	알릴 고	5	困	곤란할 곤	4	顆	덩어리·낱알 과	1
鵑	두견새 견	1	炅	빛날 경	2	固	굳을 고	5	坤	땅 곤	3	郭	성곽 곽	3
決	결정할 결	5	璟	옥빛 경	2	苦	괴로울 고	6	昆	다·언니 곤	1	廓	둘레 곽·클 확	1
缺	이지러질 결	4II	瓊	아름다운옥 경	2	姑	시어머니 고	3II	棍	곤장·몽둥이 곤	1	槨	덧관·덧널 곽	1
結	맺을 결	5	磬	경석 경	1	孤	외로울 고	4	袞	임금옷 곤	1	藿	콩·콩잎 곽	1
潔	깨끗할 결	4II	痙	심줄땅길 경	1	枯	마를 고	3	骨	뼈 골	4	官	관청 관	4II
訣	이별할 결	3II	莖	줄기 경	1	故	고향 고	4II	汨	다스릴 골	1	冠	갓 관	3II
兼	겸할 겸	3II	頸	목 경	1	高	높을 고	6	工	장인 공	7	貫	꿸 관	3II
謙	겸손할 겸	3II	脛	종아리 경	1	庫	창고 고	4	公	공평할 공	6	款	정성 관	2인

한자	훈음	급수
寬	너그러울 관	3Ⅱ
管	피리 관	4
慣	버릇·습관 관	3Ⅱ
館	집·객사 관	3Ⅱ
關	관계 관	5
觀	볼 관	5
灌	물댈 관	1
棺	널 관	1
琯	옥피리 관	2
刮	긁을·닦을 괄	1
括	맺을·묶을 괄	1
光	빛 광	6
狂	미칠 광	3
廣	넓을 광	5
鑛	광물 광	4
匡	도울·바를 광	1
壙	들 광	1
曠	넓을·밝을 광	1
胱	방광 광	1
掛	달아놓을 괘	3
卦	점괘 괘	1
罫	바둑판 선·줄 괘	1
怪	기이할 괴	3Ⅱ
傀	허수아비·클 괴	2인
塊	덩어리 괴	3
愧	부끄러워할 괴	3
壞	무너질 괴	3Ⅱ
乖	어그러질 괴	1
拐	유괴할·속일 괴	1
槐	느티나무 괴	2
魁	괴수 괴	1
宏	클 굉	1
肱	팔뚝 굉	1
轟	울릴 굉	1
巧	교묘할 교	3Ⅱ
交	사귈 교	6
郊	시외·교외 교	3
校	학교 교	8
敎	가르칠 교	8
絞	목맬 교	2
較	비교할 교	3Ⅱ
僑	붙어살 교	2인
膠	굳을·아교 교	2인
橋	다리 교	5
矯	바로잡을 교	3
咬	씹을·물 교	1
喬	높을 교	1
嬌	예쁠 교	1
攪	어지러울 교	1
狡	교활할 교	1
皎	흴 교	1
蛟	도롱용 교	1
轎	가마 교	1
驕	교만할 교	1
九	아홉 구	8
口	입 구	7
久	오랠 구	3Ⅱ
丘	언덕 구	3
句	글귀 구	4Ⅱ
求	구할 구	4Ⅱ
究	연구 구	4Ⅱ
具	갖출 구	5
苟	구차할 구	3
拘	잡을 구	3Ⅱ
狗	개 구	3
俱	함께 구	3
區	구역 구	6
球	둥글·공 구	6
救	구원할 구	5
構	구성할 구	4
歐	토할·구라파 구	2인
舊	옛 구	5
購	구입할 구	2인
懼	두려워할 구	3
驅	몰·쫓을 구	3
鷗	갈매기 구	2인
臼	절구 구	1
仇	원수 구	1
枸	구기자 구	1
駒	망아지 구	1
嘔	토할 구	1
垢	때 구	1
寇	도둑 구	1
嶇	험할 구	1
樞	관·널 구	1
毆	때릴 구	1
溝	도랑·개천 구	1
灸	지질·뜸 구	1
矩	모질·곡자 구	1
勸	권할 권	4
舅	시아비·장인 구	1
衢	네거리 구	1
謳	노래 구	1
軀	몸 구	1
邱	언덕·땅이름 구	2
鉤	갈고리 구	1
玖	옥돌 구	2
廐	마굿간 구	1
鳩	비둘기 구	1
局	판·관청 국	5
菊	국화 국	3Ⅱ
國	나라 국	8
鞠	구부릴·성씨 국	2
君	임금 군	4
軍	군사 군	8
郡	고을 군	6
群	무리 군	4
窘	군색할 군	1
屈	굽힐 굴	4
掘	팔·발굴할 굴	2인
窟	동굴 굴	2인
弓	활 궁	3Ⅱ
宮	궁궐 궁	4Ⅱ
窮	궁색할 궁	4
穹	클·하늘 궁	1
躬	몸 궁	1
券	문서 권	4
卷	책 권	4
拳	주먹 권	3Ⅱ
圈	테두리 권	2인
權	권세 권	4Ⅱ
捲	걷을·주먹쥘 권	1
顴	광대뼈 권	1
倦	게으를 권	1
眷	돌볼·친척 권	1
厥	그 궐	3
闕	대궐 궐	2인
蹶	뛸·넘어질 궐	1
詭	속일·괴상할 궤	1
軌	궤도·길 궤	3
几	책상·안석 궤	1
机	책상 궤	1
櫃	함 궤	1
潰	무너질 궤	1
龜	거북 귀(구)	3
鬼	귀신 귀	3Ⅱ
貴	귀할 귀	5
歸	돌아올 귀	4
叫	부르짖을 규	3
糾	살필·모을 규	3
規	법 규	5
閨	안방·색시 규	2인
圭	홀 규	2
奎	별 규	2
揆	헤아릴·법도 규	2
珪	서옥 규	2
硅	규소 규	1
逵	길 규	1
窺	엿볼 규	1
葵	해바라기 규	1

한자	훈음	급수
均	(勺)고를 균	4
菌	세균 균	3
橘	귤나무·귤 귤	1
克	이길 극	3Ⅱ
極	다할 극	4Ⅱ
劇	심할 극	4
尅	반드시·이길 극	1
戟	창 극	1
棘	가시나무 극	1
隙	틈 극	1
斤	도끼 근	3
近	가까울 근	6
根	뿌리 근	6
筋	힘줄 근	4
僅	겨우·적을 근	3
勤	부지런할 근	4
謹	삼갈 근	3
槿	무궁화나무 근	2
瑾	아름다운옥 근	2
覲	뵐 근	1
饉	흉년들 근	1
今	이제 금	6
金	쇠 금	8
禽	새(날짐승) 금	3Ⅱ
琴	거문고 금	3Ⅱ
禁	금할 금	4Ⅱ
錦	비단 금	3Ⅱ
衾	이불 금	1
擒	사로잡을 금	1
襟	가슴·옷섶 금	1
及	이를·미칠 급	3Ⅱ
急	급할 급	6
級	등급 급	6
給	줄 급	5
扱	취급 급	1
汲	물길을 급	1
肯	긍정할 긍	3
兢	벌벌떨 긍	2
矜	자랑할 긍	1
亘	지극할 긍·군셀 환	1
己	몸 기	5
企	계획할 기	3Ⅱ
忌	꺼릴·제사 기	3
技	재주 기	5
汽	증기 기	5
奇	기이할 기	4
其	그·그것 기	3Ⅱ
祈	빌·기도할 기	3Ⅱ
紀	벼리·다스릴기	4
氣	기운 기	7
豈	어찌 기	3
起	일어날 기	4Ⅱ
記	기록할 기	7
飢	굶주릴 기	3
基	바탕 기	5
寄	붙어살·줄 기	4
旣	이미 기	3
棄	포기할 기	3
幾	몇·살필 기	3
棋	바둑 기	2인
欺	속일 기	3
期	기간 기	5
旗	깃발 기	7
畿	왕터·경기 기	3Ⅱ
器	그릇 기	4Ⅱ
機	베틀·기계 기	4
騎	말탈 기	3
冀	바랄·원할 기	2
嗜	즐길 기	1
伎	재주 기	1
妓	기생·갈보 기	1
岐	갈림길·기로 기	2
碁	돌 기	1
杞	구기자 기	1
淇	강물이름 기	2
崎	산길험할 기	1
琦	클·옥이름 기	2인
琪	아름다운옥 기	2
璣	선기·구슬 기	2
箕	키 기	2
綺	아름다울 기	2
畸	기이할 기	1
羈	굴레·구속 기	1
耆	늙은이 기	2
肌	살 기	1
譏	나무랄 기	1
沂	물이름 기	2
騏	준마 기	2
驥	천리마 기	2
麒	기린 기	2
緊	긴급할 긴	3Ⅱ
吉	좋을 길	5
拮	익힐 길	1
喫	마실·먹을 끽	1

ㄴ

한자	훈음	급수
那	편안할 나	3
儺	휘청거릴 나	1
懦	나약할 나	1
拏	붙잡을 나	1
拿	맞잡을 나	1
諾	허락할 낙(락)	3Ⅱ
暖	따뜻할 난	4Ⅱ
難	어려울 난	4Ⅱ
煖	따뜻할 난	1
捏	만들 날	1
捺	도장찍을 날	1
涅	검은진흙 녈(열)	1
男	사내 남	7
南	남녘 남	8
納	바칠 납	4
衲	기울·승복 납	1
娘	아가씨 낭(랑)	3Ⅱ
囊	주머니·자루 낭	1
乃	이에 내	3
內	안 내	7
奈	어찌 내	3
耐	견딜 내	3Ⅱ
女	여자 녀	8
年	해·나이 년	8
念	생각 념	5
寧	편안할 녕(영)	3Ⅱ
奴	종 노	3Ⅱ
努	힘쓸 노	4Ⅱ
怒	성낼 노	4Ⅱ
弩	쇠뇌 노	1
駑	둔할 노	1
農	농사 농	7
濃	무르익을 농	2인
膿	고름 농	1
惱	번뇌할 뇌	3
腦	뇌·정신 뇌	3Ⅱ
尿	오줌 뇨(요)	2인
訥	말더듬을 눌	1
紐	맬·끈 뉴(유)	1
能	능할 능	5
尼	여승 니	2인
泥	진흙 니(이)	3
溺	빠질 닉(익)	2인
匿	숨을 닉	1

ㄷ

한자	훈음	급수
多	많을 다	6
茶	차 다(차)	3Ⅱ
丹	붉을 단	3Ⅱ
旦	아침·밝을 단	3Ⅱ
但	다만·홀로 단	3Ⅱ
段	계단·수단 단	4
單	하나 단	4Ⅱ
短	짧을 단	6
團	덩어리 단	5
端	실마리 단	4Ⅱ

한자	뜻·음	급수
壇	단상 단	5
檀	박달나무 단	4Ⅱ
斷	끊을 단	4Ⅱ
鍛	단련할 단	2Ⅱ
湍	여울 단	2
簞	대광주리 단	1
緞	비단 단	1
蛋	알 단	1
達	도달할 달	4Ⅱ
撻	매질할 달(도)	1
疸	황달 달	1
淡	맑을 담	3Ⅱ
潭	못·깊을 담	2인
談	이야기 담	5
擔	맡을 담	4Ⅱ
膽	쓸개 담	2인
痰	가래 담	1
憺	편안할 담	1
澹	맑을·담박할 담	1
譚	이야기 담	1
曇	흐릴 담	1
畓	논 답	3
答	대답 답	7
踏	밟을 답	3Ⅱ
遝	뒤섞일 답	1
唐	당나라 당	3Ⅱ
堂	집 당	6
當	당연할 당	5
糖	엿 당·달 탕	3
黨	무리 당	4Ⅱ
塘	못 당	2
撞	칠 당	1
棠	아가위나무 당	1
螳	사마귀 당	1
大	큰 대	8
代	대신할 대	6
垈	터·집터 대	2인
待	기다릴 대	6
帶	띠·찰 대	4Ⅱ
貸	빌려줄 대	3
隊	무리·떼 대	4Ⅱ
臺	집·관청 대	3Ⅱ
對	대할 대	6
戴	머리에일 대	2인
擡	들 대	1
袋	자루 대	1
德	덕·큰 덕	5
悳	덕 덕	2
刀	칼 도	3Ⅱ
到	도달할 도	5
度	법·정도 도	6
挑	집적거릴 도	3
逃	달아날 도	4
島	섬 도	5
倒	넘어질 도	3
徒	따를 도	4
途	길 도	3Ⅱ
桃	복숭아나무 도	3
悼	슬퍼할 도	2인
陶	질그릇 도	3Ⅱ
盜	훔칠 도	4
渡	건널 도	3
道	길 도	7
都	도읍 도	5
塗	진흙·바를 도	3
跳	뛸 도	3
圖	그림 도	6
稻	벼 도	3
導	이끌 도	4Ⅱ
掉	흔들 도	1
堵	담 도	1
屠	죽일·잡을 도	1
搗	찧을 도	1
淘	쌀일·물흐를 도	1
萄	포도 도	1
滔	큰물 도	1
濤	파도·물결 도	1
燾	비칠 도	2
睹	볼 도	1
禱	기도·빌 도	1
賭	걸·도박 도	1
蹈	밟을 도	1
鍍	도금할 도	1
毒	독할 독	4Ⅱ
督	살펴볼 독	4Ⅱ
篤	도타울 독	3
獨	홀로 독	5
讀	읽을 독	6
瀆	더러울·도랑 독	1
禿	대머리 독	1
豚	돼지 돈	3
敦	도타울 돈	3
惇	도타울 돈	2
沌	돌·혼란할 돈	1
燉	불빛 돈	2
頓	정돈할 돈	2
突	갑자기 돌	3Ⅱ
乭	이름 돌	2
冬	겨울 동	7
同	한가지 동	7
東	동녘 동	8
洞	마을 동	7
凍	얼·추울 동	3
桐	오동나무 동	2인
動	움직일 동	7
童	아이 동	6
棟	집·마룻대 동	2인
銅	구리 동	4Ⅱ
憧	그리워할 동	1
疼	아플 동	1
瞳	눈동자 동	1
胴	큰창자 동	1
董	고물·골동품 동	2
斗	말 두	4Ⅱ
豆	콩 두	5
頭	머리 두	6
兜	투구 두	1
杜	막을 두	2
痘	천연두 두	1
屯	모을·진칠 둔	3
鈍	둔할·무딜 둔	3
臀	볼기·엉덩이 둔	1
遁	피할 둔	1
得	얻을 득	4Ⅱ
登	오를 등	7
等	무리 등	6
燈	등잔 등	4Ⅱ
謄	베낄 등	2인
騰	오를 등	3
藤	넝쿨·등나무 등	2인
橙	등자나무 등·귤 중	1
鄧	등나라 등	2

ㄹ

한자	뜻·음	급수
裸	벗을 라(나)	2인
羅	그물 라	4Ⅱ
懶	게으를 라	1
癩	문둥병 라	1
邏	돌·순행할 라	1
螺	소라 라	1
洛	낙수·물 락	2인
落	떨어질 락	5
絡	이을 락	3Ⅱ
樂	즐길 락	6
烙	지질 락	1
酪	소젖 락	1
駱	낙타 락	1
卵	알·불알 란	4
亂	어지러울 란	4
蘭	난초 란	3Ⅱ
欄	난간 난(란)	3Ⅱ

爛	빛날 란	2인	亮	밝을·알 량	2	漣	잔물결 련	2
鸞	난새 란	1	倆	재주 량	1	輦	손수레 련	1
瀾	물결 란	1	樑	다리·들보 량	2	劣	악할 렬	3
剌	어그러질 랄	1	粱	기장 량	1	列	줄·벌릴 렬	4II
辣	매울 랄	1	旅	나그네 려	5	烈	매울·세찰 렬	4
藍	쪽빛·남색 람	2인	慮	생각할 려	4	裂	찢어질 렬	3
濫	넘칠 람	3	勵	장려할 려	3II	廉	청렴할 렴	3
覽	볼 람	4	麗	고울 려	4II	斂	거둘 렴	1
籃	바구니 람	1	侶	짝·승려 려	1	殮	염할·빈소 렴	1
拉	잡을 랍	2인	呂	풍류·성씨 려	2	濂	경박할·성씨 렴	2
臘	연말·섣달 랍	1	廬	오두막집 려	2	簾	주·발 렴	1
蠟	밀·꿀·초 랍	1	戾	그칠·사나울 려	1	獵	사냥 렵	3
浪	물결 랑(낭)	3II	濾	거를·씻을 려	1	令	명령 령	5
郞	사나이 랑(낭)	3II	礪	숫돌 려	2	零	떨어질 령(영)	3
朗	밝을 랑	5	閭	마을문·마을 려	1	領	우두머리 령	5
廊	사랑채 랑	3II	驪	검은말 려	2	嶺	고개 령	3II
狼	이리·늑대 랑	1	黎	검을·동틀 려	1	靈	신령 령(영)	3II
來	올 래	7	力	힘 력	7	囹	감옥 령	1
萊	명아주풀 래	2	歷	지낼 력	5	玲	구슬(옥)소리 령	2
冷	찰 랭	5	曆	책력·세월 력	3II	鈴	방울 령	1
略	생략할 략	4	瀝	물방울 력	1	齡	나이 령	1
掠	뺏을 략	3	礫	조약돌·자갈 력	1	逞	굳셀·왕성할 령	1
良	어질 량	5	連	이을 련	4II	例	법식 례	6
兩	두 량(양)	4II	蓮	연꽃 련(연)	3	禮	예도 례	6
凉	서늘할 량	3II	煉	쇠불릴·반죽할 련	2인	醴	단술 례	2
梁	다리 량	3	憐	가련할 련	3	隸	종 례	3
量	헤아릴 량	5	練	익힐 련	5	老	늙은이 로	7
諒	살필 량	3	聯	관계할 련	3II	勞	힘쓸 로	5
糧	양식 량(양)	4	鍊	단련할 련(연)	3II	路	길 로	6
輛	수레 량	2인	戀	사모할 련(연)	3II	露	이슬 로	3II

爐	화로 로	3II	寮	벼슬아치 료	1
撈	건져낼 로	1	燎	불붙을 료	1
擄	노략질할 노	1	寥	고요할 요	1
盧	검을·성씨 로	2	瞭	밝을 료	1
蘆	갈대 로	2	聊	방탕할·귀울릴 료	1
虜	포로 로	1	遼	멀 료(요)	2
魯	둔할 로	2	龍	용·임금 룡	4
鷺	백로 로	2	累	자주 루	3
鹿	사슴 록	3	淚	눈물 루	3
祿	복·봉급 록	3	屢	여러 루	3
綠	푸를 록	6	漏	샐 루	3
錄	기록할 록	4II	樓	다락·누각 루	3II
碌	자갈땅 록	1	陋	더러울·좁을 루	1
麓	산기슭 록	1	壘	진·즐비할 루	1
論	말할 론	4II	柳	버들 류(유)	4
弄	희롱할 롱	3II	留	머무를 류	4II
籠	대바구니 농(롱)	2인	流	흐를 류	5
壟	언덕·밭두둑 롱	1	硫	유황 류(유)	2인
聾	귀머거리 롱	1	類	종류 류	5
瓏	옥소리 롱	1	謬	잘못될 류	2인
雷	우레·천둥 뢰	3	劉	죽일·성씨 류	2
賴	믿을 뢰	3II	溜	증류수 류	1
磊	돌무더기 뢰	1	琉	유리 류(유)	1
牢	감옥·군을 뢰	1	瘤	혹 류	1
儡	허수아비 뢰	1	六	여섯 륙	8
賂	뇌물 뇌	1	陸	뭍 륙	5
了	마칠 료	3	戮	죽일 륙(육)	1
料	요금 료	5	倫	인륜 륜	3II
僚	벗·동료 료	3	輪	바퀴 륜	4
療	치료 료	2인	崙	곤륜산 륜	2

綸	실·흰쌀 **륜**	1
淪	빠질 **륜**	1
律	법률 **률**	4Ⅱ
栗	밤 **률**	3Ⅱ
率	비율 **율**	3Ⅱ
慄	두려울 **률**	1
隆	융성할 **륭**	3Ⅱ
肋	갈빗대 **륵(늑)**	1
勒	굴레·억지로할 **륵**	1
凜	늠름할·찰 **름**	1
陵	언덕 **릉**	3Ⅱ
凌	업신여길 **능**	1
稜	모서리 **릉**	1
綾	비단 **릉(능)**	1
菱	마름 **릉**	1
楞	네모질 **릉(능)**	2
里	마을 **리**	7
理	이치 **리**	6
利	이로울 **리**	6
離	이별 **리**	4
裏	속·안 **리**	3Ⅱ
梨	배나무 **리**	3
履	행할·밟을 **리**	3Ⅱ
李	성 **이(리)**	5
吏	관리 **리**	3Ⅱ
俚	속될 **리**	1
厘	이 **리**	1
悧	영리할 **리**	1
痢	설사 **리**	1
籬	울타리 **리**	1

罹	근심 **리**	1
裡	속 **리**	1
隣	이웃 **린**	3
吝	인색할 **린(인)**	1
鱗	비늘 **린(인)**	1
躙	짓밟을 **린(인)**	1
燐	도깨비불 **린(인)**	1
麟	기린 **린**	2
林	수풀 **림**	7
臨	다스릴 **림**	3Ⅱ
淋	젖을 **림**	1
立	설 **립**	7
笠	갓·우산 **립**	1
粒	쌀밥·낱알 **립**	1
ㅁ		
馬	말 **마**	5
麻	삼 **마**	3
摩	문지를 **마**	2인
磨	갈 **마**	3
魔	마귀·마술 **마**	2인
痲	마비 **마**	2인
莫	없을 **막**	3Ⅱ
幕	장막 **막**	3Ⅱ
漠	사막 **막**	3Ⅱ
膜	껍질 **막**	2인
寞	쓸쓸할 **막**	1
萬	일만 **만**	8
晩	저물 **만**	3
滿	찰 **만**	4Ⅱ
慢	게으를 **만**	3

漫	흩어질 **만**	3
灣	배대는곳 **만**	2인
蠻	오랑캐·야만 **만**	2인
娩	해산할 **만**	2인
卍	만자 **만**	1
彎	굽을 **만**	1
挽	당길 **만**	1
瞞	속일 **만**	1
饅	만두 **만**	1
鰻	장어 **만**	1
蔓	넝쿨 **만**	1
輓	애도할·끌 **만**	1
末	끝 **말**	5
抹	지울 **말**	1
沫	거품 **말**	1
靺	말갈·버선 **말**	?
襪	버선 **말**	1
亡	잃을 **망**	5
妄	망령될 **망**	3Ⅱ
忙	바쁠 **망**	3
忘	잊을 **망**	3
罔	없을 **망**	3
茫	아득할 **망**	3
望	바랄 **망**	5
網	그물 **망**	2인
惘	멍할 **망**	1
芒	싹·가시 **망**	1
每	매양 **매**	7
妹	손아래누이 **매**	4
埋	묻을·감출 **매**	3

買	살 **매**	5
梅	매화 **매**	3Ⅱ
媒	중매 **매**	3
賣	팔 **매**	5
魅	매력·도깨비 **매**	2인
枚	낱 **매**	2인
昧	어두울 **매**	1
寐	잠잘 **매**	1
煤	그을음 **매**	1
罵	욕할 **매**	1
邁	멀리갈 **매**	1
呆	어리석을 **매(보)**	1
脈	맥 **맥**	4Ⅱ
麥	보리 **맥**	3
貊	오랑캐 **맥**	2
盲	장님 **맹**	3Ⅱ
孟	맏·맹자 **맹**	3Ⅱ
猛	사나울 **맹**	3Ⅱ
盟	맹세할 **맹**	3Ⅱ
萌	싹 **맹**	1
覓	찾을·구할 **멱**	2
免	면할 **면**	3
面	얼굴 **면**	7
眠	잠잘 **면**	3Ⅱ
勉	힘쓸 **면**	4
綿	이어질 **면**	3Ⅱ
冕	면류관 **면**	2
棉	목화나무 **면**	1
沔	물크게흐를 **면**	2
緬	가는실·멀 **면**	1

眄	곁눈질할 **면**	1
俛	구부릴 **면**	2
麵	국수 **면**	1
滅	멸망할 **멸**	3Ⅱ
蔑	업신여길 **멸**	2인
名	이름 **명**	7
命	목숨 **명**	7
明	밝을 **명**	6
冥	어두울 **명**	3
鳴	울 **명**	4
銘	새길 **명**	3
酩	술취할 **명**	1
溟	바다·어두울 **명**	1
皿	그릇 **명**	1
暝	어두울·쓸쓸할 **명**	1
螟	모기 **명**	1
袂	소매 **메**	1
毛	털 **모**	4Ⅱ
母	어머니 **모**	8
矛	창 **모**	2인
某	아무·어떤 **모**	3
侮	업신여길 **모**	3
募	모을 **모**	3
帽	모자 **모**	2인
慕	사모할 **모**	3Ⅱ
暮	저물 **모**	3Ⅱ
模	모범·법 **모**	4
貌	모양·얼굴 **모**	3Ⅱ
謀	도모할 **모**	3Ⅱ
冒	가릴 **모**	3

한자	뜻·음	급수
摸	찾을·규모 모	1
牟	클·성씨 모	2
牡	수컷·열쇠 모	1
耗	닳을·소모할 모	1
茅	왕골·띠 모	2
糢	흐릿할 모	1
謨	꾀·꾀할 모	2
木	나무 목	8
目	눈 목	6
沐	목욕 목	2인
牧	기를 목	4Ⅱ
睦	화목할 목	3Ⅱ
穆	화목할 목	2
沒	빠질·없을 몰	3Ⅱ
歿	죽을 몰	1
夢	꿈·희미할 몽	3Ⅱ
蒙	어두울 몽	3Ⅱ
卯	토끼 묘	3
妙	묘할 묘	4
苗	싹·모종 묘	3
墓	무덤 묘	4
廟	사당 묘	3
描	그릴·묘사할 묘	1
猫	고양이 묘	1
昴	별이름 묘	2
杳	어두울·고요할 묘	1
渺	아득할 묘	1
戊	천간 무	3
茂	우거질 무	3Ⅱ
武	무사 무	4Ⅱ
務	힘쓸·일 무	4Ⅱ
無	없을 무	5
貿	장사할 무	3Ⅱ
舞	춤출 무	4
霧	안개 무	3
畝	밭이랑 묘(무)	1
毋	그칠·말 무	1
巫	무당 무	1
憮	멍할 무	1
拇	엄지손가락 무	1
撫	어루만질 무	1
蕪	번성할·황무지 무	1
誣	속일 무	1
墨	먹·검을 묵	3
黙	침묵할 묵	3Ⅱ
文	글월 문	7
門	문 문	8
問	물을 문	7
聞	들을 문	6
紊	어지러울 문	2인
汶	더럽힐 문	2
蚊	모기 문	1
紋	무늬 문	3Ⅱ
勿	없을·말 물	3Ⅱ
物	물건·만물 물	7
未	아닐 미	4Ⅱ
米	쌀 미	6
尾	꼬리·끝 미	3
味	맛 미	4Ⅱ
美	아름다울 미	6
眉	눈썹 미	3
迷	헤맬 미	3
微	작을 미	3Ⅱ
媚	사랑할 미	1
彌	활부릴·미륵 미	2
薇	장미·백일홍 미	1
靡	쓰러질 미	1
民	백성 민	8
敏	민첩할 민	3
憫	근심할 민	3
悶	번민할 민	1
旻	가을하늘 민	2
玟	옥돌 민	2
旼	화락할 민	2
珉	옥돌 민	2
閔	병·성씨 민	2
密	빽빽할 밀	4Ⅱ
蜜	꿀 밀	3
謐	편안할 밀	1

ㅂ

한자	뜻·음	급수
朴	순박할 박	6
泊	머무를 박	3
拍	손뼉칠 박	4
迫	급박할 박	3Ⅱ
博	넓을 박	4Ⅱ
薄	얇을 박	3Ⅱ
舶	큰배 박	2인
剝	벗길 박	1
搏	칠 박	1
撲	두드릴·칠 박	1
樸	통나무 박	1
珀	호박 박	1
箔	발 박	1
粕	지게미·깻묵 박	1
縛	묶을 박	1
膊	포 박	1
駁	반박할 반	1
反	반대 반	6
半	절반 반	6
伴	짝 반	3
返	돌이킬 반	3
叛	배반할 반	3
班	나눌 반	6
般	많을·일반 반	3Ⅱ
飯	밥 반	3Ⅱ
搬	옮길 반	2인
盤	편안할 반	3
拌	버릴 반	1
攀	휘어잡을 반	1
斑	얼룩 반	1
潘	쌀뜨물 반(번)	2
磻	돌화살촉 파	2
蟠	서릴 반	1
礬	명반 반	1
畔	밭두둑 반	1
絆	맬 반	1
頒	널리펼 반	1
槃	즐거울 반	1
拔	뽑을 발	3
發	필·떠날 발	6
髮	터럭 발	4
勃	활발할 발	1
渤	바다·발해 발	2
潑	뿌릴·활발할 발	1
撥	집을·다스릴 발	1
跋	밟을 발	1
醱	술뜰·발효 발	1
鉢	바리때 발	2
魃	가물귀신 발	1
方	사방·모 방	7
芳	향기날 방	3
妨	해로울 방	4
防	막을·둑 방	4Ⅱ
邦	나라 방	3
房	방 방	4Ⅱ
放	놓을 방	6
倣	모방할 방	3
紡	길쌈 방	2인
訪	찾을 방	4Ⅱ
傍	가까이할 방	3
坊	방·동네 방	1
尨	삽살개 방	1
幇	도울 방	1
彷	방황할 방	1
旁	클·넓을 방	2
枋	박달나무 방	1
榜	게시판 방	1
昉	밝을 방	1
肪	기름 방	1
膀	오줌통 방	1

한자	훈음	급수
謗	비방할 방	1
龐	높을집·방성씨 방	2
杯	잔·대접 배	3
拜	절 배	4II
背	등 배	4II
倍	곱 배	5
俳	배우·광대 배	2인
配	짝 배	4II
培	북돋울 배	3II
排	물리칠 배	3II
輩	무리 배	3II
賠	배상할 배	2인
徘	배회할 배	1
湃	물결소리 배	1
胚	아이 밸 배	1
褙	옷처렁처렁할 배	2
陪	도울·모실 배	1
白	흰 백	8
百	일백 백	7
伯	맏 백	3II
柏	잣나무 백	2인
帛	비단·명주 백	1
魄	넋 백	1
番	차례 번	6
煩	괴로울 번	3
繁	번성할 번	3II
飜	펄럭일 번	3
蕃	무성할 번	1
藩	울타리 번	1
伐	칠 벌	4II
罰	죄·벌줄 벌	4II
閥	가문 벌	2인
筏	뗏목 벌	2
凡	평범할 범	3II
犯	죄·범할 범	4
汎	뜰·넘칠 범	2인
範	모범·법 범	4
帆	돛 범	1
梵	중의 글 범	1
氾	넘칠 범	1
泛	뜰·넓을 범	1
范	범풀 범	2
法	법 법	5
碧	푸를 벽	3II
僻	궁벽할 벽	2인
壁	담·벽 벽	4II
劈	쪼갤 벽	1
擘	엄지손가락 벽	1
璧	둥근옥 벽	1
癖	버릇 벽	1
闢	열 벽	1
辨	분별할 변	3
邊	변방·옆 변	4II
辯	판별할 변	4
變	변할 변	5
卞	조급할·성씨 변	2
弁	고깔 변·즐거울 반	2
別	다를 별	6
瞥	얼핏볼 별	1
鱉	자라 별	1
丙	남녘·밝을 병	3II
兵	군사 병	5
屏	병풍 병	3
竝	함께 병	3
病	병들 병	6
倂	함께·아우를 병	2인
昞	밝을 병	2
昺	밝을 병	2
柄	잡을·자루 병	2
炳	밝을·빛날 병	2
甁	병 병	1
秉	잡을 병	2
餠	떡 병	1
步	걸음 보	4II
保	보호할 보	4II
普	넓을 보	4
補	기울·보수할 보	3II
報	알릴 보	4II
譜	족보·악보 보	3
寶	보배 보	4II
堡	방죽·둑 보	1
洑	보막을 보	1
潽	물넓을 보	2
甫	클·많을 보	2
菩	보리수·보살 보	1
輔	도울 보	2
卜	점·알릴 복	3
伏	엎드릴 복	4
服	옷 복	6
復	회복할 복	4II
腹	배 복	3II
福	복 복	5
複	겹옷 복	4
覆	뒤집힐 복	3
僕	종 복	1
匐	기어갈 복	1
輻	바퀴살 복	1
馥	향기 복	2
鰒	전복 복	1
本	근본 본	6
奉	받들 봉	5
封	봉할 봉	2
峯	봉우리 봉	3II
俸	봉급·녹 봉	2인
逢	만날 봉	3II
蜂	벌 봉	3
鳳	봉황새 봉	3
縫	꿰맬 봉	2인
捧	받들 봉	1
棒	몽둥이 봉	1
烽	봉화 봉	1
蓬	쑥 봉	2
鋒	칼날·맨앞 봉	1
夫	지아비 부	7
父	아버지 부	8
付	부탁할·부칠 부	3II
否	부인할 부	4
扶	도울 부	3II
府	관청 부	4II
附	덧붙일 부	3II
負	짐질 부	4
赴	알릴 부	3
浮	뜰 부	3II
符	부적·부호 부	3II
婦	며느리 부	4II
部	마을 부	6
副	버금 부	4II
富	부자 부	4II
腐	썩을 부	3
膚	피부 부	2인
賦	부세 부	3
簿	문서·장부 부	3II
敷	펼 부	2인
俯	머리숙일 부	1
剖	나눌·쪼갤 부	1
咐	분부할 부	1
埠	선창·부두 부	1
孵	알깔 부	1
斧	도끼 부	1
腑	장부·내장 부	1
芙	연꽃·부용 부	1
訃	부고·이를 부	1
賻	부의 부	1
釜	가마 부	2
阜	언덕·막을 부	2
駙	빠를·부마 부	1
傅	스승·베풀 부	2
北	북녘 북	8
分	나눌 분	6
奔	분주할 분	3II

粉	가루 분	4	卑	낮을 비	3Ⅱ	譬	비유할 비	1	社	사회 사	6	紗	비단 사	1
紛	어지러울 분	3Ⅱ	飛	날 비	4Ⅱ	鄙	더러울 비	1	祀	제사 사	3Ⅱ	麝	사향노루 사	1
憤	분격할 분	4	匪	대나무상자 비	2인	貧	가난할 빈	4Ⅱ	査	조사할 사	5	削	깎을 삭	3
墳	무덤 분	3	祕	비밀 비	4	賓	손님 빈	3	思	생각 사	5	朔	초하루 삭	3
奮	떨칠·성낼 분	3Ⅱ	悲	슬플 비	4Ⅱ	頻	자주 빈	3	唆	부추길·꾀일 사	2인	山	메 산	8
吩	분부할·뿜을 분	1	費	비용 비	5	彬	빛날 빈	2	師	스승 사	4Ⅱ	産	낳을 산	5
噴	뿜을 분	1	備	갖출 비	4Ⅱ	嚬	찡그릴 빈	1	射	쏠 사	4	傘	우산·양산 산	2인
忿	분할·성낼 분	1	婢	여자종 비	3Ⅱ	嬪	궁녀·귀녀 빈	1	捨	버릴·베풀 사	3	散	흩을 산	4
扮	꾸밀 분	1	鼻	코 비	5	殯	빈소 빈	1	蛇	긴뱀 사	3	算	계산 산	7
芬	향기 분	2	碑	비석 비	4	濱	물가·가까울 빈	1	斜	기울어질 사	3	酸	신맛·초 산	2인
焚	불사를 분	1	憊	고달플·피곤할 비	1	瀕	물가 빈	1	赦	용서할 사	2인	刪	도려낼·깎을 산	1
盆	분재·동이 분	1	扉	문짝 비	1	氷	얼음 빙	5	絲	실·거문고 사	4	珊	산호 산	1
糞	똥 분	1	毘	도울 비	2	聘	부를 빙	3	詐	속일 사	3	疝	산증 산	1
雰	안개 분	1	丕	클 비	2	憑	의지할 빙	1	詞	글·말씀 사	3Ⅱ	殺	죽일 살	4Ⅱ
不	아닐 부(불)	7	妣	죽은어미 비	1	**ㅅ**			斯	이·쪼갤 사	3	撒	뿌릴 살	1
弗	돈·달러 불	2인	匕	비수·숟가락 비	1	士	선비 사	5	飼	사료·기를 사	2인	煞	죽일 살	1
佛	부처 불	4Ⅱ	庇	덮을 비	1	巳	뱀 사	3	寫	베낄 사	5	薩	보살 살	1
拂	떨어낼 부	3	沸	끓을 비	1	四	넉·사방 사	8	賜	하사할·줄 사	3	三	석 삼	8
彿	비슷할 불	1	琵	비파 비	1	史	역사 사	5	謝	사례할 사	4Ⅱ	森	나무 삼	3Ⅱ
朋	벗·무리 붕	3	毖	삼갈·조심할 비	1	司	맡을 사	3Ⅱ	辭	사양할 사	4	蔘	인삼·더덕 삼	2인
崩	무너질 붕	3	痺	마비·저릴 비	1	仕	벼슬 사	5	簑	도롱이 사	1	滲	물스며들 삼	1
棚	사다리 붕	1	砒	비상·비소 비	1	寺	절 사	4Ⅱ	些	적을 사	1	插	꽂을·끼울 삽	2인
硼	붕사·붕산 붕	1	秕	쭉정이 비	1	死	죽을 사	6	嗣	후손·이을 사	1	澁	깔깔할·떫을 삽	1
繃	묶을 붕	1	緋	비단 비	1	似	같을 사	3	奢	사치할 사	1	上	위 상	7
鵬	붕새·큰새 붕	2	脾	비위·지라 비	1	沙	모래 사	3Ⅱ	娑	춤출 사	1	床	평상 상	4Ⅱ
比	비교할 비	5	臂	팔·팔뚝 비	1	邪	간사할 사	3Ⅱ	徙	옮길 사	1	尚	일찍 상	3Ⅱ
妃	왕비 비	3Ⅱ	蜚	바퀴·떼까치 비	1	私	나 사	4	泗	콧물·물이름 사	2	狀	형상 상	4Ⅱ
批	비평할 비	4	裨	도울·작을 비	1	舍	집 사	4Ⅱ	瀉	설사 사	1	相	서로 상	5
非	아닐 비	4Ⅱ	誹	비방할 비	1	事	일 사	7	獅	사자 사	1	桑	뽕나무 상	3
肥	살찔 비	3Ⅱ	翡	물총새 비	1	使	하여금 사	6	祠	사당 사	1	商	장사 상	5

常	항상 상	4Ⅱ	書	글·책 서	6	奭	클 석	2	洩	샐 설	1	勢	기세 세	4Ⅱ
祥	상서로울 상	3	恕	용서할 서	3Ⅱ	晳	밝을·분석할 석	2	泄	샐 설	1	貰	세낼·빌릴 세	2인
喪	죽을·잃을 상	3Ⅱ	徐	천천할 서	3Ⅱ	潟	갯벌·소금밭 석	1	渫	더러울 설	1	小	작을 소	8
象	코끼리 상	4	庶	여러·뭇 서	3	錫	주석 석	2	薛	대쑥·성씨 설	2	少	적을 소	7
想	생각할 상	4Ⅱ	敍	펼 서	3	仙	신선 선	5	纖	가늘 섬	2인	召	부를 소	3
傷	상처 상	4	暑	더위·더울 서	3	先	먼저 선	8	暹	나아갈 섬	2	所	장소 소	7
詳	자세할 상	3Ⅱ	署	관청 서	3Ⅱ	宣	베풀 선	4	殲	죽을 섬	1	昭	밝을 소	3
裳	치마·의상 상	3Ⅱ	瑞	상서로울 서	2인	旋	돌·돌아갈 선	3Ⅱ	蟾	달그림자 섬	2	素	본디 소	4Ⅱ
嘗	맛볼 상	3	誓	맹세할 서	3	船	배 선	5	閃	번쩍할 섬	1	笑	웃을 소	4Ⅱ
像	형상·모양 상	3Ⅱ	緒	실마리 서	3Ⅱ	善	착할 선	5	陝	고을이름 섬	2	消	사라질 소	6
賞	상줄 상	5	嶼	섬 서	1	選	뽑을·가릴 선	5	涉	교섭할 섭	3	掃	쓸 소	4Ⅱ
霜	서리 상	3Ⅱ	抒	끌어낼 서	1	線	줄 선	6	攝	당길 섭	3	紹	소개할·이을 소	2인
償	갚을 상	3	曙	밝을·새벽 서	1	禪	참선 선	3	燮	화할·불꽃 섭	2	疎	드물 소	1
箱	상자 상	2인	棲	살 서	1	鮮	생선 선	5	成	이룰 성	6	訴	하소연할 소	3Ⅱ
孀	과부 상	1	犀	물소 서	1	繕	꿰맬·수선할 선	2인	性	성품 성	5	蔬	채소·나물 소	3
庠	학교 상	2	胥	서로·기다릴 서	1	扇	사립문·부채 선	1	姓	성씨 성	7	燒	불탈 소	3
爽	시원할 상	1	婿	사위 서	1	煽	선동할 선	1	省	살필 성	6	蘇	살아날 소	3Ⅱ
翔	날개·날 상	1	舒	한가할·펼 서	2	瑄	도리옥 선	2	星	별 성	4Ⅱ	騷	시끄러울 소	3
觴	술잔 상	1	薯	감자·마 서	1	璇	아름다운옥 선	2	城	도읍 성	4Ⅱ	塑	토우 소	1
雙	쌍 쌍	3Ⅱ	逝	갈·죽을 서	3	璿	아름다운옥 선	2	盛	풍성할 성	4Ⅱ	宵	밤·개똥벌레 소	1
璽	도장·옥새 새	1	黍	기장 서	1	羨	부러워할 선	1	聖	성인 성	4Ⅱ	疏	트일 소	3Ⅱ
塞	막을·변방 새	3	鼠	쥐 서	1	腺	땀구멍 선	1	誠	정성 성	4Ⅱ	巢	새집 소	2
色	빛 색	7	夕	저녁 석	7	膳	반찬·선물 선	1	聲	소리 성	4Ⅱ	搔	긁을 소	1
索	찾을 색	3Ⅱ	石	돌 석	6	銑	무쇠 선	1	晟	밝을 성	2	梳	빗 소	1
嗇	농부·아낄 색	1	昔	옛날 석	3	舌	혀 설	4	醒	술깰 성	1	沼	늪·못 소	2
生	날 생	8	析	쪼갤 석	3	雪	눈 설	6	世	세상 세	7	甦	깨어날 소	1
牲	희생 생	1	席	자리 석	6	設	베풀 설	4Ⅱ	洗	씻을 세	5	瘙	피부병·종기 소	1
甥	사위 생·조카 질	1	惜	아낄 석	3Ⅱ	說	말씀 설	5	細	가늘 세	4Ⅱ	簫	통소 소	1
西	서녘 서	8	碩	클 석	2인	卨	은나라성씨 설	2	稅	세금 세	4Ⅱ	蕭	쑥·쓸쓸할 소	1
序	차례 서	5	釋	부처님·풀 석	3Ⅱ	屑	가루 설	1	歲	해 세	5	逍	거닐 소	1

한자	뜻·음	급수
遡	거스를 소	1
邵	높을·성씨 소	2
束	잠잘 속	5
俗	풍속 속	4Ⅱ
速	빠를 속	6
粟	좁쌀·조 속	3
屬	부탁할 속	4
續	이을 속	4Ⅱ
贖	죄사할 속	1
孫	손자 손	6
損	감할 손	4
遜	겸손할 손	1
松	소나무 송	4
送	보낼 송	4Ⅱ
訟	송사할 송	3
頌	칭송할 송	4
誦	외울 송	3
宋	송나라 송	2
悚	죄송할 송	1
刷	인쇄·고칠 쇄	3Ⅱ
鎖	쇠사슬 쇄	3
灑	뿌릴 쇄	1
碎	부술 쇄	1
衰	쇠약할 쇠	3Ⅱ
水	물 수	8
手	손 수	7
囚	감옥·죄수 수	3
守	지킬 수	4Ⅱ
收	거둘 수	4Ⅱ
秀	빼어날 수	4
受	받을 수	4Ⅱ
垂	드리울 수	3
首	머리 수	5
帥	장수 수	3Ⅱ
修	닦을 수	4Ⅱ
殊	죽을·다를 수	3Ⅱ
授	가르칠 수	4Ⅱ
搜	찾을 수	3
須	모름지기 수	3
遂	수행할 수	3
愁	근심·시름 수	3Ⅱ
睡	잠잘 수	3
需	구할·쓸 수	3Ⅱ
壽	목숨 수	3Ⅱ
隨	따를 수	3Ⅱ
誰	누구·무엇 수	3
數	셈 수	7
樹	심을 수	6
輸	보낼 수	3Ⅱ
雖	비록 수	3
獸	짐승 수	3Ⅱ
嫂	형수 수	1
戍	지킬·수루 수	1
洙	물가·강이름 수	2
狩	사냥 수	1
瘦	수척할 수	1
穗	이삭 수	1
竪	더벅머리 수	1
粹	순수할 수	1
繡	수놓을 수	1
羞	부끄러울 수	1
蒐	모을·찾을 수	1
讎	원수·갚을 수	1
袖	소매 수	1
酬	갚을 수	1
銖	저울눈 수	2
隋	떨어질 수	2
髓	뼈기름 수	1
叔	삼촌 숙	4
宿	잠잘 숙	5
淑	맑을·착할 숙	3Ⅱ
孰	누구·무엇 숙	3
肅	공경할 숙	4
熟	익을 숙	3Ⅱ
塾	글방 숙	1
夙	일찍 숙	1
菽	콩 숙	1
旬	열흘 순	3Ⅱ
巡	돌 순	3Ⅱ
盾	방패 순	2인
殉	따라죽을 순	3
純	순수할 순	4Ⅱ
脣	입술 순	3
順	순할 순	5
循	돌·좇을 순	3
瞬	눈깜짝할 순	3Ⅱ
洵	믿을 순	2
淳	순박할 순	2
珣	옥그릇 순	2
荀	풀이름·성 순	2
筍	죽순 순	1
舜	순임금 순	2
醇	순수할 순(술)	1
馴	길들 순	1
戌	개 술	3
述	지을·말할 술	3Ⅱ
術	재주·꾀 술	6
崇	높을 숭	4
瑟	거문고 슬(실)	1
膝	무릎 슬	1
拾	열 십	3Ⅱ
習	익힐 습	6
濕	젖을 습	3
襲	엄습할 습	3Ⅱ
升	오를·되 승	2인
承	이을 승	4Ⅱ
昇	오를 승	3Ⅱ
乘	수레·탈 승	3Ⅱ
勝	이길 승	6
僧	중·승려 승	3Ⅱ
丞	도울·정승 승	1
繩	노끈·줄 승	2
市	시장 시	7
示	보일 시	5
矢	화살 시	3
侍	모실 시	3Ⅱ
始	비로소 시	6
是	이·옳을 시	4Ⅱ
屍	송장·주검 시	2인
施	베풀 시	4Ⅱ
時	때 시	7
視	볼 시	4Ⅱ
詩	글귀 시	4Ⅱ
試	시험할 시	4Ⅱ
匙	숟가락 시	1
媤	시집 시	1
弑	죽일 시	1
柿	감나무 시	1
柴	땔나무 시·막을 채	2
猜	시기할 시	1
諡	시호 시	1
豺	승냥이 시	1
氏	성씨 씨	4
式	법식 식	6
食	밥 식	7
息	숨쉴 식	4Ⅱ
植	심을 식	7
殖	번식할 식	2인
飾	꾸밀 식	3Ⅱ
識	알 식	5
拭	닦을 식	1
湜	물맑을 식	2
熄	불꺼질 식	1
蝕	벌레먹을 식	1
軾	수레앞턱가로나무 식	2
申	원숭이 신	4Ⅱ
臣	신하 신	5
辛	매울 신	3
身	몸 신	6
伸	기지개켤 신	3

信	믿을 신	6	亞	다음·버금 아	3Ⅱ	癌	암 암	2인	鶯	꾀꼬리 앵	1	恙	근심 양	1
神	귀신 신	6	兒	아이 아	5	庵	암자 암	1	也	어조사 야	3	癢	가려울 양	1
晨	새벽 신	3	阿	아부할 아	3Ⅱ	闇	어두울 암	1	夜	밤 야	6	於	살 어	3
腎	콩팥 신	2인	雅	맑을 아	3Ⅱ	押	누를 압	3	耶	아버지 야	3	魚	고기 어	5
愼	삼갈 신	3Ⅱ	餓	굶을 아	3	壓	누를 압	4Ⅱ	野	백성 야	6	御	임금 어	3Ⅱ
新	새 신	6	俄	잠깐·갑자기 아	1	鴨	오리 압	2	倻	절 야	2	漁	고기잡을 어	5
紳	띠·신사 신	2인	訝	의심할·맞을 아	1	央	가운데 앙	3Ⅱ	冶	풀무·쇠녹일 야	1	語	말씀 어	7
呻	신음할 신	1	啞	벙어리 아	1	仰	우러를 앙	3Ⅱ	惹	이끌·야기할 야	2인	圄	감옥 어	1
娠	임신할 신	1	衙	마을·관청 아	1	殃	재앙 앙	3	揶	빈정거릴 야	1	瘀	어혈질·병 어	1
爐	타고남은불 신	1	岳	큰 산 악	3	怏	원망할 앙	1	爺	아비 야	1	禦	지킬·막을 어	1
薪	땔나무 신	1	惡	악할 악	5	昂	높을·밝을 앙	1	若	같을·만약 약	3Ⅱ	抑	누를 억	3Ⅱ
蜃	대합조개 신	1	握	쥘 악	2인	秧	모 앙	1	約	맺을 약	5	億	억·많을 억	5
宸	집 신	1	顎	턱 악	1	鴦	원앙새 앙	1	弱	약할 약	6	憶	기억할 억	3Ⅱ
訊	신문할 신	1	堊	백토 악	1	哀	슬플 애	3Ⅱ	藥	약 약	6	臆	가슴 억	1
迅	빠를 신	1	愕	놀랄 악	1	涯	물가·다할 애	3	躍	뛸 약	3	言	말씀 언	6
失	잃을 실	6	安	편안할 안	7	愛	사랑 애	6	葯	구리때잎 약	1	焉	어찌·이니 인	3
室	방·집 실	8	岸	언덕 안	3Ⅱ	礙	장애·막을 애	2인	羊	양 양	4Ⅱ	堰	방죽 언	1
實	열매 실	5	案	생각 안	5	埃	티끌 애	2	洋	큰바다 양	6	彦	선비 언	2
悉	다 실	1	眼	눈·볼 안	4Ⅱ	曖	가릴 애	1	揚	올릴·날릴 양	3Ⅱ	諺	상말·속언 언	1
心	마음 심	7	雁	기러기 안	3	崖	낭떠러지 애	1	陽	볕 양	6	嚴	엄할 엄	4
甚	더욱·심할 심	3Ⅱ	顔	얼굴·빛 안	3Ⅱ	艾	쑥 애	2	楊	버들나무 양	3	儼	근엄할 엄	1
深	깊을 심	4Ⅱ	按	누를 안	1	隘	좁을 애	1	養	기를 양	5	奄	오랠·그칠 엄	1
尋	찾을 심	3	晏	늦을 안	1	靄	노을 애	1	樣	모양 양	4	俺	나 엄	1
審	심문할 심	3Ⅱ	鞍	안장 안	1	厄	재앙 액	3	壤	흙 양	3Ⅱ	業	일 업	6
瀋	즙낼 심	2	謁	아뢸·뵈올 알	3	液	진 액	4Ⅱ	孃	아가씨 양	2	予	나 여	3
十	열 십	8	軋	수레삐걱거릴 알	1	額	돈 액	4	讓	사양할 양	3Ⅱ	汝	너 여	3
	ㅇ		斡	돌아갈·알선할 알	1	扼	잡을 액	1	瘍	종기·상처 양	1	如	같을 여	4Ⅱ
牙	어금니 아	3	閼	막을·그칠 알	2	縊	목맬 액	1	攘	물리칠 양	1	余	나·남을 여	3
芽	싹 아	3	巖	바위 암	3Ⅱ	腋	겨드랑이 액	1	襄	이룰·높을 양	2	與	참여할 여	4
我	나·우리 아	3Ⅱ	暗	어두울 암	4Ⅱ	櫻	앵두 앵	1	釀	술빚을 양	1	餘	남을 여	4Ⅱ

輿	수레·무리 여	3	筵	대자리 연	1	譽	명예·기릴 예	3Ⅱ	溫	따뜻할 온	6	倭	왜국 왜	2

한자	뜻·음	급수	한자	뜻·음	급수	한자	뜻·음	급수	한자	뜻·음	급수	한자	뜻·음	급수
輿	수레·무리 여	3	筵	대자리 연	1	譽	명예·기릴 예	3Ⅱ	溫	따뜻할 온	6	倭	왜국 왜	2
亦	또 역	3Ⅱ	悅	기쁠 열	3Ⅱ	裔	후손 예	1	穩	평온할 온	2인	矮	난쟁이 왜	1
役	부릴·싸울 역	3Ⅱ	閱	볼 열	3	曳	당길·끌 예	1	蘊	쌓을 온	1	外	밖 외	8
易	바꿀 역	4	熱	더울 열	5	濊	부족이름 예	2	翁	늙은이 옹	3	畏	두려워할 외	3
逆	거스릴 역	4Ⅱ	炎	불꽃 염	3	睿	밝을·지혜 예	1	擁	포용할 옹	3	猥	함부로 외	1
疫	전염병 역	3	染	물들일 염	3Ⅱ	穢	거칠·더러울 예	1	雝	막힐·옹졸할 옹	1	巍	높을 외	1
域	경계 역	4	厭	만족할·싫을 염	2인	芮	풀뾰족날 예	1	甕	독·옹기 옹	2	妖	아리따울 요	2인
譯	번역할 역	3Ⅱ	鹽	소금 염	3	詣	이를 예	1	邕	화할 옹	2	要	중요 요	5
驛	정거장 역	3Ⅱ	焰	불꽃 염	1	午	낮·말 오	7	雍	기릴·화목할 옹	2	搖	흔들 요	3
繹	풀어낼 역	1	艶	탐스러울 염	1	五	다섯 오	8	瓦	기와 와	3	遙	멀 요	3
延	뻗칠·끌 연	4	閻	염라·저승 염	2	汚	더러울 오	3	臥	누울 와	3	腰	허리 요	3
沿	물따라갈 연	3Ⅱ	葉	잎 엽	5	吾	나 오	3	渦	소용돌이 와	1	謠	노래 요	4Ⅱ
宴	잔치 연	3Ⅱ	燁	빛날 엽	2	烏	까마귀 오	3Ⅱ	蝸	달팽이 와	1	曜	비칠 요	5
軟	연할 연	3Ⅱ	永	길·영원할 영	6	悟	깨달을 오	3Ⅱ	訛	그릇될 와	1	僥	바랄·요행 요	1
硏	갈 연	4Ⅱ	迎	맞이할 영	4	娛	즐거워할 오	3	完	완전할 완	5	凹	오목할 요	1
然	자연 연	7	英	꽃부리 영	5	梧	오동나무 오	2인	緩	늘어질 완	3	拗	꺾을 요	1
硯	벼루 연	2인	泳	헤엄칠 영	3	嗚	탄식할 오	3	婉	순할 완	1	堯	높을·요임금 요	2
煙	연기 연	4Ⅱ	映	빛날 영	4	傲	거만할 오	3	宛	지정할·굽힐 완	1	夭	예쁠·일찍죽을 요	1
鉛	납·분 연	4	詠	읊을 영	3	誤	그릇할 오	4Ⅱ	琓	옥돌 완	1	姚	예쁠 요	2
演	연습할 연	4Ⅱ	榮	무성할 영	4Ⅱ	吳	큰소리칠·성 오	2	腕	팔 완	1	撓	흔들 요	1
燃	불탈 연	4	影	그림자 영	3Ⅱ	奧	깊을·속 오	1	頑	완고할 완	1	擾	어지러울 요	1
緣	인연 연	4	營	경영할 영	4	寤	잠깰 오	1	莞	왕골 완	2	窈	고요할 요	1
燕	제비 연	3	暎	비칠·빛날 영	2	塢	방구들 오	2	阮	원나라·성 완	1	窯	기와굽는가마 요	1
姸	고울 연	2	瑛	수정·옥빛 영	2	懊	한탄할 오	1	曰	말할·가로 왈	3	耀	빛날 요	2
捐	병들어죽을 연	1	嬰	어릴 영	1	伍	대오 오	1	王	임금 왕	8	邀	맞이할 요	1
椽	서까래 연	1	盈	가득찰 영	2	玉	옥 옥	4Ⅱ	往	갈 왕	4Ⅱ	饒	넉넉할 요	1
淵	못·깊을 연	2	預	미리 예	2인	屋	집 옥	5	旺	왕성할 왕	2	辱	욕할·욕될 욕	3Ⅱ
衍	넘칠·흐를 연	2	銳	날카로울 예	3	獄	감옥 옥	3Ⅱ	枉	굽힐 왕	1	浴	목욕할 욕	5
撚	꼴 연	1	豫	미리 예	4	沃	물댈·기름질 옥	2	汪	물깊고넓을 왕	2	欲	하고자할 욕	3Ⅱ
鳶	솔개 연	1	藝	기술 예	4Ⅱ	鈺	보배 옥	2	歪	비뚤 왜	2인	慾	욕심 욕	3Ⅱ

用	쓸 용	6	嵎	산모퉁이 우	1	員	인원 원	4Ⅱ	渭	속끓을 위	2	楡	느릅나무 유	2
勇	용기 용	6	佑	도울 우	2	院	집 원	5	萎	시들·마를 위	1	癒	병 나을 유	1
容	얼굴 용	4Ⅱ	寓	붙을·살 우	2	援	구원할 원	4	韋	군복·어길 위	2	諛	아첨할 유	1
庸	떳떳할·쓸 용	3	祐	도울·다행할 우	2	圓	둥글 원	4Ⅱ	魏	클·나라이름 위	2	諭	깨우칠 유	1
熔	녹을 용	2인	禹	느즈러질·성씨 우	2	園	동산 원	6	由	말미암을 유	6	踰	넘을 유	2
傭	품팔이 용	2인	虞	염려할·헤아릴 우	2	源	근원 원	4	幼	어릴 유	3Ⅱ	蹂	밟을 유	1
涌	샘물솟을 용	1	迂	멀 우	1	遠	멀 원	6	有	있을 유	7	鍮	놋쇠 유	1
溶	물흐를·녹을 용	2	隅	모퉁이 우	1	願	원할 원	5	酉	닭 유	3	游	헤엄칠·노닐 유	1
瑢	패옥소리 용	2	旭	빛날·아침해 욱	1	寃	원통할 원	1	乳	젖 유	4	肉	고기 육	4Ⅱ
聳	솟을·공경할 용	1	昱	밝을·빛날 욱	1	猿	원숭이 원	1	油	기름 유	6	育	기를 육	7
茸	녹용·사슴뿔 용	1	煜	불꽃·빛날 욱	1	瑗	도리옥·이름 원	2	柔	부드러울 유	3Ⅱ	閏	윤달 윤	3
蓉	연꽃 용	1	郁	문채날·성할 욱	1	袁	긴옷·성씨 원	2	幽	그윽할 유	3Ⅱ	潤	불을 윤	3Ⅱ
踊	뛸 용	1	頊	머리굽실거릴 욱	2	鴛	원앙새 원	1	悠	아득할·멀 유	3Ⅱ	允	진실로 윤	2
鎔	녹일 용	2	云	말할 운	3	月	달 월	8	唯	오직 유	3	尹	다스릴·성씨 윤	2
鏞	종·쇠북 용	2	雲	구름 운	5	越	넘을 월	3Ⅱ	惟	생각할 유	3	胤	맏아들·이을 윤	2
又	또·다시 우	3	運	운전할 운	6	危	위태할 위	4	猶	오히려 유	3Ⅱ	鈗	병기 윤	2
于	갈·탄식할 우	3	韻	울릴·운치 운	3Ⅱ	位	자리 위	5	裕	넉넉할 유	3Ⅱ	融	융통할·화할 융	2인
友	벗 우	5	殞	죽을 운	1	委	맡을 위	4	遊	놀 유	4	戎	병장기 융	1
尤	더욱·허물 우	3	耘	김맬 운	1	胃	밥통·위장 위	3	愈	병나을 유	3	絨	융 융	1
牛	소 우	5	芸	촘촘할·성씨 운	2	威	위엄 위	4	維	벼리·이을 유	3Ⅱ	恩	은혜 은	4Ⅱ
右	오른 우	7	隕	떨어질 운	1	偉	위대할 위	5	誘	꾈·이끌 유	3Ⅱ	銀	은 은	6
宇	집·하늘 우	3Ⅱ	鬱	답답할 울	2인	尉	벼슬·편안할 위	2인	遺	끼칠 유	4	隱	숨길 은	4
羽	날개·깃 우	3	蔚	고을이름 울	2	爲	위할 위	4Ⅱ	儒	선비 유	4	垠	언덕·지경 은	2
雨	비 우	5	雄	수컷 웅	5	圍	에워쌀 위	4	兪	자연스런·성 유	2	殷	많을·나라이름 은	2
偶	짝·배필 우	3Ⅱ	熊	곰 웅	2인	違	어길·잘못 위	3	喩	깨우칠 유	1	誾	온화할 은	2
遇	대우할 우	4	媛	예쁠 원	2인	僞	거짓 위	3	宥	용서할 유	1	乙	새 을	3Ⅱ
愚	어리석을 우	3Ⅱ	元	으뜸 원	5	慰	유쾌할 위	4	庾	노적·곳집 유	2	吟	울·신음할 음	3
郵	우편 우	4	苑	동산·공원 원	2인	緯	가로선 위	3	愉	즐거울 유	1	音	소리 음	6
憂	근심할 우	3Ⅱ	怨	원망할 원	4	謂	말할 위	3Ⅱ	揄	희롱할 유	1	淫	음란할 음	3
優	넉넉할 우	4	原	근원 원	5	衛	지킬 위	4Ⅱ	柚	유자나무 유	1	陰	그늘 음	4Ⅱ

漢字	訓音	級	漢字	訓音	級	漢字	訓音	級	漢字	訓音	級	漢字	訓音	級
飮	마실 음	6	移	옮길 이	4Ⅱ	逸	편안할 일	3Ⅱ	滋	맛·불을 자	2	長	길 장	8
蔭	덮을·가릴 음	1	貳	두 이	2인	壹	한 일	2인	炙	구을 자(적)	1	莊	씩씩할 장	3Ⅱ
邑	고을 읍	7	怡	기쁠 이	2	佚	편안할 일(질)	1	煮	지질·삶을 자	1	章	글 장	6
泣	울 읍	3	痍	상처 이	1	溢	넘칠 일	1	瓷	사기그릇 자	1	帳	장막 장	4
揖	읍할 읍	1	伊	어조사·오직 이	1	鎰	스물넉냥중 일	2	疵	흠집 자	1	張	베풀 장	4
凝	엉길·물얼 응	3	姨	이모 이	1	佾	춤 일	2	蔗	사탕수수 자	1	將	장수 장	4Ⅱ
應	응할 응	4Ⅱ	弛	느슨할 이	1	壬	북방·클 임	3Ⅱ	藉	도울·깔개 자	1	掌	손바닥 장	3Ⅱ
膺	가슴·응할 응	1	爾	가까울·그 이	1	任	맡길 임	5	作	지을 작	6	葬	장사지낼 장	3Ⅱ
鷹	매 응	2	珥	귀고리 이	2	賃	품삯·빌릴 임	3	昨	어제 작	6	場	마당 장	7
擬	비슷할 의	1	餌	미끼·이깝 이	1	妊	임신할 임	2인	酌	술 따를 작	3	粧	단장할 장	3Ⅱ
衣	옷 의	6	益	더할 익	4Ⅱ	入	들 입	7	爵	벼슬 작	3	裝	꾸밀 장	4
矣	말그칠 의	3	翼	날개 익	3Ⅱ	剩	남을 잉	1	綽	너그로울 작	1	腸	창자 장	4
宜	마땅할 의	3	翊	날·도울 익	2	孕	아이밸 잉	1	勺	조금·구기 작	1	獎	도울 장	4
依	의지할 의	4	翌	다음날 익	1	**ㅈ**			灼	불사를 작	1	障	막힐 장	4Ⅱ
意	생각·뜻 의	6	人	사람 인	8	子	아들 자	7	炸	터질 작	1	藏	감출·곳집 장	3Ⅱ
義	옳을 의	4Ⅱ	刃	칼날·벨 인	2인	字	글자 자	7	芍	작약 작	1	臟	오장 장	3Ⅱ
疑	의심할 의	4	仁	어질 인	4	自	스스로 자	7	嚼	씹을 작	1	墻	담 장	3
儀	법도 의	4	引	끌 인	4Ⅱ	姊	윗누이 자	4	鵲	까치 작	1	仗	의장·무기 장	1
醫	병원·의원 의	6	因	인연 인	5	刺	찌를 자(척)	3	雀	참새 작	1	匠	만들·장인 장	1
議	의논할 의	4Ⅱ	印	도장 인	4Ⅱ	者	사람 자	6	殘	잔인할 잔	4	庄	농막 장	2
椅	의자 의	1	忍	참을 인	3Ⅱ	玆	흐릴 자	3	棧	사다리·복도 잔	1	杖	지팡이 장	1
毅	굳셀 의	1	姻	혼인 인	3	姿	태도 자	4	盞	술잔 잔	1	檣	돛대 장	1
誼	옳의·친할 의	1	寅	범 인	3	恣	방자할 자	3	暫	잠시 잠	3Ⅱ	漿	미음 장	1
二	두 이	8	認	인정할 인	4Ⅱ	紫	자줏빛 자	3	潛	잠길·감출 잠	3Ⅱ	獐	노루 장	2
已	이미·그칠 이	3Ⅱ	咽	목구멍 인(열)	1	慈	사랑 자	3Ⅱ	蠶	누에 잠	2인	璋	반쪽홀 장	2
以	써 이	5	湮	잠길 인	1	資	자본 자	4	箴	경계 잠	1	蔣	과장풀·성씨 장	2
而	말이을 이	3	蚓	지렁이 인	1	磁	자석 자	2인	簪	비녀 잠	1	薔	장미·장미꽃 장	1
耳	귀 이	5	靭	질길 인	1	雌	암컷·악할 자	2인	雜	섞일 잡	4	醬	간장·젓갈 장	1
夷	오랑캐 이	3	一	하나 일	8	諮	물을 자	2인	丈	어른 장	3Ⅱ	才	재주 재	6
異	다를 이	4	日	해·날 일	8	仔	자세할 자	1	壯	장할 장	4	在	살필 재	6

弔	조상할 조	3	粗	거칠 조	1	左	왼 좌	7	紬	명주 주	1	曾	높을·일찍 증	3Ⅱ
早	일찍 조	4Ⅱ	糟	지게미 조	1	坐	앉을 좌	3Ⅱ	註	풀이할 주	1	蒸	삶을·김오를 증	3Ⅱ
兆	조·억수 조	3Ⅱ	繰	고치 켤 조(소)	1	佐	도울 좌	3	誅	벨·죽일 주	1	增	더할 증	4Ⅱ
助	도울 조	4Ⅱ	藻	조류 조	1	座	자리 좌	4	躊	머뭇거릴 주	1	憎	미워할 증	3Ⅱ
造	지을 조	4Ⅱ	詔	조서 조	1	挫	꺾을·꺾일 좌	1	輳	바퀴살통·모일 주	1	證	증명할 증	4
祖	조상 조	4	趙	찌를·성씨 조	2	罪	죄 죄	5	紂	말고삐 주	1	贈	드릴·줄 증	3
租	세금 조	3	躁	빼를 조	1	主	주인 주	7	胄	투구 주	1	之	갈·어조사 지	3Ⅱ
鳥	새 조	4Ⅱ	肇	비로소·처음 조	1	朱	붉을 주	4	竹	대 죽	4Ⅱ	止	머무를 지	5
措	정돈할·둘 조	2	遭	만날 조	1	舟	배 주	3	俊	뛰어날 준	3	支	지탱할 지	4Ⅱ
條	가지 조	4	阻	막힐·험할 조	1	州	고을 주	5	准	견줄·비준 준	2인	只	다만 지	3
組	조상 조	7	足	발 족	7	走	달릴 주	4Ⅱ	準	평평할 준	4Ⅱ	至	이를 지	4Ⅱ
釣	낚시 조	2인	族	겨레 족	6	住	살 주	7	遵	지킬 준	3	旨	뜻·맛 지	2인
彫	새길·조각 조	2인	簇	조릿대 족	1	周	두루 주	4	埈	높을·가파를 준	2	枝	가지 지	3
朝	아침 조	6	存	보존할 존	4	宙	집 주	3Ⅱ	峻	높을 준	2	池	못·저수지 지	3Ⅱ
照	비출 조	3Ⅱ	尊	높을 존	4Ⅱ	注	흐를 주	6	晙	밝을 준	2	地	땅 지	7
潮	나타날 조	4	卒	군사 졸	5	洲	섬·물가 주	3Ⅱ	樽	술통 준	1	志	뜻 지	4Ⅱ
調	조사할 조	5	拙	옹졸할 졸	3	柱	기둥 주	3Ⅱ	浚	깊을·팔 준	2	知	알 지	5
操	잡을 조	5	猝	갑자기 졸	1	奏	풍류·연주 주	3	濬	깊을 준	2	持	가질 지	4
燥	말릴·마를 조	3	宗	종가 종	4Ⅱ	酒	술 주	4	竣	마칠 준	1	指	손가락 지	4Ⅱ
凋	마를·시들 조	1	從	친척 종	4	株	뿌리·줄기 주	3	蠢	움직일 준	1	脂	기름·비계 지	2인
嘲	조롱할 조	1	終	마칠 종	5	珠	구슬·진주 주	3	駿	준마 준	2	紙	종이 지	7
曺	관청·성씨 조	2	種	종자 종	5	晝	낮 주	6	中	가운데 중	8	智	지혜 지	4
曹	무리·성씨 조	1	綜	모을 종	2	週	돌 주	5	仲	끼일 중	3	誌	기록할 지	4
棗	대추나무 조	1	縱	세로·늘어질 종	3Ⅱ	駐	머무를 주	2인	重	무거울 중	7	遲	더딜·늦을 지	3
槽	말구유통 조	1	鍾	종 종	4	鑄	주물 주	3	衆	무리 중	4Ⅱ	咫	짧을 지	1
漕	배저을 조	1	慫	권할 종	1	做	지을·간주할 주	1	卽	곧·즉시 즉	3Ⅱ	址	터 지	2
爪	손톱·발톱 조	1	琮	옥홀 종	2	呪	빌 주	1	櫛	빗·즐비할 즐	1	摯	잡을·지극할 지	1
眺	바라볼 조	1	腫	종기 종	1	嗾	부추길 주(수)	1	汁	진액 즙	1	祉	복 지	1
祚	복 조	2	踵	발꿈치·이을 종	1	廚	부엌 주	1	葺	지붕이을 즙	1	肢	사지 지	1
稠	빽빽할 조	1	蹤	발자취 종	1	疇	밭·같을 주	2	症	증세 증	3Ⅱ	枳	탱자나무 지	1

芝	버섯 지	2	桎	수갑·차꼬 질	1	餐	밥·반찬 찬	2인	蒼	푸를·무성할 창	3Ⅱ	處	살·곳 처	4Ⅱ
直	곧을 직	7	膣	여자생식기 질	1	贊	도울 찬	3Ⅱ	滄	큰바다·푸를 창	2인	悽	슬퍼할 처	2인
職	맡을 직	4Ⅱ	跌	넘어질 질	1	讚	기릴 찬	4	暢	화창할·펼 창	3	凄	찰·처참할 처	1
織	짤 직	4	迭	대신·바꿀 질	1	撰	글지을 찬	1	彰	표창할 창	2인	尺	자 척	3Ⅱ
稙	일찍심은벼 직	2	嫉	질투할 질	1	燦	빛날 찬	2	倡	가무·기생 창	1	斥	물리칠 척	3
稷	피·농관 직	2	斟	짐작할 짐	1	璨	옥빛찬란할 찬	2	娼	창녀 창	1	拓	주울 척	3Ⅱ
辰	별·용 진	3Ⅱ	朕	나·조짐 짐	1	瓚	옥그릇 찬	2	廠	곳집·헛간 창	1	戚	친척·겨레 척	3Ⅱ
珍	진귀할 진	4	執	잡을 집	3Ⅱ	篡	빼앗을 찬	1	愴	슬퍼할 창	1	隻	외짝 척	2인
津	나루·진액 진	2인	集	모일 집	6	纂	책지을 찬	1	敞	넓을 창	2	千	일천 천	7
眞	참 진	4Ⅱ	輯	모을 집	2인	鑽	뚫을·송곳 찬	2	昶	밝을 창	2	川	내 천	7
振	떨칠·진동할 진	3Ⅱ	什	세간 집·열사람 십	1	饌	반찬 찬	1	槍	창 창	1	天	하늘 천	7
陣	진칠 진	4	徵	부를 징	3Ⅱ	札	꼬리·편지 찰	2인	漲	물불을·넘칠 창	1	泉	샘 천	4Ⅱ
陳	베풀 진	3Ⅱ	懲	징계할 징	3	刹	절 찰	2인	猖	미칠 창	1	淺	얕을 천	3Ⅱ
進	나아갈 진	4Ⅱ	澄	맑을 징	1	察	살필 찰	4Ⅱ	瘡	종기·부스럼 창	1	踐	밟을 천	3Ⅱ
診	진찰할 진	2인	**ㅊ**			擦	문지를 찰	1	脹	배부를 창	1	賤	천할 천	3Ⅱ
塵	먼지·티끌 진	2인	且	또 차	3	參	참여할 참	5	艙	선창 창	1	遷	옮길·비낄 천	3
盡	다할 진	4	次	다음 차	4Ⅱ	慘	비참할 참	3	菖	창포 창	1	薦	천거할 천	3
震	우뢰·벼락 진	3	此	이 차	3Ⅱ	慙	부끄러울 참	3	菜	채소·나물 채	3Ⅱ	擲	던질 척	1
鎭	누를 진	3Ⅱ	差	어긋날 차	4	斬	벨 참	2인	採	캘 채	4	滌	씻을 척	1
嗔	성낼 진	1	借	빌릴·도울 차	3	僭	참람할 참	1	彩	채색·무늬 채	3Ⅱ	瘠	파리할 척	1
晉	나아갈 진	2	遮	막힐·가릴 차	2인	塹	구덩이 참	1	埰	나라에서준땅 채	2	脊	등뼈 척	1
疹	홍역·마마 진	1	叉	깍지낄 차	1	懺	뉘우칠 참	1	寨	울타리 채	1	陟	오를 척	2
秦	벼·진나라 진	2	嗟	탄식할 차	1	站	역·병참 참	1	蔡	법·성씨 채	2	喘	헐떡거릴 천	1
姪	조카딸 질	3	蹉	넘어질 차	1	讒	참소할 참	1	采	캘·풍채 채	2	擅	멋대로 천	1
疾	병 질	3Ⅱ	捉	잡을 착	3	讖	참서 참	1	債	빚 채	3	穿	뚫을 천	1
秩	차례 질	3Ⅱ	着	도착 착	5	昌	창성할 창	3Ⅱ	冊	책 책	4	闡	열·밝힐·클 천	1
窒	막힐·질소 질	2인	錯	섞일 착	3	倉	곳집·창고 창	3Ⅱ	責	맡을 책	5	釧	팔찌 천	2
質	근본 질	5	搾	짤 착	1	窓	창 창	6	策	꾀·대쪽 책	3Ⅱ	哲	밝을 철	3Ⅱ
叱	꾸짖을 질	1	窄	좁을·끼울 착	1	唱	노래부를 창	5	柵	울타리 책	1	撤	거둘 철	2인
帙	주머니·책갑 질	1	鑿	뚫을·깎을 착	1	創	창조할 창	4Ⅱ	妻	아내 처	3Ⅱ	徹	통할·뚫을 철	3Ⅱ

鐵	쇠 철	5	締	맺을 체	2인	村	마을 촌	7	畜	기를 축	3	翠	물총새·푸를 취	1
凸	볼록할 철	1	涕	눈물 체	1	忖	헤아릴 촌	1	祝	축하 축	5	聚	모일 취	2
喆	밝을 철	2	諦	살필 체	1	銃	총 총	4II	逐	쫓을 축	3	脆	연할·약할 취	1
澈	물맑을 철	2	肖	작을·닮을 초	3II	聰	귀밝을 총	3	軸	굴대·속바퀴 축	2인	側	곁 측	3II
綴	연결할·맺을 철	1	抄	베낄·훔칠 초	3	總	합할 총	4II	蓄	모을 축	4II	測	측량할 측	4II
轍	거둘·그칠 철	1	初	처음 초	5	叢	모을 총	1	築	건축 축	4II	惻	슬퍼할 측	1
尖	뾰족할 첨	3	招	부를 초	4	塚	무덤 총	1	縮	줄어들 축	4	層	층 층	4
添	더할 첨	3	草	풀 초	7	寵	사랑 총	1	蹴	찰 축	2인	治	다스릴 치	4II
僉	여럿·다 첨	1	秒	분초 초	3	撮	비칠 촬	1	春	봄 춘	7	値	가치·값 치	3II
瞻	쳐다볼 첨	2	哨	보초 초	2인	最	가장 최	5	椿	대춘나무 춘	2	恥	부끄러울 치	3II
籤	제비 첨	1	焦	구을·탈 초	2인	催	재촉할 최	3II	出	날 출	7	致	이를 치	5
諂	아첨할 첨	1	超	넘을 초	3II	崔	높을·성씨 최	2	黜	물리칠·내칠 출	1	置	조치할 치	4II
妾	첩 첩	3	礎	주춧돌 초	3II	抽	뺄·당길 추	3	充	찰 충	5	稚	어릴 치	3II
諜	염탐할 첩	2인	憔	시달릴 초	1	秋	가을 추	7	忠	충성 충	4II	齒	이 치	4II
帖	문서·표제 첩	1	梢	나무끝 초	1	追	따를 추	3II	衷	속옷·속마음 충	2인	雉	꿩 치	2
捷	민첩할·이길 첩	1	楚	높을·회초리 초	2	推	가릴 추	4	衝	충돌할 충	3II	侈	사치할 치	1
牒	편지·족보 첩	1	樵	땔나무 초	1	趨	달릴 추	2인	蟲	벌레 충	4II	峙	우뚝솟을 치	2
疊	거듭·쌓을 첩	1	炒	볶을 초	1	醜	추할 추	3	沖	깊을·화할 충	2	幟	깃발 치	1
貼	붙을 첩	1	硝	초석 초	1	墜	떨어질 추	1	吹	악기불 취	3II	熾	치열하게탈 치	1
青	푸를 청	8	礁	암초 초	1	楸	가래나무 추	2	悴	초췌할 췌	1	痔	치질 치	1
清	맑을 청	6	稍	작을 초	1	樞	밑둥가운데 추	1	萃	모일 췌	1	嗤	웃을 치	1
晴	갤·날밝을 청	3	蕉	파초 초	1	芻	짐승먹이·꼴 추	1	贅	붙을·혹 췌	1	痴	어리석을 치	1
請	청할 청	4II	貂	담비 초	1	鄒	추나라·성씨 추	2	膵	췌장 췌	1	緻	치밀할 치	1
聽	들을 청	4	醋	식초 초·술권할 작	1	酋	두목 추	1	取	받을 취	4II	馳	달릴 치	1
廳	관청 청	4	促	재촉할 촉	3II	鰍	미꾸라지 추	1	臭	냄새 취	3	則	법칙 칙	5
逮	잡을 체	3	燭	촛불 촉	3	椎	뻣뻣할 추	1	就	나아갈 취	4	勅	칙서·조서 칙	1
替	바꿀 체	3	觸	더듬을 촉	3II	錐	송곳 추	1	醉	취할 취	3II	親	친할 친	6
遞	우편·우체 체	1	蜀	나라이름 촉	2	錘	저울 추	1	趣	취미 취	4	七	일곱 칠	8
滯	막힐 체	3	囑	부탁할 촉	1	鎚	쇠망치 추	1	炊	불불·불땔 취	2인	漆	옻나무 칠	3
體	몸 체	6	寸	마디 촌	8	丑	소 축	3	娶	장가들 취	1	沈	잠길 침	3II

枕	베개 침	3	鐸	요령·방울 탁	1	汰	씻을·사태 태	1	特	특별할 특	6	悖	어그러질 패	1
侵	침입할 침	4Ⅱ	炭	숯·석탄 탄	5	笞	매·볼기칠 태	1	慝	간사할 특	1	沛	넉넉할·자빠질 패	1

枕	베개 침	3
侵	침입할 침	4Ⅱ
浸	적실·빠질 침	3
針	바늘 침	4
寢	잠잘 침	4
砧	다듬잇돌 침	1
鍼	바늘 침	1
蟄	숨을 칩	1
稱	부를 칭	4
秤	저울 칭	1
ㅋ		
快	유쾌할 쾌	4Ⅱ
ㅌ		
他	다를 타	5
打	칠 타	5
妥	타협할 타	3
墮	떨어질 타	3
唾	침 타	1
惰	게으를 타	1
楕	길죽할 타	1
舵	키 타	1
陀	비탈질 타	1
駝	낙타 타	1
托	맡길·내밀 탁	3
卓	뛰어날 탁	5
託	부탁할 탁	2인
琢	쪼을 탁	2인
濁	흐릴 탁	3
濯	씻을 탁	3
擢	뽑을 탁	1

鐸	요령·방울 탁	1
炭	숯·석탄 탄	5
誕	태어날 탄	3
彈	탄알 탄	4
歎	감탄 탄	4
吞	삼킬 탄	1
坦	넓을 탄	1
憚	꺼릴 탄	1
灘	물결·여울 탄	2
綻	옷 터질 탄	1
脫	벗을 탈	4
奪	빼앗을 탈	3
貪	탐할 탐	3
探	찾을 탐	4
耽	즐길 탐	2
眈	노려볼 탐	1
塔	탑 탑	3Ⅱ
搭	실을·탈 탑	1
湯	끓을·씻을 탕	3
宕	석공·방탕할 탕	1
蕩	방탕할 탕	1
太	클 태	6
怠	게으를 태	3
殆	가까이할 태	3Ⅱ
胎	아이밸 태	2인
泰	클·통할 태	3Ⅱ
態	모양 태	4Ⅱ
颱	태풍 태	2인
兌	기쁠·바꿀 태	2
台	클 태·기쁠 이	2

汰	씻을·사태 태	1
笞	매·볼기칠 태	1
苔	이끼 태	1
跆	밟을·띨 태	1
宅	집 택(댁)	5
澤	못·윤택할 택	3Ⅱ
擇	선택할 택	4
撑	버틸·지탱할 탱	1
攄	펼 터	1
土	땅·흙 토	8
吐	토할 토	3
兔	토끼 토	3Ⅱ
討	토의할 토	4
通	통할 통	6
痛	아플 통	4
統	다스릴 통	4Ⅱ
慟	서러울 통	1
桶	통 통	1
筒	대롱 통	1
退	물러날 퇴	4Ⅱ
堆	퇴비·쌓을 퇴	1
槌	망치 퇴(추)	1
褪	빛바랠 퇴	1
腿	다리·정강이 퇴	1
頹	무너질 퇴	1
投	던질 투	4
透	투명할 투	3
鬪	싸울 투	4
套	외투·덮개 투	1
妬	질투할 투	1

特	특별할 특	6
慝	간사할 특	1
ㅍ		
波	물결 파	4Ⅱ
派	물갈래 파	4
破	찢어질 파	4Ⅱ
頗	치우칠 파	3
罷	파할 파	3
播	뿌릴 파	3
把	잡을 파	3
坡	언덕·제방 파	2
婆	할머니 파	1
巴	뱀·꼬리 파	1
爬	기어다닐 파	1
琶	비파 파	1
芭	파초 파	1
跛	절룩거릴 파	1
愎	괴팍할 팍	1
判	판단할 판	4
板	판자 판	5
版	조각 판	3Ⅱ
販	팔 판	3
辦	힘쓸 판	1
阪	비탈·언덕 판	2
八	여덟 팔	8
貝	조개·재물 패	3
敗	패할 패	5
霸	으뜸 패	2인
佩	패옥·찰 패	1
唄	찬불 패	1

悖	어그러질 패	1
沛	넉넉할·자빠질 패	1
牌	문패·명패 패	1
稗	피·잘 패	1
彭	성 팽·옹가둥기 방	2
澎	물소리 팽	1
膨	배부를 팽	1
片	조각 편	3Ⅱ
便	편할 편	7
偏	치우칠 편	3
遍	두루 편	3
篇	책 편	4
編	엮을 편	3
扁	특별할·넓을 편	2
鞭	채찍 편	1
騙	속일 편	1
貶	떨어질 폄	1
平	평평할 평	7
坪	평수 평	2인
評	평론할 평	4
萍	개구리밥 평	1
肺	허파 폐	3Ⅱ
閉	닫을 폐	4
廢	폐할·버릴 폐	3
蔽	덮을 폐	3
弊	폐단·나쁠 폐	3Ⅱ
幣	예물·돈 폐	3
斃	넘어질 폐	1
陛	섬돌·폐하 폐	1
布	베풀 포	4Ⅱ

한자	뜻·음	급수	한자	뜻·음	급수	한자	뜻·음	급수	한자	뜻·음	급수	한자	뜻·음	급수
包	쌀 포	4Ⅱ	票	표지 표	4Ⅱ	**ㅎ**			轄	거느릴 할	1	該	갖출 해	3
抛	던질 포·버릴 기	2인	漂	뜰 표	3	下	아래 하	7	含	머금을 함	3Ⅱ	解	풀 해	4Ⅱ
抱	안을 포	3	標	표시 표	4	何	누구·어찌 하	3Ⅱ	咸	다 함	3	偕	함께 해	1
怖	두려워할 포	2인	剽	빠를·표절할 표	1	河	물·강 하	5	陷	빠질 함	3Ⅱ	咳	기침 해	1
胞	동포 포	4	杓	자루표·묶을 작	2	夏	여름 하	7	艦	싸움배·군함 함	2인	懈	게으를 해	1
浦	물가 포	3Ⅱ	慓	날랠·급할 표	1	荷	짐 하	3	函	상자·함 함	1	楷	해나무·본뜰 해	1
捕	사로잡을 포	3	豹	표범 표	1	賀	하례·축하 하	3Ⅱ	喊	고함지를 함	1	諧	화할·해학 해	1
砲	대포 포	4Ⅱ	飄	회오리바람 표	1	瑕	허물·티 하	1	檻	난간·우리 함	1	邂	만날 해	1
飽	배부를 포	3	品	물품 품	5	蝦	새우 하	1	涵	잠길·넓을 함	1	駭	놀랄·해괴할 해	1
鋪	점포·펼 포	2인	稟	바탕 품	1	遐	멀 하	1	緘	봉할·꿰맬 함	1	骸	뼈·해골 해	1
匍	기어갈 포	1	風	바람 풍	6	霞	노을 하	1	銜	재갈 함	1	核	씨 핵	4
咆	포효할 포	1	楓	단풍 풍	3Ⅱ	虐	사나울 학	2인	鹹	짤 함	1	劾	탄핵할 핵	1
哺	먹을 포	1	豊	풍성할 풍	4Ⅱ	學	배울 학	8	合	합할 합	6	行	길·행할 행	6
圃	채전·밭 포	1	諷	빗댈·풍자 풍	1	鶴	학·두루미 학	3Ⅱ	盒	소반뚜껑 합	1	幸	행복 행	6
庖	부엌·푸줏간 포	1	馮	성씨 풍·탈 빙	2	瘧	학질 학	1	蛤	조개 합	1	杏	살구·은행 행	2
泡	물거품 포	1	皮	가죽·피부 피	3Ⅱ	謔	웃길·해학 학	1	陜	땅이름 합(협)	2	向	향할 향	6
疱	천연두·마마 포	1	彼	저 피	3Ⅱ	壑	골짜기 학	1	抗	항거할 항	4	享	누릴·잔치 향	3
脯	포·육포 포	1	疲	피곤할 피	4	汗	땀 한	3	巷	거리 항	3	香	향기 향	4Ⅱ
葡	포도 포	2	被	입을 피	3Ⅱ	旱	가물 한	3	恒	항상 항	3Ⅱ	鄕	고향 향	4Ⅱ
蒲	창포·부들풀 포	1	避	피할 피	4	恨	한탄할 한	4	航	건널 항	4Ⅱ	響	울릴·악기 향	3Ⅱ
袍	도포 포	1	披	펼 피	1	限	한계 한	4Ⅱ	港	항구 항	4Ⅱ	嚮	향할 향	1
襃	포장할·포상할 포	1	匹	짝 필	3	寒	찰 한	5	項	항목·조목 항	3Ⅱ	饗	잔치 향	1
逋	달아날 포	1	必	반드시 필	5	閑	한가할 한	4	亢	높을·겨룰 항	2	許	허락할 허	5
鮑	절인생선 포	2	畢	마칠 필	3Ⅱ	漢	한나라 한	7	沆	넓을·이슬 항	2	虛	빌 허	4Ⅱ
幅	넓이 폭	3	筆	붓 필	5	翰	편지·글 한	2인	缸	항아리 항	1	噓	불 허	1
暴	사나울 포(폭)	4Ⅱ	弼	도울 필	2	韓	한국 한	8	肛	항문 항	1	墟	폐허·옛터 허	1
爆	폭발할 폭	4	疋	짝·필 필	1	澣	빨래할 한	1	亥	돼지 해	3	軒	초헌 헌	3
曝	별쬘 폭	1	泌	샘졸졸흐를 필	2	悍	사나울 한	1	害	해로울 해	5	憲	법·밝힐 헌	4
瀑	폭포 폭	1	乏	가난할 핍	1	罕	새그물·드물 한	1	奚	어떠 해	3	獻	드릴·바칠 헌	3Ⅱ
表	밝힐 표	6	逼	핍박할 핍	1	割	벨·나눌 할	3Ⅱ	海	바다 해	7	歇	값쌀·쉴 헐	1

險	위험할 험	4	刑	형벌 형	4	護	보호할 호	4II	虹	무지개 홍	1	鰥	환어·홀아비 환	1
驗	시험 험	4II	亨	형통할 형	3	壕	참호·해자 호	2	哄	떠들썩할 홍	1	驩	기쁠 환	1
革	가죽 혁	4	形	형상 형	6	弧	활 호	1	訌	무너질 홍	1	活	살 활	7
爀	불빛 혁	2	型	틀 형	2인	扈	넓을·성씨 호	2	火	불 화	8	滑	미끄러울 활	2인
赫	빛날·밝을 혁	2	螢	반딧불 형	3	昊	하늘·하나님 호	2	化	변할 화	5	猾	교활할 활	1
玄	검을·가물 현	3II	衡	저울대 형	3	晧	밝을 호	2	禾	벼 화	3	闊	넓을 활	1
弦	시위·활줄 현	2인	瀅	물맑을 형	2	澔	넓을 호	2	花	꽃 화	7	況	상황 황	4
現	나타날 현	6	炯	빛날 형	2	狐	여우 호	1	和	화할 화	6	皇	임금·클 황	3II
絃	악기줄 현	3	荊	가시 형	1	琥	호박 호	1	華	꽃필 화	4	荒	거칠 황	3
賢	현명할 현	4II	邢	형나라·성씨 형	2	瑚	산호 호	1	貨	재화 화	4II	黃	누를 황	6
縣	고을·매달 현	3	馨	향기 형	2	皓	깨끗할·밝을 호	2	畫	그림 화	6	凰	암봉황새 황	1
懸	매달·걸 현	3II	瑩	밝을·옥돌 영	2	糊	바를·흐릴 호	1	話	말씀 화	7	煌	빛날 황	1
顯	나타날 현	4	兮	어조사 혜	3	鎬	쟁가비·호경 호	2	靴	신 화	2인	遑	급할 황	1
峴	산고개·재 현	2	惠	은혜 혜	4II	祜	복 호	2	禍	재앙 화	3II	徨	방황할 황	1
炫	빛날·밝을 현	2	慧	지혜 혜	3II	或	혹시 혹	4	嬅	탐스러울 화	2	恍	황홀할 황	1
眩	아찔할 현	1	彗	빗자루·살별 혜	1	惑	미혹할 혹	3II	樺	벗나무 화	2	惶	두려워할 황	1
絢	무늬 현	1	醯	초·식초 혜	1	酷	혹독할 혹	2인	確	확실할 확	4II	慌	당황할 황	1
衒	자랑할·팔 현	1	戶	집 호	4II	昏	어두울 혼	3	擴	넓힐 확	3	晃	밝을 황	2
鉉	솥귀 현	2	互	서로 호	3	混	섞을 혼	4	穫	거둘 확	3	滉	물깊고넓을 황	2
穴	구멍·굴 혈	3	乎	탄식할 호	3	婚	혼인할 혼	4	丸	총알·알 환	3	灰	재 회	4
血	피 혈	4II	好	좋아할 호	4II	魂	넋 혼	3II	幻	환상 환	2인	回	돌 회	4II
嫌	싫어할 혐	3	虎	범 호	3II	渾	흐릴·섞일 혼	1	患	근심 환	5	廻	돌 회	2인
協	도울 협	4II	呼	부를 호	4II	忽	문득 홀	3II	換	바꿀 환	3II	悔	뉘우칠 회	3II
脅	협박할 협	3II	胡	오랑캐 호	3II	笏	홀 홀	1	還	돌아올 환	3II	會	모일 회	6
峽	골짜기 협	2인	浩	클·넓을 호	3II	惚	황홀할 홀	1	環	두를 환	4	懷	품을·생각 회	3II
俠	의리 협	1	毫	붓 호	3	弘	클·넓을 홍	3	歡	기뻐할 환	4	恢	돌이킬·넓을 회	1
挾	끼일 협	1	湖	호수 호	5	洪	큰물·넓을 홍	3II	喚	부를 환	1	晦	그믐·어두울 회	1
狹	좁을 협	1	號	이름 호	6	紅	붉을 홍	4	宦	내관·환관 환	1	檜	전나무 회	2
頰	뺨 협	1	豪	호걸 호	3II	鴻	기러기·클 홍	3	桓	굳셀·환인 환	2	淮	회수·강이름 회	2
兄	맏 형	8	濠	해자 호	2인	泓	깊을 홍	2	煥	빛날 환	2	繪	그림 회	1

膾	회 회	1	暈	무리 훈(운)	1	希	바랄 희	4Ⅱ
徊	배회할 회	1	喧	싸움할 훤	1	喜	기쁠 희	4
蛔	회충·거위 회	1	毁	헐 훼	3	稀	드물 희	3Ⅱ
誨	깨우칠 회	1	卉	풀 훼	1	熙	빛날·기쁠 희	2인
賄	뇌물 회	1	喙	부리 훼	1	噫	한숨쉴 희	2인
劃	그을·새길 획	3Ⅱ	揮	휘두를 휘	4	戱	희롱할·놀릴 희	3Ⅱ
獲	잡을·얻을 획	3Ⅱ	輝	빛날 휘	3	姬	아가씨 희	2인
橫	가로 횡	3Ⅱ	彙	모을·무리 휘	1	嬉	즐길 희	2
孝	효도 효	7	徽	아름다울 휘	2	熹	빛날·성할 희	2
效	본받을 효	5	諱	꺼릴·높은조상 휘	1	憙	기뻐할 희	2
曉	밝을·새벽 효	3	麾	지휘할 휘	1	犧	희생 희	1
哮	포효할 효	1	休	쉴 휴	7	禧	복 희	2
嚆	부르짖을 효	1	携	가질·이끌 휴	3	羲	기운·복희 희	2
爻	본받을·사귈 효	1	烋	경사 휴	2	詰	꾸짖을 힐	1
酵	발효 효	1	恤	불쌍히여길 휼	1			
厚	두터울 후	4	凶	흉할 흉	5			
侯	과녁·제후 후	3	胸	가슴 흉	3			
後	뒤 후	7	兇	흉악할 흉	1			
喉	목구멍 후	2인	匈	떠들썩할 흉	2			
候	기후 후	4	洶	용솟을 흉	1			
后	임금·왕비 후	2	黑	검을 흑	5			
吼	울 후	1	欣	기뻐할 흔	1			
嗅	냄새 맡을 후	1	痕	흉터·흔적 흔	1			
朽	냄새·망할 후	1	欠	하품·빠질 흠	1			
逅	만날 후	1	歆	흠향할·먹을 흠	1			
訓	가르칠 훈	6	欽	공경할 흠	2			
勳	공 훈	2인	吸	마실 흡	4Ⅱ			
壎	질나팔 훈	2	恰	흡사할 흡	1			
熏	불길 훈	2	洽	흡족할 흡	1			
薰	훈훈할·향풀 훈	2	興	흥할 흥	4Ⅱ			

전국한자능력검정시험
구성 및 인정기준

⋮

1. 한자능력검정시험 급수배정

급수	합격기준			수준 및 특성	대상 기준
	출제 문항수	합격 문항수	구성		
8	50(100)	35(70)	읽기 · 50자 쓰기 없음	유치원생, 초등학생의 학습동기 부여를 위한 초보적인 단계.	유치원생 및 초등학교 1학년
7	70(100)	49(70)	읽기 · 150자 쓰기 없음	한자공부를 처음 시작하는 분들을 위한 단계.	초등학교 2학년
6 II	80(100)	56(70)	읽기 300자 쓰기 · 50자	한자쓰기를 처음 시작하는 단계.	초등학교 3학년
6	90(100)	63(70)	읽기 300자 쓰기 · 150자	기초한자 쓰기의 단계.	
5	100(100)	70(70)	읽기 · 500자 쓰기 · 300자	학습한자 쓰기의 단계.	초등학교 4학년
4 II	100(100)	70(70)	읽기 · 750자 쓰기 · 400자	5급과 4급의 격차를 해소하기 위한 단계.	초등학교 5학년
4	100(100)	70(70)	읽기 · 1,000자 쓰기 · 500자	초급한자 코스를 수료한 단계.	초등학교 6학년
3 II	150(100)	105(70)	읽기 · 1,500자 쓰기 · 750자	중급한자 수준이며 일상생활에서 접하는 기본적인 한자를 읽을 수 있는 단계.	중학생
3	150(100)	105(70)	읽기 · 1,817자 쓰기 · 1,000자	신문 또는 일반 교양어를 읽을 수 있는 단계.	고등학생
2	150(100)	105(70)	읽기 · 2,355자 쓰기 · 1,817자	약간 수준이 높은 한자로, 일상 한자어를 구사하는 단계.	대학생 및 일반인
1	200(100)	160(80)	읽기 · 3,500자 쓰기 · 2,005자	고도의 한자를 익혀 사회생활과 학습, 연구에서 활용하는 단계.	

※ ( )의 수치는 100점 만점으로 환산한 점수입니다.

2. 한자능력검정시험 출제유형

구분	1급	2급	3급	3II급	4급	4급II	5급	6급	6II급	7급	8급
읽기 배정 한자	3,500	2,355	1,817	1,500	1,000	750	500	300	300	150	50
쓰기 배정 한자	2,005	1,817	1,000	750	500	400	300	150	50	0	0
독음(讀音)	50	45	45	45	30	35	35	33	32	32	25
훈음(訓音)	32	27	27	27	22	22	24	23	30	30	25
장단음(長短音)	10	5	5	5	5	0	0	0	0	0	0
반의어(反義語)	10	10	10	10	3	3	4	4	3	3	0
완성형(完成型)	15	10	10	10	5	5	5	4	3	3	0
부수(部首)	10	5	5	5	3	3	0	0	0	0	0
동의어(同義語)	10	5	5	5	3	3	3	2	0	0	0
동음이의어 (同音異義語)	10	5	5	5	3	3	3	2	0	0	0
뜻풀이	10	5	5	5	3	3	3	2	2	2	0
약자(略字)	3	3	3	3	3	3	3	0	0	0	0
한자쓰기	40	30	30	30	20	20	20	20	10	0	0

※ 쓰기 배정 한자는 한두 급수 아래의 읽기 배정한자이거나 그 범위 내에 있습니다.

※ 출제 유형표는 기본 지침자료로써, 출제자의 의도에 따라 차이가 있을 수 있습니다.

3. 한자능력검정시험 시험시간

구분	1급	2급	3급	준3급	4급	준4급	5급	6급	준6급	7급	8급
시험시간	90분	60분			50분						

3. 국가공인 한자능력급수 취득자 우대사항

· 자격기본법 제27조에 의거 국가자격 취득자와 동등한 대우 및 혜택.

· 교육인적자원부 훈령 제616호 '학생생활기록부 전산처리 및 관리지침'에 의거 학교생활기록부에 등재, 입시에 활용.

- 육군간부 승진 고과에 반영.(부사관 5급, 위관장교 4급, 영관장교 3급 이상)
- 경제5단체, 신입사원 채용 때 전국한자능력검정시험 응시 권고.(3급 응시요건, 3급 이상 가산점)
- 2005학년도 대학수학능력시험부터 '漢文'이 선택과목으로 채택.
- 전국한자능력검정시험의 한자능력급수 취득시 대입 면접 가산점, 학점, 졸업인증에 반영.

건양대학교	국문학부 입학 면접시 가산점 부여
경원전문대학	전교생 대상으로, 한자능력급수 취득시 학점 반영
경산대학교	전교생을 대상으로, 3급 이상 취득시 졸업 인증
서원대학교	국문과를 대상으로, 3급 이상 취득시 졸업 인증
성균관대학교	졸업인증 3품 중 국제품의 경우, 3급 이상 취득시 인증
신라대학교	인문/자연/사범/예체능 계열을 대상으로, 4급 이상 취득시 졸업 인증
제주한라대학	중국어통역과를 대상으로, 3급 이상 취득시 졸업 인증
한세대학교	전교생 대상으로, 한자능력급수 취득시 학점 반영(한문 교양 필수)

- 대학입시 수시모집 및 특별전형에 반영.

경북대학교	특기자특별전형(한자/한문 분야)
경상대학교	특기자특별전형 - 본회 2급 이상
경성대학교	외국어 우수자 선발(한문학과) - 본회 3급 이상
공주대학교	특기자특별전형(한자·한문분야) - 본회 3급 이상
계명대학교	대학독자적 기준에 의한 특별전형(학교장 또는 교사 추천자) - 한문교육과 지원 본회 3급 이상
국민대학교	특기자특별전형(중어중문학과) - 본회 1급 이상
단국대학교	특기자특별전형(한문분야)
동서대학교	특기자특별전형(어학·한자분야) - 한자분야대회에서 입상자 및 해당 자격증 소지자
동아대학교	특기자특별전형(국어·한문분야) - 본회 3급 이상
동의대학교	특기자특별전형(어학특기자) - 본회 1급 이상
대구대학교	특기자특별전형(한자우수자) - 본회 3급 이상
명지대학교	특기자특별전형(어학분야) - 본회 2급 이상
부산외국어대학교	대학독자적 기준에 의한 특별전형(외국어능력우수자) - 본회 3급 이상
성균관대학교	특기자전형(인문과학계열-유학동양학부) - 본회 2급 이상
성결대학교	특기자특별전형(외국어 및 문학분야) - 본회 3급 이상
아주대학교	특기자특별전형(문학 및 한문분야)
영남대학교	특기자특별전형(어학) -본회 2급 이상
원광대학교	특기자특별전형(한문분야)
중앙대학교	특기자특별전형(국제화특기분야) - 본회 2급 이상
충남대학교	특기자특별전형(문학·어학분야) - 본회 3급 이상
한성대학교	특기자특별전형(한문분야)
호서대학교	특기자특별전형(중국어특기자) - 본회 4급 이상